Mohenjo-daro

モヘンジョダロ遺跡の城塞部
手前に大沐浴場がみえる。奥にみえるのは後世の仏塔。

モヘンジョダロ遺跡の居住域の街並み
街路によって分けられた区画の中にレンガ積の建物が立ち並ぶ。

Farmana

ファルマーナー遺跡の居住空間

モヘンジョダロ遺跡同様に街路によって区分けされた建物群が並ぶ。
また、排水溝も完備されていた。

Mitathal

ミタータル遺跡の居住空間

文明期終末期に近いミタータル遺跡の密集型居住空間。前 2000 年頃に都市的な生活空間は失われた。

ファルマーナー遺跡の墓地で発見された女性の墓
石、貝、銅でつくられた装身具を身にまとっていた。

ファルマーナー遺跡の墓地で発見された副葬土器
インダス文明の葬制において、土器は重要な副葬品であった。さまざまな用途の土器が副葬されている。

インダス文明期の印章、封泥、土製ペンダント（ファルマーナー遺跡出土）
印章は荷物に封をするための封泥としてだけでなく、さまざまな用途に用いられた。

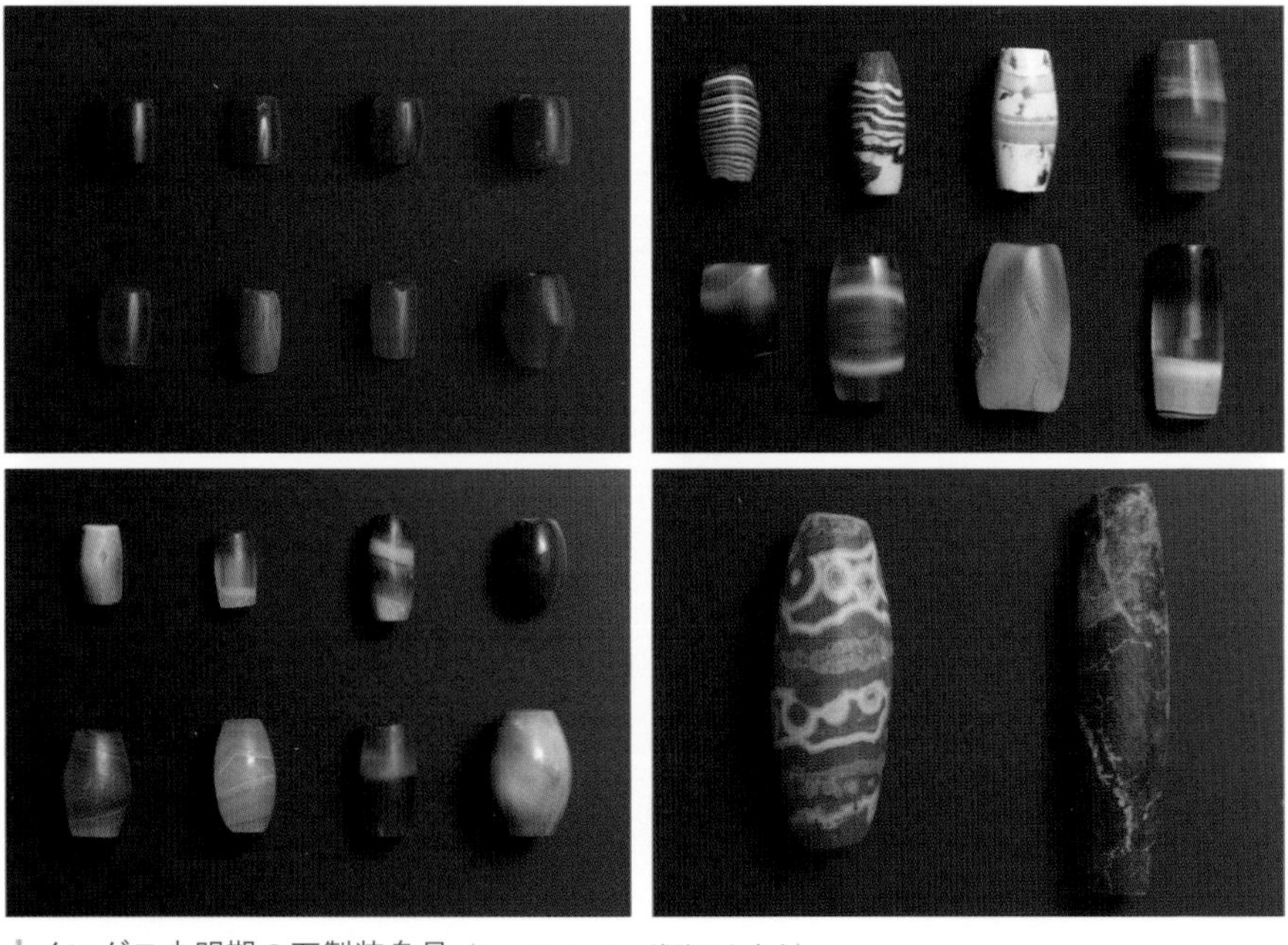

インダス文明期の石製装身具（ファルマーナー遺跡ほか出土）
特定の場所でしか産出しないさまざまな石でつくられたビーズが、インダス文明内外に広く流通した。

インダス文明

文明社会のダイナミズムを探る

上杉　彰紀　著

INDUS CIVILIZATION

EXPLORING THE DYNAMISM OF ANCIENT URBAN SOCIETY

AKINORI UESUGI

インダス文明 ◉ 目次 ◉

第三章　インダス文明社会の発達と展開

第四章　インダス文明社会の衰退とその後

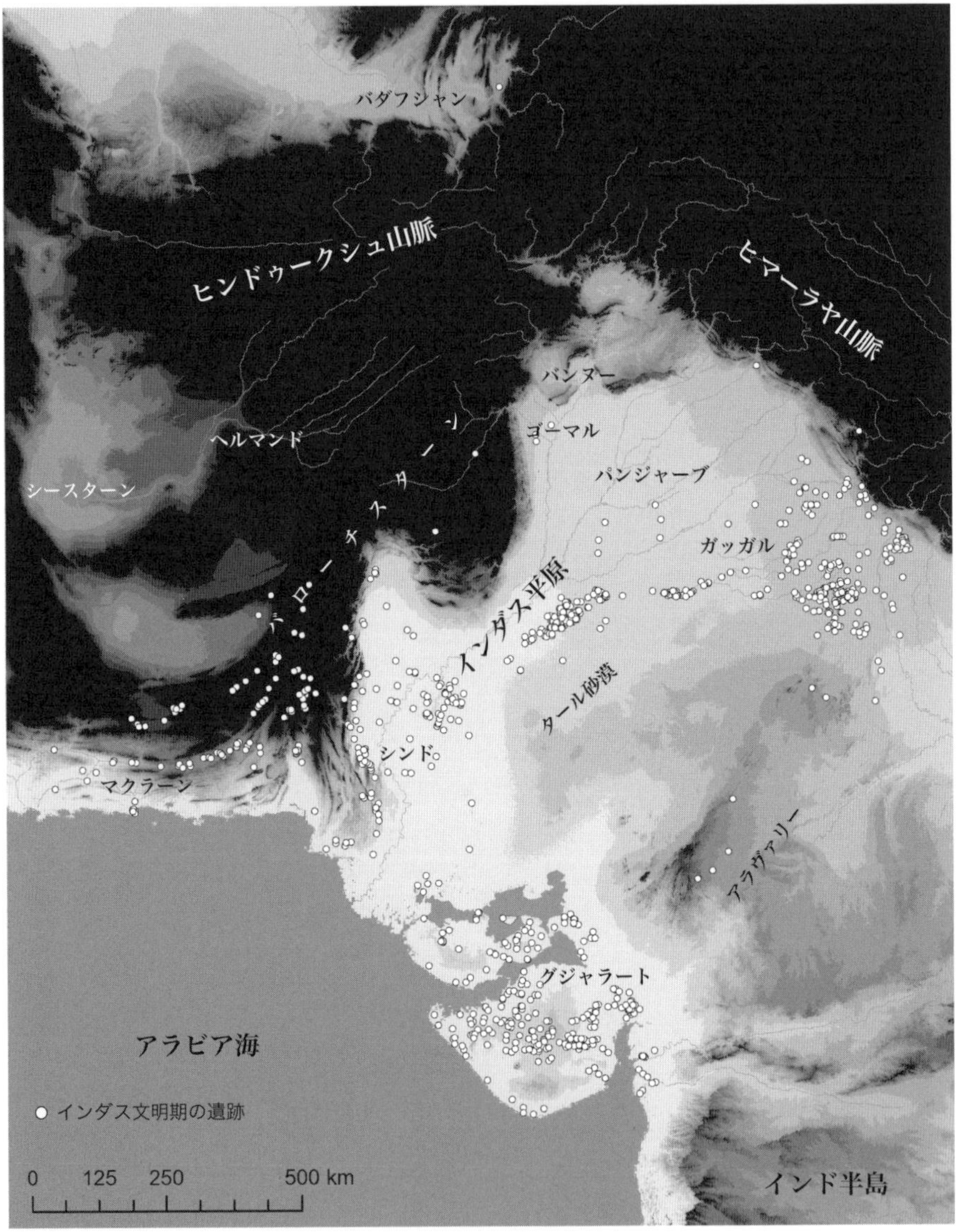

図１　インダス地域の地形と地名

インダス文明がさかえた南アジア北西部は、沖積平野とその周辺の高原・山脈地帯から成り立っている。この多様な自然環境の各地に展開したさまざまな社会＝文化伝統が結びつくことによってインダス文明の都市社会が形成された。

はじめに

世界四大文明（図2・3）のひとつに数えられるインダス文明とは、どのような特徴をもっているのだろうか。文明と呼ばれるからには、何か際立った特徴があるにちがいない。それは、都市と文字の存在である。この二つの特徴は、メソポタミアや中国の古代文明に共通している。また、文字の存在はエジプト文明とも共通する要素である。

世界で最古の都市は、メソポタミア（現在のイラクやシリアを中心とする地域）に求められる。何をもって「都市」と呼ぶか、さまざまな議論があって、「都市以前」と「都市以降」を明確に線引きすることは容易ではないが、一般の農村とは隔絶した規模をもつこと、都市を統合する施設（考古学が扱う遺跡の場合であれば、一般的な居住用の家屋とは異なる規模と特徴をもつ建造物が該当する）をもつこと、などの特徴が都市を定義する上での大枠の基準となる。

メソポタミアでは、神殿を核とした大規模な遺跡が多数発見されており、これらが最古の都市として知られている。次第に王宮も発達し、宗教、政治、経済の中心地として、社会を牽引していく役割を担うことになった。中国では前三〇〇〇年頃に大規模な遺跡が出現し、一般の集落とは隔絶した都市として発達する。メソポタミア同様に、その後の歴史において都市が社会の中心として重要な役割を果たすことになった。エジプトの場合は、顕著な都市遺跡は限られているが、やはり社会の核となる大規模な遺跡が存在している。また、多数のピラミッドに代表される豪華な副葬品をおさめた墓の存在は、当然その背後に社会の中心となる拠点遺跡の存在を示している。都市だけでなく、神殿、王宮、大規模な墓をモニュメントと呼んで、その発達を都市（社会）形成のひとつの指標とする考え方もある（図4）。都市そのものをひとつのモニュメントとみなすこともできるだろう。これは人や物資、情報の流れを社会の中で統合し、極大化させることが文明社会あるいは都市社会の本質であると

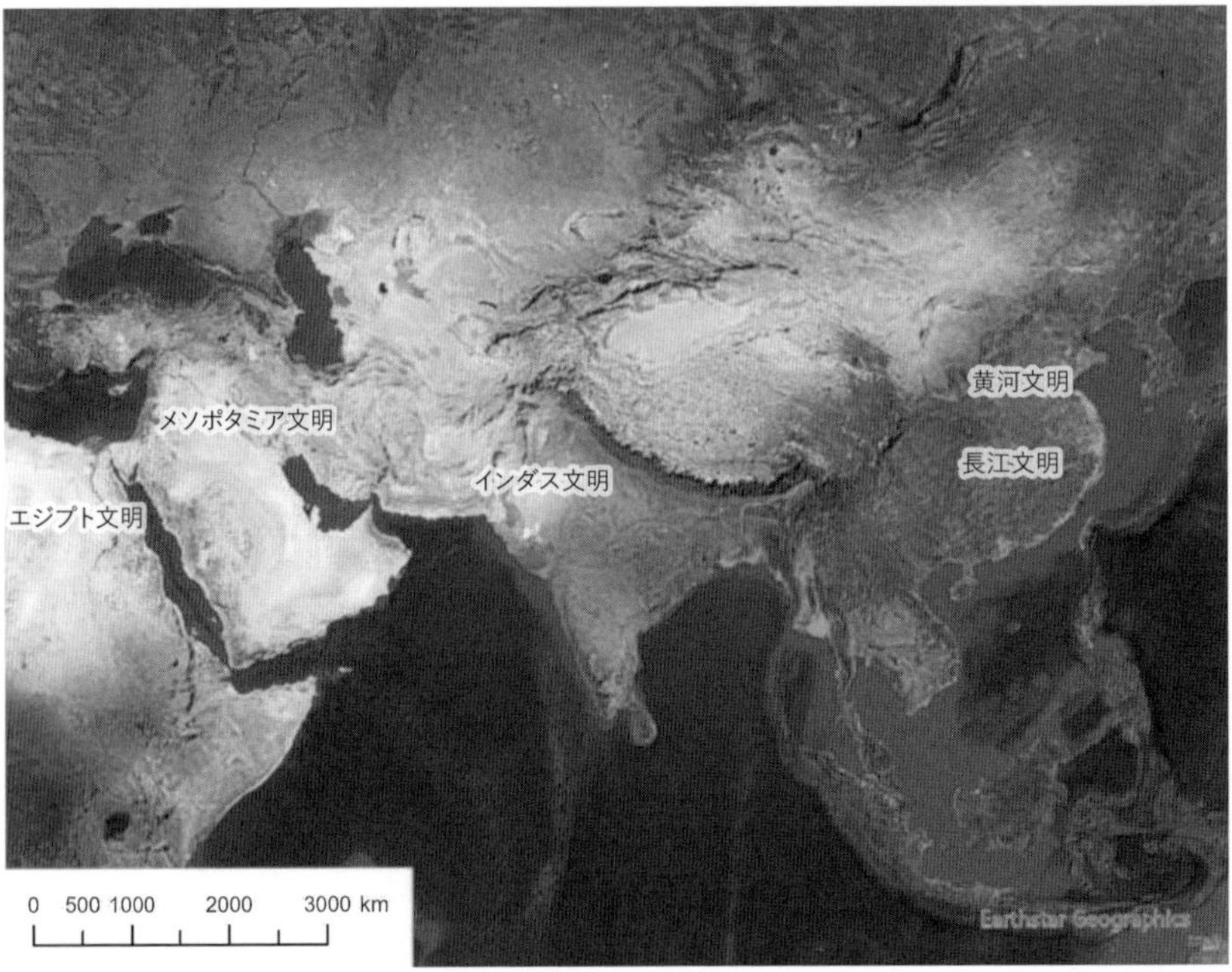

図2　ユーラシアにおける古代文明

前4千年紀以降、ユーラシア大陸の各地に都市を特徴とする文明社会が誕生した。各地の文明社会はさまざまなかたちでつながっていたことが明らかになりつつある。

する考え方にもとづいている。

最古の文字もまたメソポタミアで発見されている。楔形文字の原型となった原楔形文字と呼ばれるものがそれで、前三五〇〇年頃にメソポタミア南部で発達したことが知られている。前三〇〇〇~前二〇〇〇年には本格的な文字として楔形文字が発達し、行政文書から経済文書、さらには文学作品まで数多くの文書が生み出されることになった。エジプトでも前三二〇〇年頃までにヒエログリフが発達し、死者に捧げられた供養文や神話、文学など、さまざまな文書が残されている。中国では時代はくだるが、前一五〇〇年頃に甲骨文字がつくりだされ、以降、漢字という体系的な文字として発達していくことになる(図5)。

インダス文明は、こうした古代文明と同じように、都市と文字を有している。当然のことながら、その特質や内容、あるいは社会的背景にはほかの古代文明との違いを

図3　ユーラシアにおける古代文明の編年

考古学を含めた歴史学では、社会と文化の変化を捉えるために、さまざまな基準で時代区分が設定されている。文明社会の成立と展開を理解するには、長短さまざまな時間スケールでの研究が求められる。

みてとることができるが、古代文明のひとつと呼ばれるのはこうした理由による。

インダス地域（南アジア北西部のインダス平原とその周辺地域を総称して「インダス地域」と呼ぶことにする）には、前二六〇〇～前一九〇〇年頃に都市と文字をもつ文明社会が発達した。この文明社会の形成から衰退にいたる時代（前三五〇〇～前一五〇〇年頃）には、インダス地域各地に多数の遺跡が確認されており、その数は三〇〇〇ヶ所以上におよぶ。その中にはさまざまな規模をもつ遺跡があり、文明期にはその核として都市が存在している。モヘンジョダロやハラッパーといった都市遺跡が有名であるが、このほかにも都市とみなすことのできる遺跡が

インダス文明　ドーラーヴィーラー遺跡　メソポタミア文明　ウル遺跡

エジプト文明　ギザのピラミッド　中国文明　殷墟遺跡

図４　古代文明を特徴づける都市とモニュメント

文明社会では都市を含めたさまざまなモニュメントが築かれた。それらは等しく高度な技術と大量の労働力を投入して築かれたもので、地域社会を統合する核としての役割を果たした。

確認されている（図４）。これらの都市遺跡は村落遺跡とは隔絶した面積を有しているが、その規模は多様で、一〇ヘクタール程度の小さなものから、一〇〇ヘクタールを超える大規模なものまで含まれている。これらを「都市」という言葉で一括するのは適切ではないが、一般村落とは異なる特徴をもっていること、また「都市」の中にも多様な性格をもつものが含まれているということを念頭に置いた上で、ひとまず「都市」と呼んでおくことにしよう。

また、一ヘクタール程度の村落に分類されうるような小規模な遺跡でも発掘してみると、「農村」とはいいがたい内容を有しているものがあって、単純な「都市」－「農村」という区分では理解できない状況もある。これはほかの古代文明でも共通していることだが、遺跡の規模だけでその性格を決定し単純化して理解することはできない。大小さまざまな遺跡が多様な役割を果たしているのが実態であり、「都市」だけではなく、「都市」を核としてその周辺に存在するさまざまな遺跡の間の複雑な関係からなる「都市社会」へと視点を広げて理解することが求められている。

この都市が社会の核となった時代に、文字が用いられていた。「インダス文字」と呼ばれるのがそれである（図5）。一九二〇年代にモヘンジョダロ遺跡とハラッパー遺跡が発掘されてインダス文明の存在が知られるようになったが、その発見当初から古代文明の存在を示す証拠として注目されたのが、このインダス文字である。詳細は後章に譲るが、この文字は依然として未解読である。長年にわたって、多くの研究者がさまざまな視点から解読を試みてきたが、印章を中心に刻まれた銘文が最大で二六文字、一般的には五文字以下によって構成されていること、またすでに解読されている文字との複数言語併記資料が存在しないことが大きな足枷となっている。それでも何かの意味を体系的に伝えるためにインダス文字が存在したことは確実であり、インダス文明を古代文明のひとつに数えることに異論はないであろう。

インダス文明には、都市と文字のほかにも多くのユニークな特徴がある。文明社会がおよんだその広域性、高度に発達した工芸品生産、西アジアや中央アジアとの交流などさまざまな点をあげることができる。これらの特徴はいずれも都市社会であるインダス文明の特質と不可分に結びついている。都市の存在は都市社会の発達を意味しており、広い範囲が都市と何がしかのかたちで結びついていたことを物語っている。また、インダス地域には複数の都市が存在しており、それらが相互につながっている。それがこの文明社会の広域性となってあらわれているのである。文明社会の広域性はインダス文明に限られたことではなく、ほかの古代文明にも共通する特徴である。都市あるいは都市社会が、そもそも社会の広域性を志向するものであるということができるだろう。

インダス文明が広がった範囲は、遺跡の疎密もあるが、最大で東西、南北ともに一八〇〇キロ、面積でみると一六七万平方キロにおよぶ。現在の日本の総面積が三八万平方キロなので、ざっくりといえば四倍以上の面積をもつことになる。広域に展開する文明社会の中では必然的に人、物資、情報の往来が活発になる。逆にいえば、

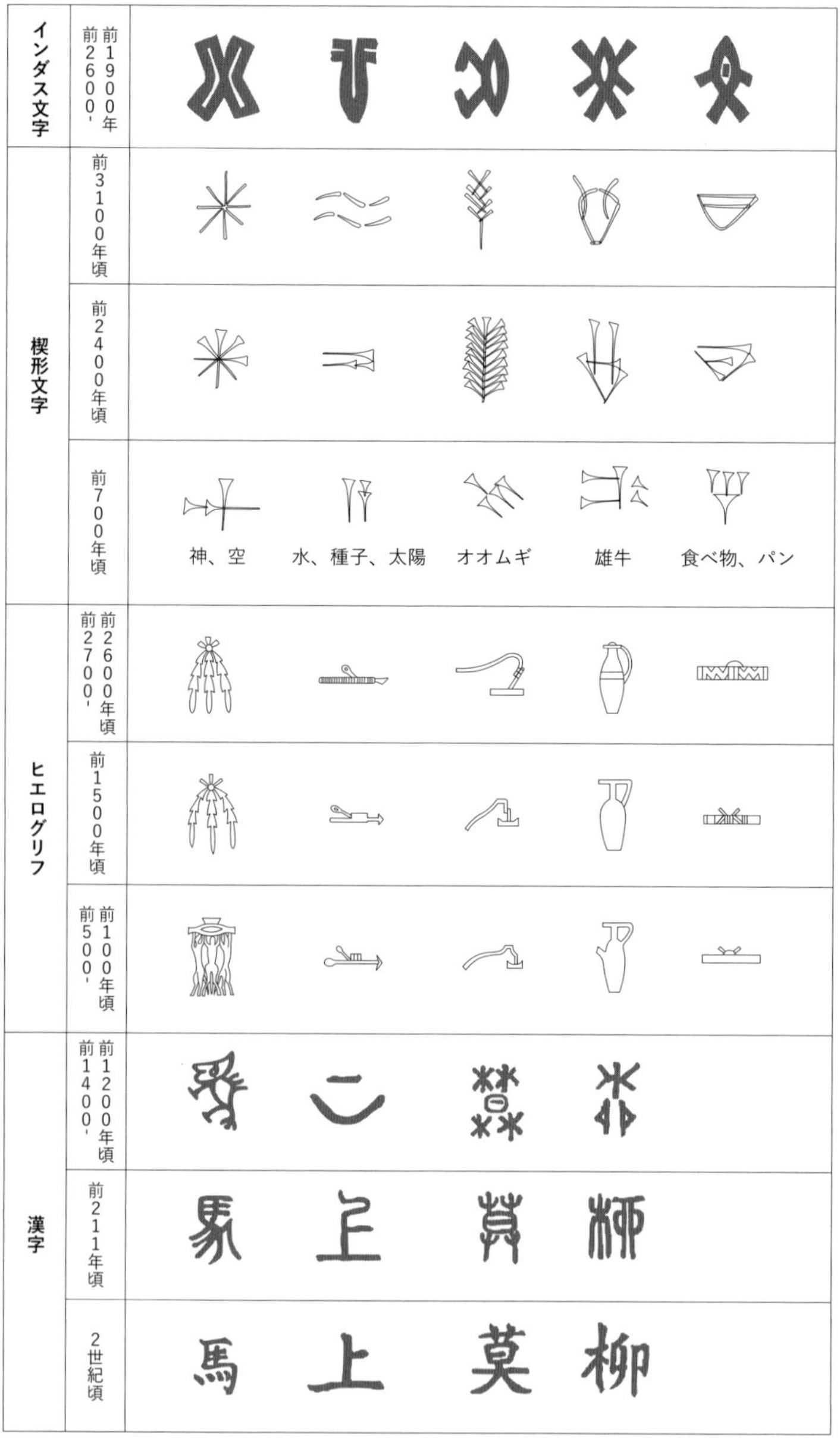

図5　古代文明を特徴づける文字

ほかの3地域とは対照的に、インダスの文字は後代に継承されることはなかった。

都市間・地域間の交流がなければ、都市社会の広域性を維持することはできないということである。そうした都市社会に必然的に内包される広域性は、例えば隣接する村と村の間の交流だけでは実現しないし、維持することもできないだろう。遠く離れた都市と都市を直接的に結びつける仕組みが必要となる。それは例えば宗教であったり、政治的な力をもった権力者であったり、さまざまな動力があるが、インダス文明の場合には工芸品の生産とその交易が重要な役割を果たしたことがわかっている。もちろん高度な工芸品生産の発達の背景に、より高次のさまざまな動力が存在したことは確かであるが、遺跡から出土するさまざまな考古資料に直接的に観察できるのは、各種工芸品の生産と流通が都市間、地域間を結びつけるひとつの社会的資源になっていたということである。

このインダス地域で生産されたさまざまな工芸品は、インダス域内だけでなく、周辺地域へと広く輸出されていたことが知られている。メソポタミアの粘土板文書に登場する「メルッハ」という地域がインダス地域をさすと考えられているが、このメルッハがメソポタミアに多くの貴重な資源や器物をもたらしていたことが粘土板文書に記録されている。このインダスとメソポタミアの交流関係はよく知られているところであるが、実際にはアラビア半島や中央アジア南部でもインダス産と考えられる工芸品が多く出土している。インダスでつくられた工芸品が、各地で高い価値を与えられていたことを物語っている。

これらの特徴に加えて、インダス文明の歴史的意義を考える上で重要なのが、このおよそ七〇〇年にわたって高度に発達した古代文明が衰退・消滅し、忽然と歴史から姿を消したことである。前一九〇〇年頃に都市はなくなり、文字も使われなくなってしまったのである。エジプト文明やメソポタミア文明、あるいは中国文明が変化を繰り返しながらも文明社会として存続したのとは対照的である。華々しい都市文明の姿を描き出すことと同じように、その衰退を考えることはインダス文明研究の中で非常に重要なテーマとなっている。近年の研究で、都市と文字は姿を消したものの、文明社会の衰退がきわめてダイナミックにのちの時代の南アジアの社会と関わっているとがおぼろげながらにみえてきており、インダス文明の衰退はそれを担った人々やその文化伝統の「絶滅」「消滅」というようなものではなく、都市を支えた社会環境が変化する中で、それに適応するかのように社会の様態が変容し、続く時代の社会の形成へとつながったと理解するほうがよさそうである。俯瞰的に評価すると、都市と文字を失うという、ほかの古代文明とは異なる軌跡をたどりながらも、南アジア世界の形成過程の中で重要な役割を果たしたと考えることができる。

本書では、こうしたインダス文明の諸特徴がどのように出現し、変化したのか、それがどのように衰退という現象へとつながったのか、さらにのちの南アジア世界の形成過程の中でどのような役割を果たしたのか、最新の研究成果を盛り込みながら説明することを試みる。

本書の構成

こうした目的を達成すべく本書の内容を構成した。第一章では、インダス文明の発見と研究の歴史について概観し、研究の現状と課題について整理する。インダス文明がほかの古代文明とは異なる特徴をもつのと同じように、インダス文明研究もまたほかの古代文明研究とは異なった経緯をたどってきた。現在でも、ほかの地域とは違う研究の特徴をもっている。それがインダス文明研究にプラスになっているところもあれば、研究を大きく制約するマイナスになっている側面もある。インダス文明あるいはインダス文明研究のユニークなところを理解するひとつの手がかりにしていただければと思う。

第二章ではインダス文明を構成する諸特徴がどのように生み出されてきたのか、インダス文明の誕生よりも前の時代の社会を概観し、文明形成のダイナミズムについて考える。古くはインダス文明の起源をメソポタミア文明に求めるといった外来の影響を重視する考えが強かったが、各地での遺跡の発掘調査によってインダス文明に先行する時代の社会の様相が徐々に明らかになり、インダス文明の母体が南アジア北西部においてかたちづくられたことがわかってきた。その一方で、文明形成期に西方との交流関係が存在したことも事実であり、外来の要因とインダス地域の内在的発展を多視的かつ重層的に考えないと、インダス文明の成立を理解できないというのが実際である。そうした文明社会成立のダイナミズムについて考えるのがこの章の目的である。

第三章では、インダス文明の中核をなす都市社会の様相について取り上げる。都市の特徴やそこに暮らした人々の生活技術、都市社会の構造、都市社会を支えた工芸品生産、メソポタミアを代表とする周辺地域との交流関係などについて考えてみたい。いままでもインダス文明について、その盛衰した七〇〇年を一括して説明しようとする研究姿勢が主流であるが、私はこのような大雑把な時間の単位ではインダス文明社会が経たダイナミックな歴史を描き出すことはできないと考え、インダス文明の七〇〇年を具体的な考古資料にもとづいて細分し、文明社会の変化を捉えようと研究を進めてきた。そうした視点は単に時間のものさしを細かくするだけではなく、この文明社会がもつ特徴をより明確化することにつながった。結果として、インダス文明社会はきわめて複雑で多様な仕組みを有しており、ダイナミックに変化を繰り返していたことがわかってきたのである。本章ではそうした文明社会のダイナミズムに焦点をあてつつ、インダス文明社会の特質について考えてみたいと思う。

第四章は文明社会の衰退に焦点をあて、どのように社会が変化したのか考察する。文明社会の成立とその展開がダイナミックなものであったとすれば、その衰退もまた同じかそれ以上にダイナミックであったはずである。かつていわれたようなアーリヤ人による破壊や環境変化決定論的な説明では、インダス文明の衰退を理解することはできない。単一の原因を探し求めるのではなく、社会の変化を考古学的な証拠にもとづいて具体的に把握することが重要である。

最後の第五章は、インダス文明がどういった歴史的意義をもつのか、「西南アジア文明世界との関係」「南アジア世界の形成過程」という視点から考えてみたい。後章で詳しく述べるように、インダス文明はその成立と展開の過程においては、南アジア世界の一部というよりも、メソポタミアをひとつの核とする「西南アジア文明世界」

の一角をなしており、西方との関係の中で展開し、変化してきた性格が強い。ところが、その衰退以降の時代には東のガンガー平原（いわゆるガンジス平原）やインド半島部（インド洋に向かって逆三角形に突き出した部分）との関係を強くしていく状況を認めることができる。衰退以降の南アジア史という長期的な視点からみると、インダス文明はやはり南アジア世界の一部をなしていることになるのである。ここにインダス文明の歴史的意義の多面性をみてとることができるが、そうしたインダス文明の意義について考察し、本書のむすびとしたい。

本書で用いる年代・用語について

本書では、インダス文明の成立と展開、衰退の過程を、「インダス文明期」を基準として、それ以前を「先文明期」、以後を「ポスト文明期」という時期区分で説明する。こうした時代区分名称は、純粋に考古学的な視点からすると、適切ではない部分もあるのだが、都市と文字が出揃った時代をひとつの画期として捉えることから、上記の三つの時代区分を大枠として設定した。先文明期を前四〇〇〇～前二六〇〇年頃、文明期を前二六〇〇～前一九〇〇年頃、ポスト文明期を前一九〇〇～前一五〇〇年頃に位置づけている。ただし、これらの実年代は放射性炭素（^{14}C）年代測定を代表とする理化学的年代測定法による年代値だけでなく、インダス地域内外の考古文化変遷を相互に関係づけて年代を推測する交差年代法に依拠しているところも多い。したがって、上記の実年代はあくまでもおおよその目安であることをお断りしておきたい。

地域によっては^{14}C年代測定値の蓄積が十分でなかったり、文化変遷の詳細がよくわからないところも多いが、インダス文明の全体を説明するために示したのが前の年代である。今後の調査・研究によって、より精度の高い編年が構築されれば、前記の実年代についても再考を求められることがあるだろう。この点をご理解いただいた上で、読み進めていただきたい。

また、本書では文明と都市の密接な関係を重視することから、「文明社会」と「都市社会」を同じ意味を表す語として用いる。また、ある時代・地域の人間・集団間関係によってかたちづくられるものを「社会」、その中で共有され「社会」の維持を円滑化するものを「文化」と呼び、両者を表裏一体のものとして理解する。考古学が研究の対象とする「物質文化」は前記の広義の「文化」の一部をなすものであり、「物質文化」の背景に想定される人間、集団間の関係を「社会」と呼ぶことにする。これは、ある特定の地域・時代に広がる物質文化の要素が、そこに暮らす人や集団の間で共有される生活スタイルや価値体系、技術、行動様式などを部分的にせよ投影するものであり、そこに当時の社会の一端を把握することができるという理解にもとづいている。

第一章

インダス文明の発見と研究の現状

プロローグ　南アジアで遺跡を発掘する

私は大学に入学した一九歳の時に、インドでの発掘調査に参加した。入学した関西大学は、一九八六〜一九八九年にインド北部のウッタル・プラデーシュ州にあるサヘート遺跡の発掘調査を実施していた。サヘート遺跡とは、『平家物語』で私たち日本人にも馴染み深い「祇園精舎」の跡と考えられているところだ。私が大学に入ったのが一九九〇年のことで、ちょうど発掘調査が終わったところであったが、その補足調査に参加させてもらい、インドの地に足を踏み入れることになった。

もともと外国の歴史に関心があり、漠然とエジプトや中央アジアのシルクロードに行ってみたいという夢をもって関西大学に入学したところ、インドで調査をやっているという話を聞き、無理をお願いして調査に参加させてもらうことになったのだ。もちろんのことながら、荷物持ちとしてである。今から考えると、右も左もわからず、インド現地の言葉のひとつであるヒンディー語はおろか、英語もまったく話せない中で無茶をしたものだったが、このときにパキスタンのタクシラー遺跡やモヘンジョダロ遺跡、インドの仏跡や石窟寺院に連れて行ってもらい、南アジアという地域に強く惹かれることになったのは、その後の私の人生にとって貴重な経験であった。

その後、サヘート遺跡の近傍にあるマヘート遺跡という都市遺跡の発掘調査に一五年近くたずさわり（図6）、私の研究にとって欠くべからざる部分がかたちづくられることになった。このマヘート遺跡は仏典に登場する「舎衛城」の跡で、一五〇ヘクタールほどの面積をもつ。周囲を城壁によって囲まれた立派な都市遺跡である。最下層の生活面は前七〇〇年頃までさかのぼり、紀元後四世紀頃まで都市としてさかえたことが発掘調査によってわかっている。南アジアの編年でいうと、鉄器時代から古代の遺跡である。この遺跡の発掘調査で得た資料で博士論文を書くことになったが、そのテーマは「北インド都市文化の考古学的研究」というもので、インダス文明が衰退してから一〇〇〇年以上たった時代に、北インドのガンガー平原に成立した都市社会を研究の対象としたものである。私の古代都市に関する考え方は、このマヘート遺跡の発掘調査と関連資料の調査で北インド各地を歩

図6　マヘート遺跡の発掘調査（1995年2月）
この遺跡の調査に15年ほど関わる中で、考古学を学び、研究の基礎を築くことができた。

きまわったときにかたちづくられている。

博士号をいただいたのが二〇〇三年のことであったが、ちょうどこの年にパキスタンのインダス文明関連資料の調査に声をかけてもらい、インダス文明研究を開始した。当初は本来の研究テーマであった鉄器時代・古代の都市との比較研究について可能性を探りたいという程度のものであったが、実際にパキスタンに行って資料を手にして研究をはじめると、どっぷりはまってしまうことになった。二〇〇七年にインダス文明に関する研究プロジェクトに参加することになり、インドにあるインダス文明遺跡の調査を転戦する生活となった。大変ではあったが、現地の人々の助けを得て、発掘調査と出土資料の分析に大きな成果を手にすることができた。

インドには英語を話す人がたくさんいる。発音はイギリス英語やアメリカ英語と似ても似つかないが、私たち日本人に比べると圧倒的に流暢な英語を話す。大学生ともなればみな英語で普通に会話をしている。ただ、発掘調査を手伝ってもらう現地の農村の人たちはヒンディー語あるいは現地の言葉しか話せない場合が多く、一緒に作業をしようと思うと少なくともヒンディー語の知識が必要になってくる。幸い、かつてマヘートー遺跡の調査で現地の人々に囲まれて作業をしていたことから、ある程度のヒンディー語を理解することができたので、ずいぶんと現地の人々に助けられることになった。

インドに限らず、外国で調査・研究をしようと思うと、外国語の習得が不可欠である。いまでも英語はどうもうまく話せないが、ヒンディー語とまぜこぜながらどうにか現地の研究者とコミュニケーションがとれるのは私にとって大きな武器となっている。そうした苦労の末、ようやく研究がそれなりのかたちをとるようになってきたのは、ごく最近のことである。ただし、その過程で学んだことがさまざまなかたちで研究の糧となっているのも事実である。

文明発見前史

インダス文明が古代の都市文明のひとつとして知られるようになったのは、一九二一年にはじまったハラッパー遺跡とモヘンジョダロ遺跡の発掘調査以降のことであるが、実はそれ以前にも、のちにインダス文明の所産であることが判明する遺跡にイギリス人の探検家や考古学者が訪れ、ほかに例をみない遺物の発見を報告していた。

一八二九年にはアメリカ人の探検家チャールズ・マッソン（Charles Masson, 1800-1853）、一八三一年にはスコットランド出身の軍人アレクサンダー・バーンズ（Alexander Burnes, 1805-1841）がハラッパー遺跡を訪れ、その概要を報告している。一九世紀前半はイギリスによるインドの植民地支配が確立した時代であるが、イギリス人は支配の一端としてインドの歴史に強い関心を示し、インド古代文字の解読や遺跡の調査（といってもこの時代には調査というよりも盗掘に近いものであったが）を盛んに行っている。また、インド史研究をめざした学会が設立され、学術雑誌も刊行されるようになった。考古学者とはいいがたいが、歴史に関心をもつ人々がインド各地の遺跡を

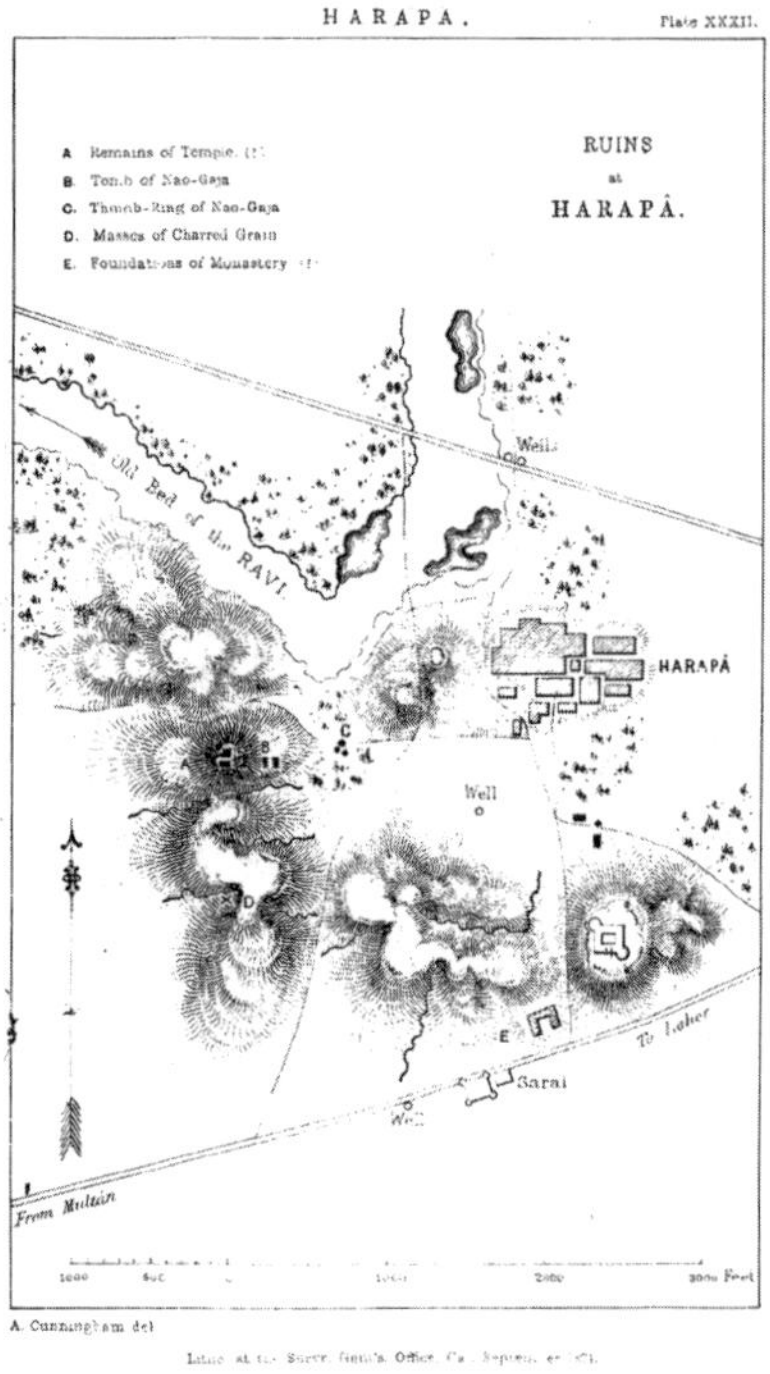

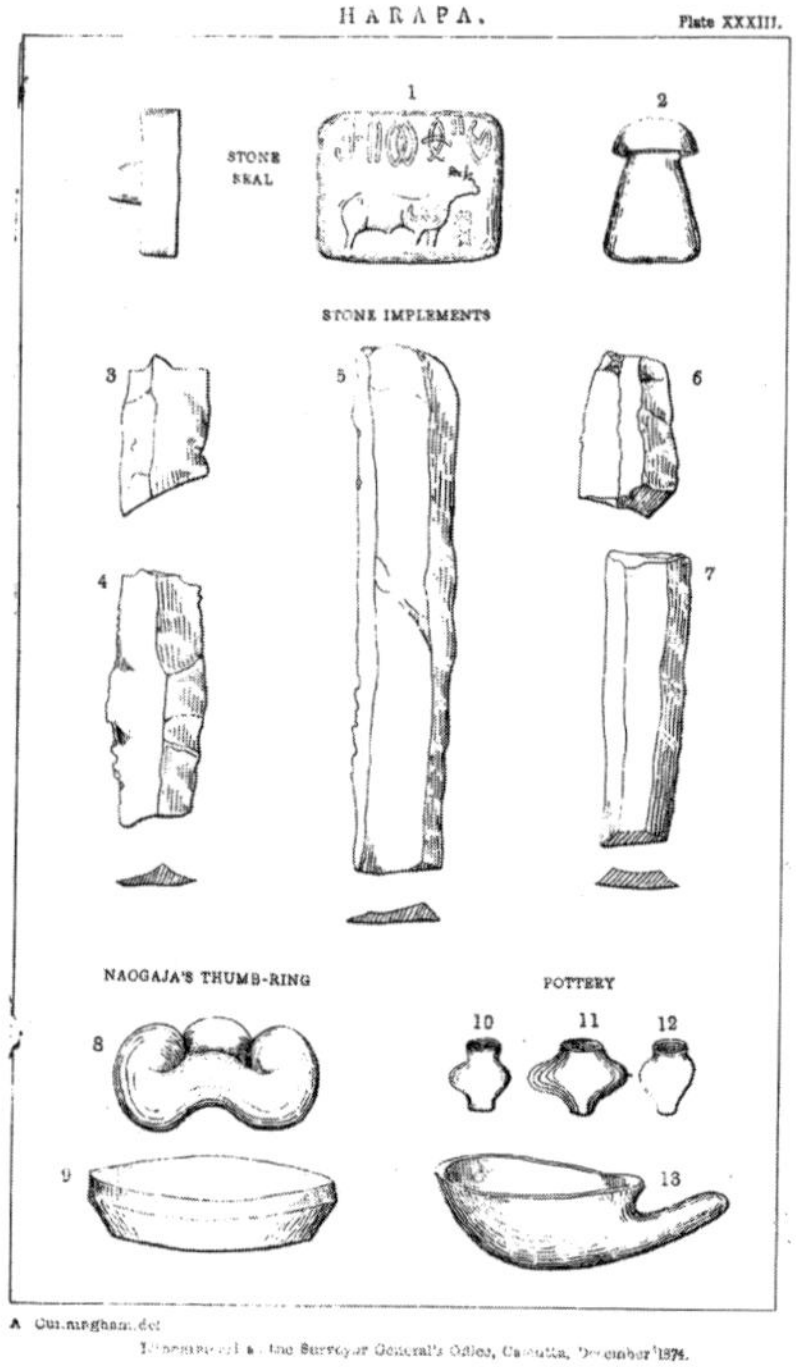

図７　カニンガムが残したハラッパー遺跡に関する記録

この段階では出土した遺物の意義は理解されていなかったが、凍石製印章やチャート製鎌刃、ハラッパー式土器など、典型的なインダス文明期の遺物が出土したことがわかる。

訪れ、その報告を寄稿している。中には遺跡の理解にとって、現在でも重要な情報を収めているものが多くある。

こうした中で、一八六一年にはインド政府考古局（Archaeological Survey of India）が設立され、アレクサンダー・カニンガム（Alexander Cunningham, 1814-1893）が初代長官に就任する。彼は軍人であるとともに、より専門的に考古学の視点、調査方法を身につけた人物で、法顕や玄奘らインドを訪れた中国僧の旅行記に記された古代インドの都市や仏教寺院を実際の遺跡に同定するための調査を行っている。私が調査に参加したサヘート遺跡やマヘート遺跡も彼がみつけたものである。

カニンガムは一八五三、一八五六、一八七二～一八七三年と数次にわたってハラッパー遺跡を訪れ、小規模な発掘調査を行うとともに、印章を含めた

図８　ナール式土器
バローチスターン地方南部で出土したカラフルな土器が、南アジアにおける先史時代に対する認識を変えつつあった。

インダス文明の遺物を報告している（図７）。当時は遺跡の調査に写真技術が導入されておらず、遺跡や遺物の記録はスケッチや測量図によって行われているが、その中にインダス文明を特徴づける印章を見いだすことができる。ただし、カニンガム自身はハラッパー遺跡で採集された遺物の年代や重要性を見抜くことができず、インダス文明の「発見」は後年にもちこされることになったのである。

ハラッパーとモヘンジョダロの発見

ハラッパー遺跡の本格的な調査が開始されたのは一九二一年のことである。一九〇二年に、弱冠二六歳で第三代インド政府考古局長官に就任したジョン・マーシャル（John Hubert Marshall, 1876-1958）は、クレタ島での調査経験をもとに、インドにおける遺跡の調査・保存体制の刷新を図り、カニンガムら前世代の研究者が発掘していた遺跡の再調査を含めて活発な発掘調査を行っている。サヘート遺跡を含む仏跡や古代都市として名高いタクシラー遺跡など、数多くの重要遺跡が彼の指揮下で発掘されている。

マーシャルは一九〇八年にバローチスターン地方南部の遺跡からもたらされた彩文土器（図8）について報告しているが、この彩文土器はのちにナール式土器として知られることになるインダス文明直前の時代に属するものである。一九世紀の研究には欠けていた先史時代への関心が芽生えていたことを示している。また、彼はカニンガム以降散発的に収集されていた印章を大英博物館で実見しており、その重要性に気づきはじめていた。そこで彼が着手したのがハラッパー遺跡の調査である。一九二一年に助手のダヤー・ラーム・サハニー（Daya Ram Sahni, 1879-1939）を派遣して調査を開始したが、折りしもハラッパー遺跡から遠く離れたシンド地方で仏塔の調査をしていたラーカルダース・バネールジー（Rakhaldas Banerjea, 1885-1930）から、ハラッパー遺跡で出土しているのと同じ印章がモヘンジョダロ遺跡で発見されたとの報告を得る。ここに未知の古代文明が発見されることになったのである（図9）。

インダス文明の発見がおおやけにされたのは一九二四年のことで、『ロンドン画報』（London Illustrated News）にそのニュースが掲載され、古代文明の発見が報じられた。興味深いことに、この一九二〇年代はメソポタミアやエジプトでも新発見が相次いだ時期であった。エジプトにおけるツタンカーメン王墓の発見（一九二二年）や、メソポタミア南部の都市ウル遺跡の発掘（一九二二〜一九三四年）など、古代文明研究が花開いた時代といってもよい。インダス文明の発見は、まさにそうした古代文明への関心の高まりの最中の出来事であったのである。マーシャルによって新たな古代文明が報じられると、すぐさまにモヘンジョダロ、ハラッパーの両遺跡で出土しているのと同じ印章が遠く離れたメソポタミアでも出土していることが指摘され、「インド＝シュメール文明」と呼ばれることになった。

注目すべきは、モヘンジョダロ遺跡やハラッパー遺跡の調査と並行して、南アジア北西部の各地でインダス文明との関係を示す遺跡の調査が行われたことである。ガッガル地方やバローチスターン地方ではシルクロード探

図９　ハラッパー遺跡（上）とモヘンジョダロ遺跡（下）
この２つの遺跡の発掘調査によって、インダス文明研究ははじまった。上の写真は、いずれも城塞部で発掘された遺構を示す。

検で有名なオーレル・スタイン（Aurel Stein, 1862-1943）が分布調査を行い、数多くのインダス文明関連遺跡を発見している。また、前掲のナール式土器で有名なバローチスターン南部のソーフル・ダンブ遺跡の発掘調査が行われたのは一九二五年のことである。この時期のインダス文明研究が、モヘンジョダロ、ハラッパー両遺跡の発掘調査だけでなく、より広い視野と体系的な方向性のもとで行われていたことは特筆すべき点である。

初期の研究

インダス文明の内容を知る上で、重要な基本文献が一九四〇年代前半までに出揃った。ソーフル・ダンブ遺跡の発掘報告書（一九二九年）やバローチスターン地方における分布調査の報告（一九二九、一九三一年）、モヘンジョダロ遺跡（一九三一、一九三八年）、ハラッパー遺跡（一九四〇年）、チャヌフダロ遺跡（一九四三年）の発掘調査報告書などで、新発見の古代文明に対する関心の高さを物語っている。インダス文明を特徴づける物質文化の様相が明らかとなり、遺構と遺物の報告だけでなく、インダス文明の造形美術や宗教、葬制、範囲、年代、担い手、周辺地域との関係などのテーマについて議論がなされている。

こうした初期の研究の中で、発掘調査だけでなく、研究においても重要な役割を果たしたのがアーネスト・マッケイ（Ernest John Henry Mackay, 1880-1943）である。彼は、エジプトでフリンダース・ピートリー（William Mathew Flinders Petrie, 1853-1942）のもとで遺跡調査のトレーニングを受けたのち、一九二〇年代にメソポタミアの重要遺跡キシュやジェムデット・ナスル、バハレーンのアアリ遺跡の王墓群の発掘調査を経て、モヘンジョダロ遺跡の発掘調査に参加した人物である。メソポタミアでの調査経験を買われて、モヘンジョダロ遺跡の発掘調査主任（一九二六〜一九三一年）としてマーシャルによって招聘された彼は、当時の考古学研究の最前線にいた人物といっても過言ではないだろう。彼はモヘンジョダロ遺跡の発掘報告でも主要な役割を果たしており、インダス文明の遺跡と物質文化を熟知していた。彼は、マーシャルの調査で欠落していた遺構・遺物の体系的な記録をはかるとともに、ビーズに関する研究論文も発表しており、その知見は現在でも高く評価されている。インダス文明の初期の研究においてはマーシャルの名が著名であるが、マッケイの名も記憶するに値する。

ウィーラーによる層位的発掘

一九二八年にマーシャルが考古局長官の職をしりぞいたのち、一九三〇年代前半にはインド人研究者が長官に指名されるなど、考古局の組織改革が進められた。そうした流れの中で一九四四年に長官職に招聘されたのがモーティマー・ウィーラー（Robert Eric Mortimer Wheeler, 1890-1976）である。彼はイギリスのメイドゥン・キャッスル遺跡などの発掘調査を通して、遺跡の層位的発掘の方法を確立した人物であった。層位的発掘とは、ただ単に建物跡や遺物を掘り出すのではなく、建物跡とそれを埋めている土層との関係に注意を払いながら、遺跡に重層的に残る人々の生活の痕跡を土層、建物の前後関係、すなわち時間の経過とともに把握するというものである（図10）。また、ある土層にはそれが形成された時期の遺物が含まれており、それを建物との関係の中で検討することにより、遺物の時間的変化を明らかにすることができる。

こうした層位的発掘方法はいまでは当たり前のものであるが、ウィーラー以前のインドにおける遺跡の発掘調査には、こうした土層と建物跡、遺物の関係を記録するという視点がなかった。モヘンジョダロ遺跡の発掘調査では前期、中期、後期という区分で遺構や遺物が報告されているものの、その区分はあいまいであり、土層の重なりとの関係の中で遺構と遺物を把握することを難しくしている。この点は初期の調査の最大の欠点であるが、実際のところモヘンジョダロ遺跡やハラッパー遺跡のような大規模な都市遺跡では建物跡と土層はきわめて複雑に絡み合っており、マーシャルらが厳密な層位的手法を採用していたならば、逆にモヘンジョダロに広がる古代都市の街並みを世に知らしめることはできなかったであろう。

ともかく、ウィーラーはこうした前世代の調査の欠点を補うべく、ハラッパー遺跡、モヘンジョダロ遺跡、タ

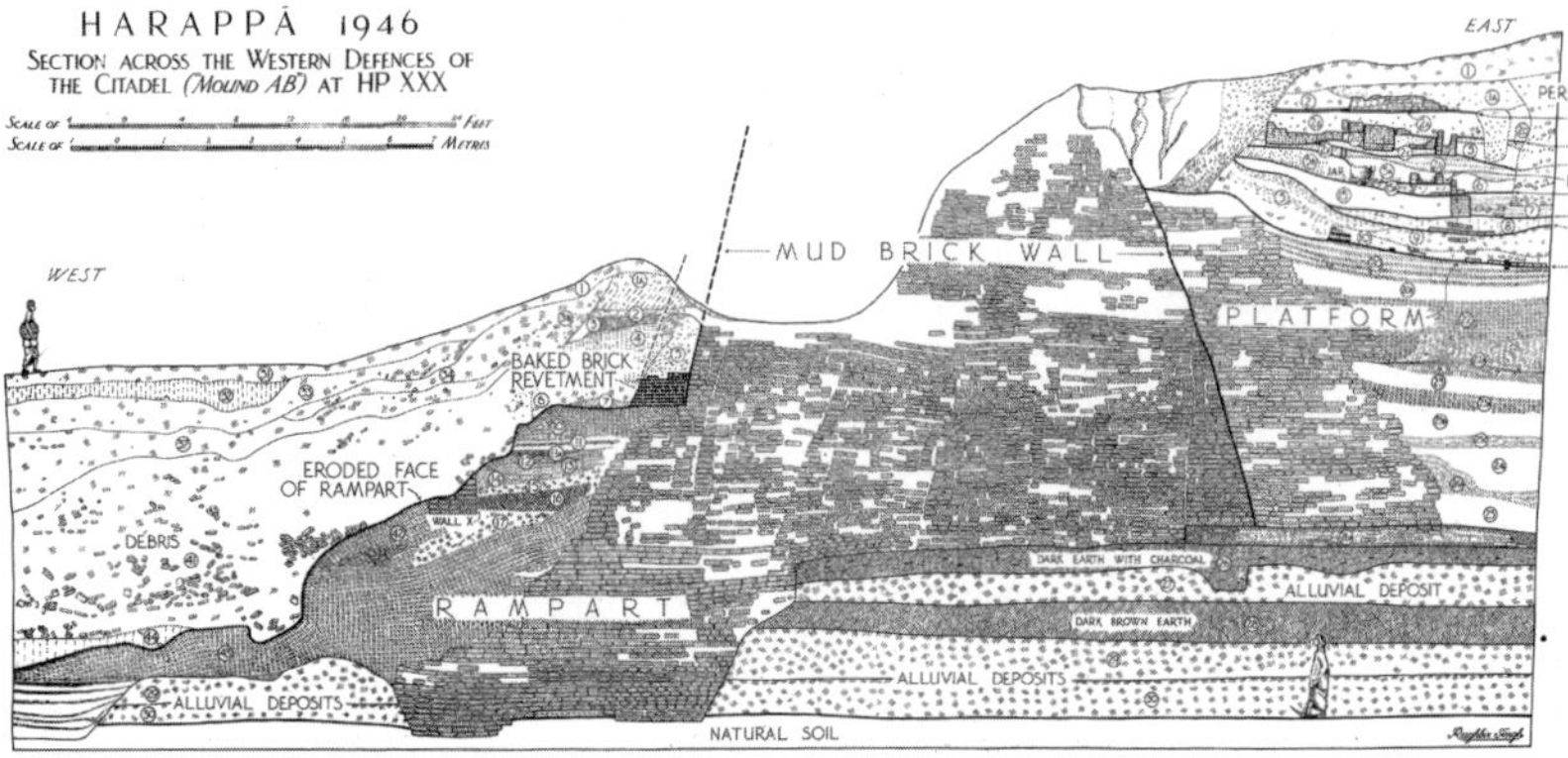

図10　ウィーラーによるハラッパー遺跡の発掘

ウィーラーの登場により、南アジアにおける遺跡の調査と記録手法は大きく変わることになった。上図に示された建物遺構と土層の関係の把握はそのひとつである。この層位的発掘の導入によって、物質文化の時間的変化を把握することが可能となった。

クシラー遺跡などマーシャルが調査した遺跡の再発掘を行うとともに、インド各地で層位的手法を用いた発掘調査を実施し、地域ごとの文化編年の確立を試みている。彼が提示した地域編年が現在でも用いられており、南アジア考古学の基礎はウィーラーによって築かれたといっても過言ではない。

特筆すべきは、ウィーラーがインド人研究者の育成に力を入れたことである。彼が退職したのちの一九四七年にインド・パキスタンが分離独立するが、ウィーラーによって訓練を受けた現地の研究者が独立後の考古学調査・研究を牽引していくことになるのである。

インダス文明研究に関するウィーラーの功績についてみておくと、ハラッパー遺跡での層位的発掘によって、インダス文明期の物質文化に時間的変化の可能性を捉えたことと、インダス文明期以前にさかのぼる可能性をもつ遺物を含む層を確認したことがあげられる。この成果はまさにウィーラーが層位的発掘手法の導入によって企図したことであり、インダス文明の成立から衰退にいたる物質文化の変化を時間軸上において追究する道筋をひらいたのである。

また、インダス文明の社会像について積極的な解釈を行ったのも彼の業績のひとつである。「神官王像（Priest-king）」や「城塞（Citadel）」といった命名は彼によるものであり、神官王が文明社会を統率していたことや、モヘンジョダロ遺跡、ハラッパー遺跡にみられる一段と高いマウンドを防御性が高い区域として解釈したことがこれらの名称の背景にある。インダス文明の衰退をアーリヤ人に結びつけたのも彼である。これらの解釈にはその後の研究によって修正されたところが多いが、一九五〇年代までの研究にもとづいたひとつの成果と評価することができる。

インド・パキスタン独立後の調査

インド・パキスタン分離独立後は、それぞれの国で異なる調査・研究の方向性が生まれてくる。インドでは、ウィーラーによって育てられたインド人研究者が中心になって、インド各地の重要遺跡の調査に着手し、ウィーラーが種をまいた地域文化編年の拡充を進めていく。インダス文明遺跡の調査においても、これまで調査の手が十分におよんでいなかった地域で発掘調査が実施されるようになり、地域ごとの物質文化の様相とその時間的変化の大枠が明らかにされるようになった。

独立後のインドでのインダス文明研究におけるもうひとつの特徴は、分布調査の活発化である。モヘンジョダロ遺跡とハラッパー遺跡というインダス文明を代表する都市遺跡がパキスタン領内に含まれることになったため、インド側でも重要な遺跡を探し出すことが求められたのである。その結果として、都市遺跡だけでなく、小規模遺跡も含めたインダス文明の空間的な広がりが明確にされることになったのである。

インドでは一九七〇年代まで基本的にインド人研究者によってインダス文明遺跡の調査が行われたのに対し、パキスタンではパキスタン人研究者に加えて外国人研究者の調査活動が際立っている。ベアトリス・ド＝カルディ（Beatrice De Cardi, 1914-2016）やウォルター・フェアサーヴィス（Walter A. Fairservis, 1921-1994）らがその代表で、一九四〇〜五〇年代にバローチスターン地方で分布調査と発掘調査を行っている。後章で述べるように、インダス平原の西側に広がるバローチスターン地方の高原地帯は、インダス文明の理解においてきわめて重要な地域であり、多くの遺跡が分布しているが、部族統治が残るこの地域では現在でも調査件数が少ないという問題がある。一九二〇年代にスタインがもたらした知見がいまなお唯一の情報源となっているところもあり、ド＝カルディやフェアサーヴィスの調査成果も現在のインダス文明理解に大きな貢献をなしている。

「初期ハラッパー文化期」の提唱

こうした独立後のインドとパキスタンにおける調査・研究の中で、もっとも大きな成果はインダス文明以前の遺跡が確認されるようになったことである。先にも述べたように、ウィーラーによるハラッパー遺跡の発掘調査で、インダス文明以前の可能性をもつ土器が層位的に確認されていたが、それに続いて、パキスタンではコート・ディジー遺跡、グムラー遺跡、サラーイ・コーラー遺跡、インドではカーリーバンガン遺跡などで、インダス文明期の文化層の下から文明期以前の建物跡と遺物群が続々と発見されたのである（図11）。

ラフィーク・ムガル（Rafique Mughal）はこうした新発見を踏まえ、インダス平原だけでなく、西のバローチスターン地方も含めた地域で確認される文明期以前の遺跡を検討し、インダス文明の母体が形成された「初期ハラッパー文化期（Early Harappan period）」の概念を提唱したのである。具体的にはインダス文明をさかのぼる前三〇〇〇〜前二六〇〇年（この年代についても研究史の中で異説があるが、ここでは現在の研究で広く共有されている年代を示しておくことにする）が、初期ハラッパー文化期に相当する。この時期の文化がそのまま直線的にインダス文明へと発達したわけではないが、文明社会の形成に向かってインダス地域が大きく発達した段階として評価することができる。ここにいたって、インダス文明が外来の強い影響のもとで移植的に出現したのではなく、先行時期からのインダス地域内での内在的社会発展のもとで文明社会が成立した可能性が強く認識されるようになったので

図11 「初期ハラッパー文化」を代表するコート・ディジー遺跡
写真中央の低いところにみえるのがコート・ディジー遺跡。手前は中世の城塞。この遺跡の調査で、インダス文明以前の研究が切り拓かれた。

ある。

こうしたインダス地域内での内在的社会発展説は、文化の連続的発展をベースにした考え方である。この考え方を補強することになったのが、バローチスターン高原から東のインダス平原に向かって広がる扇状地に位置するメヘルガル遺跡の調査である。一九七四年にはじまるジャン＝フランソワ・ジャリージュ（Jean-François Jarrige, 1940-2014）率いるフランス隊の調査によって、前七〇〇〇年頃までさかのぼるとされる新石器文化期から、銅石器時代、青銅器時代にかけて、長期にわたって人が暮らした遺跡であることが明らかにされた。発見された遺構や遺物をみると、新石器時代から青銅器時代にかけての文化変遷は必ずしも連続的とはいえず、周辺地域との関係も含めてさまざまな変化が生じていたことをみてとることができるが、この遺跡の発見は、ムガルが提唱した内在的社会発展という考え方を新石器時代にまで拡大させることになった。現在でもこの考え方は主流で、「インダス文化伝統」（Indus Valley Tradition）という枠組みの中でインダス文明の起源を捉えようとする研究者が多い。

新しい研究の登場

このように新たな遺跡の発見とその発掘成果は、インダス文明に関する理解を大きく変えることになった。インダス文明の空間範囲とその形成過程に関わる時間幅の拡大がその変更の中心にある。結果として、各地で地域編年が提示され、インダス文明期前後の時代の文化変遷の概略が明らかにされることになったのである。相次ぐ新遺跡の発見と発掘調査によって膨大な資料がもたらされたことは積極的に評価できるが、インダス文明像の構築にあたって、資料の分析と実証的な問題提起・解釈がどの程度行われてきたか検証してみる必要がある。

いうまでもなく発掘調査は考古学研究の中心にあるが、発掘調査だけですべての研究が完結するわけではないことも事実である。私もインドでいくつもの遺跡の調査に関わってきたが、ちょっとした範囲を発掘すれば多くの遺構や遺物が出土する。それらを記録・データ化し、報告書として刊行して、研究者の間で共有の研究財産とするには大変な時間と労力が必要である。発掘調査で得られた資料・データが報告書によって共有された上で、本格的な研究のステップへと進んでいくのが理想的なあり方である。しかしながら、インダス文明遺跡については、ある程度の情報が網羅的に盛り込まれた報告例は限られており、多くの資料は公表されないまま眠っているケースが多い。遺跡から何がみつかったのかすら、発掘に参加した者でなければ知ることができないのである。

こうした状況は、概してインド、パキスタンの研究者が分布調査や発掘においては優れた仕事をしておきながら、遺跡から発見された個々の遺構や遺物についてはあまり細かな分析をしないという傾向と関係がある。報告書が刊行されないこととも関係して、複数の遺跡からの出土遺物を比較検討して、新たなデータや視点を提示するということもあまりなされていない。

一方、欧米の研究者は出土遺物の分析に積極的であり、遺物の素材や技術の解明をめざす研究が多い。その代

図12　古代の技術の復元をめざすケノイヤー

ケノイヤーの研究により、インダス文明期の工芸品製作技術が明らかになっただけでなく、物質文化の理解がインダス都市社会の解明に重要であることが明示されることになった。

表は、インダス文明期の工芸品について網羅的な研究を進める、アメリカ人研究者ジョナサン・マーク・ケノイヤー（Jonathan Mark Kenoyer）である（図12）。彼はインドのアッサム州生まれのアメリカ人で、高校生までインドですごした。南アジア現地の言語・文化にも精通し、重要な研究を次々と発表してきた。特に一九八六年以降は師のジョージ・デイルズ（George Franklin Dales, 1927-1992）とともにハラッパー遺跡の調査を主導し、名実ともにインダス文明研究を牽引する巨人である。

彼の研究は多岐にわたるが、その中心にあるのは、インダス文明期の工芸品の研究である。詳しくはのちほど紹介するが、印章、装身具、土器などさまざまな遺物の技術研究を展開している。同じような遺物研究を行う研究者は数は多くないながらも欧米にいて、工芸品という視点からインダス文明の独創性や社会構造について多くのアイデアを提示している。

現在の研究動向

私も以前にケノイヤーのもとで工芸品研究の手法

を学んだこともあり、土器、装身具、印章に関して研究を進めている。私の研究の場合は、インダス文明期を時期的に細分し、その中で物質文化の時空間的変化を明らかにするところに主眼があるので、ケノイヤーらの研究とは少し方針が異なっている。インダス文明社会を一体のものとして捉えるのではなく、時間的かつ空間的に多様性を内包していること、またそうした多様性が地域間関係の変化とともに文明社会をダイナミックに変容させているさまを明らかにしたいと考えている。

かつてインダス文明は、共通性の高い物質文化要素が広範に分布しているところから、社会＝文化的に統一性の強い文明社会であると考えられてきた。それを大前提としてインダス文明の歴史的意義を捉えようとする研究の方向性が強かったが、近年ではインダス文明内部の多様性に着目する研究が増えつつある。インダス地域内の自然環境の多様性や物質文化の地域性から、インダス文明社会が多様性と複雑性を内包していることを明らかにしようとするものである。比較的若手の研究者の間でこうした視点が共有されつつあることは、私自身の研究とも一致してよろこばしいことである。しかし、広域的に共通する文化要素が存在することも確かであり、多様性と統一性をどのように関係させてインダス文明社会全体の姿を描き出すか、またそれが時間軸上でいかに変化しているのか捉えることも重要である。また、周辺地域との関係がインダス文明社会の変化とどのように関わっているのか、つねに細部と全体を見渡しながら研究を進めていくことが求められる。

南アジアにかかわらず、現代の考古学においてはさまざまな自然科学分析を駆使して、これまでにはわからなかったことを明らかにすることができるようになった。DNA分析によるインダス文明の担い手の解明、同位体分析を用いた人の移動や食生活の分析、土器に残る脂質の分析による食文化の研究などがその代表である。南アジアではこうした研究はまだ萌芽段階にあるように思うが、近い将来、より体系的な研究が生み出されることは確かであろう。また、古環境の復元研究も盛んになりつつあり、環境変化がインダス文明社会に与えた影響を評価しようとする研究が進められている。

これらの研究はインダス文明理解にとって新たな知見とデータをもたらしてくれるものであり、新たな研究分野の開拓にも大きなインパクトをもっている。ただし、注目しなければならないのは、科学分析が対象とするサンプルがインダス文明社会の中でどのような意味をもつのかという理解は、これまでの伝統的な手法による研究に依拠しているということである。新奇な研究だけで今後の研究全体が動いていくようなことになると、インダス文明理解は大きくゆがんだものになってしまうだろう。多岐の研究手法から得られる知見を統合する基盤を築き、相互に検証を重ねていくような研究姿勢が求められる。

デジタル技術と考古学

近年の考古学研究の動向のひとつに、デジタル技術の活用がある。この二〇年ほどの間にコンピュータやデジタルカメラが広く普及し、私たちの生活において不可欠な道具となってきているが、そうしたデジタル技術の普及は考古学の分野においても顕著である。研究活動のさまざまな分野に導入されつつあるが、遺跡の調査においては3Dモデリング技術を用いた記録がこれまでの私たちの理解を大きく変える可能性を秘めている。この技術を用いることによって、都市遺跡のように広い面積をもつ遺跡の測量調査が可能になり（図13）、また発掘調査で発見された遺構や遺物の詳細な記録ができるようになってきている。インダス文明研究においてはまだこうしたデジタル記録技術を用いた研究成果は具体的に出てきていないが、各種の技術を用いることでこれまでのデータを質量ともに飛躍的に増大させることが期待され、研究の多岐化や高精度化を可能にするであろう。

考古学研究においては、遺跡調査から得られるデータの質と量が重要である。物質文化を相手にしているので、文字による記録だけではデータにならない。遺跡から得られた資料を数値化したり、視覚化して記録することが重要である。デジタル技術導入以前はマニュアルによって作成された遺構・遺物の実測図や写真が視覚的記録の主たる手段であったが、そこに記録される情報は発掘調査者の理解や主観に左右されるところが大きかった。し

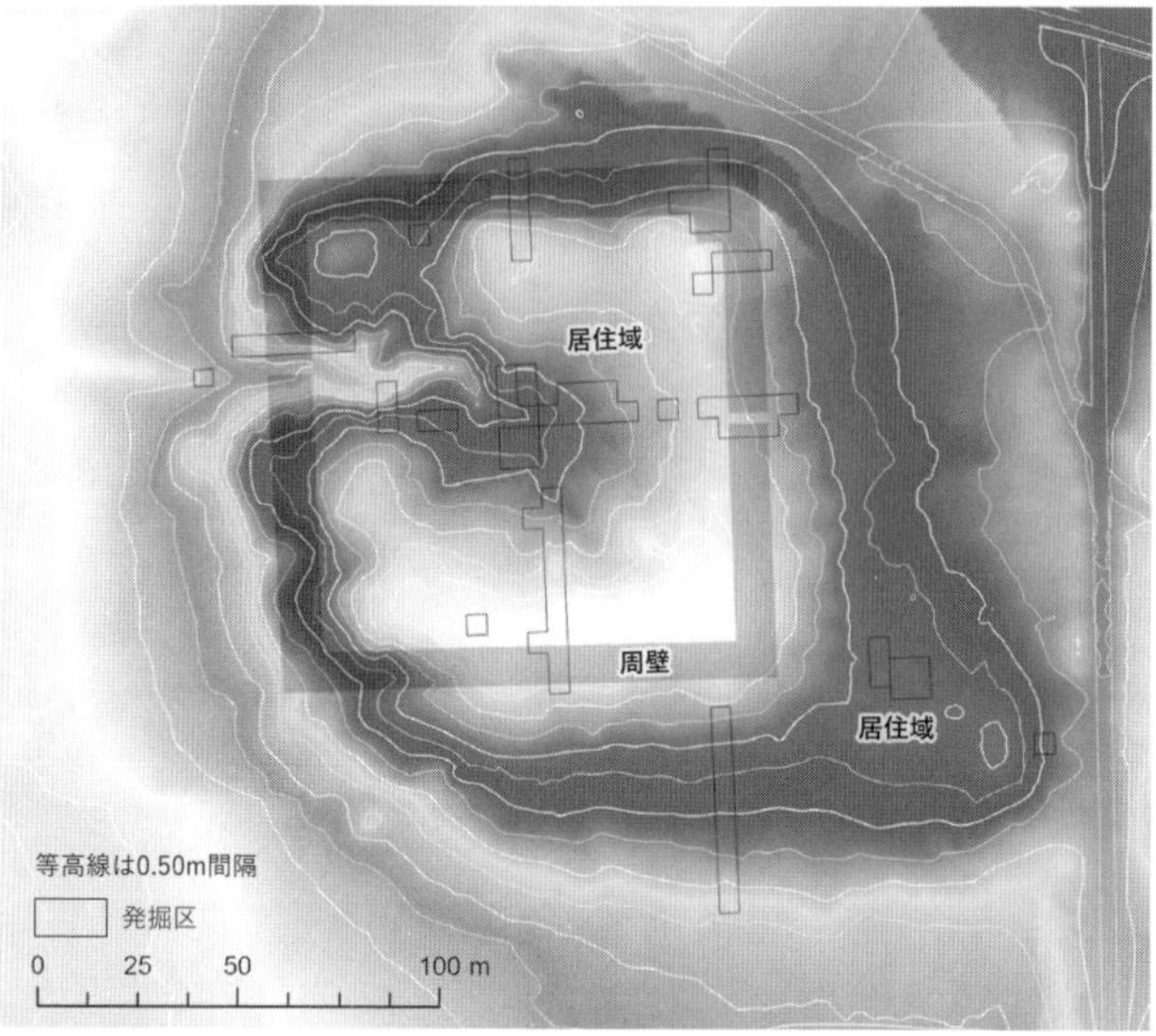

図 13　デジタル技術で記録した遺跡の地形（グジャラート州シカールプル遺跡）
トータルステーションと呼ばれる機械とコンピュータ・ソフトウェアを用いて作成したもの。遺跡の地形の視覚化と発掘調査データの統合を可能にする。

かし、デジタル技術を用いることで、各種の情報をより高い精度で記録することが可能になり、これまで見過ごされていた情報を研究の俎上にあげることができるようになるのである。

こうしたデジタル技術の導入により、考古学の調査と研究は大きく変わりつつある。インダス文明研究においても積極的にそのメリットを活用し、これまでの研究を補うとともに新たな研究の視点と分野を開拓していくことが求められている。

編年研究の不在

昨今の自然科学分析重視の風潮の中で、あらためて認識され改善されるべきなのが高精度編年の構築という基礎研究の分野である。よく知られているように、遺跡から出土するさまざまなサンプルから年代を測定する科学分析手法がある。その代表でかつ広範に用いられているのが ^{14}C年代測定法である。有機物の中に含まれる炭素を測定することで年代を算出する方法で、例えば遺跡から出土する炭化物や貝、骨、歯などから測定サンプルを得ることができる。AMSと略称される加速器年代測定法の開発によって微量のサンプルでも高精度の年代値が得られるようになったこと、また理化学的に算出された年代値を実年代に換算するための較正プログラムが改良されてきたことにより、年代測定の精度は飛躍的に高くなっている。

南アジアの考古学研究においても、この年代測定が積極的に用いられており、多くのデータが蓄積されつつある。ただし、年代値が得られたからといって、それが物質文化の変遷過程の復元に直結するわけではないことは十分に認識しておく必要がある。また、年代測定値の評価もまた、研究者の物質文化の時間的変化に対する理解如何によって大きく変わってしまう。重要なのは、年代測定値を援用しながら、物質文化の時間的変遷を物質文化そのものがもつ要素によって再構築していくということである。

残念ながら、南アジア考古学ではインダス文明が消長した約七〇〇年間を細かく分けて、時間のものさしの精度を高めようという研究に乏しい。インダス文明の物質文化は変化に乏しいといわれたことがかつてあったが、私自身の研究も含めて、近年の研究はインダス文明の物質文化が空間的変異（地域的多様性）だけでなく時間的変化にも富んでいることを明らかにしつつある。そうした空間的変異、時間的変化を総合することで、インダス文明全体をカバーする編年を構築することが可能となるはずである。

都市社会であるインダス文明は、きわめて複雑な構造をもっている。さまざまな要素間のバランスの上に都市社会が成り立っており、結果的に文明社会は著しく変化しやすい構造を有していたと考えられるのである。それは、文明社会のダイナミズムということができるだろう。このダイナミズムを明らかにするためには、やはり高精度編年の構築が不可欠である。

私自身、インダス地域各地の土器を材料として、その時間的変化をさまざまなかたちで検討してきた。とりわけ文明期に広域的に分布するハラッパー式土器は、インダス地域全体をカバーする編年の指標として高い有効性をもっている。このハラッパー式土器の分析で、インダス文明期を少なくとも三つの時期に分けるところまでは到達できたのだが、それでも一時期二〇〇年くらいの時間幅があり、高精度編年とはいいがたいのが実情である。せめてひとつの時間の目盛りが一〇〇年以下となるまで精度をあげることができれば、インダス文明社会のダイナミズムをより具体的に説明することができるだろう。どうにかこの編年構築という地味ながらも重要な基礎研究を進めて、今後の研究の基盤として提示したいと考えている。

広域型文明研究の難しさ

インダス文明の遺跡は現在の国名でいうと、インド、パキスタン、アフガニスタンにまたがって分布している。東西、南北ともに一八〇〇キロ、面積でいうと一六七万平方キロという広大な範囲におよんでいる。とても一人の研究者がすべての遺跡をみてまわることすら難しい。インド、パキスタンの両方で発掘調査をした研究者もきわめて少ない。また、現代の発掘調査はひとつの遺跡にかぎっても多大な時間と労力を必要とする。一人の研究者がその研究人生で五ヶ所も発掘できれば大成功といえるだろう（もちろん報告書の刊行、研究の展開までを含む）。必然的に一人の研究者がカバーできるのは、インダス地域の中でもごく限られた地域のさらにいくつかの遺跡ということになる。このこと自体は考古学研究の性格上あたりまえのことだが、問題は結果的に一人一人の研究者の関心が、狭い地域の中に押し込められてしまうことである。文明社会全体を視野に入れた研究の欠如である。

こうした状況は大学を代表とする研究機関の教員レベルだけの問題ではなく、学生の教育にも大きな影響をおよぼしている。学生は修士論文や博士論文を書くためにフィールド調査を行うが、その対象地域はごく限られた範囲になる。確かに専門教育という意味においては、研究対象をある程度絞り込んでそれを掘り下げるという研究姿勢が重要だが、そうして独り立ちした研究者はその後も限られた地域の中だけで研究を展開していくことになる可能性が高い。なかなか広い範囲を対象にした比較研究や総合研究を実現させることが難しいのである。

また、インドとパキスタンのそれぞれの研究者が互いの国にある遺跡を往来することも、現代の政治状況の中

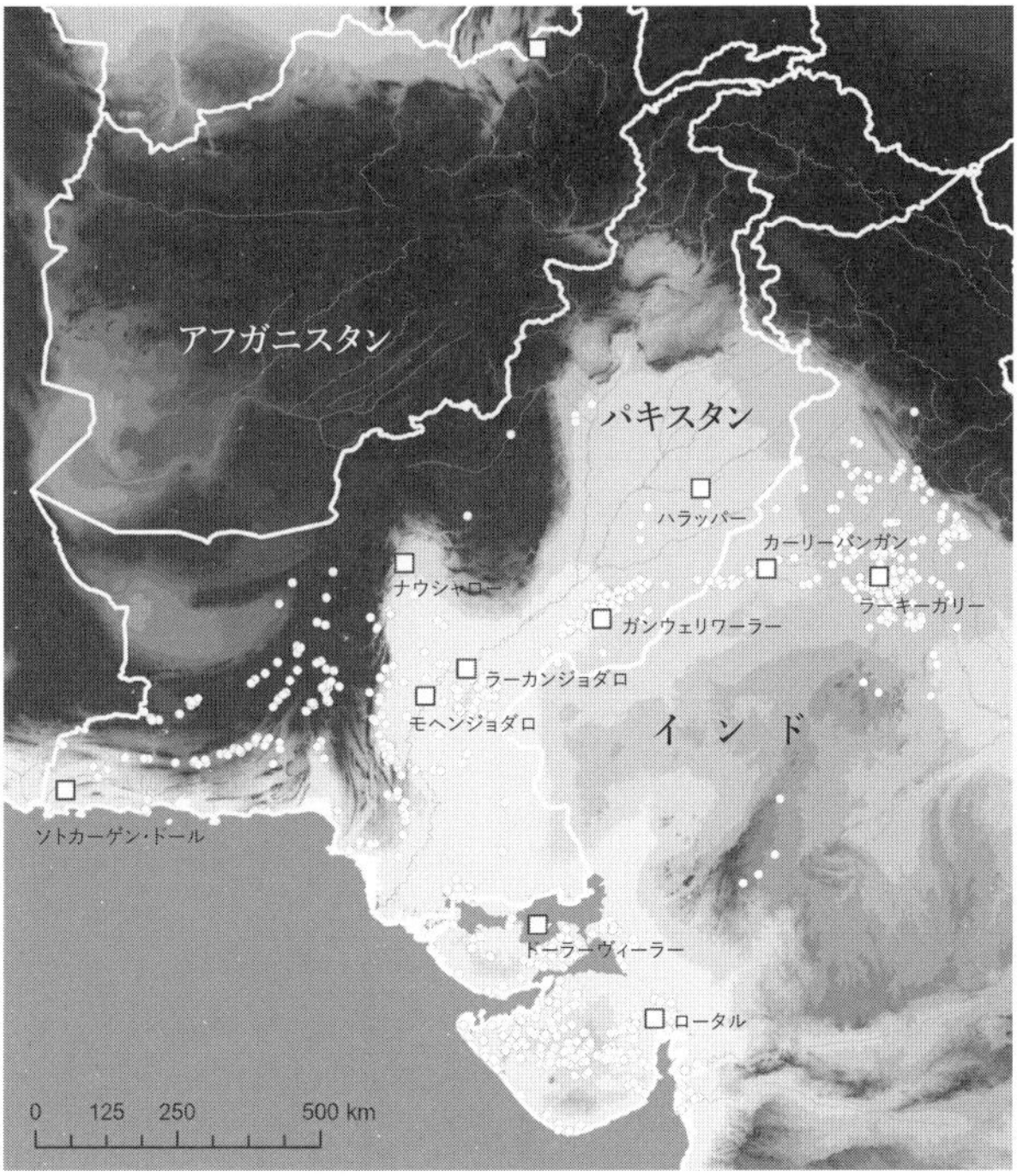

図14　インダス文明の遺跡の分布と現代の国境線
現代の国境線と国家間関係は、インダス文明研究に大きな影響をおよぼしている。

では難しい（図14）。研究に関する意見交換や切磋琢磨しての調査精度の向上も容易ではない。いろいろな現代社会の状況の中で、インダス文明研究にさまざまな制約が存在しているのである。

　そうした点で、私たち外国人研究者はいずれの国にもいくことができるし、複数の地域で調査・研究を行うことが可能である。先に紹介したケノイヤーはまさに縦横無尽にインド、パキスタンを往来し、研究を進めている。私もさいわいにして、インド、パキスタン各地の遺跡調査に関係し、諸々の資料を手にとって研究を進めてきた。こうした自由な研究環境がインド人、パキスタン人の研究者にも実現すれば、研究も大きく飛躍するかもしれない。状況はそれほど単純ではないが、インダス文明研究に取り組もうとすると、こうした制約をのりこえていくことが求められるのである。

新たなインダス文明像の構築

モヘンジョダロ遺跡とハラッパー遺跡の発掘調査から一〇〇年が経った。その中でけっして十分とはいえないながらも遺跡の発掘が行われ、多くの研究が蓄積されてきた。しかしながら、何かが事実として明らかになったというよりも、次から次へと研究課題が浮上してきたというのが研究者としての実感である。「インダス文明とはどういう社会なのか?」と問われると、答えに窮してしまうのが実際である。明らかになったことはたくさんあるけれども、それらの事実を組み合わせて、全体としてどのような文明社会であったのか明確に説明できるところはきわめて限られている。

そうした中で私が強く認識しはじめているのは、①インダス文明社会がその成り立ちから衰退にいたるまで、著しい多様性に彩られていること、②そうした多様性を貫いてひとつの文明社会として統合する仕組みが存在したこと、それはすなわち③多様な自然環境を内包するインダス地域の各地に展開した地域社会の間の関係の上に、インダス文明社会が成り立っていること、④そうした地域間関係の総体としてインダス文明は時間の経過とともに著しく変化を繰り返していること、である。

こうした視点は、私自身も含めて多くの研究者の努力の中から生まれてきたものであるが、一種定説化してきたインダス文明像を、遺跡、地域、広域といった異なる空間スケールと複層的な視点からいま一度問い直してみたい、というのが私の学問的な関心である。この一五年ほどの間に積みあげてきた研究の成果をもとに、新しいインダス文明像（まだ鮮明ではないが）を提示するのが本書の目的である。

第二章　インダス文明の成立過程

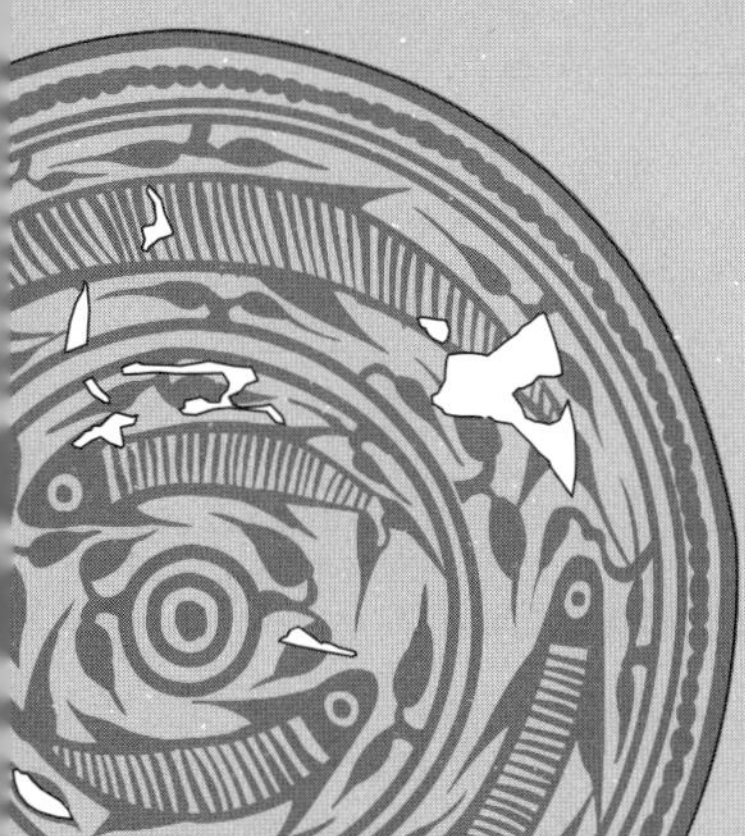

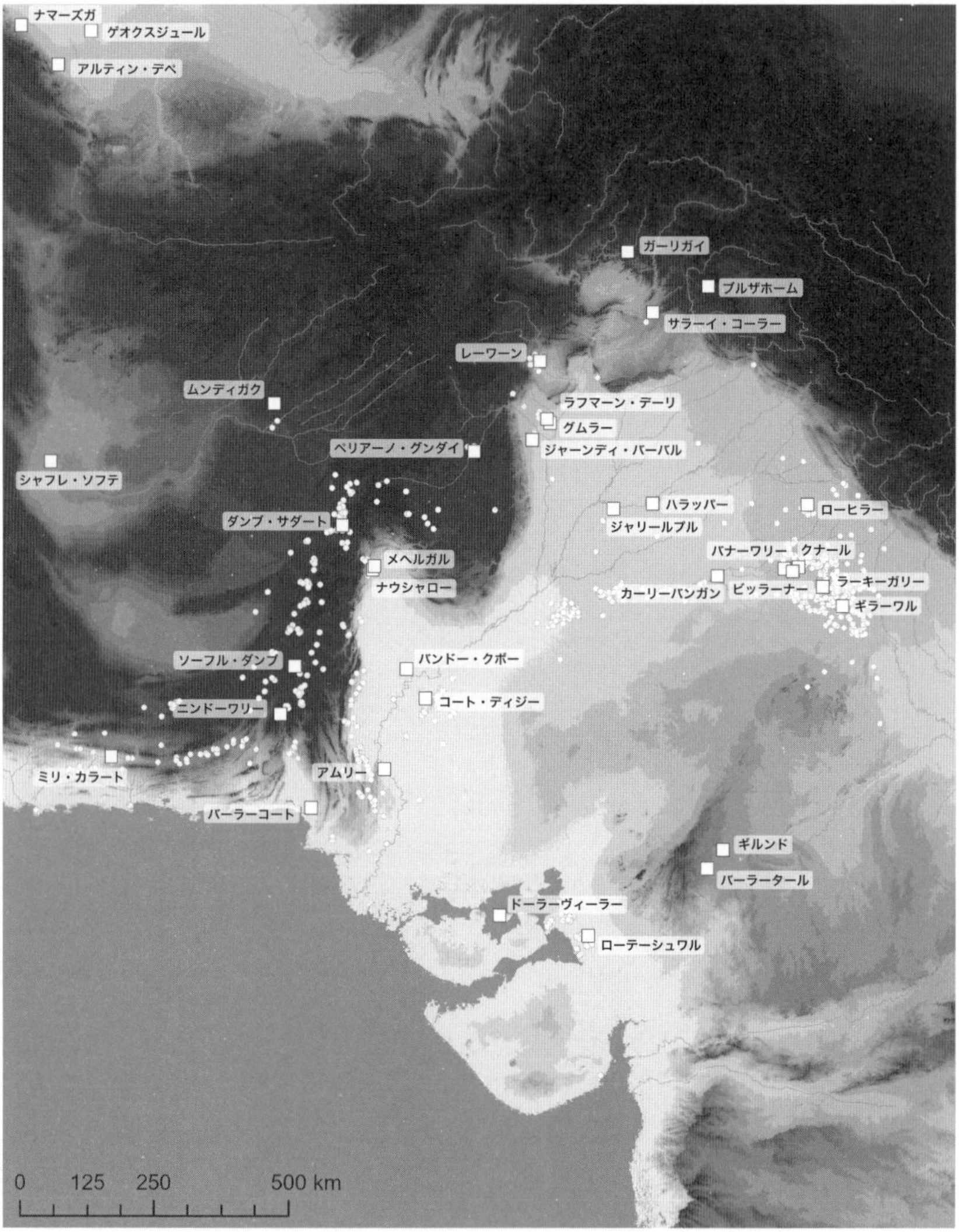

図 15　先インダス文明期の代表的な遺跡と関連遺跡

1920 年代以来、各地で発掘調査が行われているが、ほかの古代文明に比べると、いまだに調査例は著しく限られている。インダス文明の成立を考える上で重要な先文明期についても、十分なデータが揃っているわけではなく、この時期の社会と文化の変遷を理解するには、まだまだ多くの遺跡の調査が必要である。

プロローグ　都市と農村

一九九〇年代に北インドの農村地帯にあるマヘート遺跡の発掘調査に従事していたころ、頻繁に現地に通い、典型的な農村に寝泊まりして調査を行っていた。インドの村では村内で家畜を飼うので、フンの匂いがただよう独特の生活環境だったが、農村の人々の暮らしを目のあたりにし多くのことを学ぶことができた（図16）。

滞在していた村は、面積でいうと一ヘクタール（＝一〇、〇〇〇平方メートル）ほどで、一〇〇戸あまりの家が密集している。親、兄弟、従兄弟の家族を含む二〇人程度がひとつの中庭を取り囲んで並ぶ部屋に暮らしている。中庭は共有スペースで、夏の暑いときにみなでベッドを出してすずみながら寝ている。調理用のカマドが中庭の一角に配され、牛糞と小枝を燃料にして食事の準備が行われている。

家はレンガづくりか泥壁で、屋根には瓦が葺かれている。レンガは、比較的最近になって大規模なレンガ工場がいたるところにつくられるようになり、村の家屋にも広く取り入れられるようになった。お金があるとレンガの壁の表面にコンクリートを塗る。確実に変化をみてとることはできるが、その一方で前近代からつづいているであろう農村の風景を呈していたのも確かである。

もちろん時代も規模も違うが、家屋の構造はインダス文明の時代のものとよく似ていて、村が遺跡化すればインダス文明の町の遺跡にようにみえるだろう。カマドでの調理もインダス文明の遺跡と同じである。村の外に目を転じれば、牛車が牧草を運んでいるのがみえるのも、インダス文明の村と同じ光景であろう。

村のいたるところに小さな祠があり、ヒンドゥー教の神様がまつられている。部屋の壁にも神様のポスターが貼られている。人々は日々家の中だけでなく、祠に行ってお祈りをしているが、特に火曜日の夜にはハヌマーン神（猿の頭をもつ神様）にささげる祈りの言葉が村中に響いている。宗教が人々の生活のリズムをつくり、神様は人の生活のごく近いところにいる。

村には独特の生活のリズムがあり、よくもわるくも緊密な人間関係の中で動いている。みな幼いときからよく

図 16　北インドの農村

南アジアでは地域によって村の特徴もさまざまである。北インドのガンガー平原の農村はほかの地域に比べて規模は小さいものが多く、村の間も比較的離れている。ただし、さまざまな伝統的生活スタイルが色濃く残るのは共通する。

見知った顔である。外部の人間はなかなか入ることが許されない空間であるが、複数の村が集まっての祭礼や結婚式のときにはそうした村の境界が一時的にせよなくなり、地縁、血縁をベースにした地域社会のまとまりが姿をあらわす。一見素朴にみえるが、重層的な社会構造が農村地帯にも存在しているのを知ることができた。そんな中に外国人である私がひとり暮らしているのは奇異なことであったにちがいない。

そんな農村地帯に数ヶ月暮らして、デリーのような大都会に戻ってくると圧倒された。一九九〇年代はまだ国産品の消費が国是となっていた名残りで、外国の大企業の製品はそれほど店頭に並んでいなかったが、それでも農村地帯とは隔絶した物量である。人も多く、車も多い。町で生まれ育った人だけでなく、農村地帯からの人口流入も顕著で、さまざまな価値観や行動パターンが都市の中に共存しているさまは、まさに混沌のインドという感じであった。ともかく、農村とは隔絶した社会の特徴、価値観、行動様式、文化的景観が都市に展開していたことは事実である。

こうした現代の農村と都市の姿は、はたしてインダス文明の時代にも共通してみられたのだろうか。村落とは隔絶した人口規模とそれを支えるインフラの整備は、インダス文明の都市も同じである。農村では目にすることもできない珍奇な物品が都市の中で出回っていただろう。都市的な生活スタイルなり身のこなしが存在したかもしれない。ただし、近代以降に世界各地で発達してきたメトロポリスのイメージが、はたして近代以前の都市にも適用できるのだろうか。最近つとに考える課題である。

インダス文明は文字が未解読であることもあって、その研究は考古学の成果によらざるをえない。考古資料は自ら口を開いて何かを語ってくれるわけではない。研究者が資料をさまざまな視点から観察し、何がしかの解釈を論理的に導きだすのが考古学の手法である。インダス文明の都市に対しても、どうしても研究者の主観が投影されてしまうし、研究者がもつ「常識」の範囲を越えた解釈は出てこないという制約がつきまとっている。インダス文明の都市に対して私たちが見いだす姿は、こうした制約を伴うものであることを十分に認識しておく必要がある。と同時に、時代、地域を超えて「都市」という大きな人口が生活する空間に共通してあらわれる特徴も存在するはずである。このあたりを踏まえながら、インダス文明の都市の誕生と発達をみていくことにしよう。

インダス地域の自然環境

インダス文明がさかえたのは、南アジア北西部、すなわち現在の国名でいえば、パキスタンとインドの北西部の地域に相当する。この地域は西の乾燥地域と東の湿潤地域の中間に位置しており、降雨量の多様性が認められる。この地域の降雨量は夏季の季節風と冬季の偏西風によって特徴づけられているが（図17）、インダス平原についてみると、北部のパンジャーブ地方では夏・冬ともに比較的多くの降雨がある一方、南部のシンド地方では

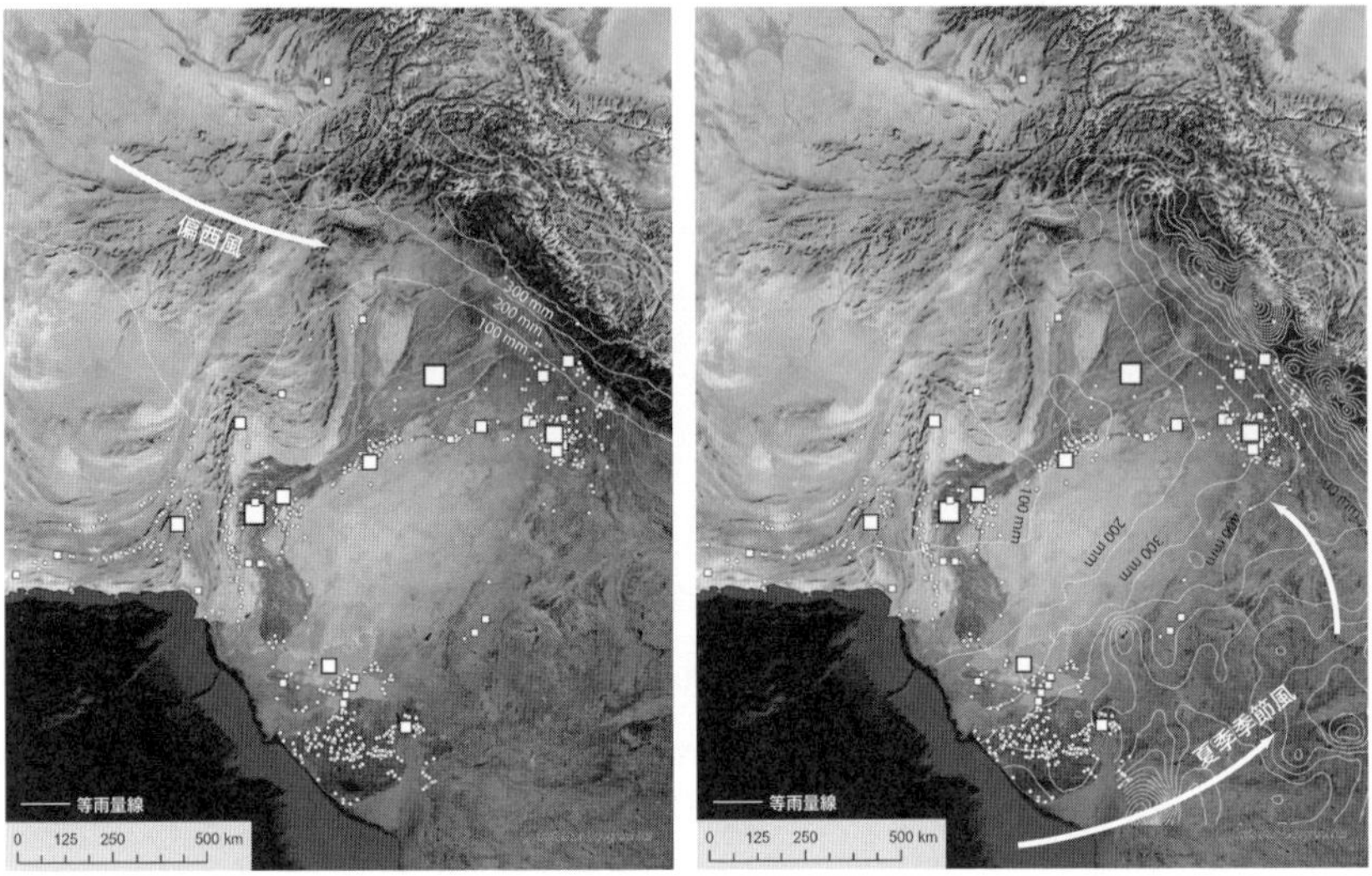

図 17　南アジア北西部の降雨量（左：1 〜 3 月、右 6 〜 8 月）

インダス文明が展開した南アジア北西部では、夏と冬の降雨、雪解け水、地形が複雑に関係しあって独特の自然環境を生み出している。特に、降雨量は各地で栽培される穀物の種類や農法に大きな影響を与えている。

年間降雨量は著しく限定されている。西のバローチスターン地方も同様に極度の乾燥によって特徴づけられている。逆に東のガッガル地方やグジャラート地方では、夏季の季節風がもたらす降雨によって豊富な水が得られる。

　このように地域によって降雨量に著しい差異があるが、各地で利用可能な水資源にさらなる多様性を加えるのが、北方の山間地帯から供給される雪解け水である。これは特に積雪の多いヒマーラヤ山脈に起源するインダス川とその支流が流下するパンジャーブ地方、シンド地方に大きな影響を与えている。パンジャーブ地方には豊かな水量をもつサトレジ川、ベアース川、チェナーブ川、ジェーラム川、ラーヴィー川が流れており、平原部の広い範囲に豊かな水をもたらしている（ちなみに、「パンジャーブ」というのは「五つの河」の意）。これらが合流してインダス川となり、シンド地方を南に流下している。シンド地方は降雨量は少ないものの、この雪解け水がこの地域に豊富な水資源を提供しているのである。一方、北東のガッガル平原を流れるガッガル川とその支流はヒマーラヤ山脈本体では

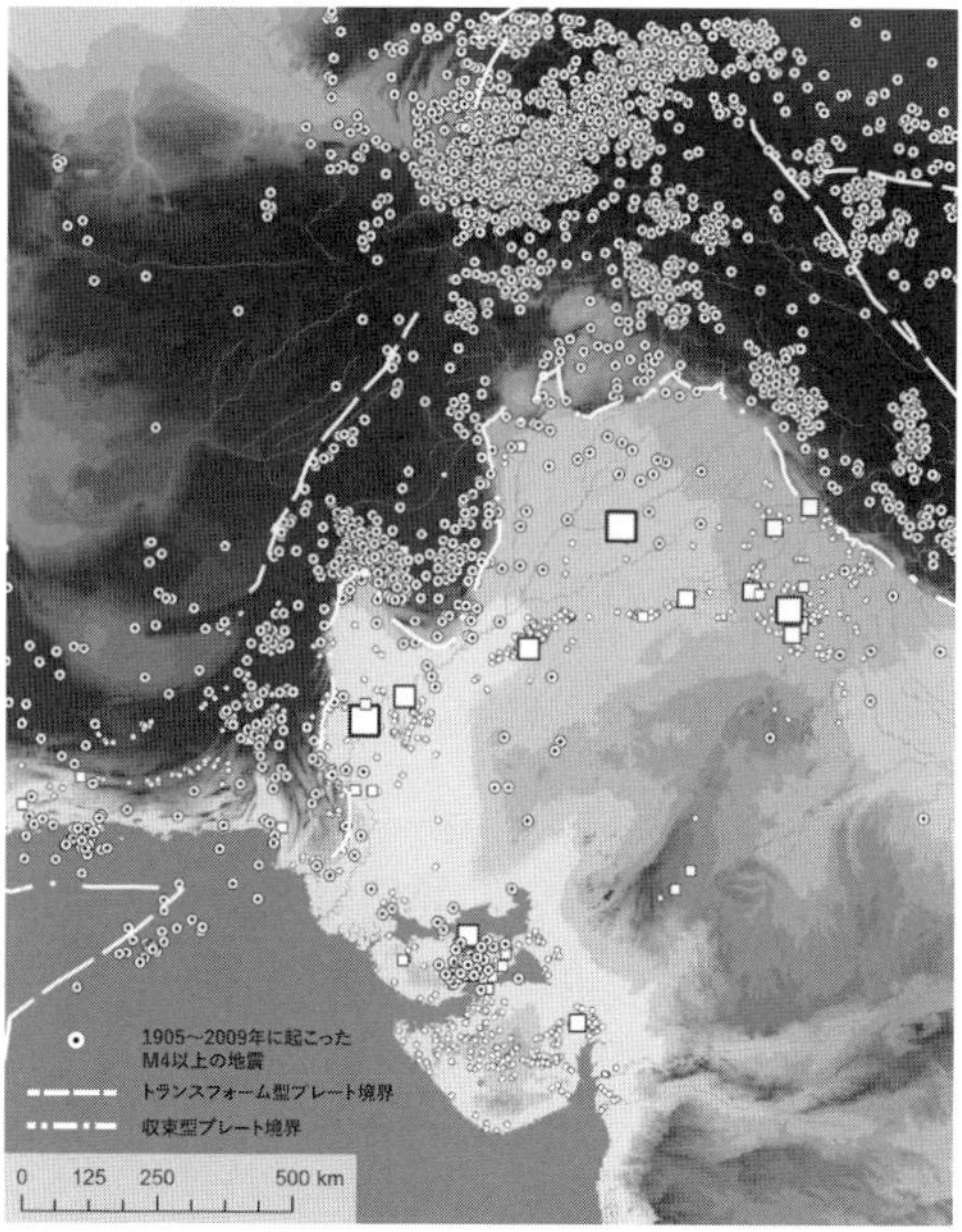

図18　南アジア北西部におけるプレート境界と地震

ユーラシアプレートとインドプレートが衝突する南アジア北部では、地殻変動によって多様な地形環境が生み出されている。それが降雨量と関わって、多様な動植物相をもつ自然環境と、さまざまな文化伝統を生み出している。

なく、降雪のない前縁地帯に水源をもっており、この平原部にもたらされる水量はインダス平原と比較すると著しく少ない。隣接する平原でありながら、水資源は大きく異なっているのである。

　こうした降雨量と雪解け水によって特徴づけられる自然環境の多様性と深く関わるのが地形である。インド・プレートがユーラシア大陸に衝突したその境に形成された地溝帯に、北の山間地帯からもたらされた堆積物が厚く堆積したのがインダス平原とその北東のガッガル平原である（図18）。勾配の少ない広大な平原部がこれらの地域に広がっているが、先に述べたようにこれら二つの平原部では、河川がもたらす水量に著しい違いがあり、両地域の環境を大きく異なったものとしている。インダス平原では、河川の氾濫が頻繁に生じているが、それが農業生産に適した豊かな土壌をもたらしてくれるのと同時に、時に大災害を引き起こすこともある。

二〇一二年に起こった大洪水が大きな被害をもたらしたことは記憶に新しい。一方、ガッガル川は完新世前半期までには流水量を減じていたことが知られており、インダス川のような大規模な氾濫は稀であったと考えられている。したがって、この地域の農業生産はインダス平原のそれとは大きく異なっていたことが明らかになりつつある。

平原部の縁辺部には、プレートの衝突によって隆起して形成された高原・山脈地帯が広がっている。バローチスターン地方に発達する褶曲山脈は、まさにこのプレート運動によって形成されたものである（図18）。バローチスターン地方やその西につらなるイラン高原南東部において現在でも大地震が頻発するのは、このプレート運動によるものである。南東のグジャラート地方からアラヴァリー地方にも高原が発達している。

また、インダス地域を特徴づけるのは、グジャラート地方からシンド地方南部、バローチスターン地方南部（マクラーン地方）に続く長い海岸線である。沿岸部ではほかの地域とは異なる文化伝統が形成されていた可能性が高いが、海洋民の歴史はまだよくわかっていない。しかし、インダス文明期に西方との海洋交易が発達したことは、この長い海岸線の存在が背景となっている。

このように、インダス文明が発達した地域には、降雨量、河川流量、そして地形が複雑に関係しあって多様な自然環境が内包されている。このことは、先文明期に各地で異なる食料基盤や文化、資源利用の伝統がかたちづくられた背景となっているが、そうした多様な文化伝統はインダス文明期にも継承され、文明社会の多様性を織りなしている。

メヘルガル遺跡の調査成果

前章でも少し触れたように、バローチスターン高原とインダス平原の境にあるメヘルガル遺跡では、前七〇〇〇年頃までさかのぼるとされる新石器時代から、銅石器時代、青銅器時代にかけての集落跡が発見されて

住居址

集落址

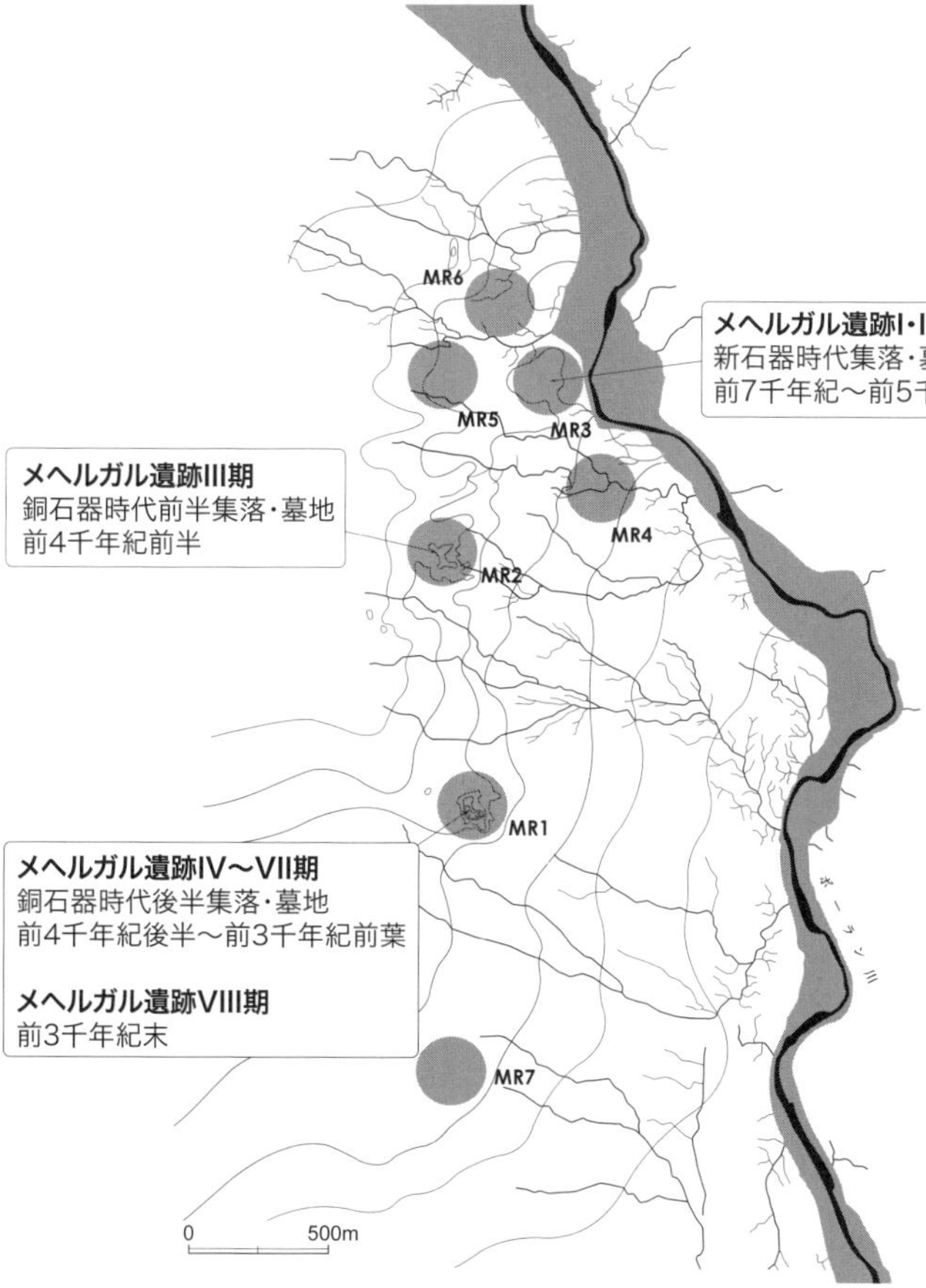

図 19　メヘルガル遺跡

メヘルガル遺跡は乾燥性の強い（現代では年間降雨量 100㎜以下）ところに位置しているが、西のバローチスターン高原から流れてくる水資源を利用した初期農耕村落が誕生した。

いる（図19）。約五〇〇〇年におよぶ長い時間幅の中での集落の移り変わりをみてとることができる。この遺跡ではインダス文明の直前期（前二七〇〇年～前二六〇〇頃）に集落が途絶え、インダス文明期の終末に近い時期に短期間再利用されるという特異な居住パターンを示しているが、インダス文明形成過程の理解において重要な資料を提供していることには変わりがない。

新石器時代の集落は、粘土ブロックを積み上げた長方形の住居群とそれに近接して形成された墓群からなっている（図20-1）。居住域と墓群が分離せずに集落内で一体化するという特徴をもっている。のちに詳しくみるように、インダス文明期の墓が集落域から離れた専用墓地に築かれるのとは対照的で、社会のあり方の違いを物語っている。

住居は四ないし六部屋からなるつくりで、平屋根であったと考えられている。現在でも南アジアでは降水量の少ない地域は平屋根、多い地域では勾配屋根で瓦を葺くという特徴があるが、メヘルガル遺跡が所在する地域は降水量が乏しい地域であり、それに対応した住居形式であったと考えられる。ちなみに、インダス文明期の建物も平屋根と考えられ、瓦は用いられていなかった。

墓には成人、未成人ともに含まれており、中には幼児の埋葬もある。ヒツジもしくはヤギの幼獣を副葬（あるいは供献）した例や、籠や磨製石斧、石刃（刃として使われる鋭利な石器）が副葬された例も知られている。注目されるのはトルコ石やラピスラズリ、貝でつくられた装身具が副葬されていることで、これは、この新石器時代においても、遠く離れたところでしか産出しない稀少資源をメヘルガル遺跡までもたらす長距離交易活動が存在したことを示している。ちなみにラピスラズリはアフガニスタン北部、トルコ石はイラン北東部に産地が知られている。

この村に暮らした人々は主体となるオオムギに若干のコムギを加えた、いわゆる冬作物を栽培していた。またヒツジ、ヤギ、ウシなどが家畜動物として飼われていたこともわかっている。これらの食料資源となる動植物の

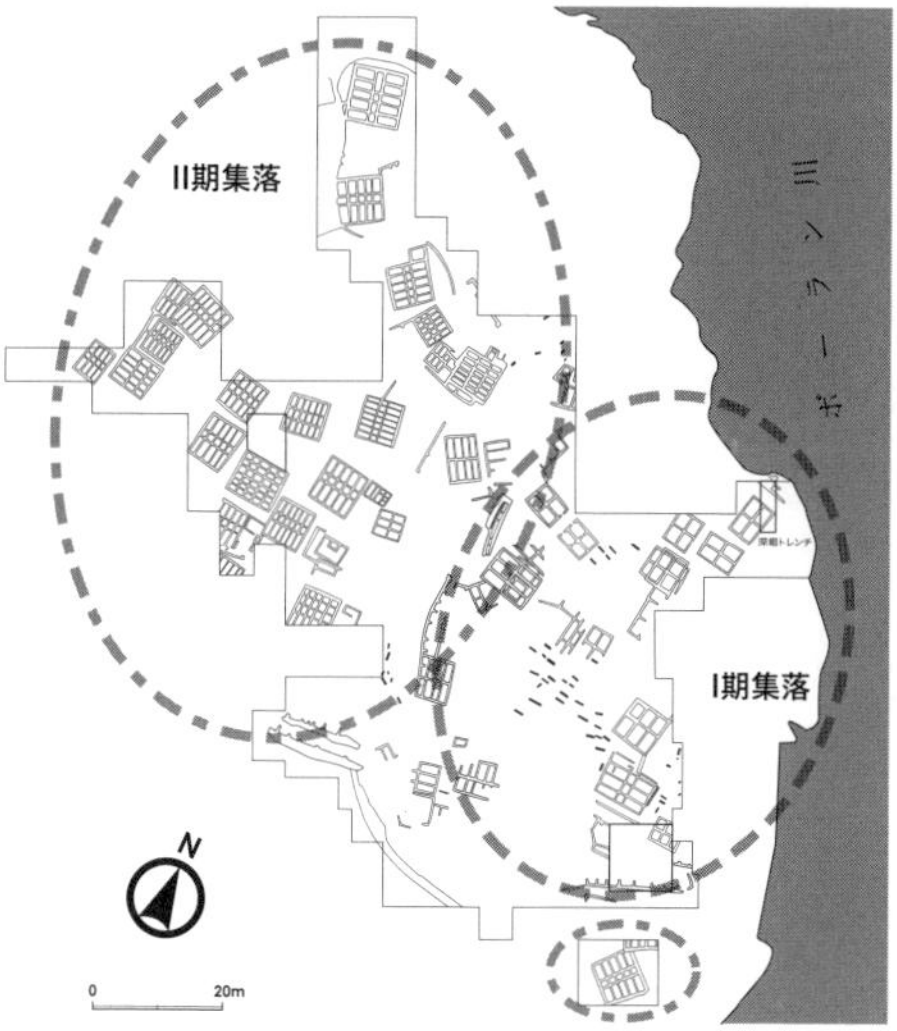

1. I･II 期（前 7000 ～前 4000 年頃）

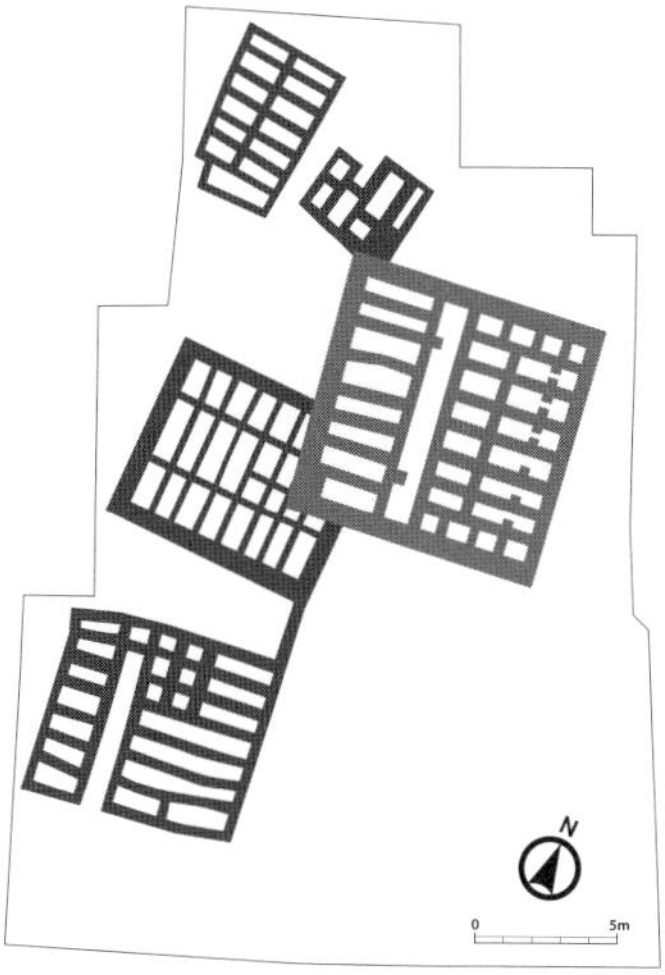

2. III 期（前 4000 ～前 3500 年頃）

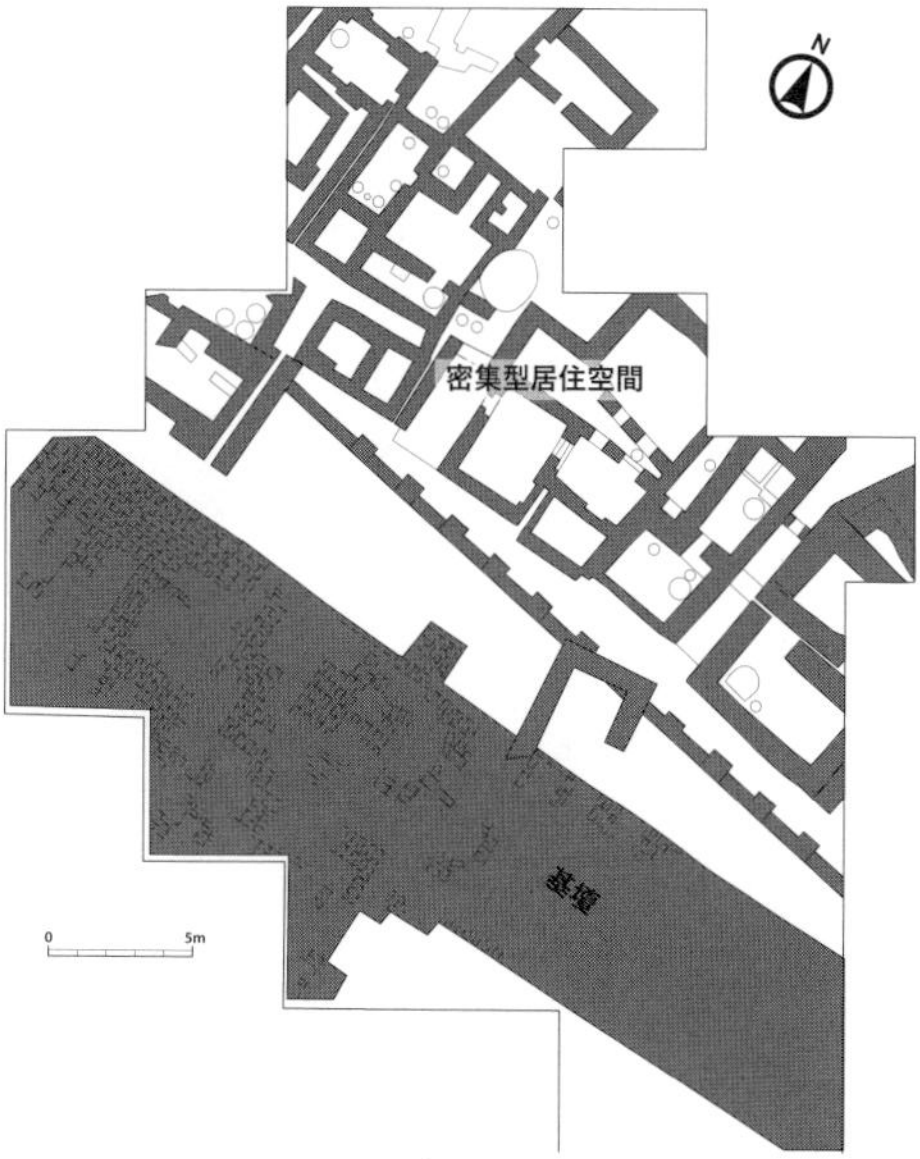

3. VII 期（前 2700 年頃）

図 20　メヘルガル遺跡における集落の変遷

メヘルガル遺跡では、前 7000 年頃にさかのぼる初期農耕村落からインダス文明成立直前期までの文化変遷が確認されている。建物遺構をみると、前 3000 年頃以降、急速に都市的な居住空間をもった集落が発達したことがわかる。

うち、オオムギはバローチスターン高原西部に野生種が存在することから、この地域で栽培化されたものである可能性があるが、コムギは栽培種が西アジア方面から持ち込まれたものである。また、ヤギは家畜種として西アジア方面から導入された可能性が高いが、ヒツジ、ウシはバローチスターン地方で家畜化されたことが確実視されている。南アジアにおける栽培植物と家畜動物の導入は時空間上において多様かつ複雑であったことが、動植物考古学の研究によって明らかにされてきているが、メヘルガル遺跡が位置するバローチスターン地方においても、西アジア方面からすでに栽培・家畜化された品種として導入されたものと、在地で栽培・家畜化された動植物が組み合わさっていることは重要である。

銅石器時代に属する建物は、倉庫と考えられる特殊な構造を有している（図20-2）。細長い部屋をいくつも連ねた構造は普通の家とは考えにくい。住居と推定される建物跡は報告されていないので、居住空間の様子は明らかではないが、注目されるのは新石器時代の村と同様に建物が散在的に築かれていることである。この散在型の建物配置に大きな変化がみられるのが、青銅器時代（前三〇〇〇～前二七〇〇年頃）の村である（図20-3）。日干レンガ積みの周壁をもつことを評価すれば、町といってもよいかもしれない。建物は密集して配置されており、インダス文明期の居住空間にも通じる特徴である。人が集まって生活する空間がこの時期に誕生していたことを示しており、銅石器時代以前の村とは異なる原理、すなわち社会関係のもとで居住空間が編成されていたことがわかる。

のちにみるように、このメヘルガル遺跡で集住原理の居住空間が出現した前三〇〇〇～前二七〇〇年頃、すなわちインダス文明成立直前期の時代には、インダス地域の社会が大きく変容したことがわかっている。地域間の関係が変化し、広い範囲が統合されていく様子を確認できるのである。そうした時期に、密集型居住空間がメヘルガル遺跡に出現していたことは興味深い。事実、メヘルガル遺跡は西の高原部と東の平原部をつなぐ交通路上に位置しており、出土遺物にはイラン南東部とインダス平原の双方とのつながりをみてとることができる。地域社会が再編されていく中で、メヘルガル遺跡のような交通の要衝において、社会の変化がもっとも鋭敏にあらわれていたと考えられる。密集型居住空間の出現を、より広い地域の中での社会の変化と結びつけて考えてみるとおもしろいだろう。

この前三〇〇〇〜前二七〇〇年頃の集落の変化に関係して、もうひとつ注目される現象がある。それは墓である。この時期のメヘルガル遺跡の居住域では、幼児の墓が集中して発見されている。居住域と墓が近接あるいは一体化しているのは新石器時代の村と同じであるが、この青銅器時代の場合には成人の墓はごくわずかに居住域で発見されるにとどまっている。すなわち、成人の多くは居住域の外に葬られていた可能性を示している。それが墓地を形成していたかどうかはわからないが、密集型居住空間の形成とともに埋葬空間にも変化が生じていたことは興味深い。将来的に成人墓が発見されるのが楽しみである。

新石器時代の村では当初土器は用いられていなかったが、前五五〇〇年頃には土器が導入され、その後、銅石器時代から青銅器時代には華麗な彩文土器が多数つくられている（図21）。すでに述べたように、土器は編年研究の基準のひとつとなるとともに、地域社会の広がりや地域社会間の関係を把握する上での重要な手がかりである。メヘルガル遺跡で確認された長期にわたる土器の変遷は、文明形成へと向かう時期の社会の様相を把握する上で大変重要である。

実は、インダス地域全体でみても、前三〇〇〇年以前の銅石器時代の遺跡の調査例は限られている。新石器時代についていえば、メヘルガル遺跡はほぼ孤高の存在といってもよい。こうした事情もあってよくわからないことが多いのだが、メヘルガル遺跡の銅石器時代前半（前四〇〇〇〜前三五〇〇年頃）には、イラン方面とのつながりをみてとることができる。それは銅石器時代後半（先文明期前期、前三五〇〇〜前三〇〇〇年頃）でも同じだが、土器のかたちや彩文のスタイルには大きな変化が認められる。すなわち変化の背景にもイラン方面とのつながりが影響していることを示している。青銅器時代（先文明期後期、前三〇〇〇〜前二七〇〇年頃）になると、メヘル

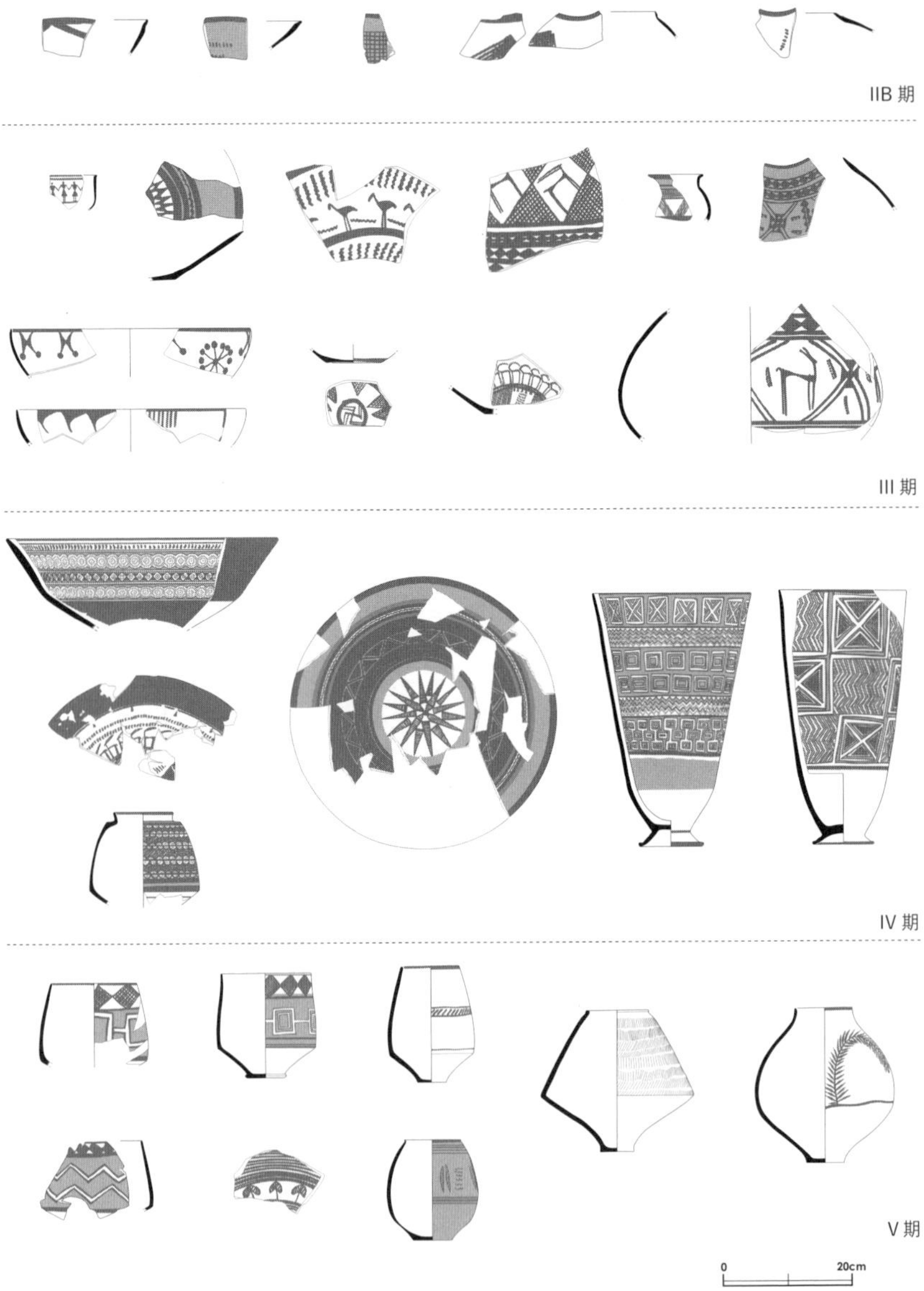

図 21　メヘルガル遺跡を特徴づける土器

メヘルガル遺跡が所在するバローチスターン地方では、さまざまな彩文土器が生み出された。中には日常雑器とは考えにくい、精緻な彩文を描いたものも多く含まれている。彩文には、地域間の交流の跡をみてとることができる。

ガル遺跡が所在するバローチスターン地方中央部に、ファイズ・ムハンマド様式と呼ばれる華麗な彩文を描いた硬質の土器が出現する（図25）。魚やウシ、ヤギなどの動物文様、水草や樹木などの植物文様、さらに多様な幾何学文を描いており、日常使いの器というよりも一種の工芸品のようである。土器づくりのプロフェッショナルが出現していたことが推測される。

また、この青銅器時代の土器に関して注目されるのは、インダス平原部の土器様式であるコート・ディジー式土器の影響もまたメヘルガル遺跡の地域におよんでいることである（図22）。メヘルガル遺跡の先文明期後期の集落と同じ頃に築かれた近傍のナウシャロー遺跡では、最下層からファイズ・ムハンマド様式の土器とコート・ディジー式土器の影響を受けた土器が揃って出土しているが、実はこの二つの異なる系統に属する土器が、メヘルガル、ナウシャロー近郊のラール・シャーという土器生産遺跡でともにつくられていたことがわかっている。異系統の土器がひとつの工房で生産されているのはかなり複雑な状況であり、その解釈は難しいが、メヘルガル遺跡やナウシャロー遺跡が西のイラン高原とのつながりの中でその存在感を増してきたと同時に、東の平原部との関係も強化していたことがわかる。まさに東西の交流の要衝として発展していたことを物語っているのである。

こうしたバローチスターン地方中央部の重要性を示すもうひとつの資料に土偶がある（図23）。粘土を焼いてつくった人形だが、青銅器時代のメヘルガル遺跡周辺でつくられた土偶は、彩文土器と同じようにきわめて精巧なつくりを特徴としている。大きくくぼんだ目は宇宙人のようにもみえるが、細部の表現は大変丁寧につくられており、子供たちが粘土で遊んだようなレベルのものではない。これまた熟練のプロフェッショナルの仕事である。特定のスタイルをもつ土偶に対する需要が社会の中で高まっていたこと、その需要に応えるかたちで土偶を生産する職人たちが編成されていたことを示している。当初は女性をかたどったものばかりがつくられていたが、まさに文明成立の直前期になると男性の土偶が出現する。さらに頭を剃りあげたメソポタミアの神官のよう

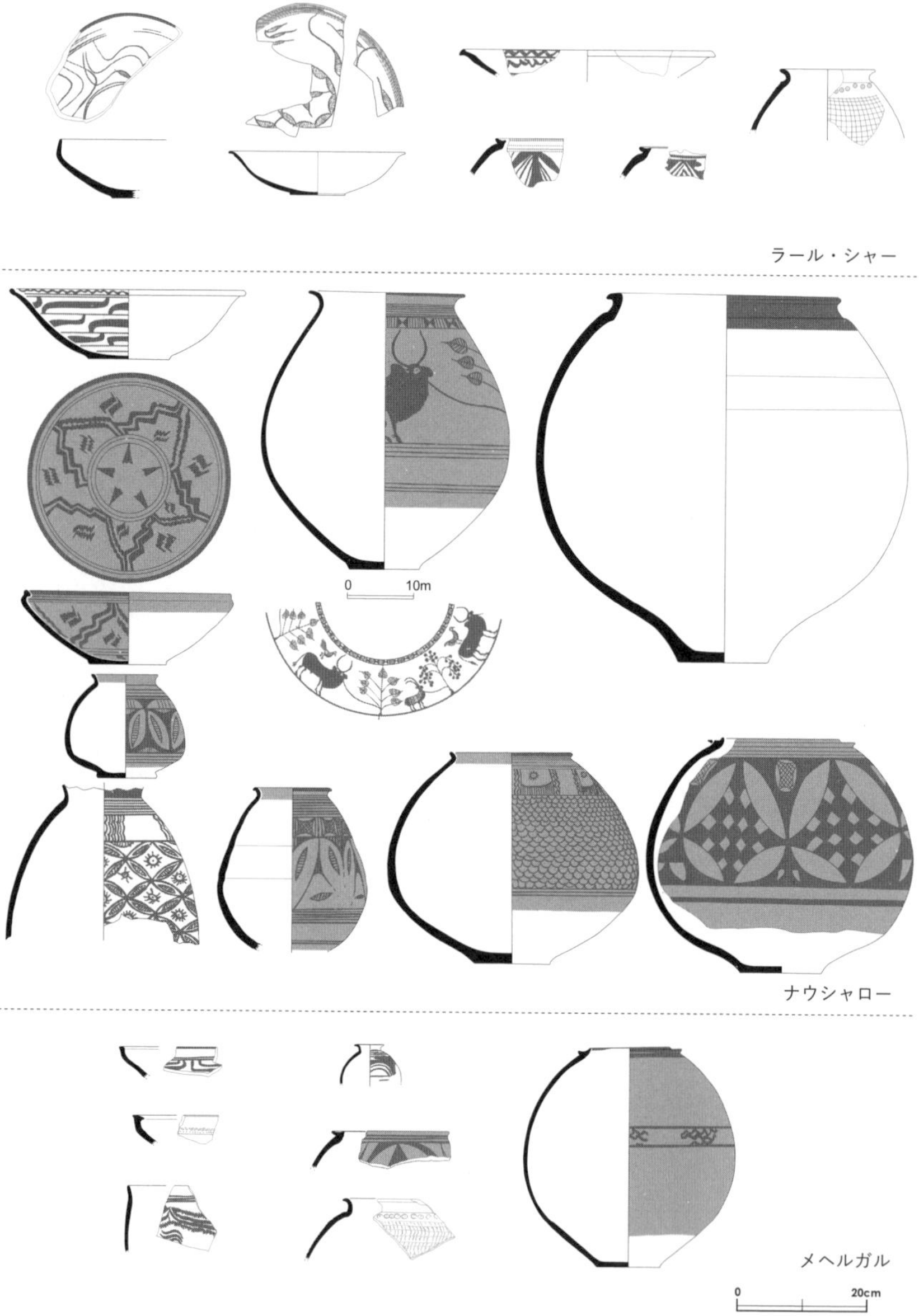

図 22　バローチスターン地方中央部の移行期の土器
文明直前期の時代になると、メヘルガル遺跡の土器は大きく変化する。その変化には、東のインダス平原（コート・ディジー式土器）との交流関係の強化と地元の土器伝統の再編をみてとることができる。

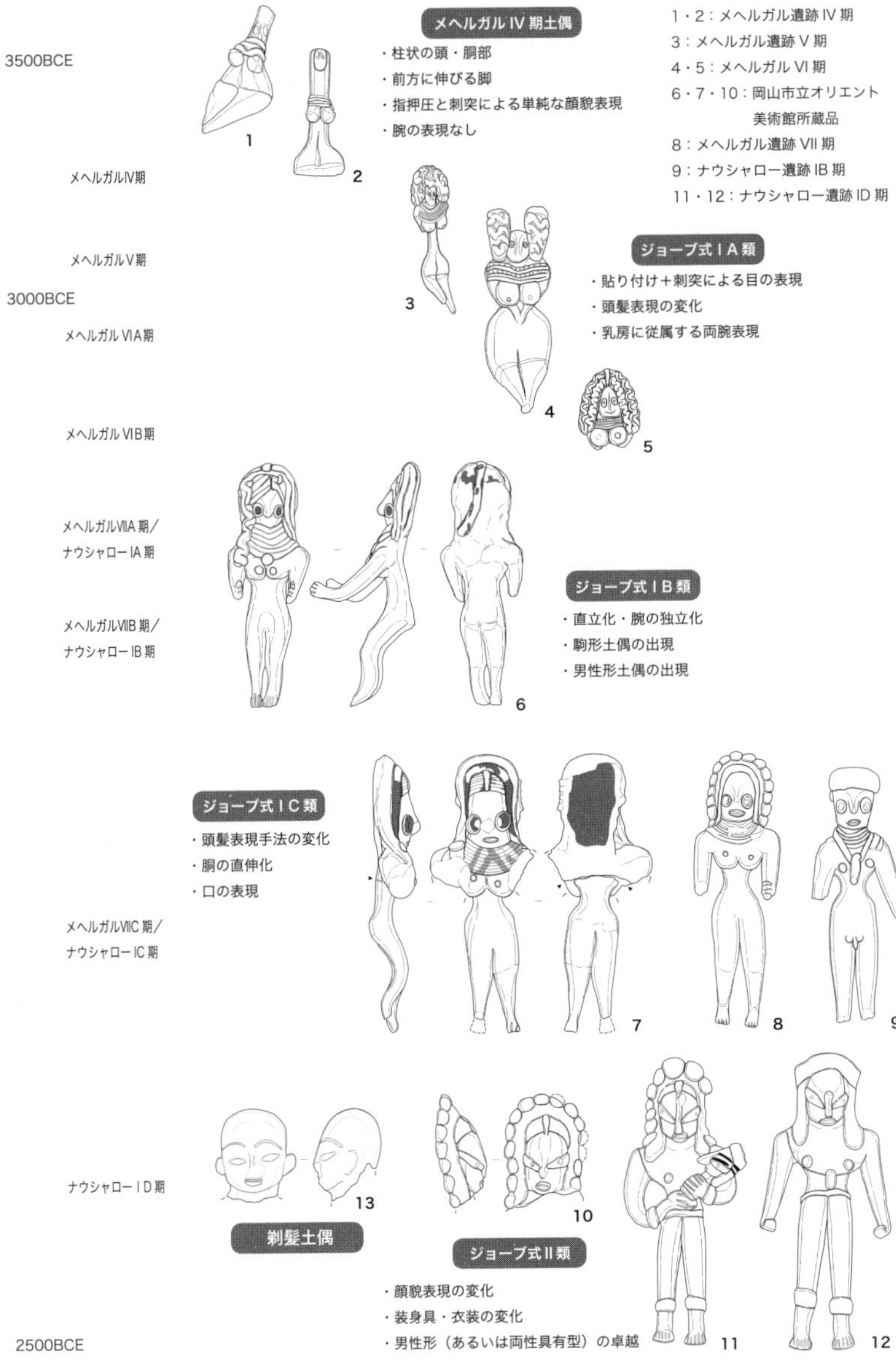

図 23　バローチスターン地方中央部における土偶の変遷
時代が新しくなるにつれ、つくりは精巧になり、インダス文明直前期には男性土偶が登場する。

な風貌をもった男性土偶も登場する（図23－13）。彼らが具体的に何を物語っているのかわからないが、交通の要衝として存在感を放つメヘルガル遺跡周辺で、文明直前期にさらなる変化が起こっていたことは確かである。

内在的発展と外部からの影響

前章で触れたように、インダス文明の起源をめぐっては、外部起源説と内在発展説がある。単純化していえば、外部起源説はメソポタミアやイラン高原からの強い影響のもとでインダス文明が誕生したという考え方で、内在発展説はインダス地域内部の社会発展の帰結として文明社会が出現したという考え方である。

インダス文明の発見当初の段階で、インダス文明とメソポタミア文明の間に共通する遺物が存在することが指摘され、すでにその当時よく知られていたメソポタミア文明から派生するかたちでインダス文明が生まれたと考えられたのである。

一方、インド・パキスタン分離独立後に行われた各地での発掘調査によって、インダス文明以前の文化の存在が確認されるようになり、先文明期の文化とインダス文明期の物質文化の間に共通する要素が存在することから、前者が後者の母体となったことが認識されるようになった。メヘルガル遺跡において新石器時代以降の文化変遷が明らかにされるにいたって、インダス地域内部での内在的文化発展がインダス文明の基盤をなしていると考えられるようになったのである。

近年では、正面からインダス文明の起源について論じる研究はほとんどない。「起源」という言葉で説明できるほど、文明社会の成立は単純なものではなく、諸々の社会＝文化の変化が複雑に絡み合って文明社会の仕組みを生み出したと考えるのが適切である。文明期に続く物質文化の要素がいつの段階に出現したのか、それがどのような展開をたどって、インダス文明期の社会の中に取り込まれることになったのか、厳密に議論を積み重ねていく必要がある。また、諸々の要素がどのように関係しあっているのか、その関係がどのように変化しているのか明らかにすることも重要である。

一方、物質文化の時間的変化だけをみていても、文明社会という高度に複雑な社会の形成過程を理解することは難しいだろう。そこで私が注目するのが地域間の関係である。インダス文明はきわめて広い範囲に展開した社会であるが、先文明期にはのちのインダス文明の範囲にいくつもの地域文化群が存在していたことがわかっている。したがって、空間範囲という視点からみると、先文明期と文明期の社会の間には明らかな違いがある。だとすれば、先文明期の地域社会群がどのように関係して文明期の広域社会を生み出したのか、検討することが重要な視点となってくる。

次節以下でみていくように、先文明期の地域社会群の間には交流関係が存在している。隣接する地域社会の間で交流があり、それが連鎖的につながってインダス地域全体をカバーする交流ネットワークがかたちづくられていったのである。もちろん、交流関係には強弱があり、インダス地域各地の地域社会群が強固に結びついていたわけはないが、先文明期の段階で各地に地域文化が存在したこと、それらが相互に交流関係を有していたことはきわめて重要である。

この先文明期の地域間交流は前期（前三五〇〇〜三〇〇〇年）と後期（前三〇〇〇〜前二六〇〇年）で大きく異なっている。後者の時期、すなわちインダス文明期直前の段階の方が、地域間交流の強度は高くなっており、広域的にまとまる傾向を示している。俯瞰的にみれば、この強化された地域間交流ネットワークと地域のまとまりが文明期の広域社会の母体をなしているとみることができるだろう。

ここで重要なのは、先文明期の交流ネットワークの西側、バローチスターン高原の各地に展開する地域社会群がさらに西のイラン高原につながっていることである。バローチスターン高原とイラン高原は地続きであるとともに、乾燥性の強い景観が広がっている点においても共通しており（図24）、現代の国境線のように地域を分割する境界が存在したわけでもない。バローチスターン高原とイラン高原がつながるのは当然のことなのだが、この

西につらなるシースターン地方

北部、ローララーイー渓谷

南部、マクラーン地方の海浜部

図 24　バローチスターン地方の自然環境

バローチスターン地方には、さまざまな自然環境が展開している。全般的に乾燥性が強く、牧畜が発達したと考えられるが、山間地の水資源が得られるところでは農業も行われている。海浜部では古くから漁撈が発達したであろう。

つながりが、東のインダス地域の交流ネットワークの東側の地域にも影響をおよぼしていたことは重要である。

こうした地域間交流の視点からみると、インダス文明の形成過程の中にイラン高原との交流関係が何がしかのかたちで埋め込まれていることも事実である。それは、イラン高原から多くの人々がやってきてインダス文明の都市を築いたというような単純なものではない。そもそも地域社会は人と人の間の関係によって成り立っている。その関係が変化すれば地域社会もまた変化するし、地域社会が変化することで人の間の関係が変化することもある。同様に地域社会は隣接する地域社会との関係の中で成り立っており、周辺地域との交流関係によってある地域社会の規模が変化したり、その構造が複雑化したりする。それが地域社会の中に暮らす人々にもさまざまな影響をおよぼす。交流関係の中に地域社会が存在することは人類社会通有の特質である。

先文明期の物質文化の空間的広がりを検討すると、インダス地域内の交流ネットワークの強化とイラン高原との交流関係はつよく結びついていることがわかる。前三五〇〇～前三〇〇〇年頃に、イラン高原からインダス地域に広がる地域社会群の間の交流関係が強化され（人や物資、情報の流れが強くなったということ）、それがインダス地域内の社会群およびその関係に変化をもたらした。前三〇〇〇～前二六〇〇年の時期には、交流の活発化の中でインダス地域の社会群の性格や規模に変化が生じ、交流ネットワークを再編してインダス地域のまとまりを強くしようとする動きが生じることになった。それが、インダス文明期の広域社会の誕生の最初のステップということができるのではないかと考えている。

次節以下、こうした地域社会と地域間交流ネットワークの変容の過程について、具体的な考古資料からみてみることにしよう。

土器にみる地域社会群の様相

メヘルガル遺跡では、前五五〇〇年頃に土器が出現する。南アジア最古の土器である。しかしながら、この最古の土器については報告例が限られており、よくわからないのが実情である。土器がある程度まとまって報告されるようになるのは、前四五〇〇年頃のことである（メヘルガル遺跡ⅡB期）。バローチスターン高原北東部のバンヌー、ゴーマル地方ではシェーリ・ハーン・タラカイ式土器と呼ばれる彩文土器が出現する。この土器に関してもいまだ報告例は多くなく、その分布の広がりや時間的な変化はよくわからないが、独特な彩文を描いた土器の存在は、土器という道具が人々の生活や文化の中で確たる役割を果たすようになっていたことを示唆している。バローチスターン中央部では籠目を土器の外面に押し当てた土器が知られているが、その内容はよくわからない。

前三五〇〇～前三〇〇〇年頃になると、各地で土器が出現するようになる（図25）。バローチスターン高原北東部ではトーチ＝ゴーマル式土器、中央部ではケーチ・ベーグ式土器、南部ではナール式土器やアムリーⅠ期土器、平原部のパンジャーブ地方やシンド地方ではハークラー式土器（一部はラーヴィー式土器と呼ばれる）、北東のガッガル地方ではソーティ＝シースワール式土器、南東のグジャラート地方ではアナルタ式土器と呼ばれる土器が登場する。多くは彩文によって装飾を施しているが、ソーティ＝シースワール式土器には彩文土器のほかに刻線による装飾を施したものもある。

これらの土器は一定の空間的広がり（複数の遺跡での出土を意味する）を有しており、地域内で共有された土器様式として認識することができる。さらにいえば、土器様式の広がりはその生産と流通、消費を介した集落間のつながりを意味しており、地域社会の広がりを把握する上で重要な手がかりとなる。

また、この時期の土器様式群の間には交流関係の存在をみてとることができる。ソーティ＝シースワール式土器とハークラー式土器の間には共通する要素が多く、異なる要素を含みながらも強い交流が存在したことをうかがわせている。また、ハークラー式土器とトーチ＝ゴーマル式土器の間にも共通する彩文が存在している。一方、トーチ＝ゴーマル式土器、ケーチ・ベーグ式土器、ナール式土器などは西のイラン高原につながる要素を有して

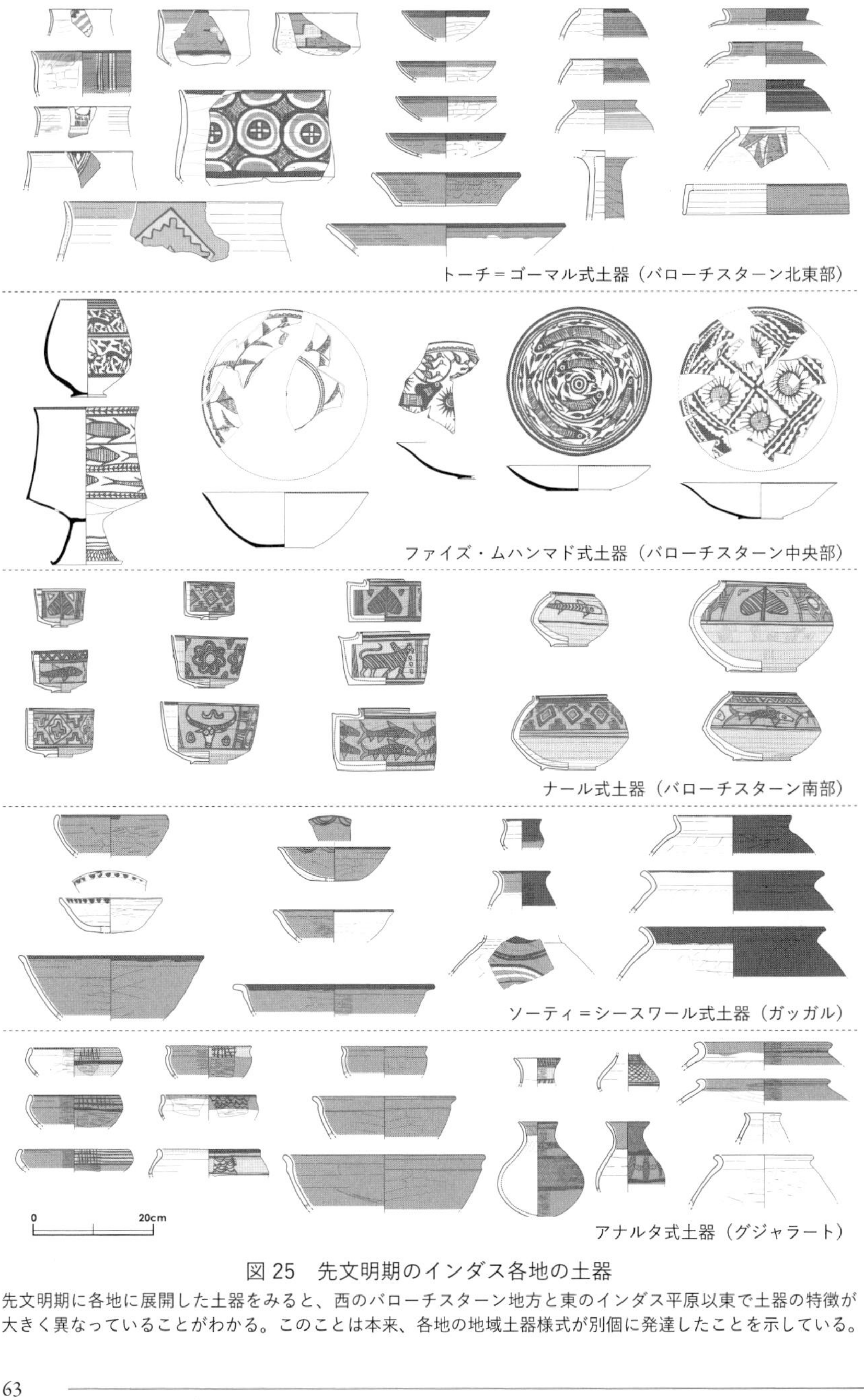

図 25　先文明期のインダス各地の土器

先文明期に各地に展開した土器をみると、西のバローチスターン地方と東のインダス平原以東で土器の特徴が大きく異なっていることがわかる。このことは本来、各地の地域土器様式が別個に発達したことを示している。

おり、この時期の地域間交流ネットワークの広がりを確認することができる。

俯瞰的にみたときに注目されるのは、平原部の土器には全体的に彩文が少ないのに対し、バローチスターン高原の土器群は複雑な彩文で飾った土器を多く含んでいることで、その特徴はイラン高原に通じている。インダス地域各地の土器様式の間で交流関係を認めることができるものの、高原部はより強くイラン高原方面と関係をもち、平原部はそれとは異なる土器伝統を育んでいたと考えることができる。この時期の地域間交流の特質として重要な点である。

前三〇〇〇～前二六〇〇年頃になると、各地の土器様式に変化が認められるようになる（図26）。バローチスターン高原北東部からパンジャーブ地方、シンド地方ではコート・ディジー式土器が出現し、広域的な共通性を示すようになる。明らかに前代の土器様式の広がりとは異なっており、インダス平原部を核とした広域的まとまりが形成されていたことがわかる。

このコート・ディジー式土器は、ロクロを用いた高速回転をたくみに利用した土器づくりの技術を特徴としているが、そうしたロクロの使用は前代の土器では認められなかった特徴である。コート・ディジー式土器の出現の背景に新しい技術の導入があったことがわかる。この新技術導入の過程についてはよくわかっていないが、イラン高原南東部からバローチスターン地方を経て、インダス平原のコート・ディジー式土器に採用された可能性があり、このコート・ディジー式土器の出現の背景にも、地域間交流とそれに伴う技術伝播が関わっている可能性がある。

またもうひとつの特徴は、コート・ディジー式土器の多くが、平行線からなる単純な彩文を特徴としていることである。バンヌー、ゴーマル地方では一部の土器に幾何学文が多用されており、コート・ディジー式土器の中にも地域性があったことがわかるが、全体の傾向としては単純な彩文を特徴としている。

注目されるのは、このコート・ディジー式土器が北東のガッガル地方や南東のグジャラート地方にも影響を与

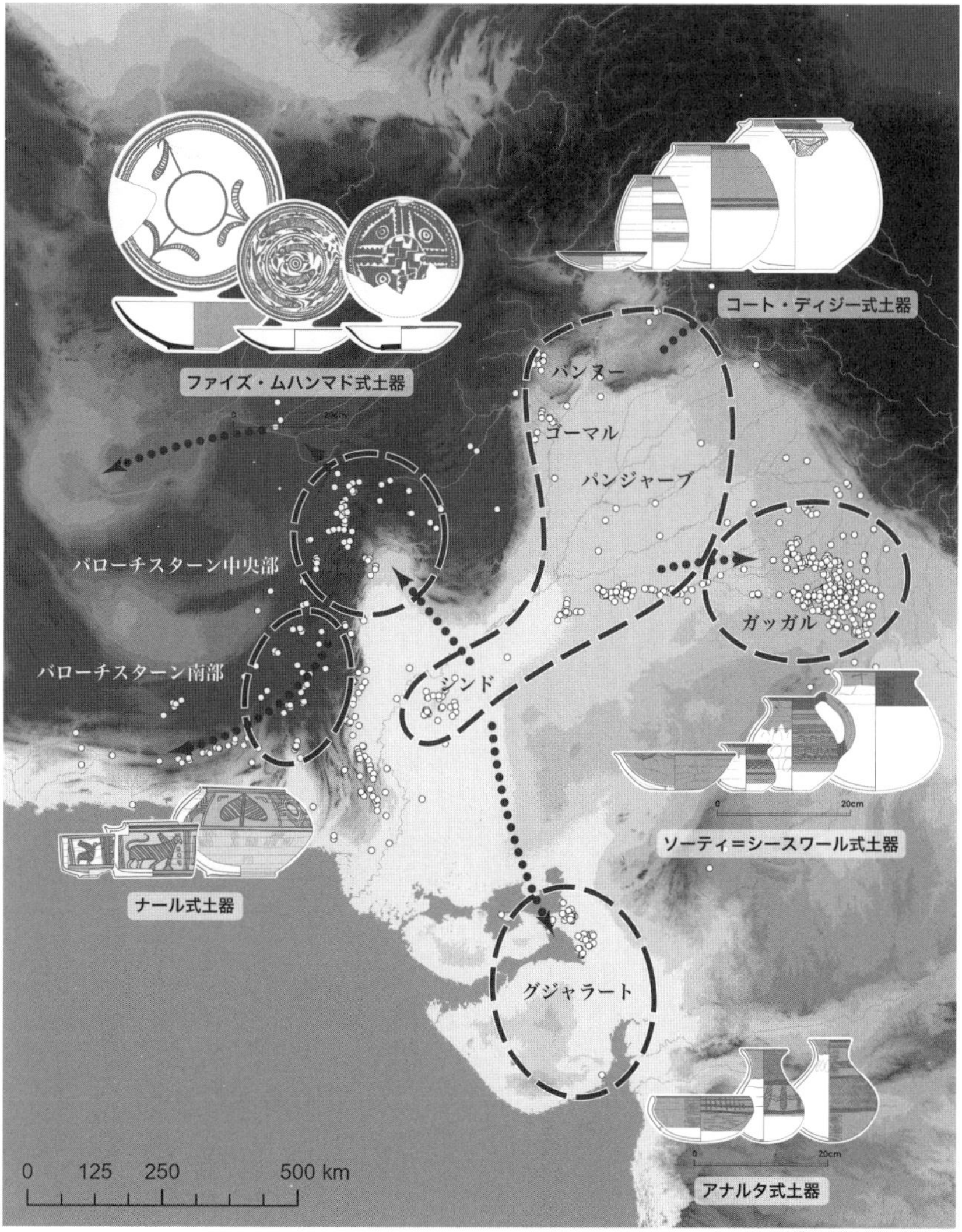

図 26　先文明期後期における地域間交流

インダス文明成立直前の先文明期後期には、各地で社会と文化の変化が認められるとともに、地域間の交流関係も大きく変容する。特にインダス平原部に発達したコート・ディジー文化は周辺の地域社会と交流関係を発達させ、インダス文明期の広域型社会の基盤を形成した。

えるようになることである（図27）。これらの地域では典型的なコート・ディジー式土器は数が限られているが、コート・ディジー式土器の要素を取り込んだ変容型が広く分布している。ガッガル地方では地元のソーティ＝シースワール式土器と融合した土器様式が、ソーティ＝シースワール式土器とともに分布し、グジャラート地方ではアナルタ式土器とともに変容型のコート・ディジー系土器が分布する。

興味深いのは、グジャラート地方の変容型がコート・ディジー式土器の要素だけでなく、バローチスターン高原南部の要素も取り込んでいることで、単純にインダス平原部のコート・ディジー式土器がこの地域におよんだわけではないことを示している。コート・ディジー式土器の拡大とともに、旧来の土器様式との融合による変容型の成立や周辺の土器様式も巻き込んだ地域間交流の変容が生じていたことになる。いずれにしてもコート・ディジー式土器の出現が、インダス地域全体にさまざまな影響をおよぼしていることは明らかである。

インダス平原部にコート・ディジー式土器が出現したのと同じ頃に、バローチスターン高原中央部ではファイズ・ムハンマド式土器と呼ばれる土器様式が誕生する。この土器様式はコート・ディジー式土器とは異なり、幾何学文や動物文など多様な彩文を特徴としており、コート・ディジー式土器とは明らかな違いを示している。先にも述べたように、独特な彩文とロクロを用いた薄手のつくりを特徴としており、一種の工芸品のようである。単なる日常雑器というよりも、何か象徴的な意味が表現されているようにもみえる。バローチスターン高原中央部が交通の要衝としての重要性を増していく中で、土器にも多様な意味や価値が与えられ、高度に発達した彩文土器が出現したことをうかがわせている。ファイズ・ムハンマド式土器は、アフガニスタン南部のヘルマンド地方やイラン南東部のシースターン地方との交流関係を有しており、まさに交通路との関係の中で高い意味をもっていたことがわかる。

バローチスターン高原南部ではナール式土器やシャーヒー・トゥンプ式土器が展開しており、イラン高原南東部との関係を示しているが、注目されるのはバローチスターン高原の中央部から南部の地域においても、コート・

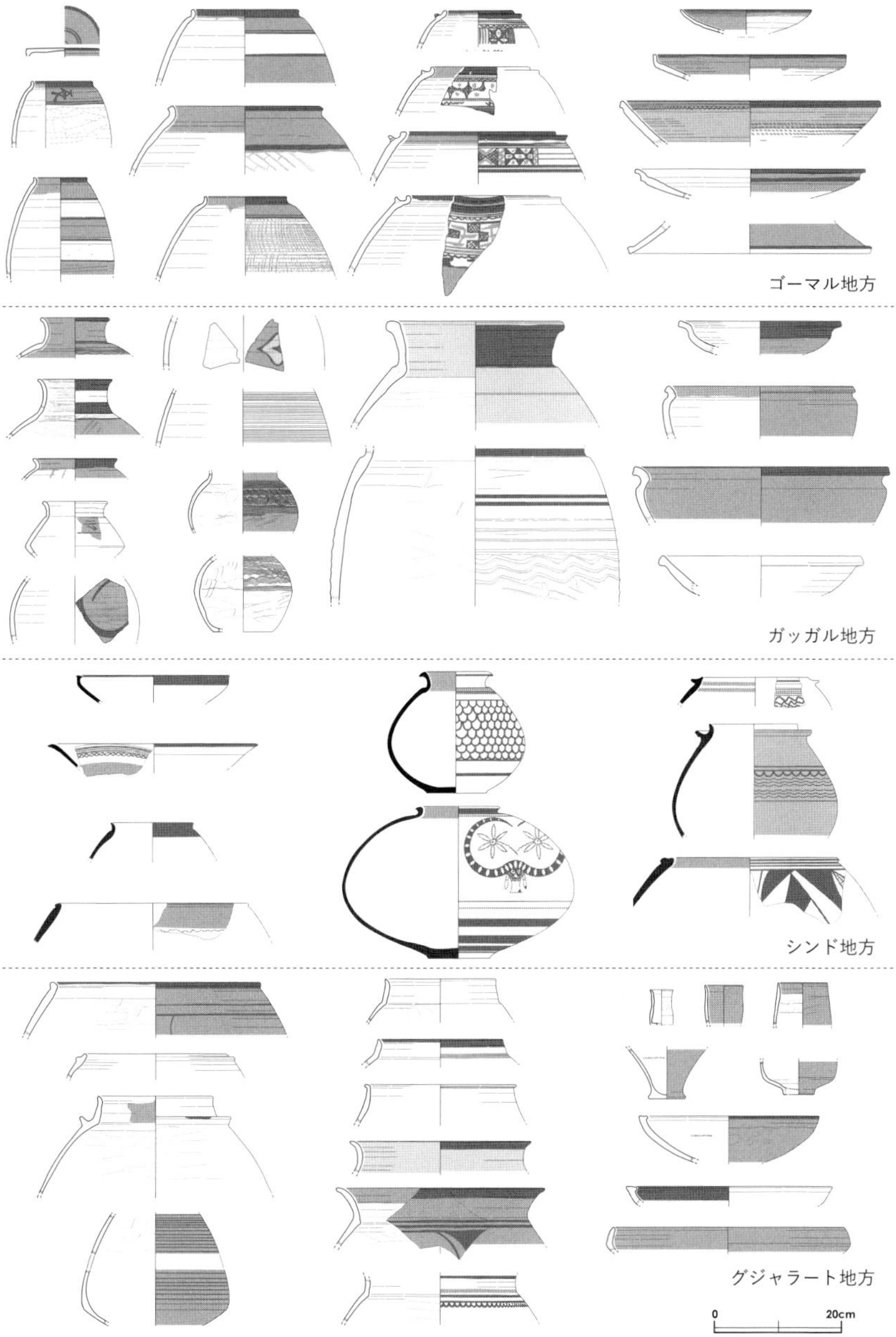

図 27　インダス各地のコート・ディジー式・系土器
コート・ディジー式土器は周辺地域に拡散し、地元の土器伝統との関係の中でさまざまな二次様式を生み出した。

ディジー式土器の影響を受けたと考えられる土器が出土していることである。それらは地元の土器とはかたちや文様において明確に異なっており、コート・ディジー式土器の影響がこれらの地方にもおよんでいたことが明らかである。ガッガル地方やグジャラート地方と同様に、コート・ディジー式土器の波及とそれに伴う変容型の出現といった現象を認めることができる。

前述のように、バローチスターン地方中央部の土器づくり工房では、地元のファイズ・ムハンマド式系統の土器とコート・ディジー式系統の土器がともに焼かれていたことがわかっている。こうした現象が意味するところは解釈が難しいが、地域間関係が複雑化する中で、各地の地域社会のシンボルである土器様式の関係もまた複雑になり、それは生産・流通のあり方をも大きく変化させていたことを物語っている。コート・ディジー式土器がイラン南東部のシャフレ・ソフテ遺跡でも出土していることは、こうした土器様式間の関係、生産・流通の複雑さを示している。コート・ディジー式土器の出現は、単なる土器の変化にとどまる現象ではないことを確認しておきたい。

印章からみたイラン高原とインダス地域

土器にみることのできる、次第に拡大していく地域社会と地域間交流の複雑化の様相を考える上で、もうひとつの重要な資料が印章である。印章というと、メソポタミアで発達した円筒印章が有名である。石製の円筒印章を粘土の上に転がして、印章に刻まれた文字や文様を転写する。これは交易によって運ばれる荷物に封をするための道具である。荷物をしばった縄の結び目に粘土をかぶせて印章で封をすることで、送り手から受け手側に無事に荷物が届いたことを確認するのである。長距離間の交易が発達すると、この印章に対する需要は高まる。文様は多様かつ精巧になり、造形美術としても発達することになる。また、そこに刻まれた文字は広域に情報を伝達する役割を担った。

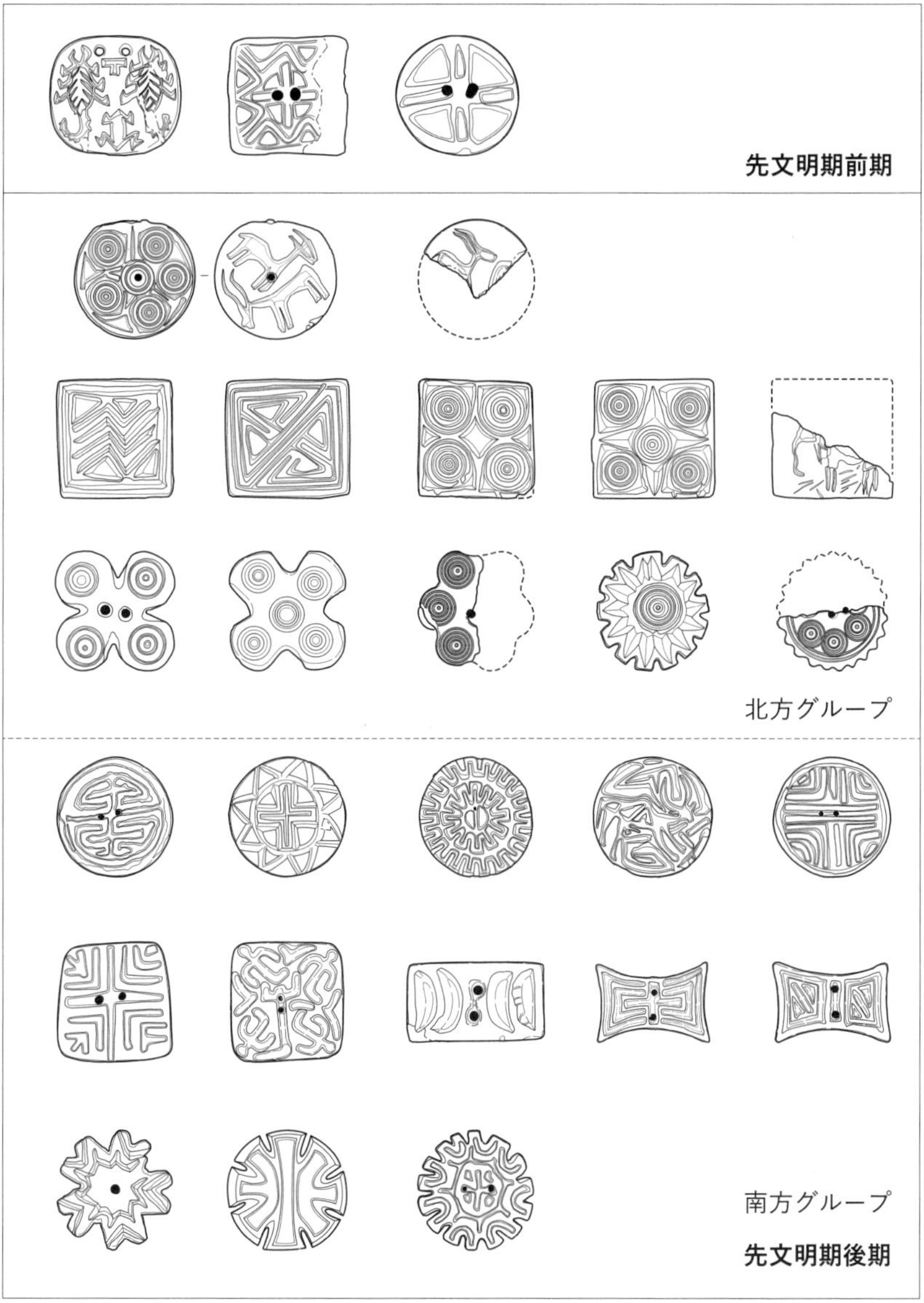

図 28　先文明期の印章

先文明期には、一部に形象文を表現したものもあるが、多くは幾何学文を描く。しかし、北方グループと南方グループで幾何学文の種類と形態、素材が異なっており、それぞれの地域が別個の交流ネットワークを築いていたことがわかる。

このように印章は、広域性を特徴とする文明社会の中で重要な役割を果たした。特にメソポタミアをひとつの核とする西南アジア文明世界の中で高度に発達した器物であり、また技術であった。インダス文明の遺跡からも多数の印章が出土しており、そこには独特の図柄と文字が刻まれている。それではインダス地域における印章の歴史は、どのようにたどることができるだろうか。

現在のところ、インダス地域で最古の印章は前三五〇〇～前三〇〇〇年（先文明期前期）の時期に位置づけられる（図28）。ただし、この時期の印章は三つの遺跡に散在しており、まだ印章の使用が限定的であったと考えられる。バローチスターン高原中央部のメヘルガル遺跡出土例は十字文などの幾何学文をあしらったもので、粘土でかたちをつくって焼いたものである。中央に紐を通して携帯するための二個の孔が設けられている。バローチスターン高原北東部のゴーマル地方にあるラフマーン・デーリ遺跡では、象牙を加工してつくった印章が出土している。一方の面にはサソリとカエルが、もう一方の面にはアイベックス（ヤギ属の一種）が刻まれている。上端付近に二個の孔があけられているのは、メヘルガル遺跡例と同様に携帯するための工夫である。インダス平原のパンジャーブ地方にあるハラッパー遺跡出土例は破片であるため、全体の文様やかたちはよくわからないが、骨を素材としたものである。発見者のケノイヤーによれば、卍（インドの言葉で「スヴァスティカ」という）が表現されているのではないかという。卍文もイラン高原に起源がある。

ハラッパー遺跡出土例はよくわからないので置いておくとして、メヘルガル遺跡とラフマーン・デーリ遺跡の出土例からどのようなことがわかるだろうか。まず、重要なのはこれら二つの遺跡の立地である。いずれの遺跡もバローチスターンの高原地帯からインダス平原へと開いた扇状地に位置しており、交通の要衝であったところである。そうしたところで、交易や人の移動に関わる印章が出土していることは、この時期の地域間交流の発達がこれらの印章の背景となっていることを示している。

次に重要なのは、印章に刻まれた図柄である（図28）。先文明期の印章の多くは、さまざまな幾何学文を刻んでいる。動物が表現されたものもごくわずかにあるが、人物を描いたものは皆無である。こうした幾何学文を刻んだ印章は、前三〇〇〇年前後の時期に、アフガニスタン南部からイラン高原にかけて広く出土しており、メヘルガル遺跡の出土例はこうしたイラン高原の幾何学文の系統に属すると考えられる。先に述べた彩文土器にもさまざまな幾何学文が描かれており、そこにイラン方面との交流が認められることと一致している。

それではラフマーン・デーリ出土印章の図柄はどうだろうか。めずらしく動物文を描いたものであるが、そこに表現されているアイベックスとサソリは、印章にこそほかに表現例はないものの、バローチスターン高原やイラン高原の彩文土器に表現例がある。また、動物の間に配された凸字形の文様は、バローチスターンからイラン、中央アジア南部にかけて広く分布している。これらのことから、ラフマーン・デーリ遺跡の印章も西方につらなる特徴をもっていることがわかる。

したがって、インダス地域最古の印章は、西方のイラン高原との関わりの中で出現したと考えられるのである。幾何学文印章は次の前三〇〇〇〜前二六〇〇年（先文明期後期）の時期にも存続するが、この時期には印章の分布する範囲が前代に比較して大きく広がっている。バローチスターン高原からインダス平原部、さらには北東のガッガル平原でも印章が出土している。印章が普及したことを示しているが、それはすなわち人や物資の移動がさらに活発化したことと、その流れをコントロールするための印章に対する需要が増大したことを物語っている。

近隣の村の間の人の移動や物のやりとりは、よく見知った人のつながりをベースにしており、そこに人の出自をあらわす証明書のようなものは必要ない。しかし、人や物の移動が近隣の村を越えて広い範囲に拡大すると、どこからやってきたのかよくわからない人が往来するようになる。そうした中で、印章は遠くからやってきた人の証明書として使われたのではないだろうか。共通する図柄をもつ印章は、ふだんは遠く離れたところに暮らす人々に共有される帰属意識をあらわす道具であったと考えられるのである。

同じ特徴をもった印章が広い範囲に分布するということは、印章の生産も管理されていたことを示している。

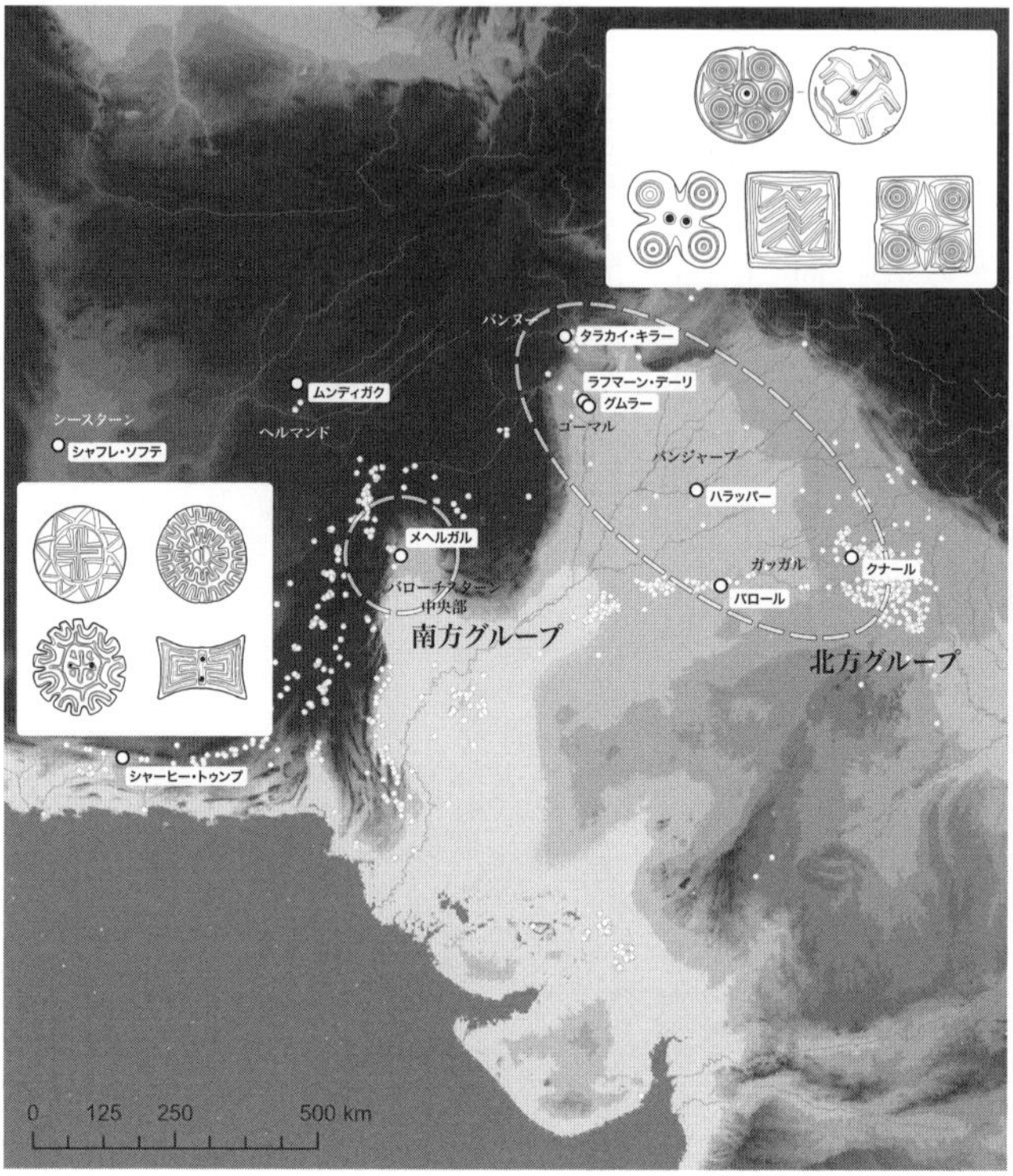

図 29　先文明期における印章の分布

先文明期の印章は、イラン高原の印章との関係をうかがわせているが、その分布をみても西の高原部との関係がわかる。その中で、南北二つの印章グループが発達したことは、異なる地域が西方との関係をテコにしてそれぞれの交流ネットワークを創り出したことを示している。

みなが好き勝手にバラバラの印章をつくってしまうと、証明書として役割を果たすことができなくなってしまう。広い範囲にすむ人々の一部にせよ、認識を共有することができるものを管理的に生産し分有することが不可欠である。したがって、印章の存在は、人や物資の移動が活発になっただけでなく、そうした移動を管理する人々の登場をも意味しているのである。人が狭い範囲を往来していた段階から、広い範囲を移動するようになったこと、またそうした交流圏の拡大と一体的に、社会をコントロールしようとする人たちがあらわれたことは、都市文明の形成に向けた社会変容の重要なステップと評価することができるだろう。

この前三〇〇〇〜前二六〇〇年の時期の印章には、もう少し当時の社会のあり方を考える上での手がかりがある。それは印章の素材、かたち、図柄と空間分布の点から、南北二つの印章グループが存在することである（図29）。ひとつは南方のバローチスターン地方中央部のメヘルガル遺跡を中心とするグループである。多くは土製で、多様なかたちをもち、さまざまな幾何学文を刻んでいる。素材となる粘土は比較的どこでも調達することができるものである。どこか特定の場所に行かないと得ることができないというものではない。南方グループの印章はそうした近在素材によってつくられているのであり、かたちや図柄の多様性もそうした素材の特質と関わっていると考えられる。だれでもが印章をつくることができたとは考えにくいが、粘土という加工しやすい素材は印章生産に対する管理が低かった可能性を示している。

印章の中央に孔をあけて携帯できるようにする特徴は、前代のものと共通している。同時期のアフガニスタン南部やイラン南東部でもこの方式を採用する印章が多いことは、南方グループとこれら西方の地域との関係性を示している。ところが素材という点でみると、アフガニスタン南部やイラン南東部では石や銅が多用されており、南方グループとの際立った違いとなっている。南方グループにおける土製の多さが何を意味するのか解釈が難しいが、この地域で印章製作に適した石が採れなかったのか、あるいは意図的に粘土を素材とした印章生産体制を選んだのか、大変重要なポイントである。

というのも、印章の素材の違いは、印章の生産の管理において重要な意味をもつからである。上に述べたように、土製の場合であれば、比較的容易に粘土を得ることができ、それを焼くだけで印章ができあがる。これが石になると、印章製作に適した石がどこでも得られるわけではなく、村や町から遠く離れたところまでとりにいく必要性が出てくる。さらにその石を加工するには、土製よりも高度な技術が必要となってくる。石を印章のかたちに成形し、そこに文様を刻む技術はだれでもが習得可能であったとは考えにくく、生産をコントロールすることが容易である。銅製印章になれば、ますます素材へのアクセスの制限や技術的難度が高くなることはいうまでもない。

北方グループは、まさにこうした特定の産地でしか産出しない素材を、高度な技術で加工するという特徴をもっている。凍石と呼ばれるやわらかい石を素材にしたものが多く含まれているが、これは平原部には産出せず、平原部の周辺に広がる高原地帯でしか得ることができない。北方グループの印章がパンジャーブ平原やガッガル平原に広く分布していることは、石材産地との遠隔性を示しており、素材へのアクセスがコントロールされる中で北方グループの印章が生産され流通していたことを明示している。

素材となる凍石は原石の状態では灰色や黒っぽい色をしているが、九四〇度前後で加熱すると、石材の化学組成が変化して白色になる。北方グループの印章が白色を呈しているのは、こうした加熱処理が行われていたことを意味しており、素材へのアクセスの制限に加えて技術的な管理が行われていたことを示している。

このようにみてくると、南方グループに比べて、北方グループの方が管理された生産体制を有していたことがわかる。同じ印章といっても、素材の調達から加工までをみると、まったく異なる意味をもっていることが理解できるだろう。

かたちの点においても、北方グループでは方形もしくは円形のものが多く、南方グループのような多様性はない。このことも生産と印章のスタイルに対する管理の存在を示している。また、南方グループが印面に孔をあけて紐をとおすようになっているのに対し、北方グループには背面につまみをつくって、そこに孔をあけたものが含まれている。この形式はイラン北東部に古い例があり、図柄とも合わせてこの地域との交流関係を物語っている可能性がある。

北方グループの印章では、イラン高原に起源をたどることができる幾何学文と並んで、北方グループの中で生み出されたと考えられる同心円文によって構成される図柄が特徴的である。その出現当初から、インダス地域の印章の図柄はイラン高原につらなるものであったが、この時期にインダス平原での印章に対する需要が高まる中で独自の文様が考案された可能性が大である。ここにインダス地域内部の印章スタイルが確立したということができるだろう。

北方グループ、南方グループともに、前三〇〇〇～前二六〇〇年のインダス地域の社会の様相を考える上で、重要な手がかりであることはいうまでもないが、北方グループにみられる素材、加工技術、孔をあけたつまみといった要素は、続くインダス文明期の印章と共通している点で重要である。のちに詳しくみるように、インダス文明期の印章は、凍石を素材とし加熱処理を行うものが中心で、かたちは方形で、背面に孔をあけたつまみをもつという点も北方グループと共通しているのである。どうやら、北方グループの印章がインダス文明期の印章の祖型となっているようだ。ただし、そうした共通性とともに異なる点もあり、北方グループからインダス文明期の印章への変遷は直線的ではない。先文明期と文明期の社会の性格の違いが印章にも垣間みられるのである。

拡大する地域間交流

土器と印章という二つの器物を手がかりに、先文明期における地域社会と地域間交流の拡大についてみてきた。今後調査・研究が進めば、より詳細に社会の様相を説明することが可能になるだろう。ここではあくまでも全体的な流れを確認できたにとどまるが、実態ははるかに複雑であろうことは想像にかたくない。先文明期の遺跡はそもそも発掘調査された遺跡の数が多くなく、詳細がわかるものはさらに限定される。その中でこの時期の集落の様相がわかる例をいくつか紹介しておこう。

パンジャーブ地方にあるハラッパー遺跡は、前三七〇〇年頃に村がつくられてから文明期に大きな都市が築かれ、それが衰退していく時期まで、二〇〇〇年以上にわたる集落と物質文化の変化を追うことができる非常に重要な遺跡である。カニンガムが最初にインダス文明の痕跡を発見した（インダス文明との認識にはいたらなかったが）のもこのハラッパー遺跡であり、インダス文明の遺跡として最初に発掘されたのもこの遺跡である。まさに、インダス文明を代表する遺跡ということができる。

しかしながら、一九世紀後半にイギリスが鉄道建設のためにこのハラッパー遺跡から多量のレンガを掘り出したために、遺跡の保存状況はモヘンジョダロ遺跡に比べて悪かった。それゆえにモヘンジョダロ遺跡の方がインダス文明の都市の様子を知る上で具体性を有していたのも事実である。

一九八六年にデイルズ率いるアメリカの調査隊がハラッパー遺跡の発掘調査を再開すると、この遺跡がインダス文明研究の中心となった。それはモヘンジョダロ遺跡では地下水位が高く、遺跡最下層の発掘が難しいこと、また一九二〇年代の発掘によって地下水位がさらに上昇し、塩害によって遺跡が大きな被害をこうむることになり、発掘調査の継続が難しかったことなどの理由がある。最新の発掘技術を導入したハラッパー遺跡の再調査は、インダス文明の都市の理解だけでなく、さまざまな研究分野に膨大なデータ・知見を提供してくれることになったのである。

この遺跡の調査成果については、概報としてさまざまな学術誌に公表されているほか、個別資料について数多くの研究がおおやけにされている。その成果は多岐におよんでいるが、中でもデイルズ亡きあと、リチャード・メドウ（Richard H. Meadow）とともに調査を主導してきたケノイヤーによる工芸品研究はインダス文明理解を大きく変えてきた。こうした華々しい研究成果の一方で、発掘調査で得られたデータの詳細があまり公表されていないことは、この遺跡の成果をほかの遺跡の調査・研究に活かすことを難しくしている。膨大なデータを整理し、それを体系的に報告することは多大な時間と労力を必要とするものであり、その公表はけっして容易ではないことは私もよく理解するところであるが、研究者間で概報、解釈レベルだけではなくデータレベルでの共有が進まないとなかなか研究全体の底上げが難しいのも事実である。このことはハラッパー遺跡にかかわらず、ほかの遺跡でも同じで、基礎データの公表が進むことがインダス文明研究の推進の上でもっとも重要な課題である。

さて、このハラッパー遺跡では1期（ラーヴィー文化期）、2期（コート・ディジー文化期）、3期（ハラッパー文化期）、

4期（移行期）、5期（H墓地文化期）からなる編年が確立されていて、1・2期が先文明期に相当する。ラーヴィー文化期の層からは一点ながらも印章が出土し、装身具生産も行われていたことがわかっている。調査面積は限られているので、集落全体の構造を把握することはできないが、この遺跡が地域社会あるいは地域間交流の中で重要な役割を果たす拠点集落であったことを示している。ラーヴィー式土器と名づけられた土器をみると、西のゴーマル地方、東のガッガル地方に関係する要素を確認することができ、東西をつなぐこの遺跡の重要性を確認することができる。

2期になると、コート・ディジー式土器が出現し、印章も複数出土している。また、装身具を中心とした工芸品生産もみてとることができる。マウンドEの居住域はレンガ積周壁によって囲まれており、メヘルガル遺跡と同じようにその内部に密集型の居住空間が成立している。都市的な様相が強くなってきていることがわかる。

東のガッガル地方では、先文明期の遺跡が複数発掘されているが、残念ながら詳細はあまり公表されておらず、具体的に遺跡の様相を検討することは難しい。断片的な情報からみると、バナーワリー遺跡では先文明期の段階で周壁が築かれており、ハラッパー遺跡に共通する集落の様子をみてとることができる。ハラッパー遺跡とバナーワリー遺跡の中間にあるカーリーバンガン遺跡でも周壁に囲まれた先文明期の集落が確認されている。また、クナール遺跡は小規模な遺跡ながらも、印章や石製装身具が多数出土しており、地域の拠点であったと考えられる。このように、大小さまざまな遺跡でこの時期の社会変容の痕跡を確認することができる。

目を西に転じると、ゴーマル地方のラフマーン・デーリ遺跡でも、周壁によって囲まれた集落が確認されている。航空写真によると直交する街路によって分けられた街並みの痕跡が観察されており、密集型居住空間の存在をみることができる。この遺跡でも北方グループの印章が多数出土している。

これらの遺跡の例からみると、先文明期後期（前三〇〇〇～前二六〇〇年頃）の時期までには、各地に周壁によって囲まれた拠点集落が出現していたことがわかる。それらはメヘルガル遺跡と同様に密集型居住空間を内包する

図30　イラン南東部の都市シャフレ・ソフテ
イラン南東部のシャフレ・ソフテ遺跡は、大規模な遺跡であるだけでなく、ラピスラズリの加工も行われており、この地域の拠点であったことがわかる。この遺跡では、バローチスターン地方中央部の土器も出土している。

と考えられ、建物が散在する開放型の村とは異なる生活スタイルの存在を示している。土器や印章にみられる地域社会と地域間交流の拡大に伴って、地域社会の核となる集落が出現し、それらが広域的な地域間のつながりを維持する上で重要な役割を果たしたと考えられるのである。こうした拠点集落の出現も、社会の複雑化を考える上での重要な指標となる。

地域社会間関係の再編

土器、印章、集落という三つの指標において共通してみられるのは、地域社会と地域間交流の拡大である。その背景には人、物資、情報の移動の活発化があり、そのコントロールを軸にした広域型社会の形成をみてとることができるだろう。ハラッパー遺跡で進められてきた工芸品生産に関する研究がほかの遺跡の資料についても行われれば、また違う角度から先文明期の社会を検討することが可能となろう。

本章の最後となるこの節では、以上の検討を踏まえて広域型社会の形成過程を整理し、文明社会の形成に関する研究の視点をまとめておくことにしよう。

インダス文明期の社会は、都市を結節点として築かれた広域型社会である。広域型社会の形成と維持にはそれを支えるためのさまざまな仕組みが必要であり、そうした仕組みがどのように発達したか検討することによって、広域型社会の成立過程を把握することが可能になる。

インダス地域における広域型社会形成のきざしは、前三五〇〇〜前三〇〇〇年の時期に見いだすことができる。西の高原部から東の平原部にかけての各地で、一定の空間的広がりをもつ地域社会が出現する。これ以前の時期にも各地に人は暮らしていたのだろうが、それが地域社会と呼びうるような空間的な広がりをもつものではなかった可能性が高い。散在的な生活スタイルをとっていたのかもしれない。前三五〇〇年以前のインダス地域の社会の様相は今後の調査をまたざるをえないが、ハラッパー遺跡やメヘルガル遺跡の調査成果からみると、やはり前三五〇〇年頃がひとつのターニングポイントであったと考えられる。

この時期にバローチスターン地方ではイラン方面との交流関係を強く示す地域文化群があらわれているが、それはすなわちイラン方面につながる地域間交流ネットワークにバローチスターン地方が組み込まれたことを示している。土器だけでなく、印章の出現は萌芽的ながらも、この時期における交流ネットワークの発達を物語っている。なぜこの時期にイラン高原に発する交流ネットワークが拡大してきたのか考えると、西方のメソポタミアにおける都市社会の成立と無関係ではないだろう。アフガニスタン北部に産出するラピスラズリがメソポタミアで珍重されたことや、イラン南東部のシャフレ・ソフテ遺跡でラピスラズリ製の装身具の製作址が確認されていることも（図30）、こうした拡大する地域間交流ネットワークと関わっている。

地域間交流の拡大は、直接的にせよ間接的にせよ、また程度の差こそあれ、各地に交流の拠点を生み出し、それが起点となって、さらに広い範囲の地域社会をネットワークの中にまきこんでいく結果をもたらしたと考えられる。こうした地域間交流ネットワークを拡大させる要因のひとつには、ラピスラズリを代表とするめずらしい石や貴金属、卑金属あるいは木材といった偏在型資源の存在があろう。歴史時代のことにはなるが、織布や香辛料もまた、そうした人の関心を遠方の地へと向けさせる物資の代表例であった。拡大するネットワークとともに、そうした稀少資源の発見や開発が進み、さらに交流ネットワークの拡大を引き起こすと考えられる。そうしたメソポタミアからイラン高原にかけてのネットワークの拡大が、バローチスターン高原やさらに東のインダス平原をより広域なネットワークの中へ組み込んでいくことになったのではないか、というのが私の考えである。

実際のところ、イラン高原の人々にとってインダス地域の社会がどのように認識されていたかはわからない。東の辺境といった程度の認識であったのかもしれない。インダス地域の人々にとっても同様である。どの程度西方に関する知識がインダスの社会の中で共有されていたかは不明である。実際にイラン高原との交流を担っていたのは、イラン高原に隣接するバローチスターン地方の人々だけだったかもしれない。このあたりの実態については想像をふくらませるしかないが、西方とのつながりはインダス地域における資源開発であったり、工芸品生産などを活発化させる契機となったことは確実である。それが結果として、インダス内部の地域社会や地域間交流の拡大へとつながったのであろう。印章の普及は、そうした拡大をテコにした社会の重層化（印章生産を介して人、物資の移動を管理する社会的権威の登場）を物語っている。

第三章　インダス文明社会の発達と展開

プロローグ　現代に残る伝統工芸

インドには、まだまだ伝統的な工芸品が生活の身近なところに残っている。その代表は土器である。インダス文明の時代から現代にいたるまで、生活のさまざまな場面で土器が使われてきた。調理、食膳、貯蔵が土器のおもな機能であるが、例えば現代の土器づくりでみると、結婚式で使われる土器や儀礼で使われる土器など、場面に応じた使い分けもある。この五〇年ほどの間に、アルミニウムやステンレスの食器や調理具が普及するようになり、土器に対する需要は減ってきているが、それでも人々の日常生活に近いところで土器が使いつづけられている。

現代（おそらくは古代や中世でも同様と考えられるが）において、土器をつくっているのは村や町の一角に工房をかまえる職人たちである。北インドでは、クムハールあるいはマハープラジャーパティーと呼ばれる職業カースト（インドでは、職業によって分化した社会集団をジャーティと呼ぶ）である。町の工房では大型の窯をしつらえて大量に生産しているが、村の職人たちは村の中での需要に応じた量を生産している。

こうした伝統的な土器づくりを見学してまわると、地域によって土器のかたちや技術、装飾にさまざまな違いがあることがわかる（図31）。北インドのガンガー平原の農村地帯であれば、直径一メートルもある大きな円盤（ロクロ盤）を細い棒で回転させ、その回転力を利用して土器をつくる。パキスタンの北部では、同じくロクロを用いるが、足で蹴って回転させる方式である。中央インドのある村では、ロクロを使用せずに壺のかたちをつくりあげていく。また、地域を越えて広く共通してみられるのは、タタキと呼ばれる技法で、土器の内面に当て具と呼ばれる支えをあて、その外側を羽子板のような叩き板でたたいて土器のかたちを整形していく。特に壺のようなふくらみをもつかたちに多用される。最初の段階でロクロを使うかどうかにかかわらず、最終的な壺のかたちはこのタタキ作業によってつくられる。こうしたタタキ技法を特徴とする土器づくりの技術は、西暦紀元後の時期の北インドで確立した技術であり、それが連綿と現在まで伝えられてきた可能性が高い。

土器を飾る文様という点でみると、現在ではガンガー川の東側の地域では彩文はほとんど用いられず、ヘラを

インド、ウッタル・プラデーシュ州シュラーヴァスティー

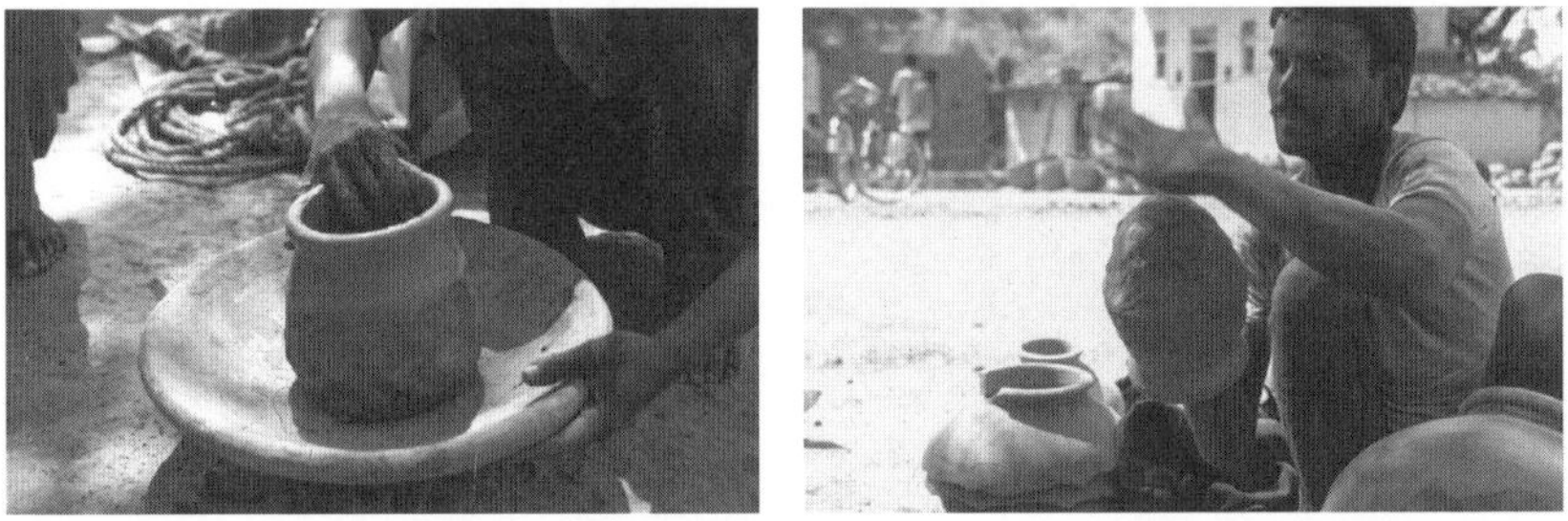

インド、マディヤ・プラデーシュ州カジュラーホー

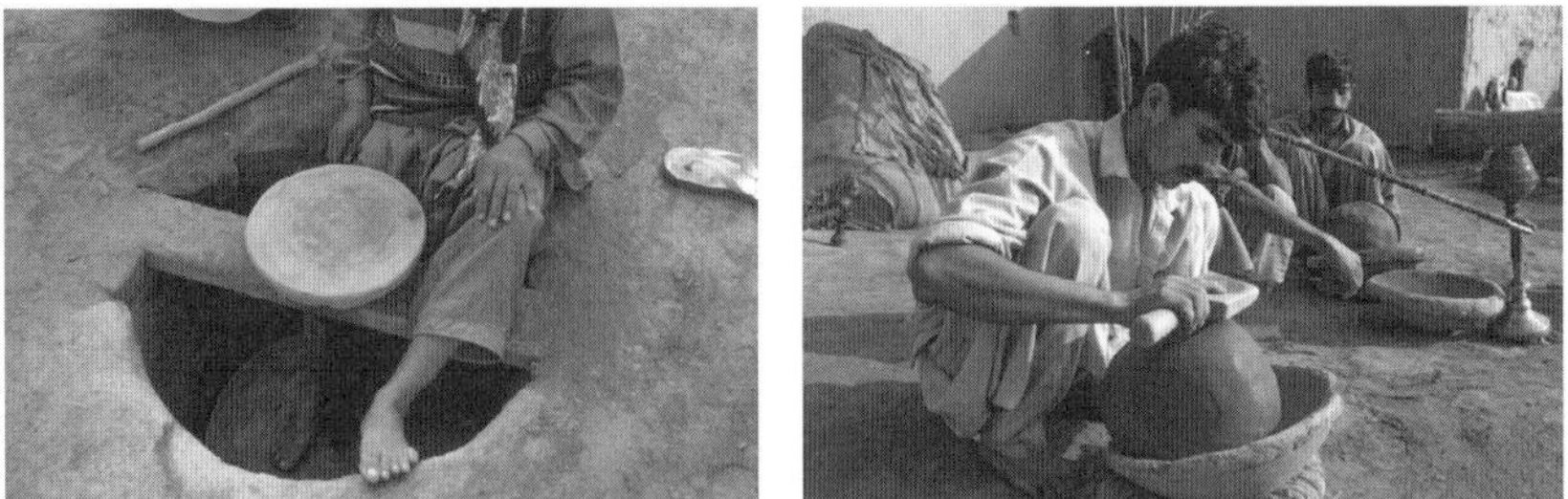

パキスタン、パンジャーブ州ハラッパー

図 31　現代の土器づくり

各地で多様な技術が用いられているが、タタキ技法が卓越するのは現代の南アジアの土器づくりの特徴である。

使った線や刻目などの単純な装飾が一般的であるが、ガンガー川の西側の地域に行くと、きわめて一般的に彩文が土器を飾っている。パキスタンでも土器には彩文が施されている。こうしたガンガー川の東西での装飾の違いは、実は紀元後四世紀頃までさかのぼる。それ以前の時期には、一部には彩文を施す土器も存在したが、全体的に彩文をもたない土器が北インドで一般的であったのに対し、四世紀頃にガンガー川の西側の地域で彩文土器が流行する。これがどういった歴史的背景によるものかよくわからないが、その伝統が現代まで継承されている可能性が高い。

中世の時代の土器がどのようなものであったか、あまり調査報告例がなくよくわからないので、古代と現代を結びつけるのにも慎重にならないといけないが、中世、古代、あるいはそれ以前の文化伝統が現代までかたちを変えながらも継承されている可能性を念頭に置くと、現代の土器づくりから学ぶことは多い。

インダス文明期の遺跡調査の現状

これまでのところ、一二〇〇ヶ所以上のインダス文明期の遺跡が発見されている。このうち発掘調査が行われたのは二〇〇ヶ所あまりの遺跡で、ほかはいずれも分布調査で遺跡の存在が確認されただけである。発掘調査の精度についても、比較的広い面積の遺構が発掘されたものもあれば、トレンチ調査という限られた範囲の発掘で、遺跡の文化層（人の生活痕跡を含む層）の確認が行われただけのものもある。また、分布調査では、遺物の散布範囲を計測して遺跡の範囲を推定することが一般的に行われているものの、採集された遺物の密度や詳細がわかる事例はきわめて限られており、そこで示された範囲はあくまでも推定の域を超えない場合が多い。

発掘調査で明らかにされた遺構や遺物の報告のスタイルや精度もまちまちである。遺構や遺物の詳細が図や写真などの各種の記録とともに網羅的に報告されたのは四〇例程度にすぎず、多くは概要を報告したレベルにとどまっている。そうした概報では代表的な出土遺物が図示される程度で、本格的な研究に利用可能なデータを得ることは難しい。分布調査の場合には、採集遺物の詳細の提示がきわめて重要な情報源となるが、この場合でもごく一部の代表的なものが報告されるだけで、遺跡のもつ重要性を評価することは容易ではない。

また、発掘された遺跡の場合、遺構の変化をもとに時期区分を設定するのが一般的であるが、あるひとつの時期の遺構の存続時期は遺物の変化とは一致していないことが多く、遺構をもとに設定された時期区分に拠った遺物の報告では、遺物の変化を捉えることが難しいという状況がある。本来であれば、遺構と遺物で個別の分析を行い、その成果を土層の重なりとも関係づけて報告することが望まれるが、そうした調査・報告手法は一般的ではなく、発掘成果の把握・検討がきわめて静的なものになってしまうという弊害がある。

こうした遺跡調査を取り巻く諸々の状況は、インダス文明研究にたずさわる者として歯がゆいところである。私自身が関わった遺跡の発掘調査では、こうした問題点を克服できるよう記録の方法にいろいろと工夫を凝らしたが、残念ながらほかの研究者による調査の事例では、調査成果の内容と精度に著しいばらつきがあるのが実情である。

したがって、現状では断片的なデータを整合的につなぎあわせていくほか方法はない。以下の解説はそうしたさまざまな制約のもとで、私が苦心して再構築した結果によるものであることを念頭に読んでいただければ幸いである。

インダス文明社会の景観

これまでに確認されている約一二〇〇ヶ所以上の文明期の遺跡は、モヘンジョダロ遺跡とハラッパー遺跡があるインダス平原部だけでなく、西のバローチスターン地方や東のガッガル地方、グジャラート地方にも多く分布している。ハラッパー遺跡が所在するパンジャーブ地方ではほとんど遺跡が発見されていないが、これは早い段階に農地化に伴って遺跡が削平されてしまったことによるという説がある。しかし、トラクターなどの機械の導入は比較的最近のことであり、はたしてこの地域の遺跡分布がどの程度実情を反映したものかよくわからない。

これらの遺跡がインダス文明期に属することは、ハラッパー式土器と呼ばれる文明期に特有の土器が遺跡から採集されることによって確認される。ハラッパー式土器についてはのちに詳述するように、インダス文明期を通じて存在するだけでなく、インダス文明が広がった範囲の全域で出土する土器である。したがって、この土器の存否が、遺跡の帰属時期の判断基準としてきわめて有効であるということが研究者間で共通認識となっている。

しかしながら、インダス文明は約七〇〇年続いた文明であり、当然、物質文化も社会もその期間の中で変化を繰り返したはずである。遺跡の分布も、時期によって変化したであろう。中には文明期の七〇〇年間ずっと人が暮らした遺跡もあるだろうし、一〇〇年以下の短期間で放棄された遺跡もあるだろう。インダス文明の景観は時期によってかなり異なっていた可能性が高いが、現在利用可能なデータではそうした遺跡分布、すなわち景観の時間的変化を明らかにすることは難しい。これからの研究で明らかにされるべき課題のひとつである。

こうした制約を念頭に置いた上で、インダス文明社会の景観についてみていくことにしよう（図32）。ここでまず問題となるのは、どの程度の面積の遺跡を都市とみなすかという問題である。ここでは五ヘクタール以下のものを村落を中心とする小型遺跡、五～二〇ヘクタールを中型遺跡、二〇～五〇ヘクタールを大型遺跡、五〇ヘクタール以上を超大型遺跡と便宜的に分類し、中型遺跡を拠点集落、大型および超大型を都市と呼ぶことにしたい。

ただし、ここで注意しておきたいのは小型遺跡である。その規模からすると、小型集落の多くは村である可能性が高いが、一ヘクタール程度のきわめて小さな遺跡であっても、発掘の結果、堅固な周壁を備え、その内部で専業的な工芸品生産を行っていた遺跡がグジャラート地方を中心に複数確認されている。周壁の存在はそこに多くの労働力を投下したインフラ整備を示しており、私たちが村に抱くイメージとは異なっている。内部で行われた活発な工芸品生産も「農村」とは異なる性格を物語っている。またこうした小さな集落でも印章が出土するのは、小型集落を一括りにして「農村」的イメージで捉えることが正しくないことを明示している。多様な規模と性格をもったさまざまな集落が相互に組み合わさって、都市社会の景観がかたちづくられていたことを示してお

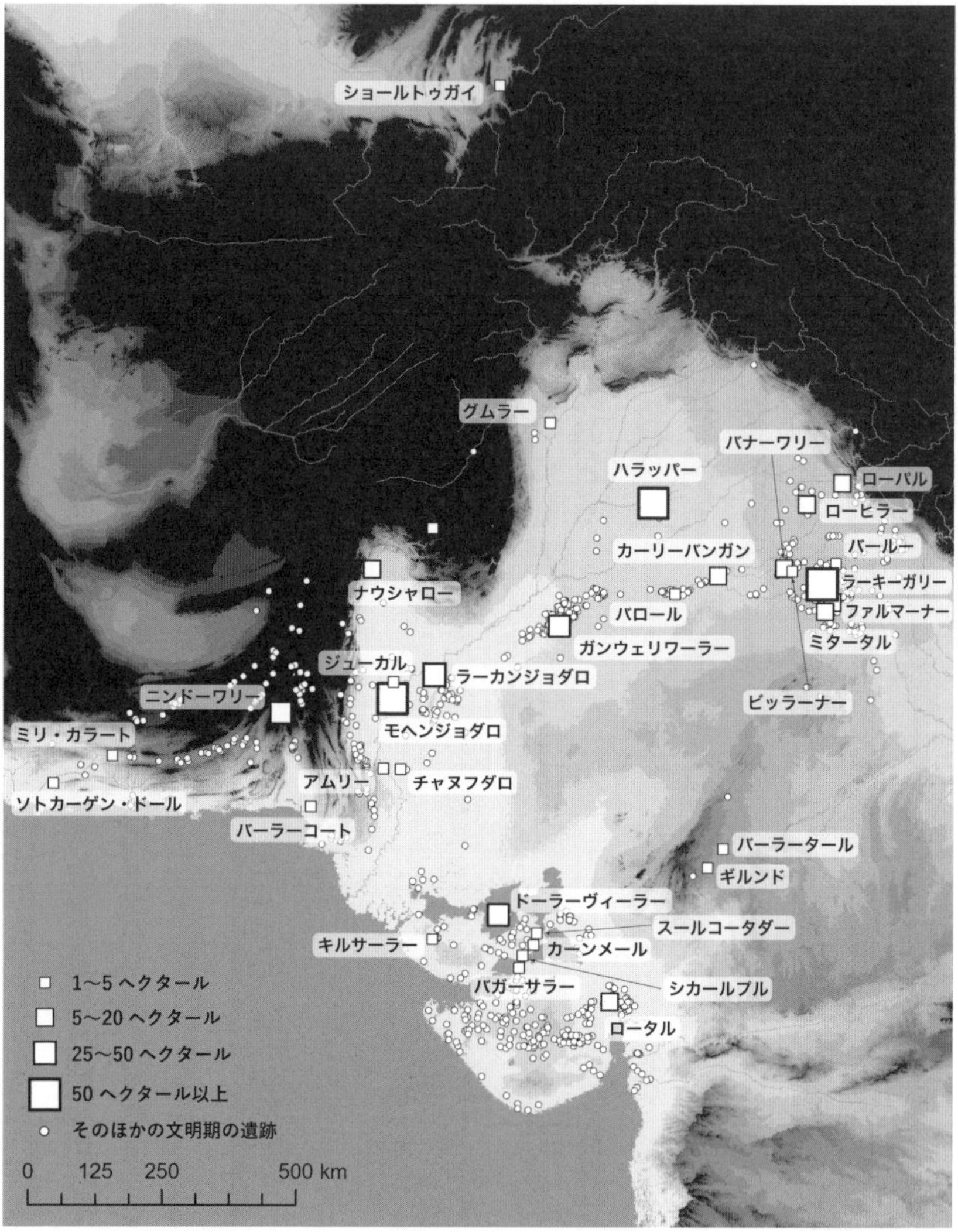

図 32　インダス文明遺跡の分布

文明期の遺跡を大きさにしたがってみてみると、各地に１つずつ大規模な都市遺跡があり、その周りに中・小型の遺跡が分布していることがわかる。こうした大きさの異なる遺跡が階層的に各地に分布しているのが、インダス文明の都市社会の特徴ということができる。北のショールトゥガイ遺跡や西のソトカーゲン・ドール遺跡は、インダス文明社会の前哨基地の役割を果たしたのであろう。ショールトゥガイ遺跡はラピスラズリの開発拠点であり、ソトカーゲン・ドール遺跡はイラン高原やオマーン半島へと通じる交通路の要衝であった。

り、単純に規模だけでインダス文明社会の構造を理解することが難しいことを認識しておく必要がある。

こうした制約を念頭に置いた上で、インダス文明社会の景観について考えてみることにしよう。まず大型・超大型の規模をもつ都市の分布についてみてみると、バローチスターン高原南部では一ヶ所、シンド地方では二ヶ所、グジャラート地方は一ヶ所、パンジャーブ地方では一ヶ所、ガッガル地方では一ヶ所を確認することができる。このうち面積が一〇〇ヘクタール以上の遺跡は、モヘンジョダロ遺跡、ハラッパー遺跡、ラーキーガリー遺跡で、五〇ヘクタール前後の遺跡としてはドーラーヴィーラー遺跡、ラーカンジョダロ遺跡をあげることができる。二〇ヘクタール前後の遺跡としてカーリーバンガン遺跡やバナーワリー遺跡、ファルマーナー遺跡、ミタータル遺跡などがある。都市遺跡と呼ばれる遺跡の中にも大小が存在することがわかるが、大きさの違いは収容人口の差だけでなく、機能や背景によっても影響を受けていると考えられる。大きさの違いを生み出す要因を断定することは難しいが、インダス文明の都市の特徴のひとつであることは確かである。

都市遺跡の中には周壁をもつものが多く、また相対的に長期間にわたって居住されたことから遺跡全体がマウンド状になっていることが多い。中には一〇メートル以上にわたって、人が生活した痕跡が積み重なっている遺跡もある。モヘンジョダロ遺跡の場合には、ボーリング調査の結果、最下層から最上層まで二〇メートル以上におよんで人の生活の痕跡が積み重なっていることが推定されている。先に記した面積はこうした特徴を基準として算出されたものであるが、周壁の外側にも居住域が広がっている事例も確認されている。周壁に囲まれた部分は遺跡の中枢部分であり、その外側にも居住域が広がり、諸々の活動が展開していたということはインダス文明の遺跡の理解の上で重要である。

小型遺跡の発掘調査例が少なく、分布調査の精度にも疎密があることから、大・超大型遺跡と小・中型遺跡の分布上の関係を把握することは容易ではないが、代表的な都市遺跡の周りにどの程度の遺跡が分布しているのかみておこう（図33）。

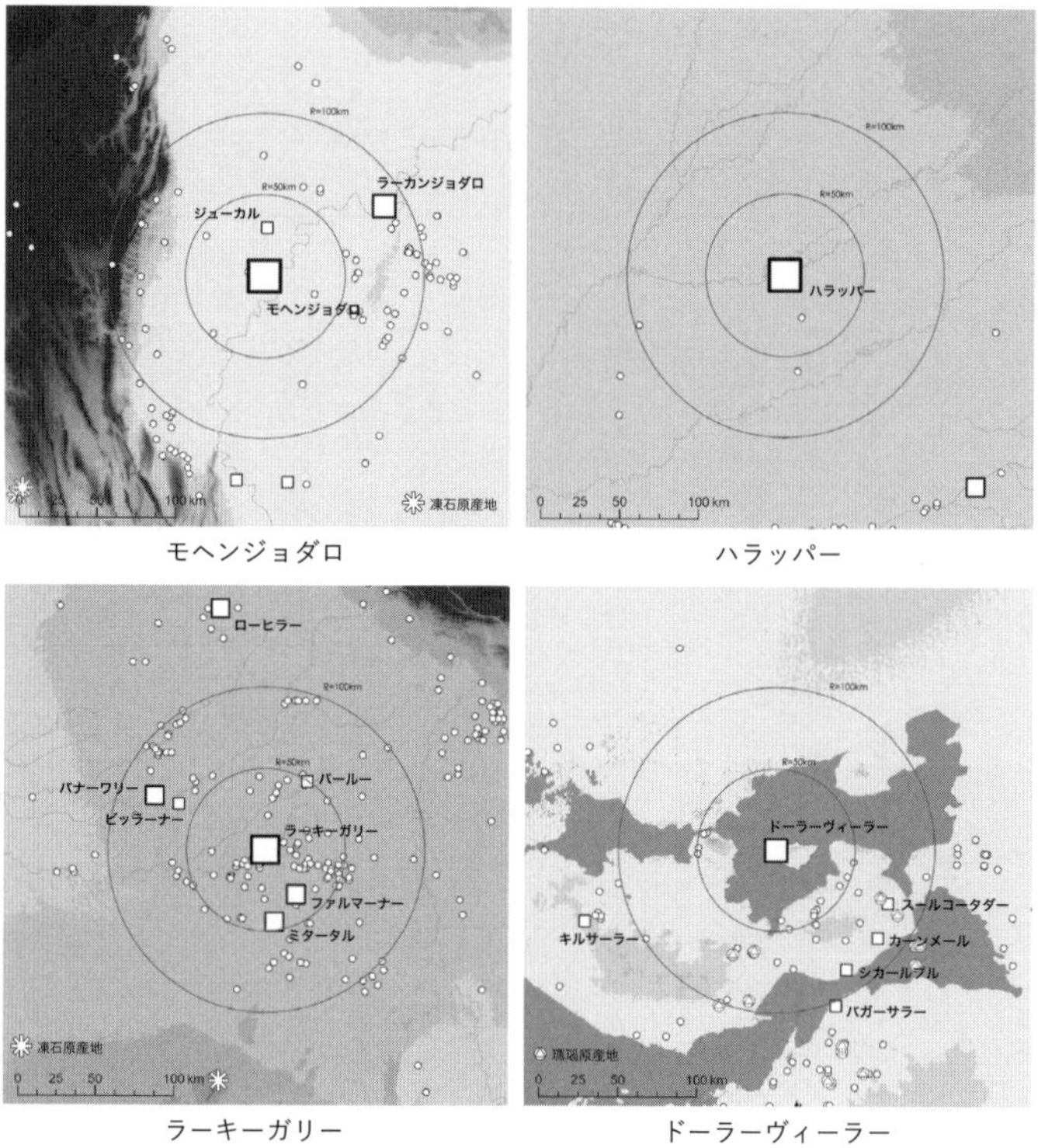

図 33　都市遺跡周辺の遺跡分布

大型の都市遺跡の周辺には、中・小型の遺跡が分布する。それらが具体的にどのような関係にあったのか不明であるが、都市を頂点とする交流ネットワークが各地に張り巡らされていたことを示している。

　モヘンジョダロ遺跡では、半径一〇〇キロ圏内に六二ヶ所の遺跡が分布しているが、その中には推定五〇ヘクタールをもつ大型遺跡ラーカンジョダロ、中型遺跡ジューカルが含まれており、複数の拠点を有する地域となっている。ただし、遺跡直近の一〇キロ圏内にはほとんど遺跡は存在していない。また、文明期の石器製作素材として広く流通したチャートの産地であるローフリー丘陵がこの一〇〇キロ圏内に位置しているが、この丘陵の周辺に小規模な遺跡が多数分布しており、石材の採掘と流通に関わっていた可能性が考えられる。

　ハラッパー遺跡の周りにはほとんど遺跡は確認されていない。ハラッパー遺跡の南を流れる古ベアース川沿いでは、いくつか先文明期からポスト文明期の遺跡が確認されているが、詳細なデータは未公表であり、ハラッパー遺跡との関係を明確に把握することは容易ではない。かつては相当数の遺跡がハラッパー遺跡周辺に存在した可能性が高いというにとどめておこう。

ラーキーガリー遺跡では、半径一〇〇キロ圏内に一六七ヶ所の遺跡があり、半径二〇キロ圏内にも三一ヶ所の遺跡が分布している。この遺跡の周辺には稀少資源は存在しておらず、ラーキーガリー遺跡周辺の小型遺跡は農村である可能性が高い。ただし、四ヶ所以上の中型遺跡が分布するのはこの地域の特徴であり、ラーキーガリー遺跡を頂点とする稠密な交流ネットワークのあり方をみてとることができる。

ドーラーヴィーラー遺跡では、一〇〇キロ圏内に三三ヶ所の遺跡が分布しているが、その中には小規模ながらも工芸品生産を集中的に行う遺跡が複数含まれており、工芸品素材の産地を多数抱える地域ならではの景観ということができるだろう。

こうした代表的な都市遺跡とその周辺の集落との関係は、都市ごとにかなり異なった様相を示している。どういう要因がこの違いに反映されているのかわからないが、遺跡分布パターンの違いは集落間を結ぶ交流ネットワークの性質の違いと関係している可能性が高い。都市ごとに異なった存立基盤が存在していたことを示している。そこには各都市の周辺で利用可能な資源の種類も関係しているのはまちがいない。今後の調査・研究はそうした集落間の関係を明らかにする方向で進められていく必要がある。

都市のかたち

上述のように、都市および拠点遺跡の中には、一部あるいは全体が周壁によって囲まれたものが多い。周壁の内部がさらに壁によって分けられた例もある。そうした例からインダス文明期の都市のかたちについて考えてみよう（図34）。

モヘンジョダロ遺跡とハラッパー遺跡はその発見の当初から、一段と高い「城塞部」と低いところに展開する「居住域」によって構成されていることが知られてきた。「城塞部（Citadel）」の名称は、高い防御性をもった区域というウィーラーの解釈によるものであるが、必ずしもその名称が示すような防御的機能を有していたかどうかは不明である。また、「居住域」は Lower town や Middle town と呼ばれることが多いが、住居だけでなく、さまざまな機能をもった建物が存在していた可能性が高い。これらの名称が適切かどうか判断が難しいが、それぞれが異なる性格をもった空間であったことは確かであり、それらを区別するために便宜的に「城塞部」「居住域」の名称で呼ぶことにする。

モヘンジョダロ遺跡とハラッパー遺跡では城塞部は西に、居住域は東に配されている。ガッガル地方のカーリーバンガン遺跡も同様の構成をとっている。バローチスターン地方中央部のナウシャロー遺跡も二つのマウンドをもつが、一段と高くなったマウンドが北側に、低いマウンドが南側に配されており、他例とは異なった配置となっている。発掘調査の成果からみると、北側のマウンドは先文明期後期から文明期中期、南側のマウンドは文明期前期から中期にかけて居住されたことがわかっており、成り立ちがほかの遺跡とは異なっている可能性が高いが、ひとつの例としてあげておこう。

モヘンジョダロ遺跡では、城塞部が人工の基壇の上にのっていることがわかっているが、居住域も一部にせよ大規模な基壇の上に築かれていることが明らかにされている。こうした基壇の存在は、インダス平原南部の氾濫原に位置するモヘンジョダロ遺跡における洪水対策によるものと考えられている。ハラッパー遺跡、カーリーバンガン遺跡、ナウシャロー遺跡では、城塞部、居住域ともに周壁で囲まれている。

こうした分離型の配置をもつ遺跡は、インダス平原部のパンジャーブ地方およびシンド地方、さらにそれに比較的近いところに位置している。モヘンジョダロ遺跡は一〇〇ヘクタール、ハラッパー遺跡は七六ヘクタールと超大型遺跡の範疇に含まれるが、カーリーバンガン遺跡は一七ヘクタール、ナウシャロー遺跡は六ヘクタール以

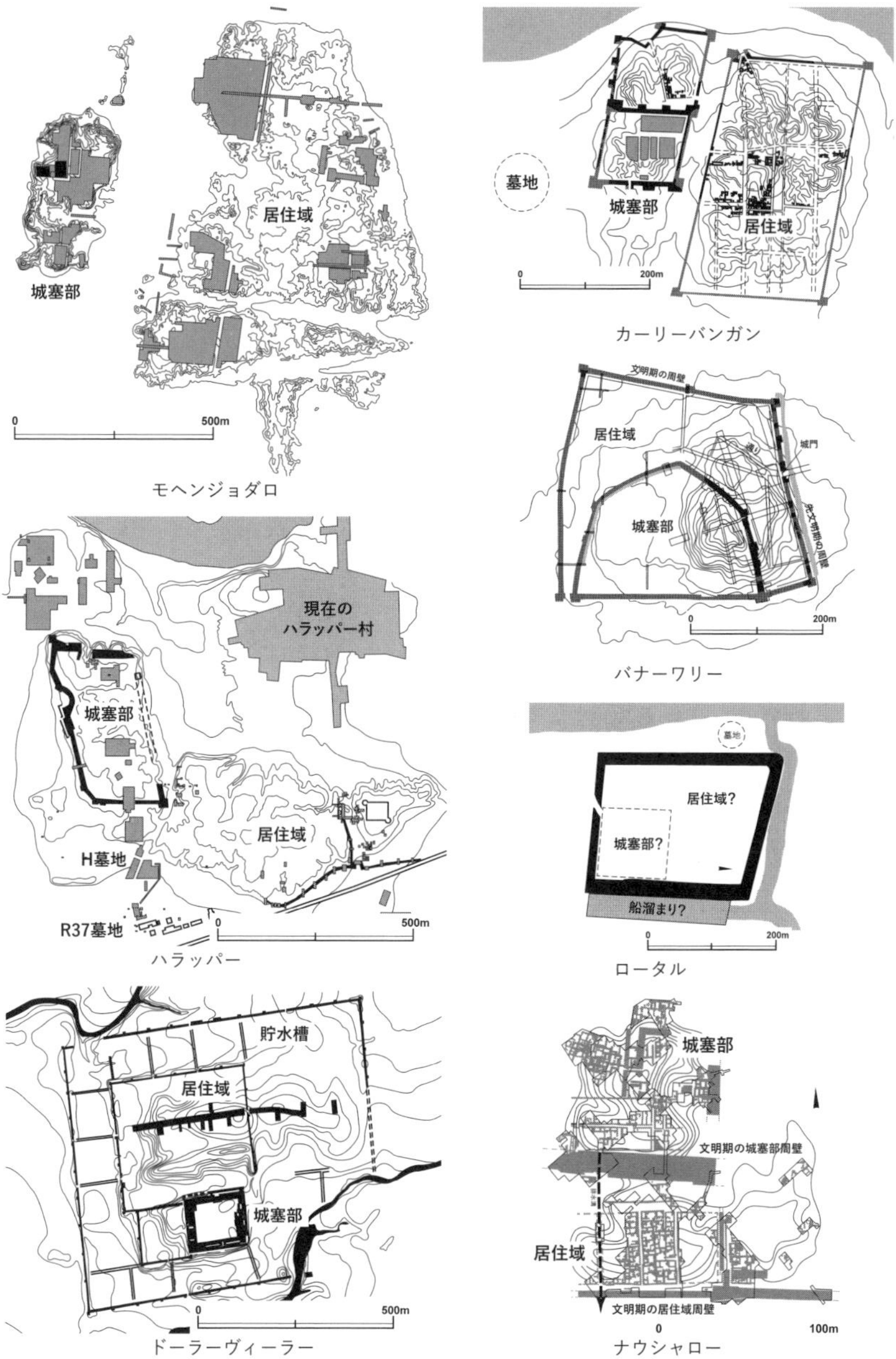

図 34　インダス文明の都市遺跡

各地に分布する都市を含めた拠点遺跡は、文明の中心部と縁辺部で異なる構造を有していた。

上で中型に分類できる。大型以上の都市だけがこの分離型の配置をとるわけではないことは重要であり、むしろインダス平原とその近縁部という分布上の特徴とみることができそうである。

一方、集落全体を周壁で囲み、その内部を区分けして、城塞部と居住域、さらには別の機能をもつ空間を配した例がある。こうしたかたちをもつ遺跡はグジャラート地方とガッガル地方に多く確認されており、その中でも最大規模をもつのはグジャラート地方のドーラーヴィーラー遺跡（五〇ヘクタール）である。整った平行四辺形をなす全体プランの南半部中央に一段と高くなった城塞部があり、その周りに居住域や儀礼の場と推定される広い空間が配されている。この遺跡の興味深いところは、居住域の外側に岩盤を掘り抜いた貯水槽が整然と配されていることである。きわめて計画的に諸々の施設が配置された遺跡と評価することができる。

ガッガル地方のバナーワリー遺跡は一六ヘクタールの中型遺跡であるが、ドーラーヴィーラー遺跡と同様に南半部に城塞部がおかれ、その周りに居住域が展開している。台形に近いプランである。先文明期の段階で周壁が築かれ、それを改築するかたちで文明期の周壁がつくられている。ドーラーヴィーラー遺跡ほどの計画性はみられないが、分離型の例と比較すると、集落内の空間利用のあり方が異なっていることは確かである。

グジャラート地方のスールコータダー遺跡は面積〇・七ヘクタールと小さな遺跡でありながら、堅固な石積によって東西二つの空間を並置するという特徴をもつ。それぞれ平面方形を呈しており、ドーラーヴィーラー遺跡の城塞部を二つ並べたような構造である。同じくグジャラート地方のシカールプル遺跡とカーンメール遺跡は一ヘクタールほどの面積を周壁で囲んでいる。平面形は方形で、まさにドーラーヴィーラー遺跡の城塞部を取り出したようなかたちである。

こうした一体型の配置は、先の分離型が分布する範囲の外側の地域に点在している。近藤英夫が説くように、分離型がインダス文明の中核地域、一体型が周辺地域に分布しており、中核地域と周辺地域で都市の形成要因や背景あるいは都市の統治のあり方など、社会的環境が異なっていた可能性を示している。都市の機能に違いがあった可能性も考えることができるだろう。

建築用材の多様性

インダス文明を代表するモヘンジョダロ遺跡やハラッパー遺跡では焼レンガを大量に使用した建物が広範に広がっている（図35）。このことからインダス文明は焼レンガを特徴としているというイメージがもたれやすいが、実際には地域によって建築用材は異なっている。モヘンジョダロ遺跡とハラッパー遺跡でも、焼レンガだけでなく、日干レンガが併用されている。ガッガル地方では日干レンガの使用が一般的で、例えばファルマーナー遺跡では浴室や排水溝など水に関わる施設にのみ焼レンガが使用されている。グジャラート地方に行くと、石材が豊富なところでは石積（図36・37）、そうでないところでは日干レンガもしくは焼レンガが使用されている。ドーラーヴィーラー遺跡では石材がふんだんに用いられている。

当然のことながら、異なる建築用材は異なった素材の調達と建築技術を必要とする。日干レンガの場合であれば、粘土を調達してレンガのかたちに仕上げ、それを乾燥させるだけでよいが、焼レンガとなると燃料が必要となってくる。石材の場合には、石を切り出して運搬し、積み上げる作業に多大な労働力が必要となる。このことは、ひとつの集落を建設するのにも、地域によってそこに動員される労働力と資源利用のあり方が異なっていたことを示しており、地域社会の編成の性質にも深く関わっていたと考えられる。

都市を統べるもの

城塞部には、都市の中枢、すなわち都市の統治機能が存在していた可能性が高い。しかしながら、西アジアの都市の中心をなす神殿や王宮は、インダス文明の都市遺跡では確認されておらず、城塞部の機能を具体的に把握することは難しい。また、城塞部に特有の器物の存在も確認できず、その機能を見いだすこともできない。

図 35　モヘンジョダロ遺跡城塞部の焼レンガ積沐浴場跡

図 36　ドーラーヴィーラー遺跡の城塞部（中央は石積城門）

図 37　カーンメール遺跡の石積周壁

グジャラート地方には、石材を用いた建物が多く残っている。カーンメール遺跡もその一例で、小規模な遺跡でありながら幅 5m もある城壁を四周にめぐらしていた。多量の労働力を投下して築かれた「拠点」であったと考えられる。

モヘンジョダロ遺跡では、有名な「沐浴場」（図35）や「僧侶の学院」「穀物倉庫」と推定される基壇群など、特殊な施設が城塞部の中央に築かれており（図38）、一般の居住域とは異なる機能をもった空間であることが推測できるが、ハラッパー遺跡ではモヘンジョダロ遺跡に類する施設は発見されておらず、カーリーバンガン遺跡では「火の祭祀跡」と呼ばれるカマドを併設した空間が確認されているだけである。ドーラーヴィーラー遺跡では大きな井戸が発見されているが、それ以外の施設は不明である。

これらの断片的な証拠から確認できるのは、同じ分離型をとる遺跡であっても、城塞部に築かれた施設の機能は同じではないということである。城塞部が都市を統括する機能を有していたという点では共通しているかもしれないが、その具体的なあり方は多様であったということになるだろう。

カーリーバンガン遺跡で発見された「火の祭祀跡」と呼ばれるカマド群についてはかなり解釈的で、その実際の性格を特定することは難しい。カ

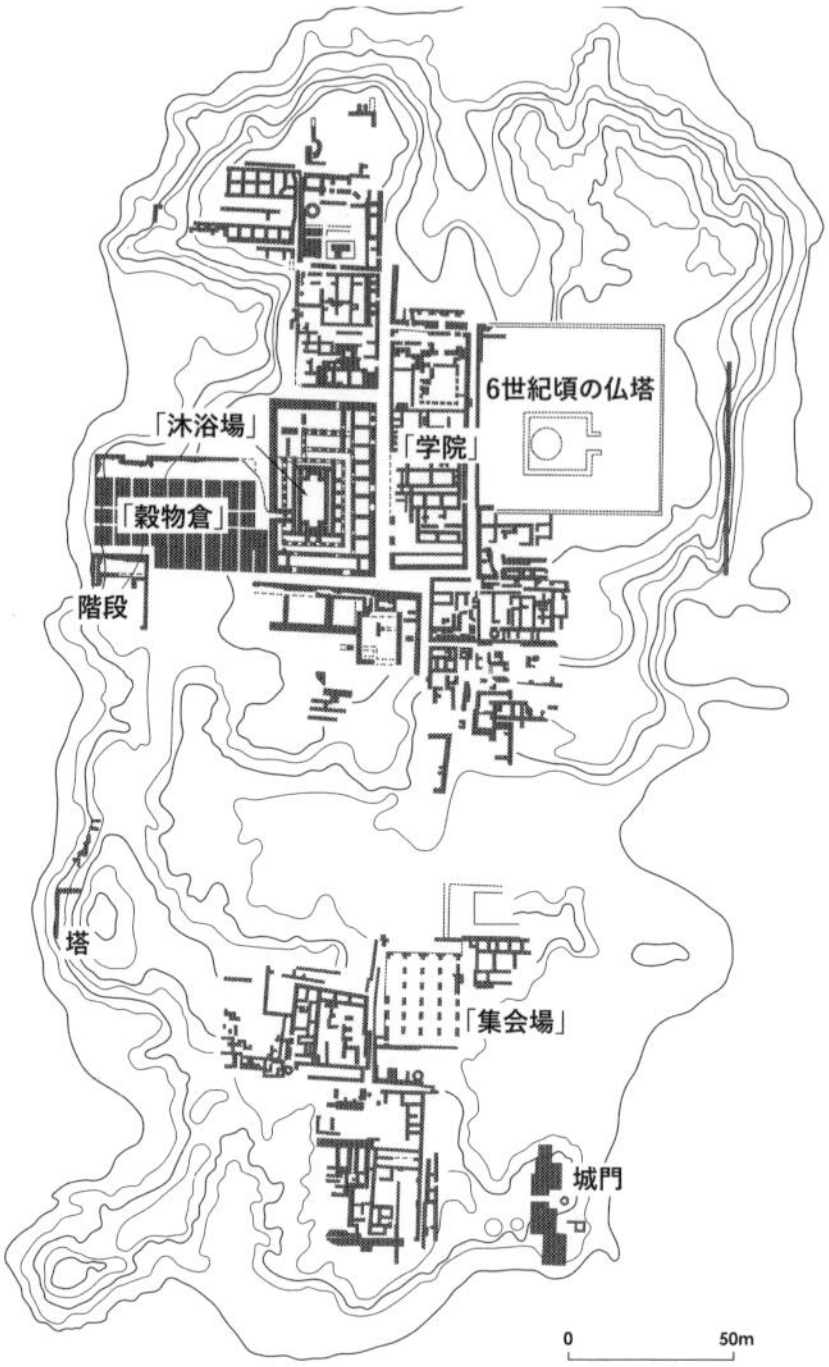

図38　モヘンジョダロ遺跡の城塞部

モヘンジョダロ遺跡の城塞部は、人工の基壇の上に築かれていた。沐浴場跡など、一般居住域にはない施設は城塞部が特別の機能をもった空間であったことを物語っている。

マド群で調理された食事が、何か特別な機会に供されたのかもしれない。都市の統括にたずさわる人々が集まって饗宴や儀礼を行った可能性も想定することができるが、そうした解釈を実証する根拠に乏しい。モヘンジョダロ遺跡の沐浴場は水を用いた儀礼が行われた可能性を示唆しているが、これも解釈の域を超えないだろう。はなはだ歯切れの悪い感じになってしまうが、何がしかの非日常的な行為（儀礼など）が城塞部で行われていた可能性を指摘するにとどめておこう。

そもそも、インダス文明の遺跡では強力な王権や宗教的権威の存在を示す物質文化の要素に乏しい。高度な技術を駆使してつくられた諸々の工芸品は、都市やその周辺に存在する工房で生産された特別な器物であった可能性が高いものの、そこにメソポタミアやエジプトのような王権の発達を見いだすことは難しい。後述のように、墓においても他を圧倒する例は確認されておらず、傑出した社会階層（エリート）の存在を確認することはできない。これら物質文化において社会階層の分化を示す証拠に乏しいという点は、インダス文明社会の特質として注目すべき点ではあるが、考古学研究の難しさも示していて、頭を抱えるところである。

インダス文明を代表する遺物として、いわゆる「神官王像」を含む石製人物像がある（図39）。展覧会などでは目玉になる遺物である。モヘンジョダロ遺跡で七点ほどの例が知られており、その大きさや表現のスタイル、彫刻技術のクォリティもさまざまである。これらの人物像はモヘンジョダロ遺跡の城塞部を中心に出土しているのだが、その出土層位をみると、実は遺跡編年の後期に属するものであることがわかる。都市の最盛期につくられたものである可能性は否定できないものの、彼らが都市の統治と関わるものであったのかその解釈には慎重にならざるを得ない。モヘンジョダロでしか出土していないのも注意されるところである。

このように、都市のかたちからみたとき、インダス文明の各地で分離型と一体型という一定の共通性をもった設計が存在したことがわかるが、それぞれの内部での城塞部のあり方、機能は多様であったということになる。物質文化にもみられる、インダス文明社会を特徴づける広域的共通性と多様性を都市のかたちにもみることができるだろう。

都市民の生活空間

次に都市に暮らした人々の生活空間についてみてみよう。インダス文明期の生活空間の特徴を明確に示しているのは、モヘンジョダロ遺跡である。広い範囲が発掘され、居住域の建物群が面的に明らかにされている。広狭さまざまな街路（メインの通りは幅一〇メートルを測る）によって分けられた町割りの中に、焼レンガでつくられた大小さまざまな建物が壁を接して密集して築かれている。先文明期終末期のメヘルガル遺跡でみたように、密集型の居住空間のあり方をみてとることができる。

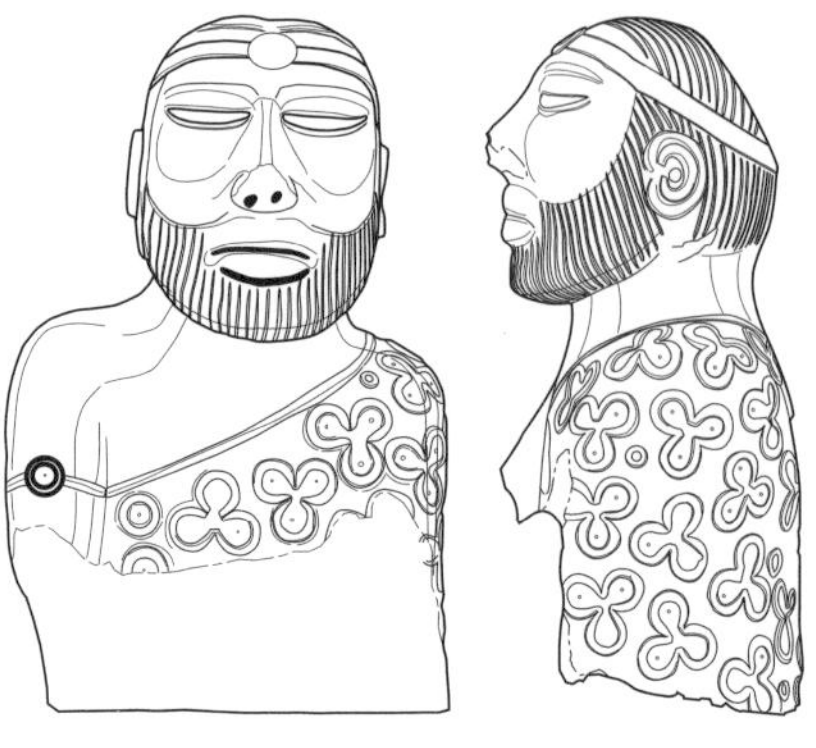

1. DK 1909: DK 地区、凍石製、高 17.8cm

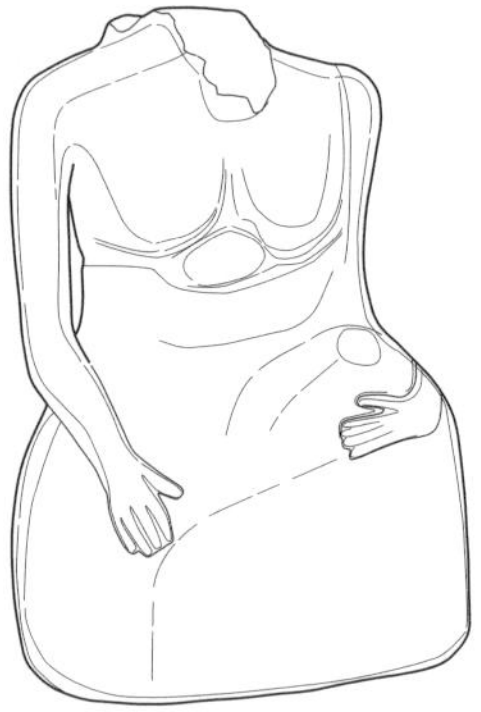

2. L 950: L 地区、
アラバスター製、高 29.2cm

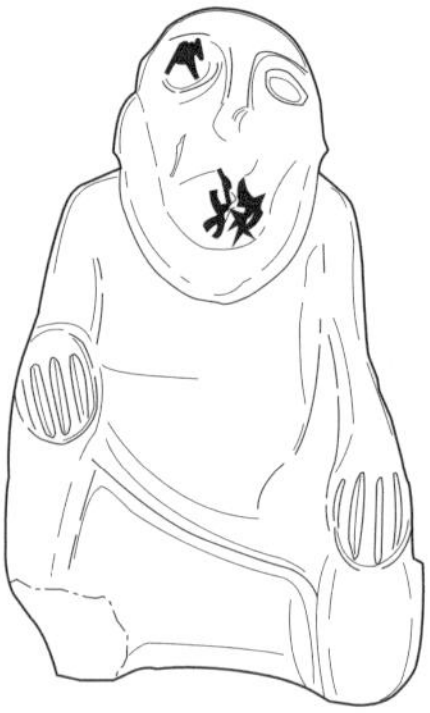

3. HR 163: HR 地区、
アラバスター製、高 42.0cm

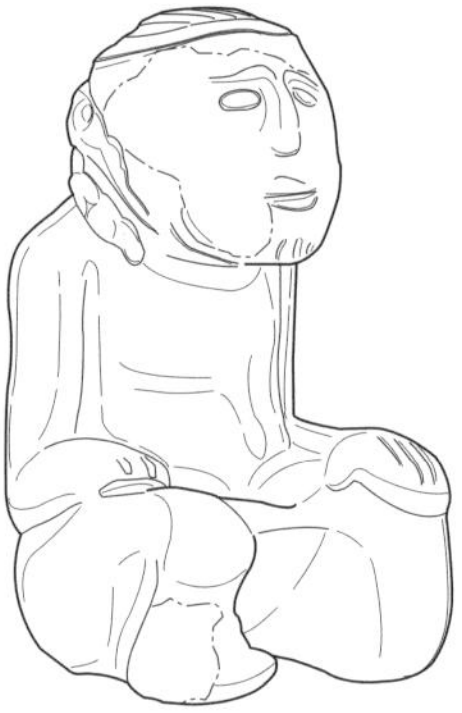

4. DK(i) 419: DK 地区、
石灰岩、高 33.5cm

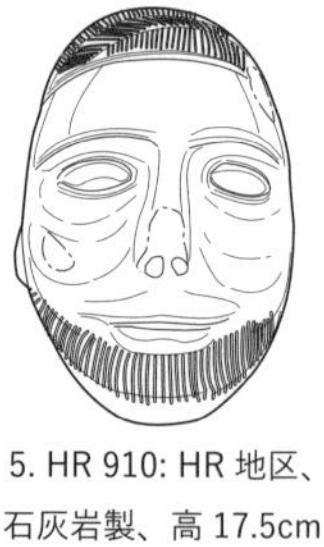

5. HR 910: HR 地区、
石灰岩製、高 17.5cm

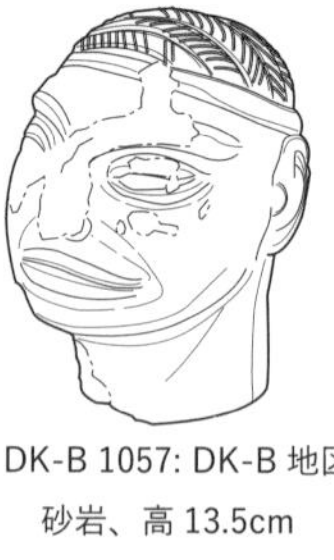

6. DK-B 1057: DK-B 地区、
砂岩、高 13.5cm

図 39　モヘンジョダロで出土した石製人物像

石製人物彫刻は何がしか特別な器物であった可能性が高いが、片膝を立てる姿勢を除いて、様式的な一貫性に乏しく、高い頻度でつくられたものではないだろう。

実際のところ、文明期には頻繁な建物の増改築が行われているが、そうした建物の増改築のプロセスを初期の発掘調査報告において復元することは難しい。壁の付け足しや床面の造成、あるいは建物の建て直しなど、人々の生活に伴ってさまざまな改変が行われていたと考えられ、そうしたプロセスの把握にこそ、都市における生活空間をダイナミックに理解する手がかりがひそんでいるのだが、初期の調査ではそうした生活空間のダイナミズムを捉えることを可能にする調査方法は採用されていない。

ところで、モヘンジョダロ遺跡で広範に検出されているレンガ積建物群（図40）の多くは、遺跡の中でも新しい時期（遺跡編年後期）に属するものである。一九二〇年代のモヘンジョダロ遺跡の発掘では、前期、中期、後期という大別遺構時期区分が設定されているが、検出された建物群の大部分はこのうちの後期のものである。出土土器からみると、少なくとも中期と後期はインダス文明編年の後期に属しており、この時期に広い範囲に密集型居住空間が展開していたことがわかる。マッケイによれば、上層へ行くほど、建物は小型化し、つくりも粗雑になるというが、それでも広範な密集型居住空間が文明期後期に展開していたことは重要である。終末期の建物は「不法占拠者たちの家」と呼ばれるほど、貧弱である。城塞部の沐浴場と穀物倉は中期に築かれたもので、後期には埋め立てられ、城塞部が本来の機能を失って工芸品生産などが行われる空間へと変容していたという。密集型居住空間が示す都市的様相は維持されていたが、中期と後期ではその性格が大きく変化していたことを物語っている。居住域でも後期の段階に工芸品生産が活発化する区域が存在するなど、居住域内部での活動に変化が生じていたことが知られている。

密集して築かれた建物の中には、面積が一七五〇平方メートルにおよぶ大型のものから一〇〇平方メートル以下の小型のものまで、さまざまな大きさのものが含まれている。また、建物を構成する壁も、厚さが二メートルにおよぶ分厚いものから薄いものまで多様である。二階建ての建物も多数存在しており、建物の外観と構造に多様性を加えている。こうした規模やつくりの違いから、「王宮」や「神殿」の存在を指摘する説が出されたこと

HR 地区

DK 地区

図 40　モヘンジョダロ遺跡の密集型居住空間

モヘンジョダロ遺跡の居住域では、密集型居住空間が広く展開している。建物の平面形や配置、大きさ、壁の厚さなどをみると、通りによって町割りをした全体的な計画性は認められるものの、各区画内での建物の建設は必ずしも計画的ではなかった可能性が高い。

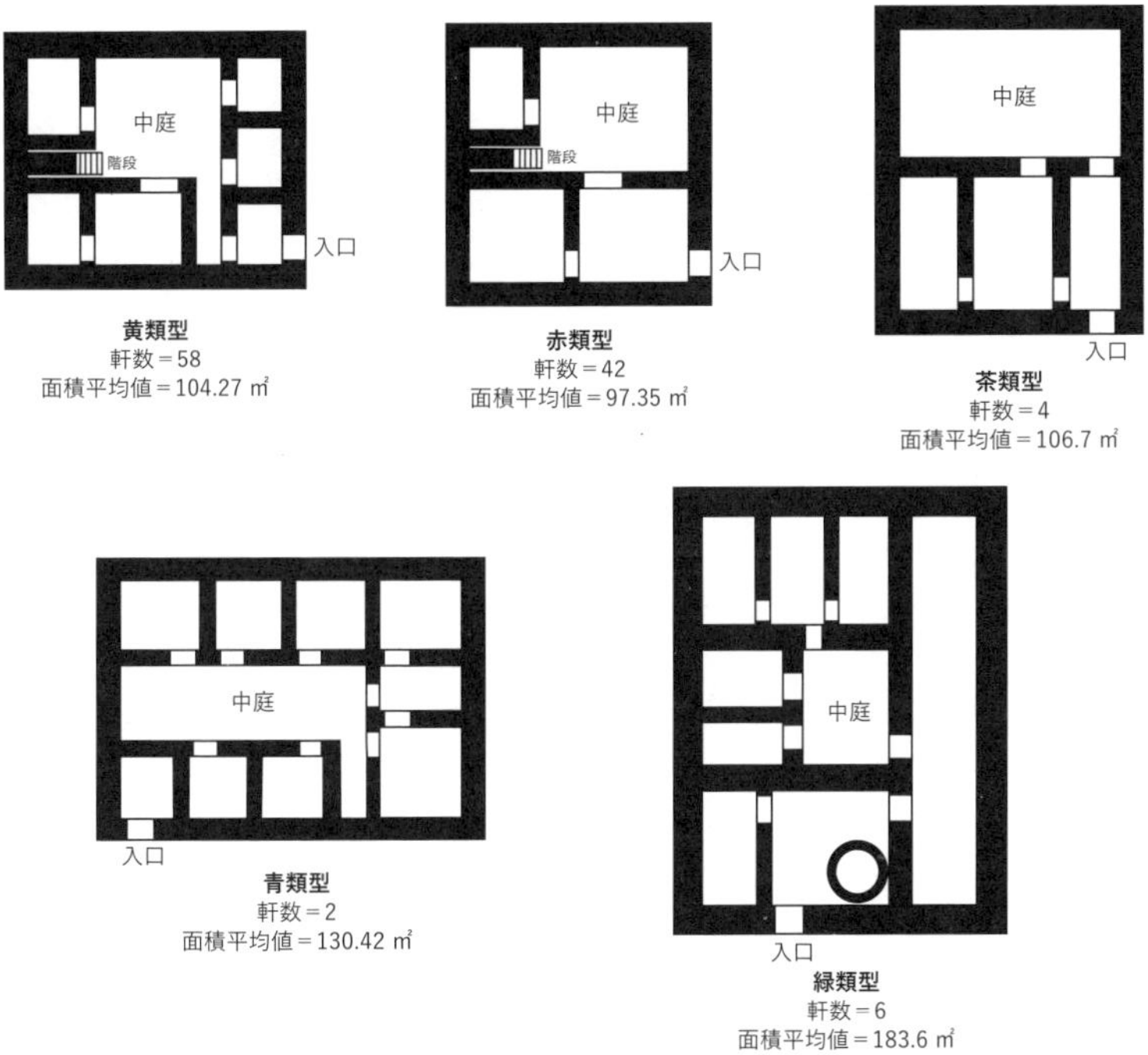

図41　モヘンジョダロ遺跡の住居建物の類型

インダス都市の居住空間において、中庭という要素が重要な意味を有していたことがわかる。

もあるが、残念ながら建物の機能を特定することは容易ではない。それでも、さまざまな機能、性格の建物が存在したことは確かであり、そこに暮らす人々の社会的地位や職業、活動も多様であったことはまちがいない。

アンナ・サルチナ（Anna Sarcina）の研究によると、モヘンジョダロ遺跡で検出された建物のうち七七・七％が居住を目的としたものであるという。この推定は五類型に分けられる建物の平面プランの分析に基づいたものである（図41）。建物の中での中庭と大小さまざまな部屋の配置に着目したこれらの類型は、検出された軒数や大きさとも連動しており、モヘンジョダロ遺跡の居住域における基本的なユニットと考えられる。実際にはこれらのユニットが連結するかたちでひとつの建物が構成されているが、都市空間の中での人々の生活様式の共通性と多様性をみてとることができる。

共有スペースである中庭は屋根をもたず吹き抜けであったと推定されているが、建物の中でつねに北側に配置されていることや、通りに面して開く窓が限られていることなどは、暑い夏を快適に過ごすための設計であったと考えられる。遺跡編年の中期から後期にかけて、頻繁な建物の建て替えが確認されているが、前の段階の建物のプランを大きく変更することなく、続く段階の建物の壁が築かれていることは、こうした気候に適した生活様式が一貫して採用されていたことを物語っている。遺跡編年後期、すなわち遺跡の終末期には、一〇〇平方メートル以下の建物が増加することが指摘されており、都市の衰退現象と連動した現象と考えられる。

また、モヘンジョダロ遺跡では、城塞部、居住域の双方で井戸と排水溝が多数確認されている。城塞部の沐浴場のそばには内径七メートルの大型の井戸があり、沐浴場に水を給水するためのものであったと考えられている。中村隆志らの建築学的な研究によれば、その給水能力はせいぜい沐浴場内に五〇センチ程度の水を貯めることができるものであったと推定されており、水につかるというよりも水を浴びるためのものであったことがうかがわれる。

居住域には各所で井戸と排水溝が発見されており、人々の暮らしを支える施設であったことがわかるが、その配置には偏りとヴァリエーションが確認されている。より公的な性格のものと限られた人々が使う私的な性格のものがあったこと、また住民の間で井戸や排水溝へのアクセスに違いがあったことを示している。井戸と排水溝、さらには浴室が組み合わさる例も多く、排水溝は雨水よりも生活排水を処理するためのものであった可能性が指摘されている。沐浴場だけでなく排水溝も含めて、水に対する信仰に関わる象徴的な意味を有していたのではないかという近藤隆二郎の指摘は興味深い。

こうした密集型居住空間はモヘンジョダロ遺跡に限られたものではない。私も調査に関わったガッガル地方のファルマーナー遺跡やミタータル遺跡、バローチスターン地方中央部のナウシャロー遺跡でも、建物と街路の組み合わせによる居住空間がみつかっている。ファルマーナー遺跡とミタータル遺跡はインダス文明の北東縁にあたる地域にあり、モヘンジョダロ遺跡から直線距離にして八四〇キロのところに位置している。それにもかかわらず、モヘンジョダロ遺跡と共通する特徴をもった居住空間が確認されたことは、インダス文明期の都市社会を考える上で非常に興味深い成果である。

発掘面積は一五〇〇平方メートルとモヘンジョダロ遺跡に比較すると小さいが、ファルマーナー遺跡では大通りと路地によって分けられた区画の中に、日干レンガで築かれた建物が密に配置されている（図42）。建物は中庭とそのまわりを取り巻く小部屋によって構成されており、小部屋の中には貯蔵用の大甕が埋設されたり、カマドが築かれたりしている。また、焼レンガを敷いたシャワー室や、複数の建物をつなぐ排水溝も発見されている。建物の中庭から街路を走る基幹排水溝に下水を集めて、居住域の外に排出する仕組みとなっている。こうした特徴はモヘンジョダロ遺跡に共通するところであり、まさに都市的な居住空間ということができるだろう。少なくとも五つの建築層があり、^{14}C年代測定によると、前二五〇〇～前二三〇〇年頃に都市的な居住空間が展開していたことがわかっている。

ミタータル遺跡も調査範囲は狭いものの、同じように日干レンガ積建物が街路によって分けられている（図43）。部屋の中からは貯蔵用の土器やカマドが発見され、街路に沿って埋設された排水用の土管もみつかっている。この遺跡の都市的居住空間は前二三〇〇～前二〇〇〇年頃のものであり、文明終末期に近い時期まで都市的な生活空間が存在したことがわかる。

ナウシャロー遺跡は、先文明期後期から文明期後期まで存続した遺跡で、近傍にあるメヘルガル遺跡と同様に、バローチスターン地方の高原部とインダス平原をつなぐ交通路上の拠点として発達した集落である。ここでは遺跡編年Ⅲ期（インダス文明期中期）に築かれた、複数軒の住居をおさめた長方形のブロックが整然と並ぶ様子が確認されている（図44）。密集型居住空間でありながら、モヘンジョダロ遺跡やファルマーナー遺跡とも異なる

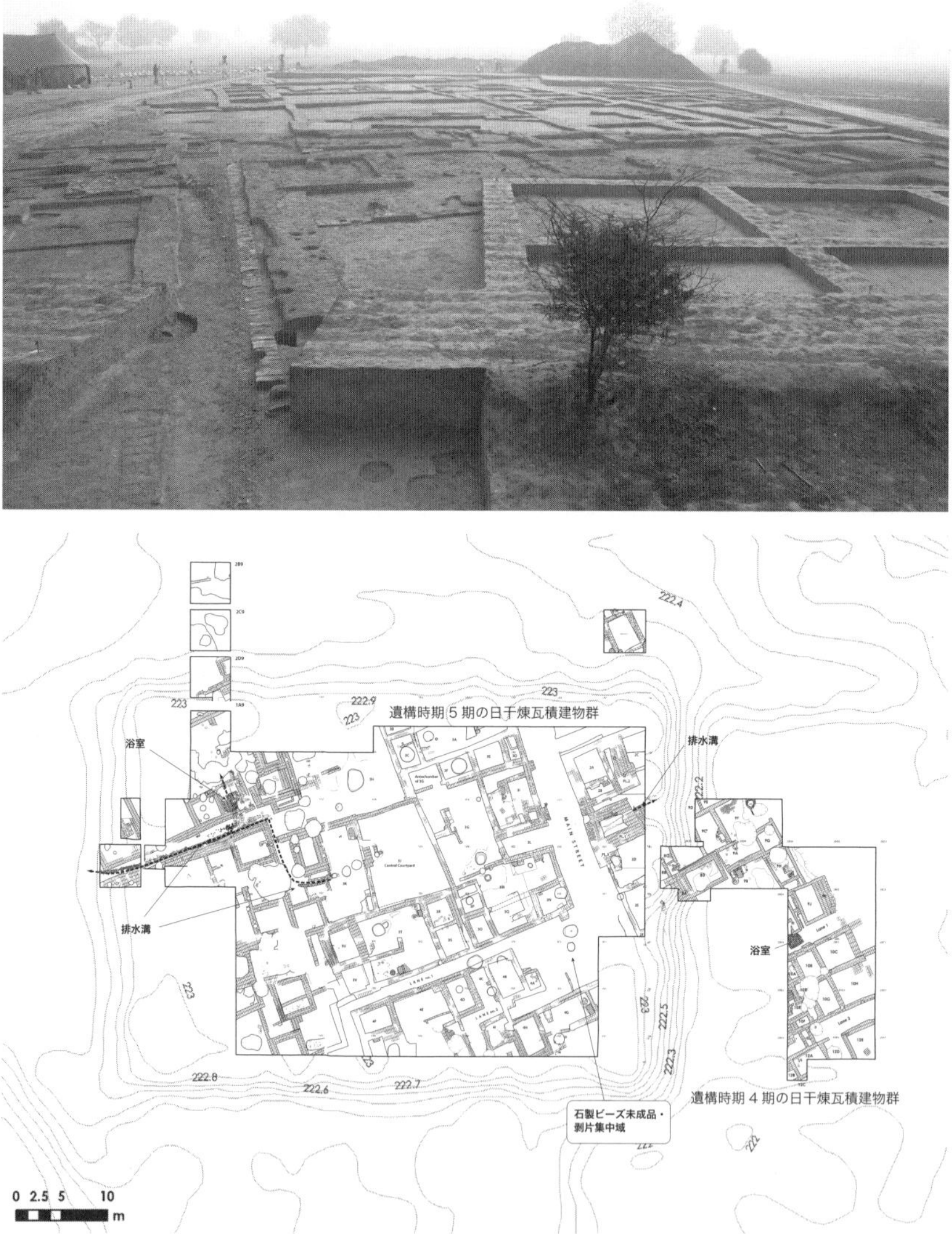

図 42　ファルマーナー遺跡の密集型居住空間

この遺跡の調査で発見された密集型居住空間は、点的にせよ都市的な生活空間がインダス地域内で広く採用されていたことを明らかにした。それは村の生活空間とは異なるものであった可能性が高い。

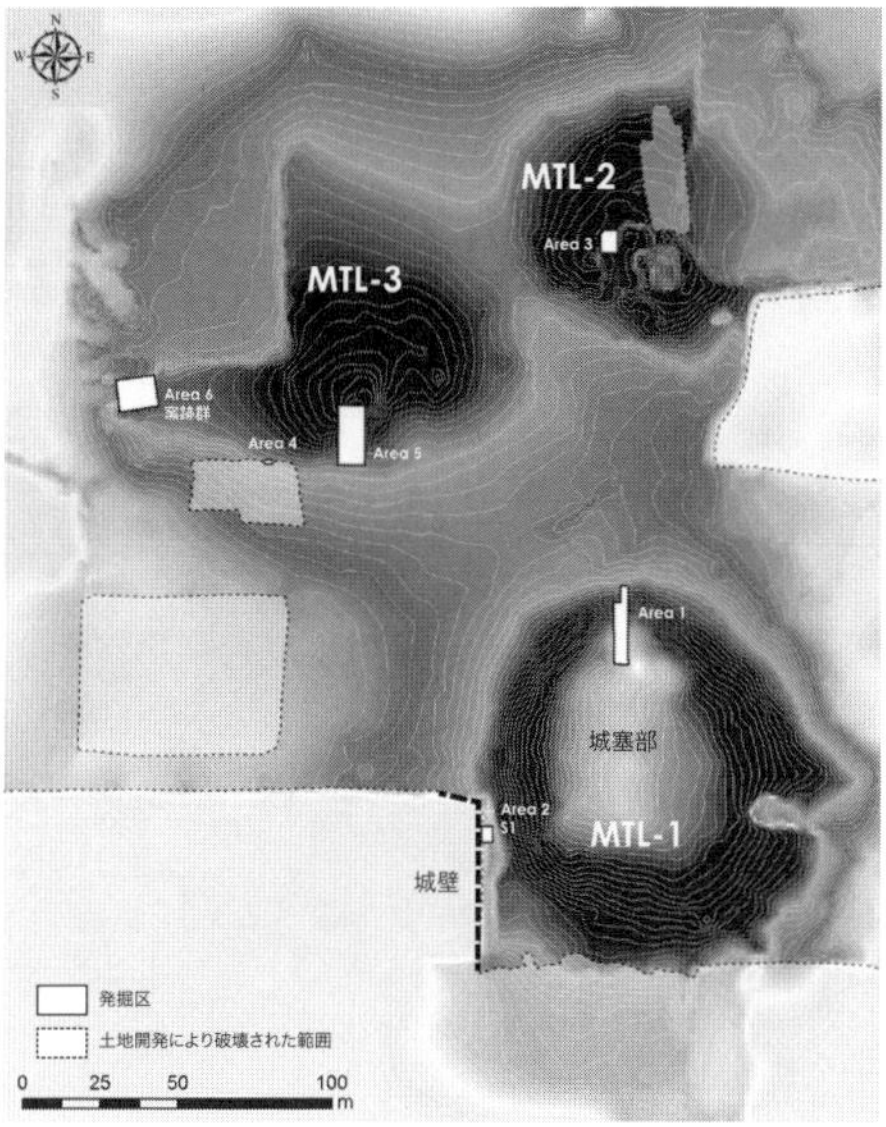

遺跡全体図

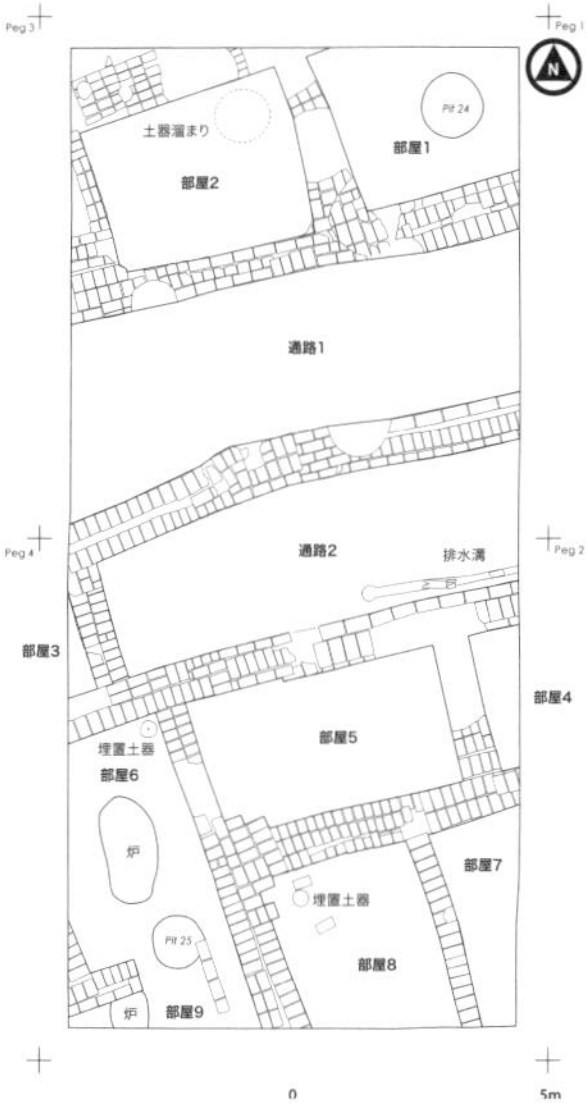

第 5 発掘区の密集型居住空間

日干レンガ積周壁

第 5 発掘区の密集型居住空間

図 43　ミタータル遺跡の集落と居住空間

この遺跡では、前 2000 年頃まで密集型居住空間が維持されていた。その後、都市的空間は放棄された。

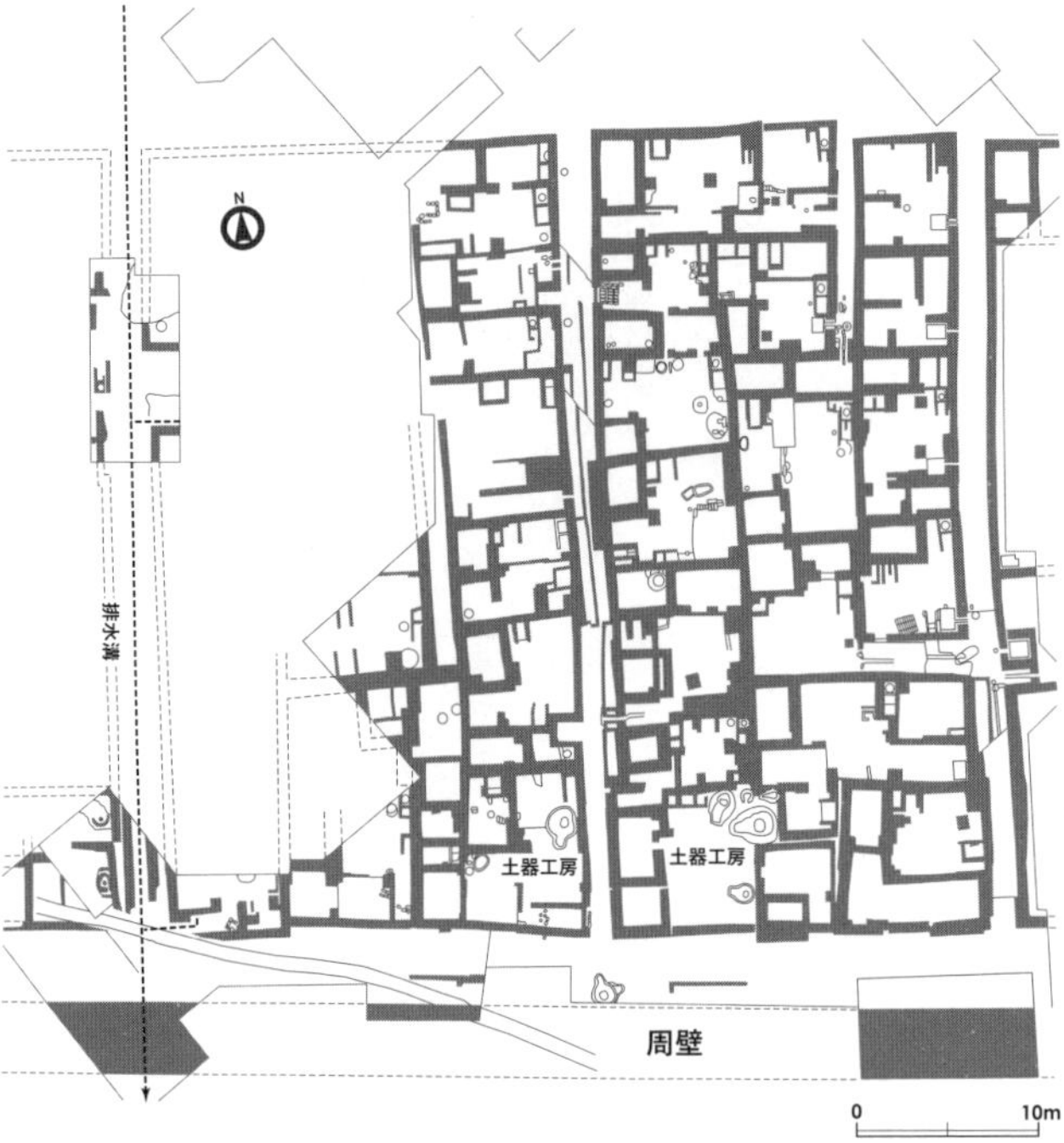

図44　ナウシャロー遺跡III期の建物群

バローチスターン地方中央部に築かれた文明期の拠点集落。複数の長方形区画が整然と並ぶ様子は、モヘンジョダロ遺跡よりも、高い計画性を示している。土器の生産も建物内で行われていた。

町割となっており、より高い計画性をうかがわせている。各住居には調理施設と排水施設が設けられ、人々の居住空間となっていたことを示しているとともに、ブロックの一角で発見された土器焼窯は工芸品生産も行われていたことを物語っている。計画性の高い建物配置は、ほかの遺跡とは異なる原理・背景での都市的居住空間の発達を示しており、そこには地域社会のレベルと、広域文明社会のレベルでの多様な都市の発展過程の存在が投影されている。

こうした文明社会の周縁地域でも、早い段階（前二五〇〇年頃）に都市的な居住空間が出現していたことは、都市社会の拡大と都市的生活スタイルの普及がかなり速いスピードで生じていたこと、そうした都市的生活スタイルが文明期を通じて維持されていたことを物語っている。また、これらの遺跡から出土した遺物には、印章や装身具が含まれており、インダス文明社会の中枢部に共通する価値体系が共有されていたことを示している。すなわち、インダス文明の広域性が見かけ上のものではなく、都市における生活の諸側面において実体を有するものであったことがわかる。

インダス文明社会の葬制

インダス文明期の墓は、ハラッパー遺跡、カーリーバンガン遺跡、ラーキーガリー遺跡、ファルマーナー遺跡、ローパル遺跡、ドーラーヴィーラー遺跡、ロータル遺跡など、インダス地域各地で発見されている。モヘンジョダロ遺跡では明確な墓地は確認されていないが、遺跡の周辺に存在している可能性が高い。

いずれも多数の墓が密集してつくられた墓地である。ハラッパー遺跡、カーリーバンガン遺跡、ロータル遺跡ではそれぞれ城塞部の南側、西側、北側の比較的近いところに築かれているが、ラーキーガリー遺跡では居住域の北二〇〇メートル、ファルマーナー遺跡では居住域の西北西一キロ、ドーラーヴィーラー遺跡では居住域の西南西一・五キロのところに位置しており、居住域と墓地の空間関係は多様であったことがわかる。

第二章でみたように、メヘルガル遺跡の新石器時代の墓は居住域の内部に取り込まれるかたちで築かれていた。先文明期前期には日干レンガ積建物群の周辺に配された例と、建物群から独立したところに群集して築かれた例があり、独立型墓地がこの頃に営まれるようになっていたことを示している。先文明期後期になると、居住域に近接したところに、日干レンガ組みの幼児墓だけが集中して築かれた墓地が発見されており、年齢に応じた埋葬空間が存在した可能性が高い。いまのところ発見されていないが、成人だけを葬った墓地が遺跡のどこかに眠っているのであろう。

一方、先文明期後期のグジャラート地方では、コート・ディジー系土器を副葬品とする墓地が複数の遺跡で発見されている。墓地の周辺では居住域は発見されておらず、独立した墓地であったようだが、文明期の居住域に伴う墓地のあり方とは異なっている。上にあげた文明期の墓地の配置は文明期特有のものであり、居住域と墓地の間の位置関係の違いが何を意味しているのかわからないが、都市の形成と連動するかたちで墓地のあり方が再編された可能性が高いだろう。

文明期の葬法は、基本的に土坑墓への一次埋葬である。墓壙（墓穴）は平面矩形で、遺体はその中に顔を上に向けた伸展葬で葬られている。ハラッパー遺跡のR37墓地では木棺の痕跡が確認されているが、木棺の使用が一般的であったかどうか不明である。また、ハラッパー遺跡やカーリーバンガン遺跡、ロータル遺跡では日干レンガを組んだ墓室を伴う例も発見されているが、その数は少ない。基本的にひとつの墓壙に一体の遺体が埋葬されている。男女ともに含まれ、幼児も同じ葬法で埋葬されている。

土坑墓の上部には墳丘や立石といった外表施設はない。墓地は一定期間使用されたことが墓の重複関係や出土遺物からわかるが、墓の配置には規則性はなく、同じインダス文明期の墓であっても、新しい墓穴が古い墓に重複して掘り込まれ、古い墓を破壊してしまっている場合もある。一度、埋められてしまった墓は意味をもたなくなるのだろうか。

そうした中で、ファルマーナー遺跡の墓地（図45）では興味深い例が確認された。墓穴内で骨が集積されている例や骨の一部が抜き取られた例、あるいは骨の一部をもとの位置から意図的に移動させたと考えられる例である（図46）。これらの例は、墓穴内に遺体をおさめたのちに、何らかの行為（おそらくは埋葬行為の一環だろう）が行われていたことを示している。墓穴を埋めずにあけはなった状態で放置しておけば、当然肉食の動物や猛禽類が食い荒らしにきてしまうだろう。そうすると、おそらくはいったん土を被せて埋め、一定期間ののちに掘り返して、再び儀礼を含めた何がしかの行為を行ったことになる。いまのところ、この点を検証するのに必要なデータはないが、複雑な葬法が存在した可能性には注意しておく必要があろう。

副葬品についてみると、土器が主要な器物となっている。これはインダス各地の墓で共通している。その中に

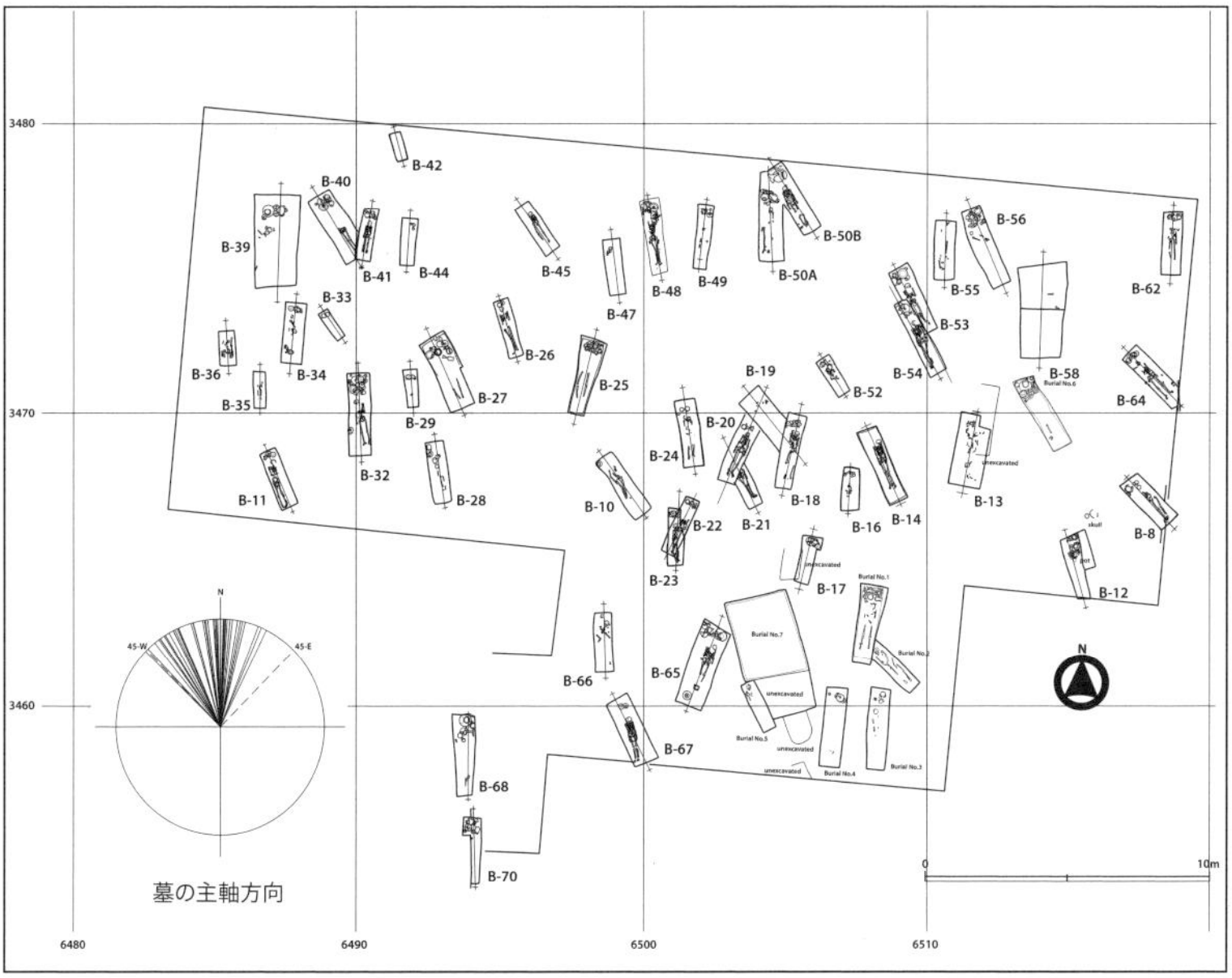

図 45　ファルマーナー遺跡における墓地

文明期前期から中期にかけての墓地。発掘区外でも墓の存在が確認されており、居住域に暮らした人々が葬られた集団墓地であったと考えられる。最近の化学分析で、遠方からやってきた人々も含まれていることが明らかになりつつある。

は、飲食器と大小さまざまな貯蔵器が含まれており、被葬者の死後の生活のために供されたものである可能性が高い。ただし、五〇点以上もの土器が副葬された例もあり、葬送儀礼において参列者たちが饗宴をひらき、そのときに使った食器を被葬者に手向けた可能性もあろう。

　土器のほかには、石製装身具を副葬した例もあるが、その数は少ない。ファルマーナー遺跡の事例については後述するが、死者の身を飾るという行為はよくあることではなかったようである。一般的に、装身具の副葬は被葬者の社会的ステータスに関わっており、社会的に高い地位にある人物の墓において、稀少価値財である装身具を多量に副葬することが多い。インダス文明の場合は、石製装身具が稀少価値財であったことは確かであるが、少なくとも埋葬行為においては、それが社会的地位の高低を示す威信財としては用いられなかった可能性が高い。ファルマーナー遺跡

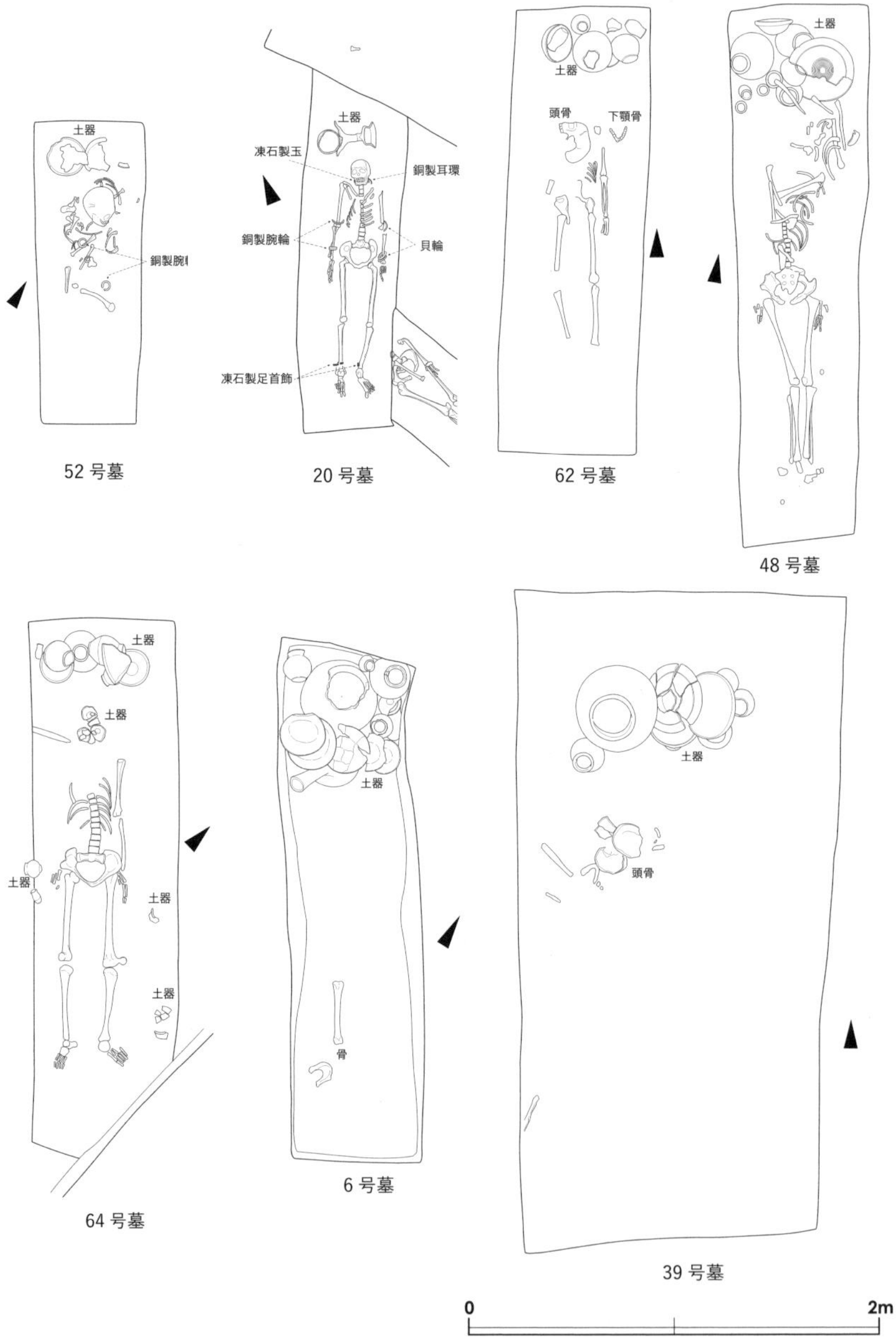

図46　ファルマーナー遺跡の墓

土坑墓で仰臥伸展葬。頭部に土器を副葬した例が多い。装身具の副葬品は限られている。

の事例では、比較的多くの装身具を身につけて葬られているのは女性であり、また幼児でも銅製腕輪を装着した状態で葬られている。社会的地位よりも性差や年齢差が装身具の有無に関わっていたようである。同じく稀少価値財である銅製品については、装身具以外の器物を副葬した例はみつかっていない。

亡くなった人を葬るという行為は、集団内のさまざまな社会関係を投影していると考えられる。男性と女性、成人と幼児、社会の高位者と一般民衆、被葬者と残された人々との血縁・地縁的関係などのさまざまな社会関係が、他界観と複雑に絡みあって、葬法がかたちづくられていると考えられるのである。先文明期以前の時期における葬法の変遷は、生者と死者が一体化した世界観から、墓地が居住域から分離し、少なくとも見かけ上は死者の領域が独立した世界観への変化を示しているように思われる。それは先文明期後期に人が密集して生活空間を形成するようになる現象とも連動したものであろう。さらに文明期になって、より人口密度が高い都市が出現し、社会組織も複雑化するのに伴って、死後の世界観が再編され、墓地の構成の仕方や葬法にも変化が生じた可能性が高い。

文明期の墓に関して、最後に付言しておきたいのは、王墓の不在である。世界各地の古代文明においては壮大な王墓がつくられることが一般的である。大量の労働力を動員して築かれた王墓は、社会を統合するためのモニュメントとしての役割を果たしている。しかし、インダス文明期にはそうした王墓あるいは社会的エリートの墓は発見されていない。集団墓地の中に、そうした社会的高位者の墓が含まれていてもよさそうなものであるが、明らかにその存在を示す証拠はみつかっていないのである。先に社会的地位を示す副葬品の不在について触れたが、葬送という行為を通して被葬者あるいは送る人々の社会的地位を表示したり、再確認したりするような観念はインダス文明の社会には乏しかったのかもしれない。ただし、居住域の規模から考えたとき、そこに暮らした人のすべてが墓地に葬られているとは考えにくく、墓地に葬られること自体、社会的に選ばれた立場の証であった可能性が高い。

一般的に考古学においては、墓が社会の発展段階を理解する上で重要な手がかりとなるが、インダス文明の研究においてはそうした考古学の常識が通用しない。考古学者としては頭の痛いところであるが、逆に考えれば、王墓の不在がインダス文明社会の特質であり、ほかの古代文明との違いとして評価することができるだろう。

人骨の分析からみた人の移動

近年、人骨の化学分析による人の移動に関する研究が盛んになりつつある。ストロンチウム同位体の分析がそれだ。ストロンチウムとは地球を構成する岩盤の中に含まれる元素で、地球各地の地質によってその同位体比に変化があることが知られている。岩盤が風化して土壌の中に含まれ、それが植物や動物の中にも吸収される。すなわち、ある特定のストロンチウム同位体を含む場所で生育した植物や動物を食べることにより、特定の同位体比をもったストロンチウムが人間の体内にも取り込まれることになる。したがって、墓から出土する人骨の中に含まれるストロンチウム同位体比を測ることにより、その人がどこで育ったのか推測することが可能になる。とりわけ歯を分析対象とすると、歯のエナメル質が形成される未成人の時期に体内に取り込まれたストロンチウム同位体比の変化を確認することができる。同位体比に変化があれば、人がある場所から別の場所に移動したことがわかる。

すでに述べてきたように、インダス文明は広域に展開した都市社会であり、情報や物資の広域分布の背景に、活発な人の移動があったことは明らかである。したがって、墓から出土する人骨を分析することにより、そうした人の移動の実態を明らかにすることができるのである。ファルマーナー遺跡出土人骨についても、アメリカ人の研究者であるベンジャミン・ヴァレンタイン（Benjamin Valentine）を中心に歯のエナメル質に含まれるストロンチウム同位体比分析が行われている。一七個体の人骨の分析結果によると、いずれも三歳未満の時期に別の地域からファルマーナー遺跡周辺の地域へと移住してきた人々であったことが判明している。この結果は鉛同位体比によっても確認されている。ヴァレンタインらはファルマーナー遺跡の南の山間地域にあるケートリー銅鉱山周辺からの移住を推定している。

同様の分析はハラッパー遺跡の人骨でも行われていて、一六歳以降の段階でハラッパー遺跡に移住してきた人々が多いことを示している。彼らの出自については、パキスタン北部の高原地帯が推定されている。

墓に埋葬された人々全体の出自を評価するにはより多くの分析例の蓄積が不可欠であるが、墓に在地で生まれ育った人よりも外部からの移住者が多く確認されることは、文明期における人の移動、ひいては文明社会の特質を解釈する上で重要な鍵である。長短さまざまな人の移動パターンが解明され、物質文化や自然環境との関係が明らかにされることが期待される。

インダス文明期の食料生産

広域型都市社会を支えた食料生産とはどのようなものであったのだろうか。インダス文明期には、先文明期同様に農業、牧畜、漁撈、狩猟などさまざまな生業活動が行われていたことが知られているが、人々の食料基盤の中心をなしたのは、農業と牧畜であった。

栽培植物には主食となる穀物のほか、食用油に用いる植物や果物が含まれていた。穀物には、新石器時代のメヘルガル遺跡で栽培されていたムギ類とマメ類からなる冬作物に加えて、イネや雑穀からなる夏作物が含まれている。興味深いのは、これらの栽培される植物の種類がインダス地域各地で多様性を示していることである。先に述べたように、インダス文明が広がった地域には多様な自然環境が内包されている。特に利用可能な水資源は各地で異なっており、特に夏のモンスーンと冬の偏西風がもたらす降雨量には地域による変異が確認される。夏・冬ともに降雨量の少ないシンド地方では、インダス川がもたらす水を利用して、主に冬作物が栽培されていたと考えられている。夏・冬に一定量の降雨があるパンジャーブ地方では、冬作物と若干の夏作物が利用されていた。

夏雨、冬雨ともに増加するガッガル地方では、夏作物と冬作物の双方が栽培されていたと考えられているが、夏作物である雑穀やイネの栽培はこの地域の植物栽培に多様性を加えている。一方、南のグジャラート地方では、夏雨しか降らないため、雑穀を中心とした夏作物の利用が卓越している。

このようにざっくりとみただけでも、地域によって水資源に応じて栽培植物が異なっていることがわかるが、ひとつの地域の中でも水資源や地形、土壌によって異なる農法が採用されていたことが明らかになりつつある。きわめて多様な食用植物の利用と土地利用をうかがうことができ、文明期の社会が食料生産、ひいては食文化においても多様であったことを物語っている。

また、文明期には雑穀であるモロコシやトウジンビエがその起源地であるアフリカ東部からインダス地域にもたらされた。これは文明期におけるインダス地域とアラビア半島の交流関係を介したものと考えられ、交易活動とともに栽培植物もまた長距離を移動したのである。

家畜動物としては、コブウシ、スイギュウ、ヒツジ、ヤギが利用されていた。これらの動物は文明期各地の遺跡で発見されており、各地で牧畜の対象となっていたことがわかる。遺跡で出土する各動物の推定年齢からみると、全体的な傾向としてはコブウシとスイギュウは乳利用や使役目的、ヒツジ、ヤギは食用であったと考えられている。また、コブウシとスイギュウは村の近辺、ヒツジとヤギはより広い範囲を移動しながら飼われていたことを示す研究成果もある。牧畜を専業とする移動性の高い人々が存在していた可能性が高いが。彼らが広域に展開する文明社会とどのように関わっていたのか、今後の研究課題である。ちなみに、いくつかの遺跡では、数は多くないが、家畜動物とともに魚を含めた野生動物の骨もみつかっている。哺乳類にはニルガイ、イノシシ、レイヨウ、シカ科の動物、ゾウなどが確認されている。それらがどのように捕獲され利用されていたのかよくわかっていないが、都市や村の周辺に生息する野生動物が食されていたことは、文明期の食料資源の多様性を示すものとして興味深い。

インダス文明期の編年

インダス文明はおよそ前二六〇〇〜前一九〇〇年頃にさかえた都市社会である。発見当初はインダス系の器物が出土するメソポタミアの編年をもとに、インダス文明の年代が与えられていたが、一九六〇年代からは^{14}C年代測定が導入されるようになった。先に記した現在の研究で広く受け入れられている実年代は、一九八六年以降のアメリカ隊によるハラッパー遺跡の発掘調査で得られた年代測定値にもとづいたものである。

ハラッパー遺跡では大別五期からなる文化編年が設定され、そのうちの3期がインダス文明期、5期がポスト文明期で、間の4期は移行期と呼ばれている。ハラッパー遺跡は先文明期からの文化変遷の過程やその規模からみて、インダス文明成立当初の時期を含んでいることは確かであり、この遺跡の年代測定値による実年代観はインダス地域全体に適用できる可能性が高いが、問題は先文明期末に位置づけられる2期と文明期である3期の区分がどのようにして設定されているのかという点である。

先にも述べたように、南アジアの考古学では建築遺構の変化を時期区分の基準とするのが一般的で、出土遺物はそれに合わせるかたちで報告される。ハラッパー遺跡でも同様の手法によって時期区分が設定されているが、2期の出土土器の中に、様式的特徴からみて最古段階のハラッパー式土器が含まれており、2期の一部が文明期に含まれる可能性が高い。実は何をもってインダス文明のはじまりとするか、実際の考古学的証拠にもとづいた議論は乏しく、ハラッパー遺跡でもこのような問題が生じているのである。

もちろん都市社会であるインダス文明のはじまりを確定しようとすれば、「都市」の存否がもっとも重要な指標となることはいうまでもないが、遺跡の調査でここまでを都市以前、ここからを都市というように明確に分けることは容易ではないし、実際意味をなさない。突如として巨大な都市が建設される場合もあったかもしれないが、ハラッパー遺跡の場合は集落規模が徐々に拡大する中で都市となった例であり、都市の出現を遺構から明確に分けることは難しい。また、インダス地域の都市の間にはその成立時期にずれがあることも十分に予想されるところであり、遺構を基準としてインダス文明期のはじまりを設定するよりも、広域に分布する土器によって時間のものさしをつくり、それに遺構やそのほかの物質文化の要素の変化を位置づけていく方が妥当と考えられるのである。

そこで私が取り組んできたのが、インダス文明期の土器編年の構築である（図47）。インダス文明遺跡の調査に関わる中で、数千点（けっして十分ではないが）におよぶ土器の観察、実測、記録を行ってきた。ガッガル地方のファルマーナー遺跡、ミタータル遺跡、グジャラート地方のカーンメール遺跡、シカールプル遺跡などの資料である。加えて、多くの遺跡から採集された土器の記録化も行い、時空間軸上での土器の変遷を研究の中心に据えてきた。その結果、明らかになってきたのは、インダス文明期の土器が、広域に分布するハラッパー式土器と地域ごとに分布する土器様式群によって構成されていること、両者がそれぞれの地域で関係しあいながら土器が変遷していることである。

後者の地域土器様式群の例としては、ガッガル地方のソーティ＝シースワール式土器、グジャラート地方のアナルタ式土器があり、さらに文明期後期になると、ガッガル地方のバーラー式土器、グジャラート地方のソーラート・ハラッパー式土器、バローチスターン地方南部のクッリ式土器などが出現する。

インダス文明の中核地域と目されるシンド地方とパンジャーブ地方では、先文明期のコート・ディジー式土器を母体としてハラッパー式土器が文明期に出現し、文明期を通してこれらの地域の土器様式の中心をなしている。このハラッパー式土器はシンド、パンジャーブ地方だけでなく、周辺のガッガル地方、グジャラート地方、バローチスターン地方の各地に拡散するという特徴があり、各地で地域土器様式とともに流通し消費されている。したがって、インダス文明期の広域編年を設定する上で、ハラッパー式土器が非常に重要な役割を果たすことになる。

ハラッパー式土器に変化のあることは、ウィーラーによるハラッパー遺跡の調査、カザルによるアムリー遺跡

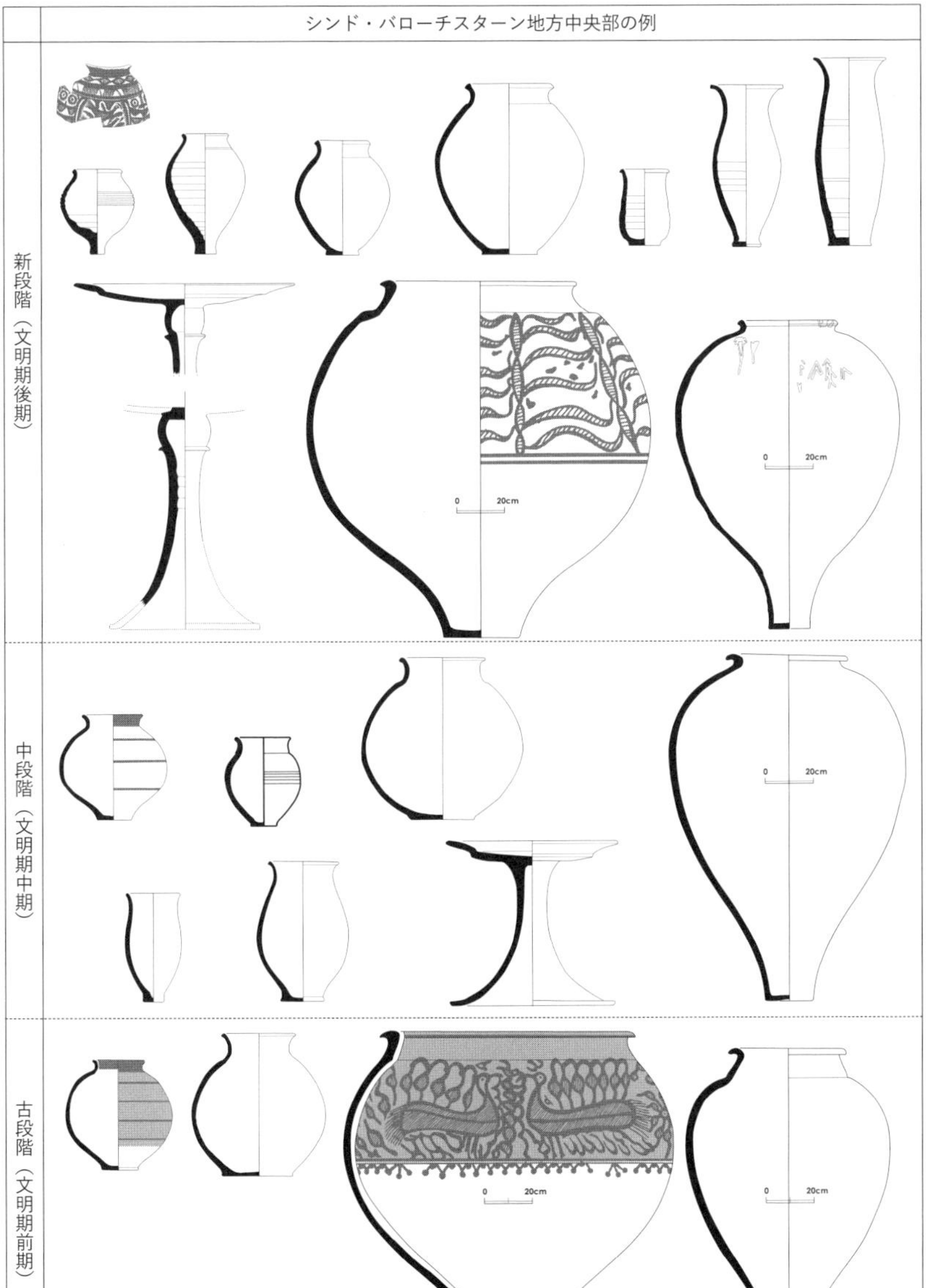

図 47　ハラッパー式土器の編年

近年の研究で、ハラッパー式土器にもさまざまな時間的変化があることがわかってきた。土器を指標にした時間のものさしの精度があがれば、文明社会の理解も大きく変わるだろう。

の調査、そしてアメリカ隊によるモヘンジョダロ、ハラッパー遺跡の調査でもわかっていたが、これがインダス地域全体をカバーする編年の指標となることが明確に提示されたのはごく最近のことである。ハラッパー式土器には無文土器と彩文土器があるが、フランス隊によるナウシャロー遺跡の調査で出土したハラッパー式彩文土器に関するゴンザグ・クィヴロン（Gonzague Quivron）による研究が、広域編年構築において重要な意味を有している。

クィヴロンは文明期に相当するナウシャロー遺跡Ⅱ～Ⅳ期のハラッパー式彩文土器を検討し、そこに明確な変化が認められることを確認した。さらにそれぞれの段階のハラッパー式彩文土器がどの地域のどの遺跡で出土しているか検討を加えている。その結果、古段階のハラッパー式彩文土器がインダス地域各地に分布することを指摘し、ハラッパー式彩文土器の起源をシンド地方に求めたのである。

私もこの研究に触発され、自分の手で記録したハラッパー式土器を用いて、ハラッパー式土器の変遷を研究の対象としてきた。ハラッパー式土器においては、彩文のスタイルに変化が認められるだけでなく、かたちにも時間的変化があることを確認し、その時間的変化がインダス地域の大部分を通して共通していることを明らかにすることができた。その一例をあげると、ハラッパー式土器には壺や甕、カップなどさまざまな器種が含まれているが、時間を経るにしたがって、全体的に縦長の形態に変化し、またそれに伴って口縁部などの細部にも変化が認められるのである。こうした土器の変化に^{14}C年代値による実年代を与えることにより、ハラッパー式土器の編年案を提示している。

少なくともハラッパー式土器は出現期（前二六〇〇～前二五〇〇年頃）、古段階（前二五〇〇～前二四〇〇年頃）、中段階（前二四〇〇～前二二〇〇年頃）、新段階（前二二〇〇～前一九〇〇年頃）に分類することができる。これを文明期編年として、初現期、前期、中期、後期と呼ぶ。もちろん今後の資料の蓄積と分析によって、この編年案を検証し、精度を高めていくことが求められるが、この四つの時期にしたがって、土器を含めた物質文化の変化を検討し、インダス文明社会の変化をみとおすことが可能になったのである。

以下、この大別編年にしたがって物質文化の変化を検討していくことにしよう。

工芸品生産がもつ意味

インダス文明を特徴づける物質文化の要素としてさまざまな工芸品がある（図48）。ここでいう工芸品には土器、装身具、印章、金属器など遺跡から出土する無機質の素材でつくられた遺物を含めているが、実際には織布や木工といった有機質素材のものも多くつくられていたと考えられる。こうした多様な工芸品の生産は、インダス文明にかぎった特徴ではなく、ほかの古代文明にも等しく認められるが、インダス文明の場合、権力の発達過程を検討することができるような考古学的証拠に乏しく、文明社会の成立過程や構造を明らかにする上で工芸品がもっとも有力な手がかりとなる。それに加えて、インダスでつくられたと考えられる工芸品が西方のメソポタミアやアラビア半島、北方の中央アジア南部でも出土していることから、単にインダス地域内だけでなく、西南アジア文明世界の中でも高い価値を与えられていたことは明らかであり、工芸品研究の重要性を認識することができるのである。

インダス文明の工芸品研究は、たびたび登場するケノイヤーの独壇場である。もちろんほかの研究者も工芸品研究にたずさわっているが、ケノイヤーは貝製装身具の研究にはじまり、土器、石製装身具、印章、さらにはハラッパー遺跡で出土した有機質素材の遺物の研究にいたるまで、網羅的かつ多角的な研究を長年にわたって展開してきている。特に素材や製作技術に着目した、考古遺物の分析と民族考古学や実験考古学の成果を組み合わせた研究は、さまざまな新しい研究視点を提供してきた。

私もケノイヤーの研究に触発されて、遺跡から出土する諸々の遺物の研究を進めてきたが、なかなかケノイヤーの独創的かつ実証的な研究にはかなわない。そこで、私は、ケノイヤーの研究でもあまり注意されていない、あるいは十分に説明されていない、物質文化の時間的変化と空間的変異という視点から工芸品研究を進めている。

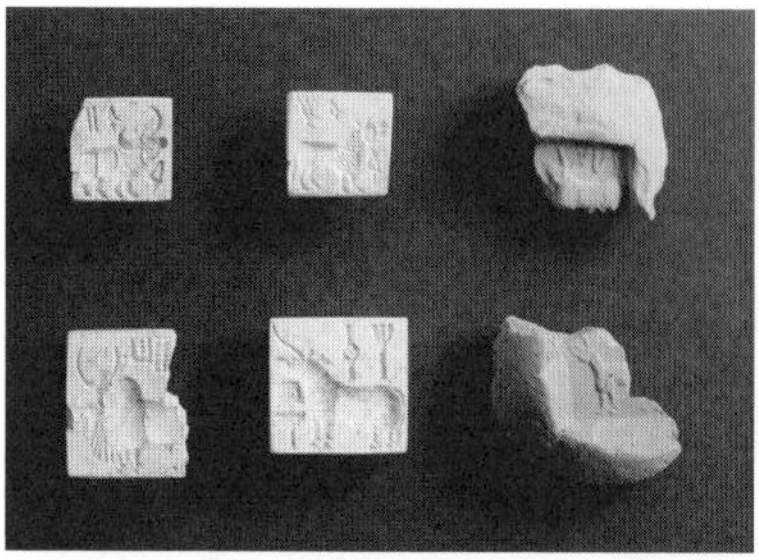

印章と封泥

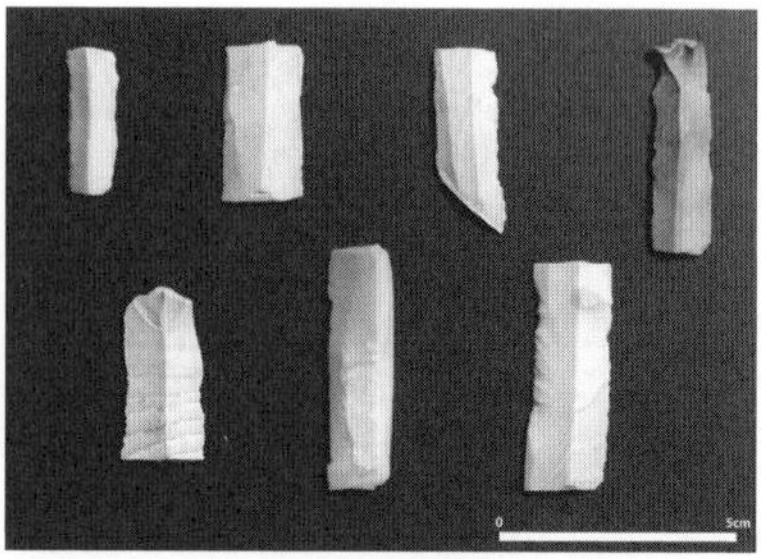

鎌刃用石器

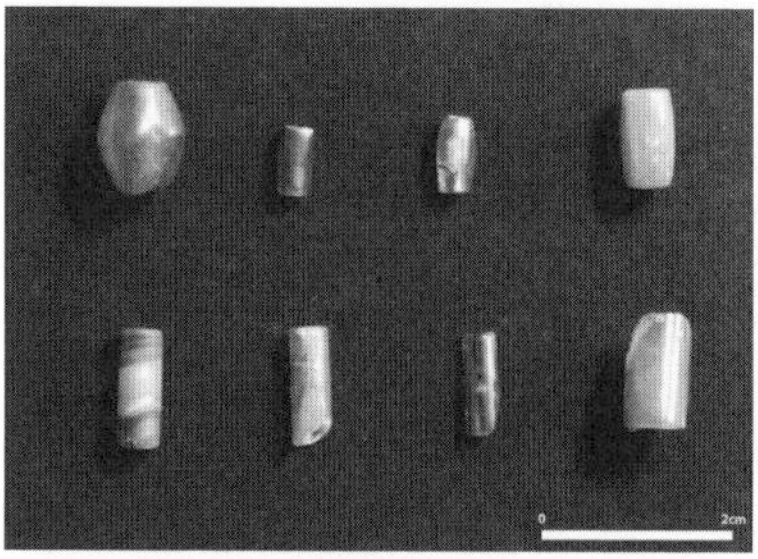

石製ビーズ

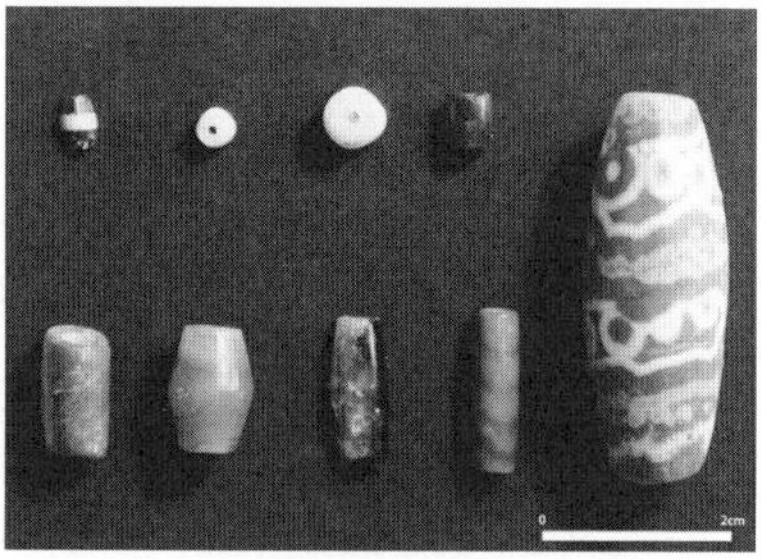

石製ビーズ

貝製腕輪

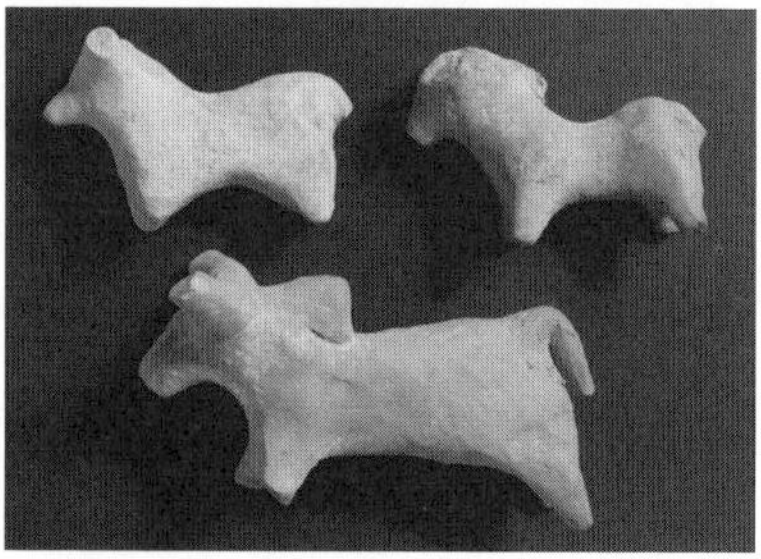

土偶

銅製品

銅製品

図 48　インダス文明期のさまざまな工芸品（ファルマーナー遺跡ほか）

その成果をケノイヤーの研究と関係づけながら、インダス文明の工芸品の特質とその歴史的意義について概観していくことにしよう。

素材の偏在性

人々がさまざまな素材を加工し、道具をつくって生活をし、文化をかたちづくってきたことは、インダス文明期に限らず、先文明期も同じである。より広くいえば人類社会共通の現象である。ただし、人の生活圏の中でどのような素材が利用可能か、またどのように利用されてきたかは、時代と地域によって多様である。人が利用可能な資源には生活圏の内部あるいはその近くでとれるものと、ある特定の産地でしかとれないものがあり、基本的には前者の資源が人々の生活の中で消費される基本的資源となっている。しかし、人類史においてはある特定の場所でしかとれないものだからこそ、高い価値が与えられてきたものがある。現代社会でいえばさしづめ、金やダイアモンドということになるだろう。

西南アジア文明世界において、そうした偏在型の稀少資源の代表格はラピスラズリである。アフガニスタン北部の山間部でしかとれないこの青色の石は、メソポタミアにおいて高い価値を与えられ、さまざまな貴重な工芸品の素材として用いられた。それは単にメソポタミア社会の中だけの出来事ではなく、メソポタミアとラピスラズリの産地の間にある地域の社会にも大きな影響をおよぼした。メソポタミアで高い需要をもつこの石を産地から採掘し、はるか二〇〇〇キロ以上の距離をメソポタミアまで運んでいく交易のシステムがイラン高原に発達することになったのである。

インダス地域で多く産出する紅玉髄も同じである。インダス地域では、平原周辺部の高原地帯に紅玉髄の産地が点在しているが、その中でもグジャラート地方が大きな産地であることがわかっている。同じ紅玉髄といっても、装身具をつくるのに適した品質のものもあれば、加工が難しい品質のよくないものも含まれている。広く市

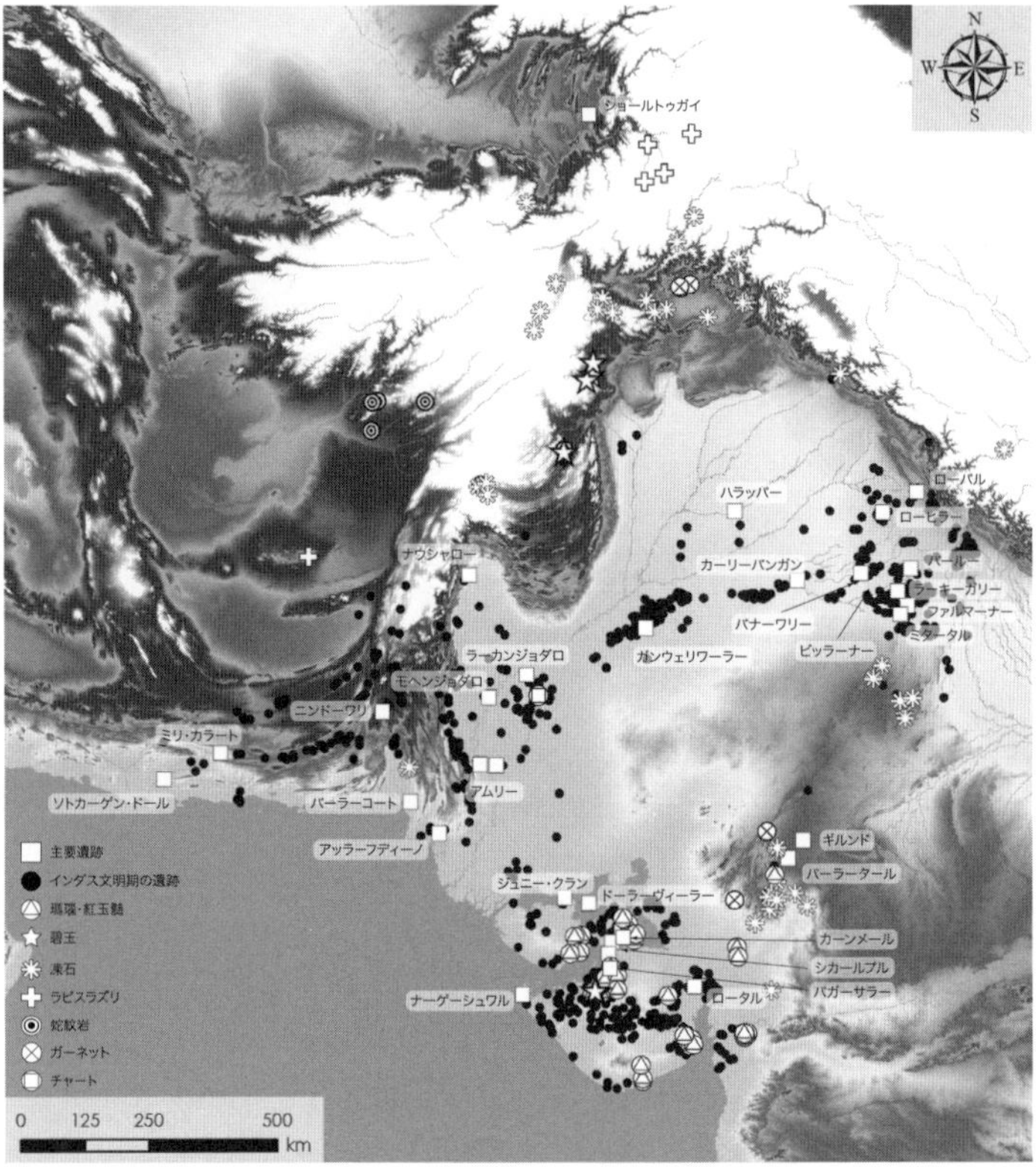

図 49　インダス地域における資源の分布

インダス平原部には、農業生産物以外ほとんど資源はなかった。それとは対照的に周辺の高原・山脈地帯には、金属、石材、木材などの資源が豊富に分布していた。広大な地域を文明社会の中に統合する上で、偏在型稀少資源が果たした役割は大きい。

場に高い価値を認められるには高品質のほうがよいに決まっている。そうした高品質の紅玉髄が産出するのが、インダス文明域の南東部に位置するグジャラート地方なのである。

インダス文明期にはこのグジャラート地方を中心に産出する紅玉髄を用いて、多数のビーズが生産された。そうしたビーズはインダス地域内に流通するにとどまらず、メソポタミアやアラビア半島、中央アジア南部にまでもたらされたのである。

このような偏在型稀少資源は、インダス地域の各地に散在している（図49）。紅玉髄の仲間である瑪瑙や碧玉、アマゾナイトや凍石といったさまざまな石がインダス文明期の工芸品生産に用いられている。また、貴重な資源であった金、銀、銅もインダス平原周辺の高原地帯で産出する。農作物を収穫するための鎌刃の石器をつくるためのチャートだけが、インダス平原に隣接するローフリー丘陵というところでとれた。

インダス文明の中核はインダス平原部にあったと考えられるが、文明社会で消費されるさまざまな日用品、工芸品の素材の多くは、周辺の高原部から供給されていたのである。ここにインダス文明の広域性を説明するひとつの鍵がひそんでいる。インダス地域の各地に点在する諸々の資源の流通と高度な技術による生産を管理することは、広域社会を統合するひとつの手段となる。シンド地方やパンジャーブ地方が文明社会の中心となったのは、そうした物流を掌握することができたからと考えることができるのである。物流を拡大するためには素材資源の確保が不可欠であり、結果として文明社会のネットワークが広域に拡大していくことになったと理解することができるだろう。文明期前期の段階にアフガニスタン北部のラピスラズリの産地にインダス文明の拠点が築かれることも、こうした偏在型資源の重要性を物語っている。

こうしてインダス地域内で確立された工芸品生産と流通のネットワークはメソポタミアやアラビア半島、中央アジア南部へも延伸していく。域内外の需要にこたえるためにインダス地域の職人は日夜工芸品の生産に従事したであろうし、また生産と流通を管理する人々の権力も増大することにつながったと考えられる。資源の偏在性が、インダス文明社会の広域性を解くひとつの重要な手がかりとなるのである。

ハラッパー式土器の成立

まず、土器についてみてみよう。土器は工芸品というよりも日用品の性格が強いかもしれないが、土器の中には高い技術を用いて製作されたものも含まれている。彩文土器はその代表で、単なる容器としての土器の機能を超えた要素をもっている。彩文土器の伝統は先文明期にさかのぼり、地域ごとにさまざまなスタイルが生み出されてきたが、中には複雑かつ精緻な文様をたくみに描いたものがあり、それらは日用品というよりも工芸品の性格を強く有していたと考えられる。先文明期後期のバローチスターン地方中央部でつくられたファイズ・ムハンマド式土器はまさにその代表格である。

そうした彩文はもちろん器を飾る装飾としての役割ももっていたが、それにくわえて土器様式のスタイル、すなわちそれを使用する人々が共有する文化的意味や価値をあらわすものであり、地域社会のアイデンティティを表現する役割も有していたと考えられる。また、地域スタイル間の交流によって特定の文様が広く重要性を与えられる場合もある。このように彩文土器は工芸品として、また社会＝文化的アイデンティティの表現媒体として、多様な意味を与えられていたとみることができる。

ハラッパー式土器（図50・51）の彩文土器は全体の中でも数パーセントほどを占めるだけで、ハラッパー式土器全体を特徴づけるものではない。残りの九〇数パーセントは無文土器である。したがって、彩文土器は稀少品としての価値を強く有するものであったと解釈することができるのである。

ハラッパー式土器の中で彩文が施されるのは、壺や甕といった貯蔵具に多く、ついで高杯と呼ばれる食器にも彩文が施された例がある。壺や甕の場合は肩の部分から胴部中ほどまでの範囲に、文様を描き入れる区画が設けられ、そこにクジャクを中心とする動物や菩提樹、水草などの植物文が描かれている。甕のような大型品になると、文様を描く区画を複数設け、それぞれに異なる文様を描きいれている。その文様の種類や配置はきわめて整っており、その起源地であるシンド、パンジャーブ地方のみならず、周辺地域においてもスタイルの一貫性が強く認められる。

さて、このハラッパー式土器は先文明期後期のコート・ディジー式土器を形態的・技術的祖型としている。コート・ディジー式土器からの連続性が認められるのである。それゆえにハラッパー式土器の起源地がコート・ディジー式土器の中核を担ったパンジャーブ地方やシンド地方にあると考えるのであるが、彩文という要素にかぎっ

図 50　ハラッパー式土器

文明期前・中期のハラッパー式土器は、その形態、製作技術、彩文の点で、高い斉一姓をもち、広域に分布するという特徴をもつ。後期には地域土器様式の台頭によって、やや目立たない存在になってしまうが、それでも広域に分布することは変わらない。

図51　ハラッパー式土器
彩文土器は、鮮やかな赤色のスリップの上に黒色顔料で文様を描く。無文土器は表面を白色に仕上げたものが多い。

てみると、コート・ディジー式土器との連続性はみられない。鳥を含む動物と植物の文様を緻密に描くというスタイルは、先文明期後期のファイズ・ムハンマド式土器に共通しているのである。このように考えると、ハラッパー式土器はコート・ディジー式土器とファイズ・ムハンマド式土器、すなわち平原部と高原部のスタイルが融合したものと理解することができる。

先文明期後期に、平原部のコート・ディジー式土器の影響がバローチスターン地方にもおよんでいたことを前章でみたが、そうした交流がさらに進んでハラッパー式土器が生み出されたと考えることができる。実際、バローチスターン高原の文化要素が平原部へと拡散している現象もあり、文明成立期に地域社会間の関係の再編とあらたな文化スタイルの創出が生じている可能性が高い。この過程の詳細は今後の研究でさらに具体的に検討される必要があるが、広域社会の形成過程における興味深い現象といえるだろう。

ハラッパー式土器の広域拡散

ハラッパー式土器は無文・彩文の両方を含めて、前二五〇〇年頃（文明期前期）までにインダス地域各地へと拡散する（図52）。ファルマーナー遺跡では最下層からハラッパー式土器が出土しており、この拠点集落が、ハラッパー式土器を用いる人々と地元出身の人々との関係のもとで建設されたことを示唆している。また、彩文土器でみると、前期のうちにグジャラート地方やバローチスターン地方、アフガニスタン北部にまでハラッパー式土器が拡散していることがわかる。

文明成立、すなわちそれまでの社会を一新した広域型社会の爆発力ということができるだろうか。広域型社会の形成を牽引したのはハラッパー式土器を生み出した集団（これを「ハラッパー文化集団」あるいは単に「ハラッパー文化」と呼ぶ）であったと考えられる。先文明期末の再編された地域間交流ネットワークを基盤として、広域型社会が生み出されたのであるが、その誕生に関わったハラッパー文化集団がどのような人々であったのか具体的

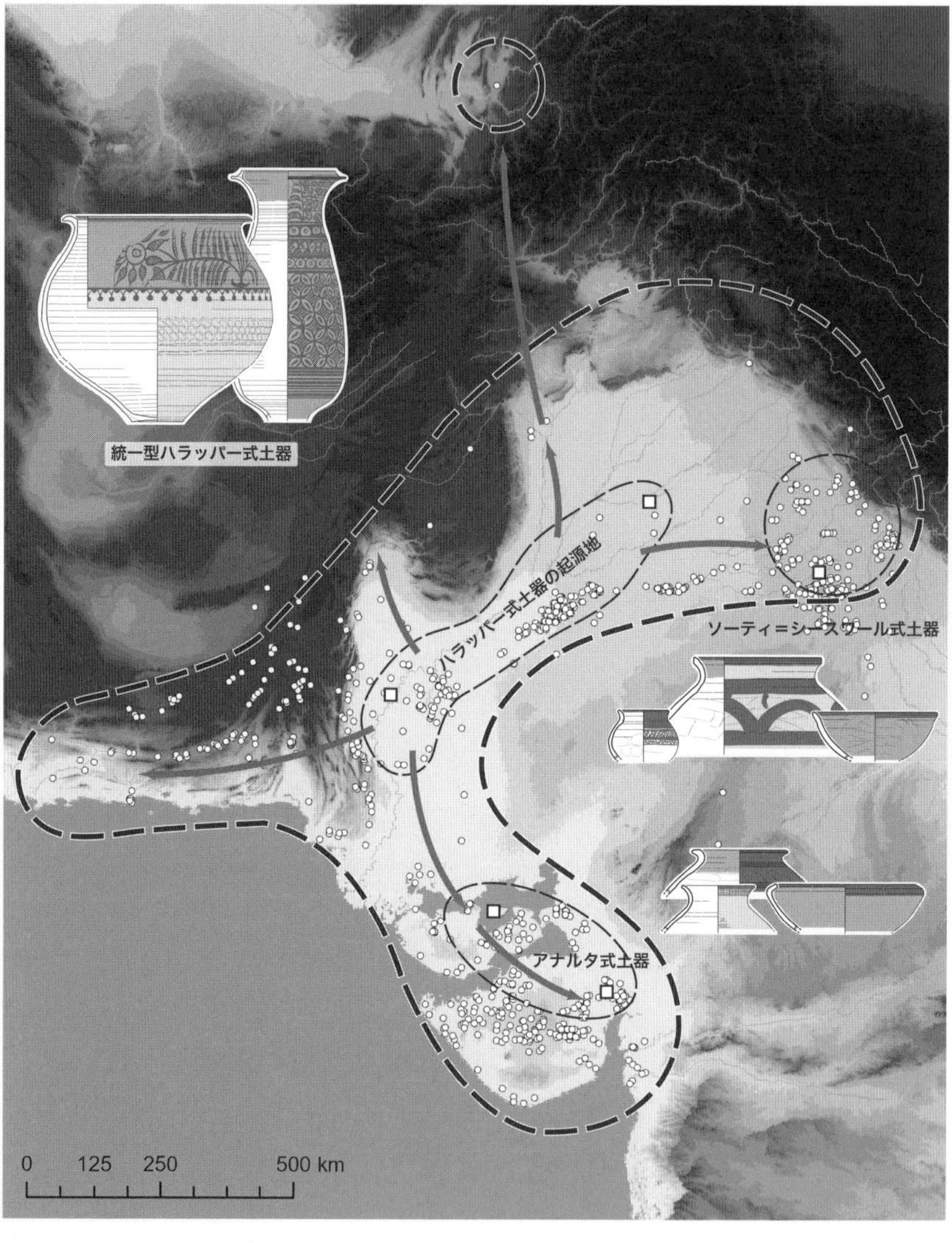

図 52　インダス文明期前・中期におけるハラッパー式彩文土器の分布

シンド、パンジャーブ地方において、コート・ディジー式土器を母体として誕生したハラッパー式土器は、前期の段階で周辺地域へと広く拡散する。アフガニスタン北部やバローチスターン地方南部の遺跡でも出土しているように、その分布はインダス文明の広がりを把握する上で重要である。広域に拡散するハラッパー式土器と同じように重要なのが、先文明期から各地に続く地域土器様式群である。各土器様式間にみられる交流の痕跡は、インダス文明社会の地域間交流のダイナミズムを把握する基礎となる。

にはわからない。

考古資料にはみえにくいが、おそらく彼らは各地を結びつけるという強い意思をもった人々であったと考えられる。それはおそらくは何らかの政治的求心力を伴うものであったであろう。あるいは西方につながる国際性に通じた人々で、インダス地域各地がひとつにまとまることの利を説いてまわるような弁舌に長けた人々であったのかもしれない。なかなか物質文化の背後にいる人々の性格を特定することは難しいが、ハラッパー式土器が広域に拡散し、それがある時期に少数の製品が単発的に持ち運ばれたのではなく、その後、文明終末期にいたるまでインダス地域各地で流通し消費されたことは、ハラッパー文化集団の意図と行動が一過性のものではなく、高度に組織化されたものであったことを示している。

広域的に共通する特徴をもったハラッパー式土器をどうやって何百年にもわたってつくりつづけることができたのか、すなわちどうやってその特有のスタイルを維持することができたのか大きな謎である。シンド、パンジャーブ地方においては、このハラッパー式土器が地元の土器であり、そこでスタイルの一貫性がみられることはある程度理解できるが、周辺地域も含めて広い範囲でスタイルを維持するには、それを可能にする仕組みが不可欠である。シンド、パンジャーブ地方からハラッパー式土器のスタイルを熟知した職人が周辺地域に移住して、それぞれの行き先でハラッパー式土器をつくったという可能性は、長期的なスタイルの維持という点で説明が難しい。かといって、シンド、パンジャーブ地方でつくられたハラッパー式土器が延々と周辺地域に運ばれつづけたという解釈も説得性を欠く。このハラッパー式土器の広域拡散という現象は、広域型都市社会の成立を考える上で大きな鍵となるが、その論理的説明にはまだまだ研究が必要である。

文明期後期におけるハラッパー式土器の変化

少し土器に関する説明が長くなってしまうが、インダス文明社会の変化を考える上で重要な手がかりであるので、もう少しおつきあいいただきたい。

前・中期に各地で出土するハラッパー式土器は無文土器、彩文土器を含めて基本的に共通しているが、後期になるとハラッパー式土器と地元の地域土器様式が融合した新しい土器様式が出現する（図53）。ガッガル地方ではバーラー式土器、グジャラート地方ではソーラート・ハラッパー式土器と呼ばれるものである（図55）。いずれの土器もハラッパー式土器に共通して、ロクロを多用する製作技術を特徴としているが、かたちや彩文においてはハラッパー式土器とは異なる特徴を有するようになっている。バーラー式土器の場合は地元のソーティ＝シースワール式土器に類似する幅広の黒色帯を装飾の一部に取り込んでおり、ハラッパー式土器とソーティ＝シースワール式土器が融合して生み出された様式と考えることができる。ソーラート・ハラッパー式土器の場合は、もう少しハラッパー式土器との類似性が強く、ハラッパー式土器と共通する平行線文を多用するが、器形においてはハラッパー式土器にはない半球形鉢など独自色を有している。地元のアナルタ式土器との関係も十分に考えられるところである。また、バローチスターン地方南半部では、この地方の彩文伝統を強く押し出したクッリ式土器と呼ばれる地域土器様式が後期の段階になって台頭してくる（図54）。このクッリ式土器もその要素の一部にハラッパー式土器の要素を取り込んでおり、ハラッパー式土器と地元の土器伝統の融合現象の産物であるということができる。

このように後期になると、各地でそれまで高い共通性を維持してきたハラッパー式土器がおそらくは地元の土器との関係の中で変容しはじめ、地方型ハラッパー式土器と呼びうる土器様式を生み出している。前・中期までのハラッパー式土器の生産・流通体制に変化が生じたことを物語っており、それはすなわちインダス文明社会の統合のあり方の変化にも関わってくる現象である。

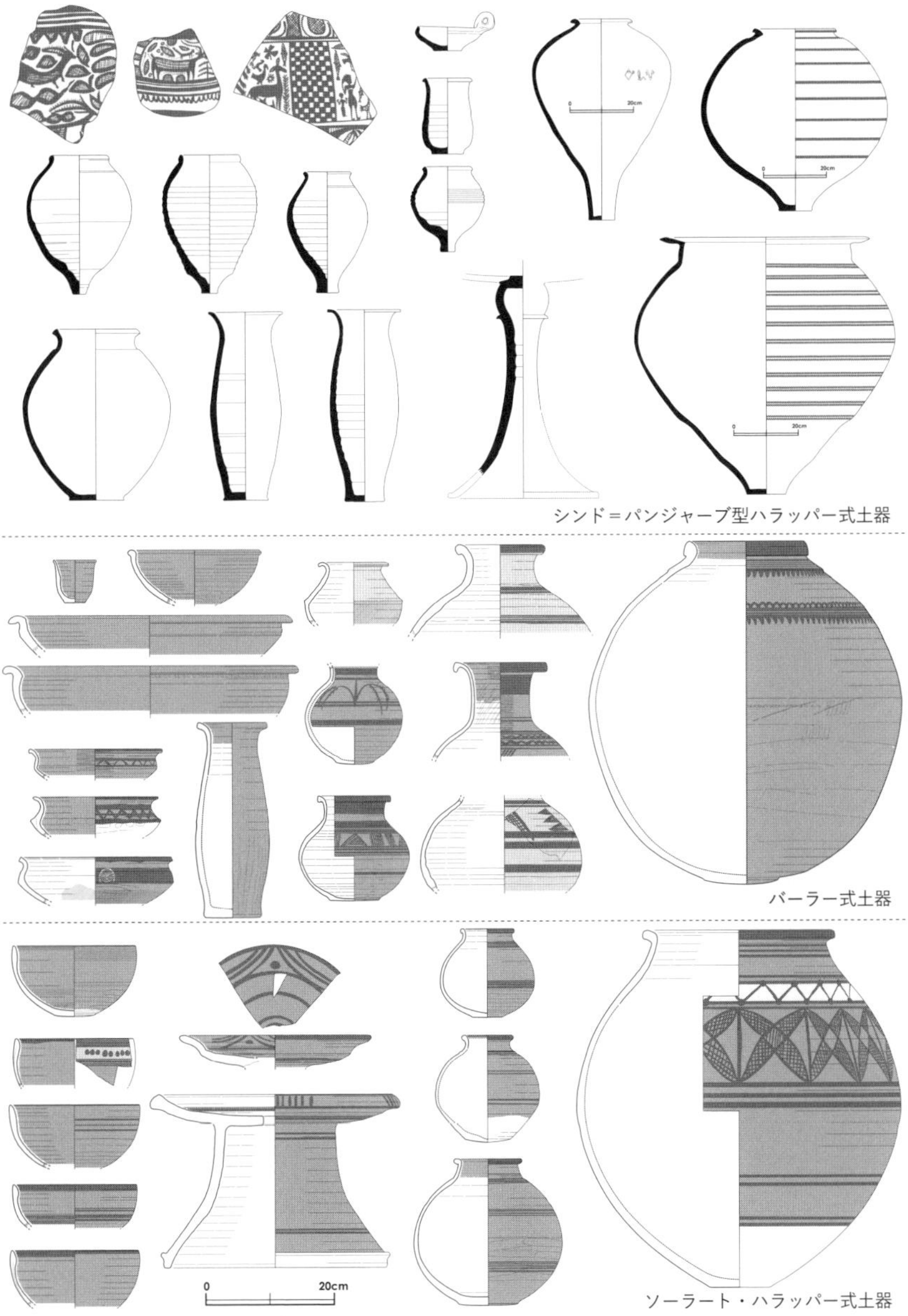

図 53　インダス文明期後期の土器様式（1）

文明期前・中期には各地で共通するハラッパー式土器が分布していたのに対して、後期になると変容した地方型ハラッパー式土器が出現する。それは土器様式における地域間関係の変化を示している。

土器にみる地域間関係の複雑さ

シンド、パンジャーブ地方では前・中期の要素を継承するハラッパー式土器が存続するが、注目されるのはガッガル地方、グジャラート地方、バローチスターン地方ともに、地方型ハラッパー式土器に加えてシンド＝パンジャーブ系ハラッパー式土器も継続して出土することである。さらにグジャラート地方では地元のアナルタ式土器、ガッガル地方ではソーティ＝シースワール式土器も土器組成の中に存在しつづけている。きわめて複雑な土器様式のあり方と地域間交流の関係が認められるのである。

ひとつのスタイルをもった土器の背後にどのような使い手の存在を想定するか、考古学における長年の課題である。ひとつの時空間的まとまりをもつ物質文化に対して、民族集団や政治的まとまりを想定するなど、時代・地域のさまざまな背景に応じて解釈は異なってくるが、インダス文明期の場合はどのように考えることができるだろうか。ハラッパー式土器のほか、さまざまな時空間的広がりをもつ土器のスタイルの担い手をどのように解釈できるか、このことはインダス文明期の社会を考える上でも大きな問いである。

土器のスタイルが空間的広がりをもつということは、共通のスタイルの土器を生産する職人の存在と、彼らの工房から一定の空間に土器を供給する流通システムの存在を示している。また、時間的広がりは、スタイルが複数の世代の職人の間で継承されたことを示している。流通範囲は時代や地域あるいは社会背景に応じて多様に変化するであろうが、職人を起点とした流通ネットワークと、消費者の側での特定のスタイルへの好みが関わっていると考えられる。そのように考えると、特定の土器のスタイルの広がりは一定の地域空間に暮らす人々の中で共有される生産から消費にいたるひとつのサイクルであり、交流ネットワークのひとつを示している。

ソーティ＝シースワール式土器やアナルタ式土器はガッガル地方やグジャラート地方の中で完結する生産・流通システムに基盤を置くものであり、その地域に暮らす人々の生活スタイルや志向性に根ざしているということができる。そうした生活スタイルや志向性は歴史的に築かれたものである。一方、ハラッパー式土器のように広

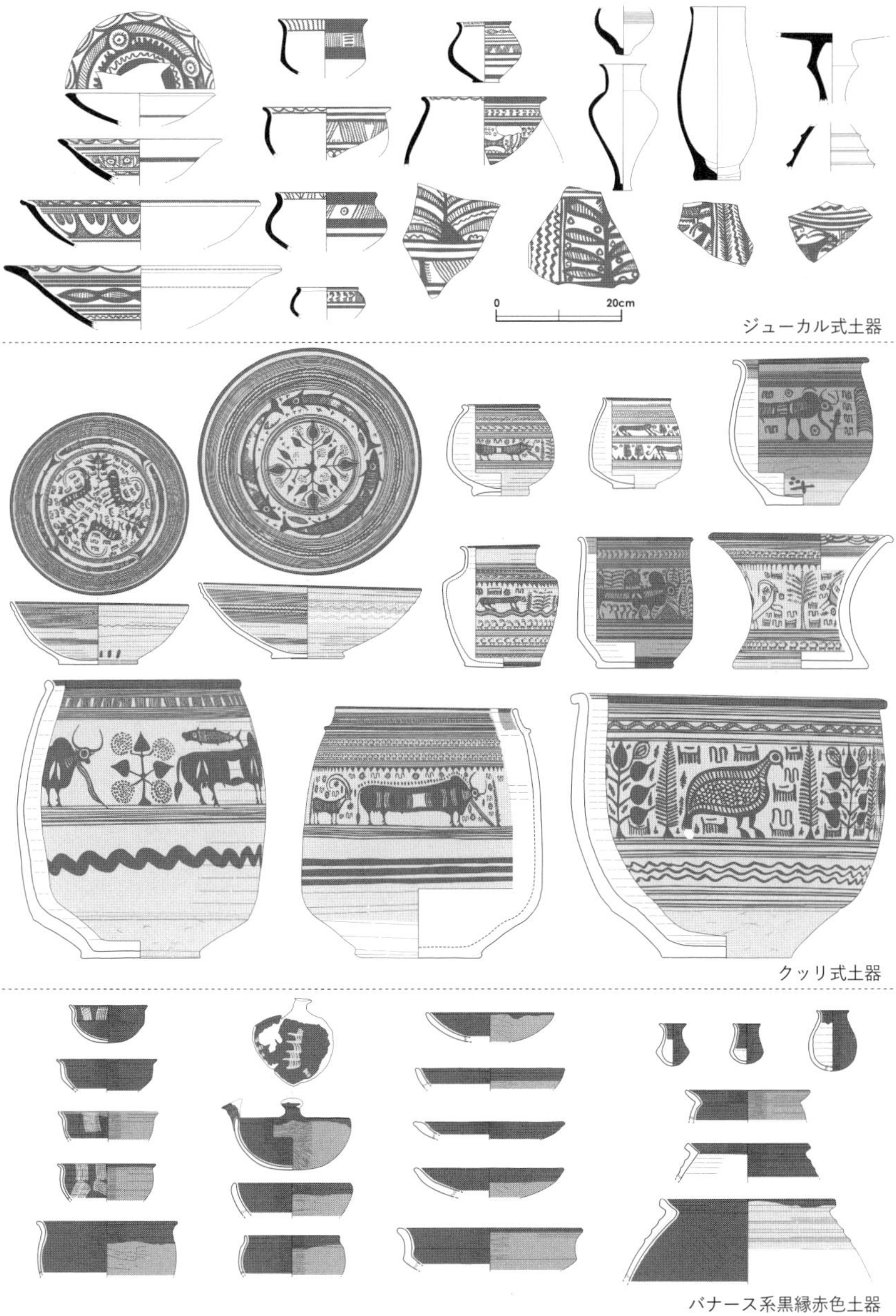

図 54　インダス文明期後期の土器様式（2）
文明期後期には、さらに地域土器様式が加わり、地域社会間の関係は多様化する。

域に分布するスタイルの背景には、シンド、パンジャーブ地方を除けば、地域ごとの土器様式とは異なる原理が働いていたと理解することができるだろう。それは、すなわちシンド、パンジャーブ地方から各地に移住した人々による生産と消費、地元のスタイルとは異なるものに対する地域の人々の憧れ、高い価値をもつ財としてのハラッパー式土器の流通と消費など、多様な原理がハラッパー式土器の流通を支えていたと考えられる。

ファルマーナー遺跡では、集落内で出土した土器の約三割をハラッパー式土器が占めている。その量はけっして少ないとはいえず、シンド、パンジャーブ地方から輸送されてきたものとは考えにくい。ファルマーナー遺跡に比較的近いところで生産されたものが遺跡に持ち込まれ、消費された可能性が高い。つまり地元のソーティ=シースワール式土器と近いところで生産されていたということになろう。

ただし、前・中期の段階ではハラッパー式土器と地元の土器は明確につくり分けられており、別個の流通体制を築いていたと考えられる。また生産体制の中にはスタイルを維持するための仕組みがそなわっていたということになる。それが変化するのが後期のことであり、ハラッパー式土器と地元の土器が融合して新しい土器様式が生み出されたのである。ハラッパー式土器の生産管理体制が弛緩したか、ハラッパー式土器と地元の土器の双方に通じる職人が育ってきたことによって、新たな土器様式の創出が可能になったか、いく通りかの解釈が可能であろう。

したがって、後期にはガッガル地方にしてもグジャラート地方にしても、シンド=パンジャーブ系ハラッパー式土器、地方型ハラッパー式土器、そして先文明期から続く地元の土器という多元的な土器が人々の間で異なる意味や価値をもちながら流通し消費されるようになったということができる。もしかすると、後期のグジャラート地方、ガッガル地方、バローチスターン地方で出土するシンド=パンジャーブ系ハラッパー式土器は、全体的に数が少ないことから、実際にシンド、パンジャーブ地方から持ち運ばれていた可能性もあろう。

もともとは各地に暮らす人々の生活スタイルや文化伝統の中でつくられてきた土器が、文明期になると別の原

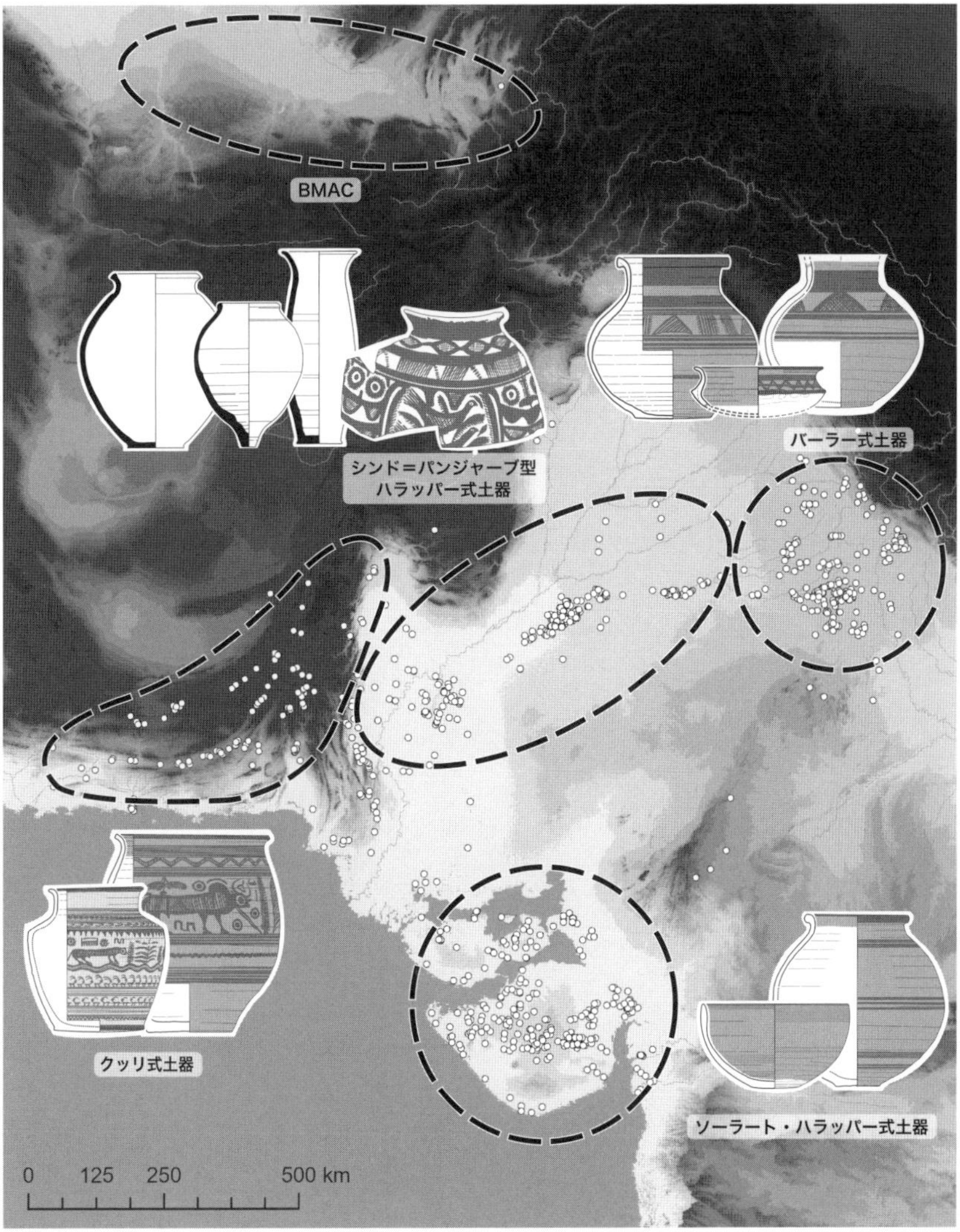

図 55　インダス文明期後期の土器分布

文明期後期における地域土器様式群の出現は、地域間交流ネットワークの再編と多様化を示している。この段階においても、シンド=パンジャーブ型ハラッパー式土器は周辺地域でも出土しており、各地で多様な様式に属する土器が混在して流通・消費されている。こうした現象は、都市社会の成熟に伴う地域間交流の複雑化を示す一方で、地域社会の独立性を強化する性格をも内包していたと考えられる。インダス文明の発展と衰退を考える上で、この時期が多くの意味を有している。

理で生産・流通・消費の対象となり、都市を起点として複雑化した地域内外の関係を巻き込みながら、多様・多重化することになったということができる。

ややや話が複雑になってしまったが、こうした土器にみられる多様性や多重性は、都市社会における複雑な人、物、情報の流れと都市社会を支える地域間の関係を物語っているということができるだろう。都市のかたちにみられた共通性と多様性は、土器においてより複雑なかたちで認められるのである。

装身具の生産と流通

装身具に話を移そう。先に述べたようにインダス文明期の装身具は各地に偏在する石材を素材としている。ビーズに使われた石材には、紅玉髄、瑪瑙、碧玉、アマゾナイト、ラピスラズリ、凍石などがある。貝や銅を素材にしたビーズや腕輪もある。ファイアンス製装身具もインダス文明期を特徴づける工芸品である。数は少ないが、金や銀を用いた装身具も知られている。

多種多様な素材が装身具に使われていることだけでも驚きであるが、重要なのはこれらの素材がインダス平原周辺の高原地帯や海浜部に散在していること、またそれらを加工して装身具にする技術は素材によって大きく異なっていることである。先述のように、紅玉髄や瑪瑙、アマゾナイトの一大産地はグジャラート地方にあるが、凍石や金、銀、銅はラージャスターン地方の高原部や北方の山間地帯に産出する。貝製装身具に用いられた巻貝はグジャラート地方のサウラーシュトラ沿岸部でとれるものである。銅はアフガニスタン南部やラージャスターン地方に産地が知られている。

また、加工の点でみると、凍石やラピスラズリは比較的やわらかい石であり、加工が容易であるが、凍石の場合、インダスの職人は九四〇度前後で加熱して白くするという技術を用いており、だれでもがつくることのできるようなものではない。そのほかの石はモーズ硬度七～八という大変硬いものである。それをビーズの形に仕上げようと思うと熟練の技術が不可欠である。特に紐を通すためのまっすぐな孔をあけるのは難度が高く、職人の技が必要である。貝もその加工は容易ではない。金属になると、精錬から製品のかたちに仕上げるまで、高温での処理が大前提である。

おそらくさまざまな素材を用いた工芸品が広域に流通するようになった段階では、複数の素材の加工にたけた職人も登場したであろうが、初期の段階においては素材の原産地の近くで特定の素材の加工だけを行う小規模な工芸品生産がインダス地域の各地で行われていたと考えられる。それが文明期になると各地の技術が移転され、素材の開発、流通も含めた組織的な生産・流通体制が構築されることになったのであろう。

カーンバートのビーズづくり職人

ここで、現代の南アジアにおけるビーズづくりについてみておこう。インダス文明の時代に装身具生産が高度に発達し、インダス地域内だけでなく、メソポタミアなどはるか遠方まで高価値財として流通していたことは有名であるが、実はのちの鉄器時代から古代、中世の時代にも南アジアが世界でも有数の装身具生産の中心地であったことはあまり知られていない。

こうした歴史の中で育まれてきた伝統は現代にも残っており、細々とながらきれいな石を素材としたビーズと装身具が生産されている。以前は素材となる石材が産出するところで広く生産が行われていたようだが、現在ではグジャラート地方とパキスタン北部に伝統職人が生産をつづけている程度である。かつてはこれらの工房で生産されたものが南アジアの中でも広域に流通し、少数民族のアイデンティティを表示する道具として用いられたりしたようだが、近年では土産物程度の小さなビジネスと化してしまっているのは消えゆく伝統をみるようでさびしいかぎりである。

内戦とともにアフガニスタンからパキスタンに移住してきたトゥルクメン人の職人に話を聞くと、ラピスラ

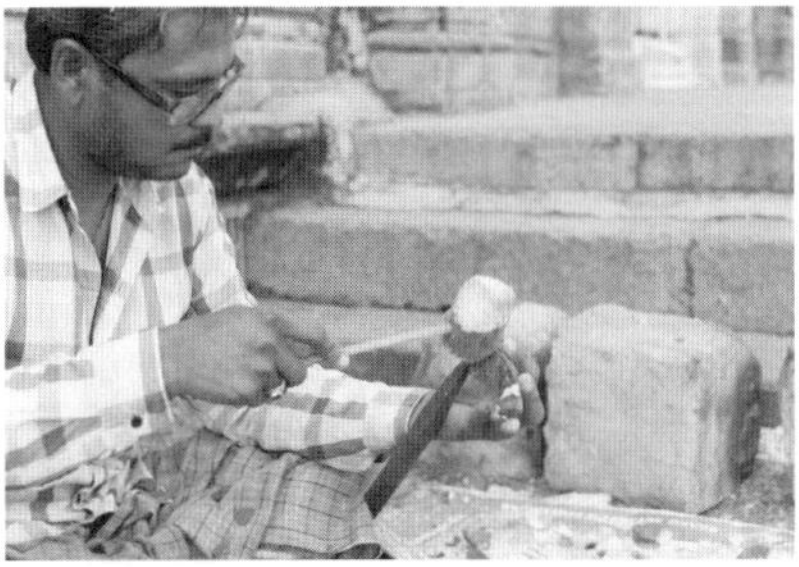
水牛の角でつくられたハンマーでの粗割作業

粗割段階のものと研磨作業を施したもの

穿孔作業

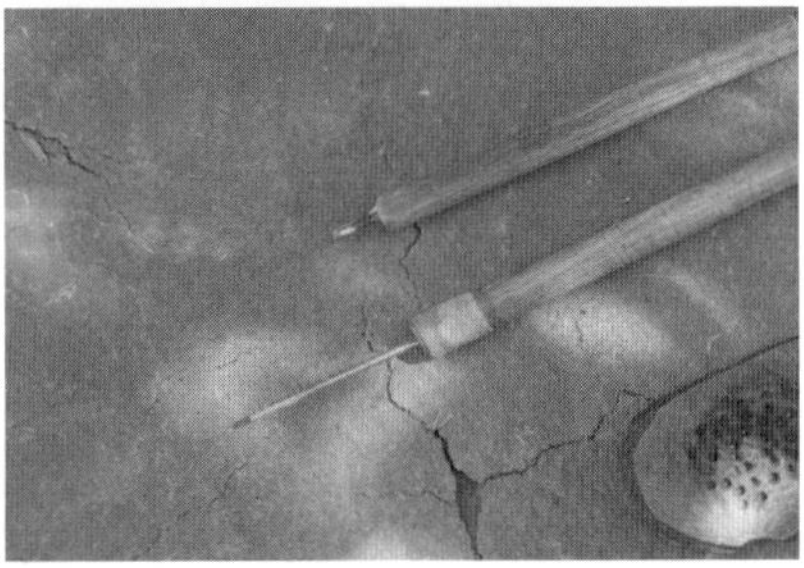
ダイアモンドドリル

図56　グジャラート州カーンバートのビーズづくり

職人たちは伝統的な技術と新しい技術を組み合わせて、石製装身具のもつ価値と意味が大きく変化する現代社会を生き抜こうとしている。そうした変化は歴史の中で繰り返し起こってきたと考えられ、インダス文明期の石製装身具を理解する上でも多くの示唆に富む。

ズリを主たる素材とした装身具が中央アジアに広く流通しているという。実際、私の友人である職人の父親は、現在も中国領のシルクロードの要衝カシュガルでビジネスをしていると聞く。

一方、グジャラート地方のカーンバート（キャンベイ）湾に面する同名の町は、歴史を通して南アジアの海洋交易の中心地であったところで、盛んなビーズ生産が行われてきたところである。ここでもビーズに対する需要の低下とともに、職人の数も激減し、伝統的な技術が失われつつある。このカーンバートの職人のビーズづくりの様子をみせてもらうことができた（図56）。

先に述べたように、グジャラート地方には各地に瑪瑙や紅玉髄、碧玉の原産地があり、豊富な素材をもとにしたビーズ生産が発達してきたところである。その端緒はいうまでもなくインダス文明の時代にさかのぼる。きれいな赤色をした紅玉髄はインダス文明の時代でも現代でもビーズ素材の主力である。この紅玉髄は瑪瑙の中でも赤色が強い石材であるが、職人たちは石の赤みを強くするために人工的に加熱する。職人に話を聞くと、露頭でも強い太陽光で赤みが増すという。そうしたきれいな赤色を発する原石は職人たちにとっても貴重なもののようで、どこでそうした原石が採取できるかよく知っている。

次に成形である。私がみせてもらったところでは、地中に鉄の棒を埋め込み、とがった先端に石をあて、それを水牛の角でつくったハンマーで叩いて石のかたちを加工していく。水牛の角でつくられたハンマーは適度な硬さと弾力性をもっていて、石を割るのに適しているという。そうやって大まかなかたちに整えられたビーズの原型を砥石で磨いてきれいなビーズのかたちに整えていく。インダス文明の時代は砂岩の砥石が用いられていたが、現代はこの時間のかかる作業に電動の研磨機を使っている。

ビーズのかたちが整ったら、今度は孔をあける作業である。これも現在では電動ドリルを用いる職人が多くなっているが、町のはずれに工房を営む職人は伝統的な弓錐を用いて孔をあける。いまでは、この伝統的な技術はもはや彼しか使えないそうである。台木にビーズをはさんで固定し、ビーズの小口にドリルをあて、徐々にあいていく孔の中に水が流れ込むようにして弓錐を左右に動かして作業を進めていく。ドリルの摩擦で高熱が生じるのを防ぐとともに、ドリルの回転をスムーズにするための工夫である。

ドリルは木柄に傘の骨を切ったものを差し込んで固定し、その先端にダイアモンドの粒を埋め込んだもので、ダイアモンドドリルと呼ばれている。いうまでもなくダイアモンドはもっとも硬い鉱物である。それが回転とともに紅玉髄のビーズに孔を切削していくのである。上にあげた冷却用の水の中には、ビーズの原型をつくるために石材を切ったときに出る細粉が混ぜられており、それが研磨剤となって孔をあける作業の効率を高める役割を果たしている。

さまざまな長さのビーズがつくられているが、当然のことながら長いビーズほど、孔をあける作業の難度は高くなる。ドリルをまっすぐに通さないと、せっかくつくったビーズが完成目前で折れてしまうことになる。熟練の職人が細心の注意をはらうのがこの孔をあける工程なのである。このことはインダス文明の時代でも鉄器時代でも同じで、孔をあけるところに職人の技が光るのである。無事に孔があけられたビーズは最後の研磨作業を経て、完成となる。

熟練の職人がダイアモンドドリルを使うと、長さ一〇センチくらいの長いビーズに二〇分ほどで孔があく。インダス文明の時代にはダイアモンドドリルは存在しておらず、アーネスタイトと仮称される硬い変成岩かもしくは銅でできたドリルが使われている。カーンバートの職人に聞くと、石や銅のドリルでどうやったらビーズの孔をあけられるのかわからないという。技術的には、インダス文明の時代のビーズのほうが難度が高かったことをうかがわせている。

本章の冒頭で紹介した土器も同様であるが、伝統的な技術を駆使して工芸品をつくる職人の話を聞き、作業を見学すると、素人では想像もつかないさまざまな事実を知ることができる。ただ、そうした熟練の職人でも想像のつかない技術がインダス文明の時代に存在していたことは、当時の技術を考える上で大変重要である。

インダス文明期の装身具の特徴

インダス文明期の装身具の多くは、複数のビーズを組み合わせてつくられている。しかし、集落遺跡で装身具の構成をそのまま伝えるかたちで出土することはまれで、廃棄されバラバラになったかたちで出土することが多い。まれに、装身具からばらされた多数のビーズが壺の中におさめられた状態で出土する場合もある。また、墓に遺体が装身具をまとった状態で葬られることも限られている。先にみたように、装身具を埋葬時の副葬品として使用することはインダス文明では一般的ではない。

そうなってくると、インダス文明の装身具を研究するためにはビーズ個々のデータの蓄積とその分析が不可欠となる。遺跡の中でどういった素材のビーズが何点出土したのか、その形態はどのようなものなのか、またどれくらいの大きさのものが含まれているのか、細かな分析によって装身具の構成を復元していくほかないのである。

しかしながら、出土したビーズ全点のデータが報告されることはほとんどなく、素材に関する一覧表が提示されても、その形態や大きさがどういった特徴を有しているのか把握することは難しい。私はインダス文明だけでなく、鉄器時代や古代のビーズについても研究を進めているが、極力個々のビーズの特徴をデータ化して提示するように努めている。

ファルマーナー遺跡居住域では、四千点あまりの石製ビーズが出土している。この遺跡の墓地でも少数ながらビーズが副葬品として出土しており、個々のビーズから装身具の構成を復元する手がかりが得られた。また、若干の漏れはあるが、九割方のビーズの計測を行い、その形態の変異を明らかにすることを試みた（図57）。

この遺跡でもっとも多く出土したのは凍石製ビーズである。直径・長さともに二ミリ以下の超小型ビーズから、厚さ一ミリ程度の薄型円盤形ビーズ、長さ一センチ前後の細長い円筒形ビーズなどが含まれている。超小型ビーズや円盤形ビーズは、その大きさからも多数のビーズが連ねられて装身具を構成していたであろうことが推測できるが、実際に墓で出土した例では多数のビーズを連ねて髪の毛に結えつけたり、足首飾として用いられていた（図59）。

次に多く出土したのは紅玉髄製ビーズで、長さでみると一センチ前後のものと五ミリ以下のものが多い。後者は凍石製の超小型ビーズと同様に多数のビーズによって装身具を構成していたと考えられるが、長さ一センチ前後のものに関しては、数個のビーズだけからなる首飾として用いられていたことが、墓の副葬例から明らかになった。もちろんより多くのビーズが一連の装身具を構成する場合もあったであろうが、一個一個の価値が凍石製の例とは異なっていたことを示している。凍石製ビーズの場合は装身具一連として価値をもつのに対し、紅玉髄製の

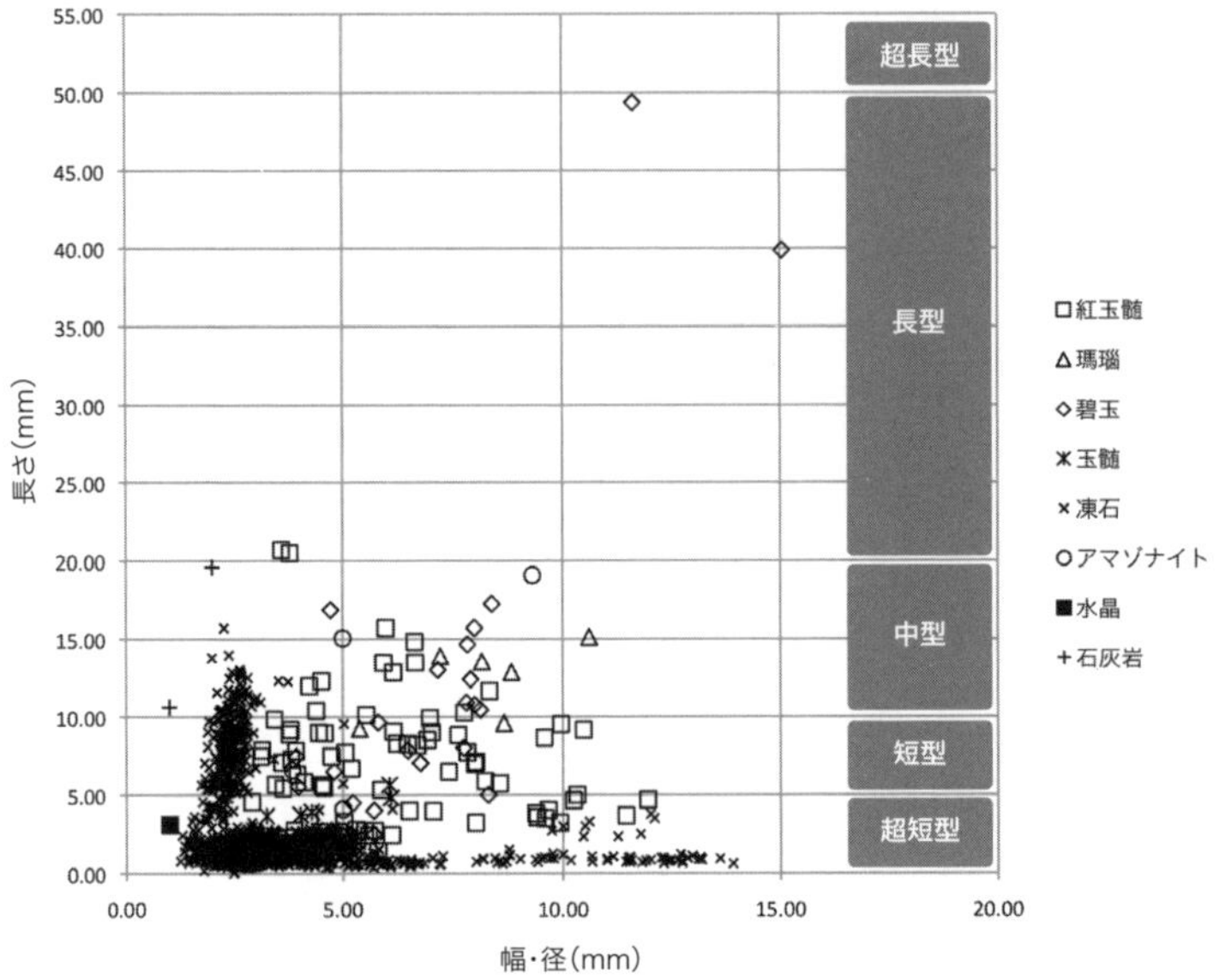

図57　インダス文明期のビーズにみられる素材と大きさの関係

インダス文明期の石製ビーズは素材とする石材の多様性を特徴としているが、最終的に組み立てられる装身具の種類と連動するかたちで、石材ごとに異なる形態・大きさのものがつくり分けられている。

場合ではビーズ一個が高い価値を有していたと考えられるのである。また、碧玉製のビーズ一点だけが副葬された例も、紅玉髄同様の価値の高さを示している。

瑪瑙、碧玉、玉髄、アマゾナイトなどのビーズはそもそも出土数が少なく、墓での出土例もなかったことから評価が難しいが、瑪瑙、碧玉製ビーズは紅玉髄製ビーズよりも長いものが多く、短いものはほとんど含まれていなかった。紅玉髄製の長さ一センチのビーズよりも、瑪瑙、碧玉製のビーズ一個の方が価値が高かったようだ。ファルマーナー遺跡出土ビーズの中でもっとも長い例は碧玉製で、長さ五センチである。自然の石材本来のきれいな模様をもっており、その美しい外観と長さが組み合わさって高い価値を与えられていたと考えることができる。

このようにみてくると、ファルマーナー遺跡で出土したビーズは多様な素材を用いてつくられているが、素材によって形態、大きさが異なっており、素材＝形態に応じて装身具としての使

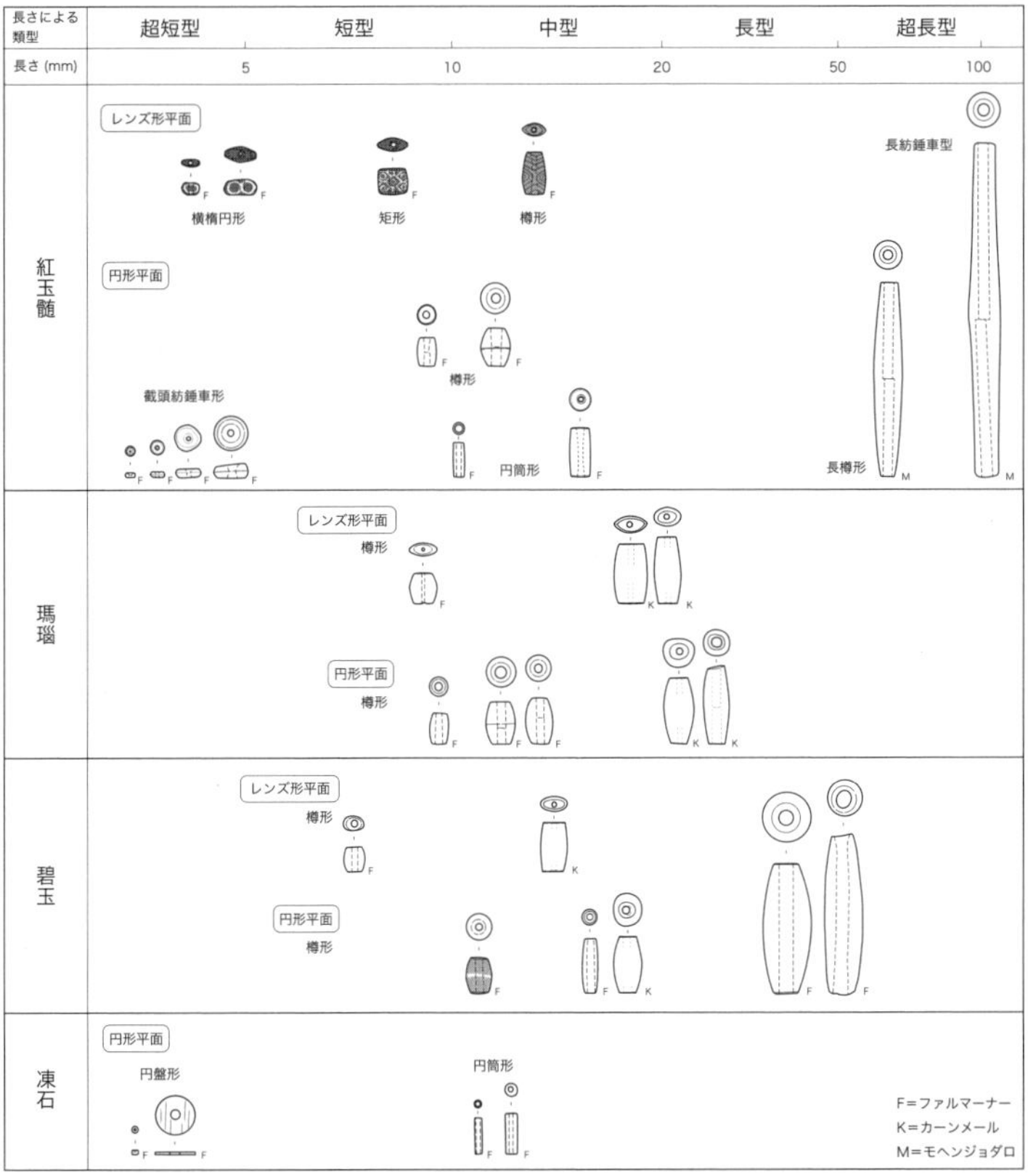

図 58　インダス文明期のビーズの特徴

インダス文明期の石製ビーズのもうひとつの特徴は、硬質石材を素材とする長型・超長型ビーズの存在である。長くなればなるほど、まっすぐな孔をあけるのに熟練の技術が求められるからである。豊富な石材産出地の存在とともに、そうした高度な穿孔技術の発達が、交易活動におけるインダス文明の重要性を高めることになったのである。

われ方や価値に違いがあったことを示している(図58)。すなわち、多様な装身具が装身部位や装身方法に応じて、人々の姿を飾っていたということになろう。

また、ファルマーナー遺跡の出土ビーズに関して注目されるのは、使用された石材がすべてファルマーナー遺跡が所在するガッガル地方では産出しないということである。いずれも遠方の産地で出土する石材であり、大部分はほかの地域の遺跡で加工されたビーズがこの遺跡に持ち込まれたと考えられる。石材原産

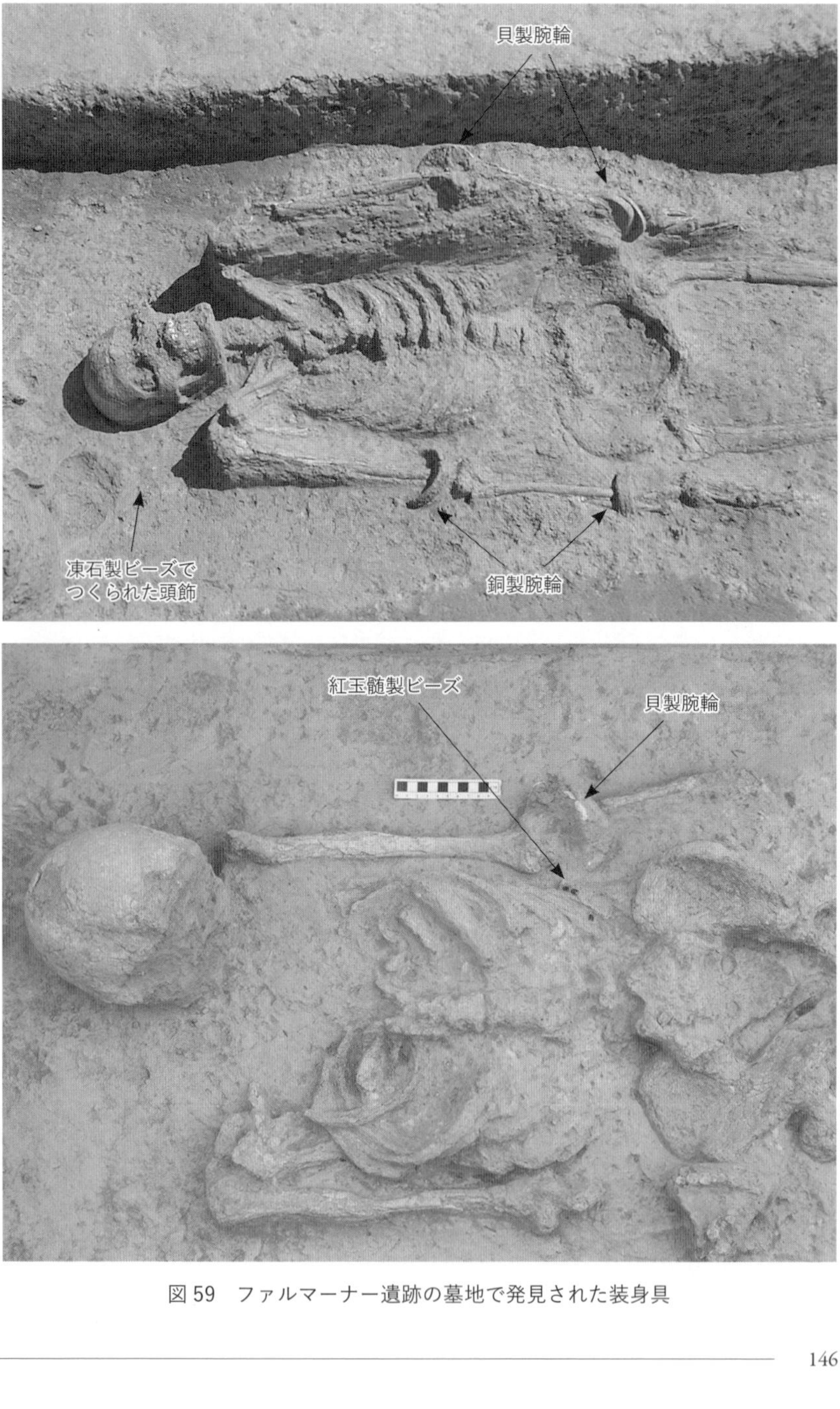

図59　ファルマーナー遺跡の墓地で発見された装身具

地およびおそらくは生産地から遠く離れた遺跡でも、これだけのビーズが出土することは、インダス文明期の装身具の広域流通という特徴を物語っているといえるだろう。

ただし、ファルマーナー遺跡でも少数ながら、ビーズ加工途中の未製品が出土している。いずれも紅玉髄もしくは瑪瑙を素材としたもので、長さ一センチ以下の小型品である。ドリルは出土していないことから、どういった穿孔技術が用いられたのか不明であるが、小型品に特化した玉づくりがこの遺跡でも行われていたことが明らかである。広域流通の一方で、多元的な生産体制も存在したことは注目に値するところである。

グジャラート地方のカーンメール遺跡では、ファルマーナー遺跡とは対照的に、ビーズ製作の痕跡が多く得られている。紅玉髄や瑪瑙の原石を粗割したもの、整形途中のもの、孔をあける前のものなど、製作工程各段階の資料が出土しているのである（図60）。また、次節で述べるアーネスタイト製ドリルも多く出土している。製作途中の資料をみると、長さ三センチ前後の長いものが多く含まれており、石材の原産地に近い遺跡でのビーズ生産の様相をみてとることができる。石材産地から遠く離れたファルマーナー遺跡の例とは大きな違いである。

製作途中の資料に比較して、成品の数は一〇〇点あまりとけっして多くなかった。この遺跡が消費地ではなく、生産地であったことと関係しているのかもしれない。それでもラピスラズリのようにグジャラート地方に産出しない石材を用いたビーズも出土しており、多様な石材を用いたビーズを含む点は、ファルマーナー遺跡の事例に共通している。インダス地域各地に散在する産地から得られる多様な石材でつくられたビーズによる装身具構成もまた、広く共有されていたとみることができる。

インダス文明期の穿孔技術

文明期のインダス地域のビーズ製作を特徴づけるのが、穿孔技術である。インダス地域のビーズに使われている石材には非常に硬いものが含まれており、それに孔をあけるのに適したドリルと技術が不可欠である。文明期

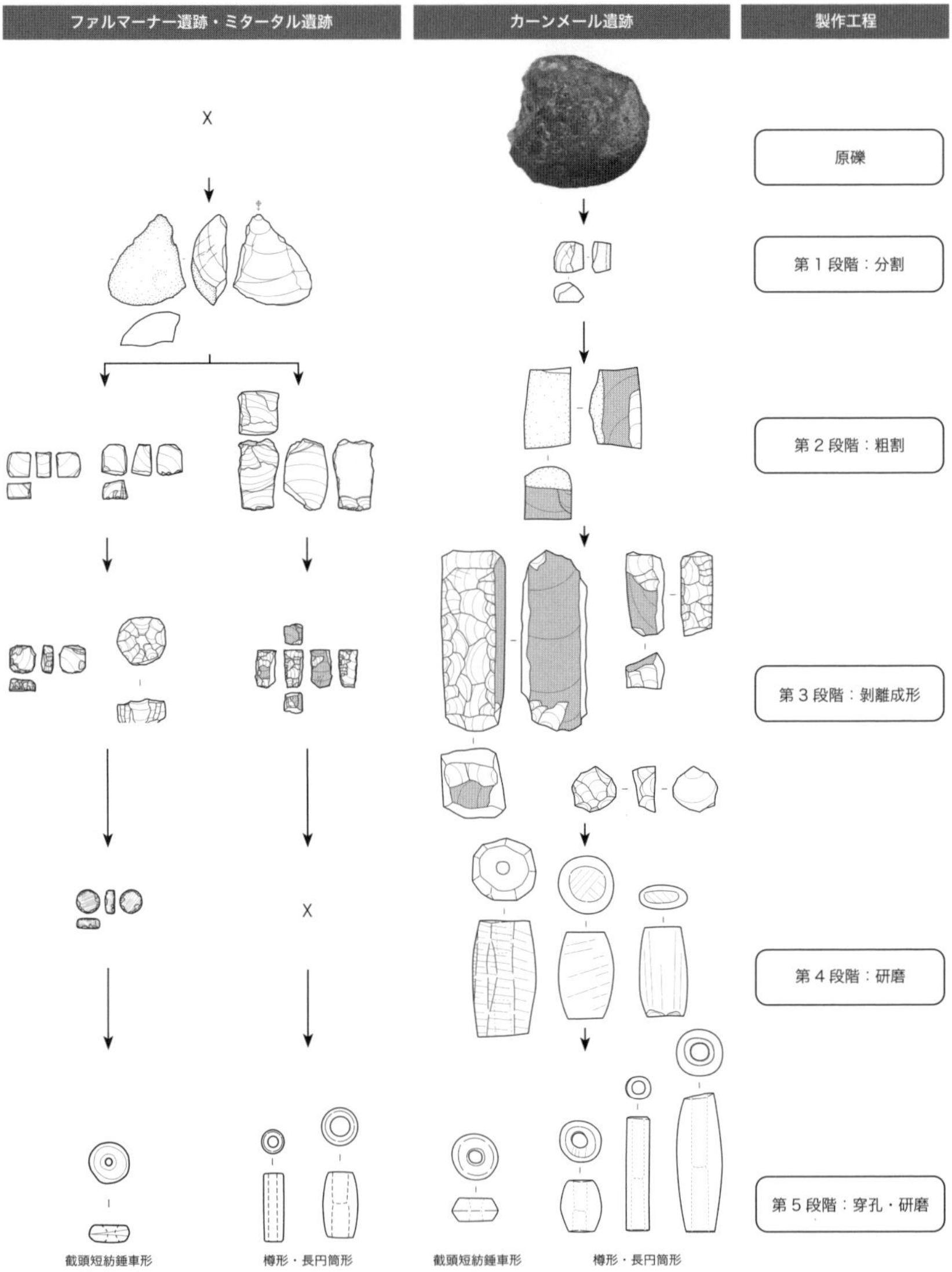

図 60　インダス文明期のビーズ製作工程

石材産地を抱えるグジャラート地方にあるカーンメール遺跡では、長型ビーズの加工が盛んに行われているが、産地から遠く離れたガッガル地方のファルマーナー遺跡とミタータル遺跡では、短型ビーズのみが生産されている。ここに石製ビーズ生産におけるグジャラート地方がもつ優位性をみてとることができるが、その一方で産地から離れた地域でもビーズ生産が行われていることは、インダス文明社会の中での石製ビーズの生産と流通がもつ多元性を物語っている。

のビーズに含まれる長さ一〇センチにもおよぶビーズとなるとなおさらである。硬いビーズにまっすぐの孔をあけることが、装身具として使う上での必須条件となるのである。

前述のように、現代のカーンバートでは、細い軸の先端にダイアモンドチップを埋め込んだものを使用しており、これを弓錐で高速回転させることでまっすぐの孔をあけている。もちろん職人の技術の高さはいうまでもない。このダイアモンドドリルは、鉄器時代の北インド・ガンガー平原に起源をもっている。実際にドリルの先端にとりつけられていたのがダイアモンドかどうかわからないが、硬い鉱物を埋め込んだ細いドリルが用いられていたことがわかっている。北インドで生まれた穿孔技術が西暦紀元前後の時期に中央インドや南インドの地域にも伝えられ、このドリルが南アジアのビーズ生産の技術的特徴となったのである。この技法によってつくられた長いビーズが東南アジアや西アジアでも発見されており、長いビーズが南アジアの特産品として珍重されていたことをうかがうことができる。

インダス文明期には、こうしたダイアモンドドリルは存在していなかった。短いビーズの場合は、おそらくは銅製のピンを用い、それをこつこつと敲打することで、孔をあける技術が用いられていた。しかし、インダス文明期の長いビーズはこの技術ではつくることができない。そこで用いられたのは、石製と銅製のドリルである。インダス文明期以前にはチャート製のドリルが用いられていたことがわかっているが、文明期になるとアーネスタイトと呼ばれる変成岩の一種を用いたドリルがつくられるようになった（図61）。この石材は瑪瑙や紅玉髄と同等かそれ以上の硬度を有するとともに、石の組成の中に含まれる硬い鉱物が穿孔作業の中で粉末化し、それが研磨剤としての役割を果たしていたと考えられている。硬質石材でできたビーズに孔をあけるのに適した特性を有していたのである。この石材はグジャラート地方での産出が推定されており、ビーズ石材の産地の存在とともに、グジャラート地方をビーズの一大産地として発達させることに大きな役割を果たしたのである。

特にこのアーネスタイトを用いてつくられたのが、中ほどが細くなったかたちをした円柱型ドリルである。す

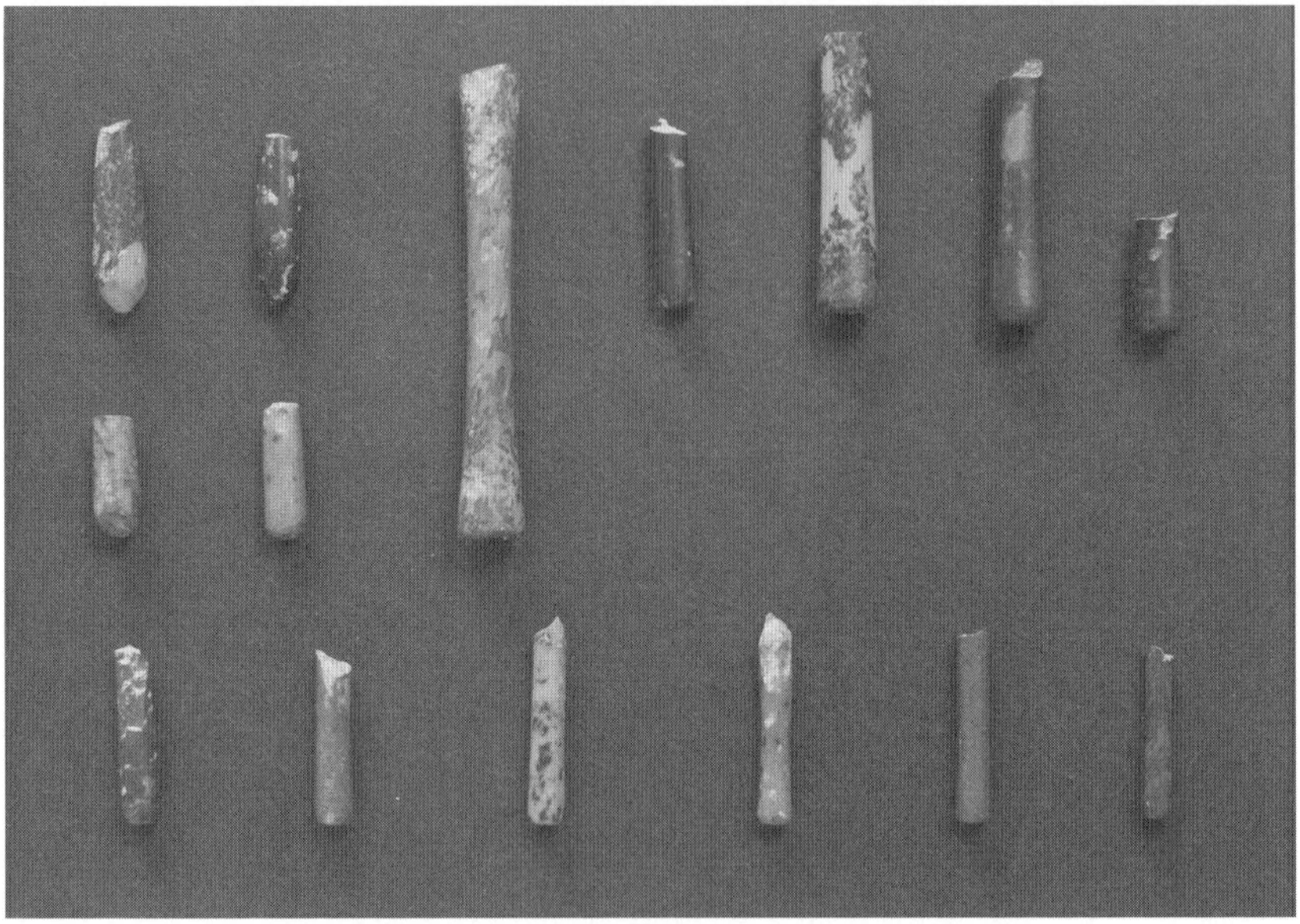

図61　インダス文明期のアーネスタイト製ドリル

アーネスタイトとは、変成岩の一種でグジャラート地方に産地が推定されている。硬質で、岩石中に含まれる鉱物が研磨剤となって、穿孔作業の効率を高めたと考えられている。ちなみに、「アーネスタイト」という名称は、「アーネスト・マッケイ」の名に由来する。

なわち、ドリルの中ほどよりも先端の直径が大きいかたちをしているのである。硬い石材に孔をあけようとしたとき、ドリルの太さが均一だと、孔表面との摩擦が大きくなり、孔をあけることが難しくなる。また、摩擦によって熱が生じるため、水を孔の中に流しこみながら穿孔作業を進めていくことになるが、ドリルの太さが均一だと、水が中に入っていかない。ドリルの先端が太くなっているのは、そこが実際に孔をあけていく役割を担っており、ドリルの中位が細くなっているのは、摩擦を避けるとともに水が流れ込みやすくするための工夫である。ダイアモンドドリルにおいて、ダイアモンドチップを埋めこんだ先端が軸よりも太くなっているのと同じである。この円柱型ドリルは、ビーズに長い孔をあけることを可能にしたのである。

ビーズの孔の中にシリコンを流しこんで、型をつくり、それを走査型電子顕微鏡で観察すると、その孔がどういうドリルを用いてあけられたのか特定する手がかりを得ることができる

（図62）。アーネスタイト製ドリルで孔があけられたものでは、その表面がきわめてなめらかとなることがわかっている。この分析方法を使うと、ドリルそのものが出土していなくても、どういった技術で孔があけられたのか推定することができるのである。

一方、銅製と推定されているドリルは先細り状を呈している。ロータル遺跡やチャヌフダロ遺跡で銅製のドリルが出土しており、先細り状のかたちをしている。これらが実際にビーズに孔をあけるのに用いられたものかどうか断定はできないが、アーネスタイト製円柱型ドリルとは異なる材質とかたちをもったドリルであったことは確かである。アーネスタイト製ドリルとの違いは、孔のシリコン型を観察してみると、一目瞭然である。孔の形状が先細りであるとともに、徐々にドリルが孔をあけていく過程で形成された溝が幾重にも残っている。アーネスタイト製ドリルとは、孔をあけていくプロセスが根本的に異なっているようである。

先細型のドリルでは、その形状からビーズに長い孔をあけることは難しい。アーネスタイト製ドリルの場合も含めて、インダス文明期のビーズの穿孔作業は、ビーズの小口両側から孔をあけ、ビーズの中央で二つの孔が接続するように行われている。アーネスタイト製円柱型ビーズではまっすぐの孔をあけることが可能なので、長いドリルを用いれば長いビーズに孔をあけることができる。実際には直径の異なる複数のドリルを用いて孔があけられていることがわかっているが、先細型ドリルであれば、先端と後端の径が異なっており、おのずとあけることのできる孔の長さには限界がある。事実、先細型ドリルを用いてつくられたビーズはせいぜい長さが一〇ミリ程度である。それに対して、アーネスタイト製円柱型ドリルを用いたものは二〜一〇センチと長い。

この二つのドリルが技術系統の違いを示すのか、工房によって用いられるドリルが異なっていたのか、あるいはひとつの工房で使い分けられていたのか、その違いが意味するところは明らかになっていない。しかしながら、私がグジャラート地方の遺跡から出土したビーズの穿孔技術を前述のシリコン型を用いて広く分析したところ、インダス文明期後期において先細型ドリルが広く普及していた可能性が浮上してきたのである。まだまだドリル

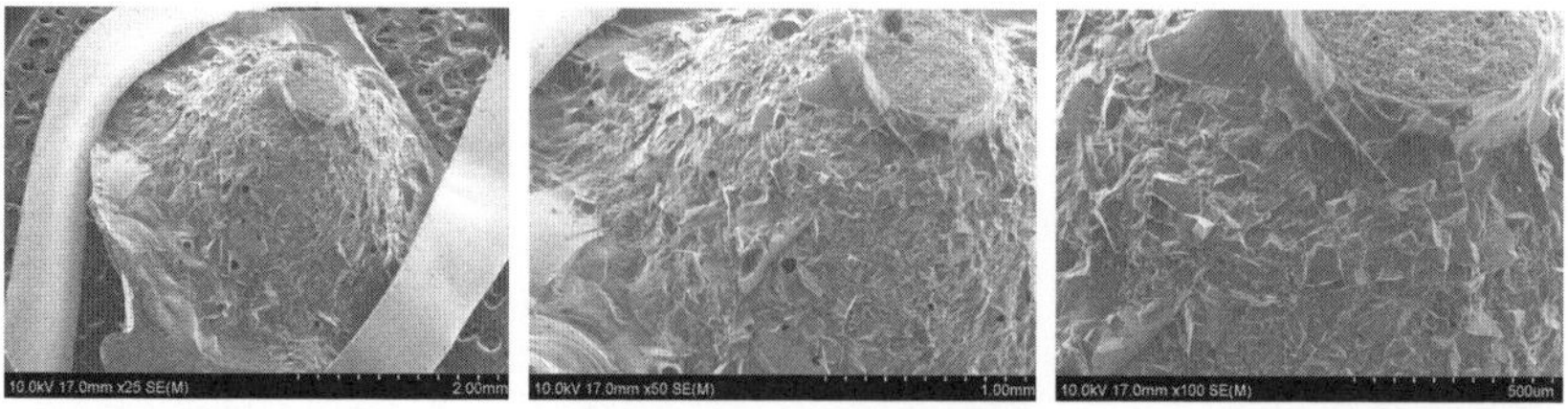

敲打技法（ファルマーナー遺跡、no. 1296）

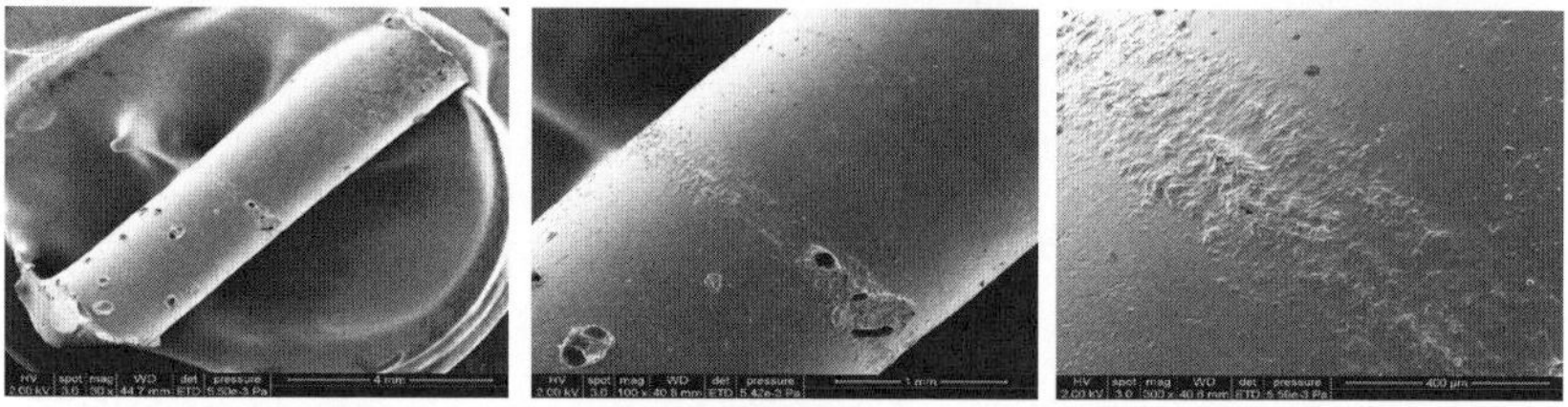

アーネスタイト製くびれ状円柱型ドリルによる回転技法（ナヴィナール遺跡、no. 16-110）

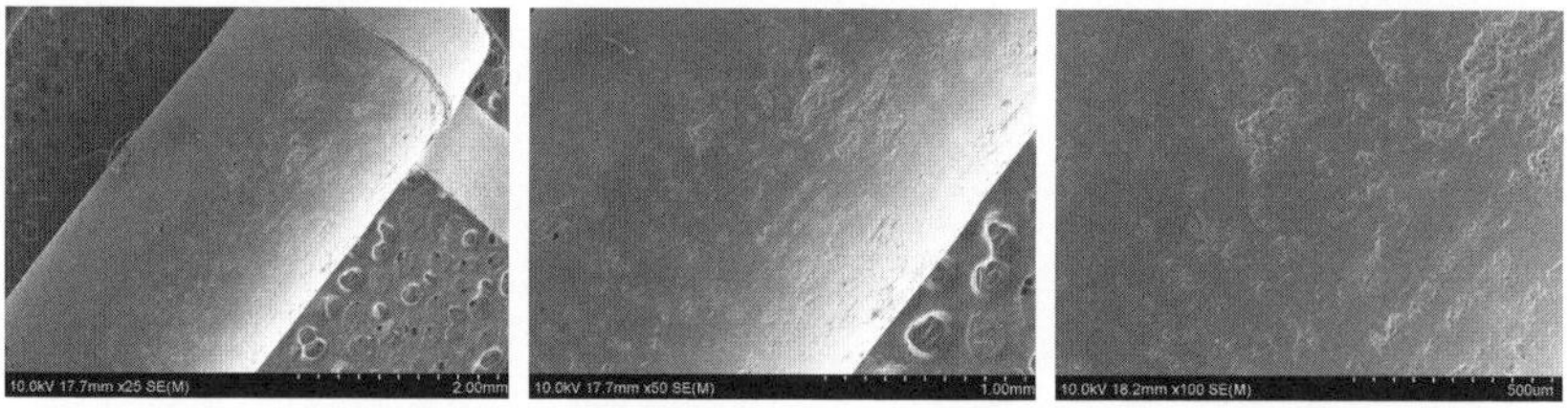

アーネスタイト製くびれ状円柱型ドリルによる回転技法（カーンメール遺跡、no. 06-0036）

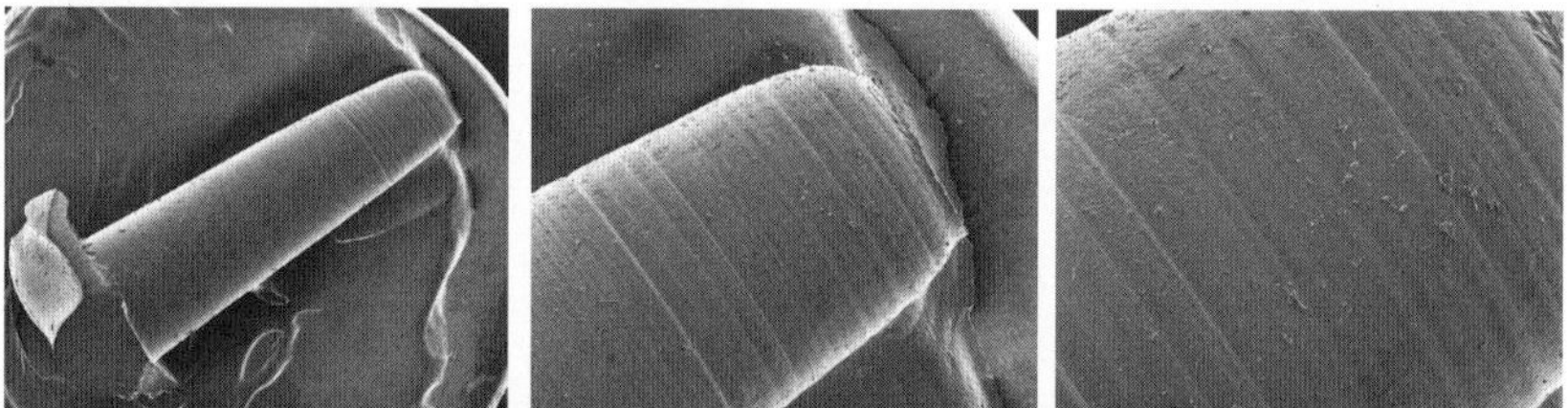

銅製先細型ドリルによる回転技法（ナヴィナール遺跡、no. 15-320）

銅製先細型ドリルによる回転技法（クンワル遺跡、no. 18）

図 62　インダス文明期の穿孔技術

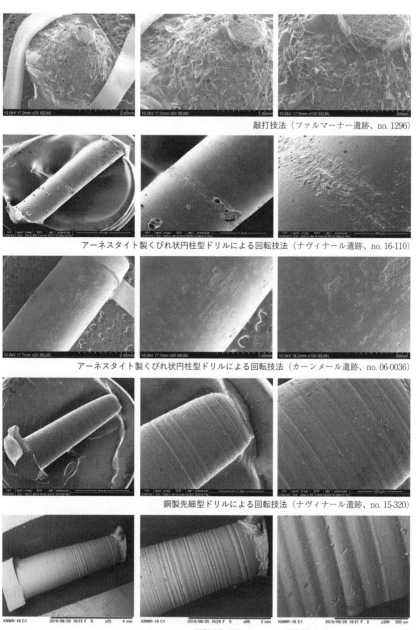

の体系的理解には多くの資料の分析を必要とするが、用いられるドリルの違いは、求められるビーズの長さの変化や装身具の構成の仕方によっても変化する可能性がある。とりわけアーネスタイトがグジャラート地方の限られた産地でしかとれない素材であったとすると、その流通がとどおると、それに代わるドリルが用いられるようになった可能性も考えることができる。

その結論は先の楽しみとして置いておくとしても、インダス産のビーズが西南アジア世界の中で高い価値をもつにいたったのは、穿孔技術を含めてインダスの職人たちが高い技術を生み出したことによるものであり、その技術の解明がインダス地域内外の交流関係を考える上でも重要な鍵となることは確実である。

ファイアンス製装身具の増加と装身具流通システムの変化

インダス文明期の装身具を特徴づけるものに、ファイアンス製装身具がある（図63）。ファイアンスとは、石英を細かく砕いたものに青銅のさびを混ぜ込んで装身具のかたちにし、九〇〇度前後で焼き上げたものである。焼くと青銅のさびが酸化して表面に浮上し、きれいな水色を発するようになる。石製装身具とはまったく異なる製作技術である。素材となる石英粒も砂地での採取が可能であり、特定の産地に限られない。インダス地域の中には砂漠が発達した地域もあり、そうしたところで石英粒を採取することが可能であったと考えられる。

ケノイヤーによれば、ハラッパー遺跡では先文明期のラーヴィー文化期の層からファイアンス製ビーズが出土しており、この技術が古くにさかのぼることが指摘されている。ほかの地域での様相は明確ではないが、ガッガル地方では文明期後期になってファイアンス製装身具が急増する。文明期前・中期のファルマーナー遺跡ではファイアンス製装身具はほとんど出土していないが、文明期後期のミタータル遺跡では多量に出土している。ミタータル遺跡での発掘面積がファルマーナー遺跡のそれに比較して小さいことも勘案すると、この数の多さがよくわかる。逆にミタータル遺跡では石製ビーズは少なく、ファイアンス製装身具の多さとは対照的である。

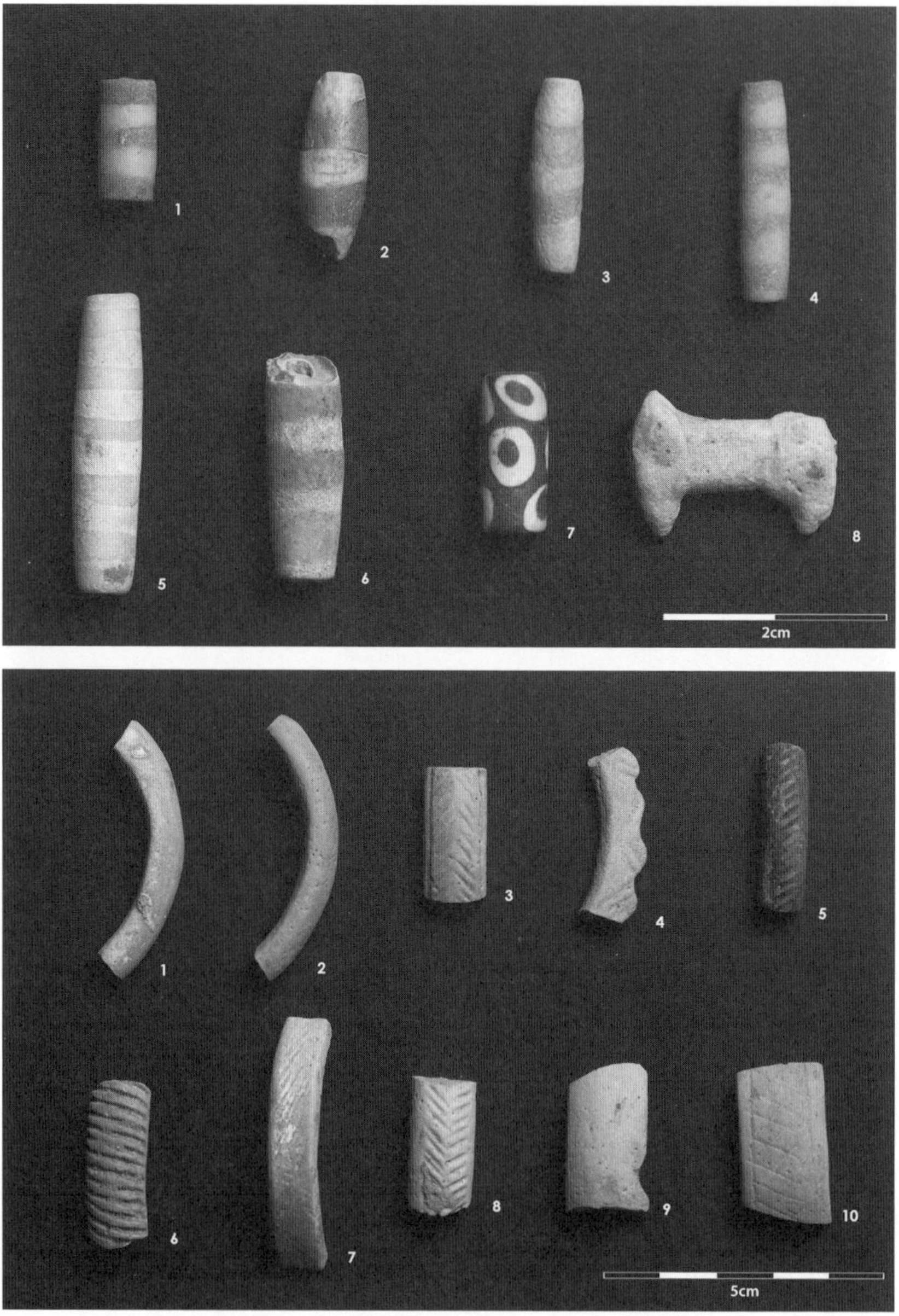

図 63　ガッガル地方のファイアンス製装身具

ファイアンスとは、石英粒を青銅のさびと混ぜ込んで練り物状にし焼いたものである。焼くと青銅の成分が表面に浮上して鮮やかな青色となる。異なる成分を混ぜ込んだ練り物を組み合わせて文様状に発色させたものもある。

ファイアンス製装身具にはビーズと腕輪がある。紅玉髄や瑪瑙では腕輪をつくることができるような大きな素材を得ることが難しいが、ファイアンスであればそれが可能である。ファイアンス製装身具の増加は単に素材の変化だけでなく、装身具の構成の変化をも示しているのである。確かに前・中期の段階でも土製、貝製、銅製の腕輪が存在したが、土製を除くと出土量は限られている。また、見た目の点でも土製とファイアンス製では大きな違いがある。このようにファイアンス製装身具の増加は、それまでの装身具の生産・流通体制、さらには装身方法、見た目にいたるまでさまざまな変化をひきこすものであったのである。

ミタータル遺跡が所在するガッガル地方では、ポスト文明期の遺跡を中心にファイアンス製装身具が多数出土しており、文明期後期からポスト文明期にかけてファイアンス製が装身具の主力となったことを示している。ポスト文明期における石製装身具についてはよくわかっていないのだが、文明期後期以降の社会の変容と地域間交流ネットワークの再編の中で、偏在型石材を素材とした石製装身具の広域流通が難しくなり、それに代わってガッガル地方でも生産が可能なファイアンス製装身具が増加することになった可能性が高い。

前述のように、文明期後期には地方型ハラッパー式土器を含めた地域土器様式が各地に発達する。このことはインダス文明社会の地域統合の変化、すなわち地域間交流ネットワークのあり方に変化が生じていたことを示している。そうした中で、工芸品の生産・流通体制にも大きな変化が生じていた可能性がある。

インダス文明期の印章

インダス文明期には、先文明期に比して非常に多くの印章が用いられた。このことは文明期の社会が印章によって支えられていたことを物語っている。それはすなわち、都市社会の登場に伴って規模と内容が著しく複雑化した地域間交流ネットワークと地域統合のあり方に関わるものである。

文明期の印章（図64）では、印面を含む本体が方形板状の凍石製で、背面につまみをつくるという形式のもの

	素材	形態	意匠	例
文明期の印章	凍石	方形	動物文	 1. M-631  2. FRN-1  3. M-2135
			人物文	 4. M-1181
			複合文	 5. M-1186  6. M-304  7. B-39
			幾何学文	 8. M-128  9. M-352
		円形	動物文	 10. M-417
		矩形	銘文	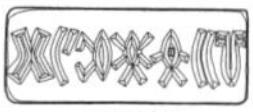 11. H-1705
	土製	方形	動物文	 12. K-3
			幾何学文	 13. H-105  14. H-120
		円形	幾何学文	 15. Kd-6
	銀製	方形	動物文	 16. M-317
	ファイアンス製	矩形	幾何学文	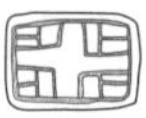 17. KMR-3
		幾何学形	幾何学文	 18. H-1073

図 64　インダス文明期の印章

文明期の印章の大部分は凍石を素材としてつくられている。形では方形、文様では動物文が圧倒的に多い。その一方で、少数ながらも先文明期の幾何学文を継承したものもあり、多様な交流ネットワークの存在を示す。

が大部分を占めている。素材でみると、少数ながら土製、銀製、銅製、貝製、ファイアンス製などが含まれているが、凍石製が圧倒的であるのは、素材の選択的調達が行われていたこと、それがインダス地域の広い範囲で共有されていたことを示している。ここにも、先文明期の印章とは大きく異なる特徴、すなわち印章生産に対する管理が強化されたことがわかる。

また、文明期の印章はハラッパー式土器と同様に広域に分布している（図66）。北はアフガニスタン北部のショールトゥガイ遺跡、西はイラン高原に接するバローチスターン地方南部にあるミリ・カラート遺跡、南はグジャラート地方のロータル遺跡、東はガッガル地方のファルマーナー遺跡で出土しており、印章を用いた地域間交流ネットワークがインダス文明全域に拡大していたことを示している。

このように、印章は土器や装身具とは異なる側面からインダス文明期の社会のあり方を理解する上で重要な器物である。

インダス式凍石製印章の出現と展開

文明期の中心をなす凍石製印章の特徴と展開について考えてみよう。

素材となる凍石は装身具に用いられたものと同じで、軟らかい石材である。印面に文字や図柄などの彫刻を施すのが容易な素材であった。この石材は現在のパキスタン北部の山間地帯やラージャスターン地方、バローチスターン地方の高原地帯で産出することが知られており、化学分析の結果、これら各地に散在する凍石が印章の製作に用いられていたことがわかっている。

凍石を印章のかたちに加工したのち、九四〇度前後で加熱し、白色の外観に仕上げている。自然の状態では灰色や黒っぽい色をしており、彫刻した図柄や文字はあまり目立たないが、白色に仕上げることによってはっきりとみえるようになる。当時の職人たちの経験や実験から得たであろう知識には驚かされる。

第二章で述べたように、凍石を加熱して白色に仕上げるという技術は先文明期の北方グループの印章にさかのぼる。ここに北方グループとインダス文明期の印章の間の技術的連続性をみてとることができるのであるが、先文明期の印章が幾何学文を印面に刻んでいたのに対し、インダス文明期の印章は動物を中心とする図柄と文字を刻んでいる。先文明期の印章にもわずかに動物を描いたものが知られているが、それらの表現スタイルは文明期の動物文とは大きく異なっており、図柄においては先文明期と文明期の印章の間には断絶がある。また、文字が刻まれるようになることも大きな違いである。

こうした印面の図柄における断絶をどのように考えることができるであろうか。先文明期から文明期への移行期における未発見の印章に、両者をつなぐ図柄をもったものがあるのだろうか。あるいは突如として動物を中心とした図柄が考案され、それまでの幾何学文に置き換わったのであろうか。この謎を解くには先文明期末から文明期初頭の遺跡の調査と資料の増加が不可欠であるが、幾何学文と動物文ではその図柄の性質が大きく異なっており、どこかの段階で動物文を採用する印章群が生み出され、それが文明期の印章の図柄として広く採用されることになったことは確かであろう。それまでの印章スタイルの刷新をめざす動きがあったということになる。

また、動物文を表現した印章に比べると数は少ないが、文明期の印章の中に幾何学文を刻んだものが含まれていることは重要である。先文明期の印章の形態や図柄とは若干の違いをみせてはいるものの、先文明期に起源する同心円文や十字文をあしらっている。動物文とは明らかに異なる図柄であり、先文明期の系統が文明期にも継承されていたことを物語っている。とすれば、やはり動物文は先文明期の幾何学文印章とは異なる系統に属しているると解釈することができるだろう。また、複数の系統の印章が文明域内で併存するという現象には、多様性あるいは多重性をもつ文明社会の特質を見いだすことができる。

一角獣

バイソン

コブウシ

スイギュウ

ゾウ

サイ

トラ

ヤギ

人面獣

三頭獣

半人半獣

人物

図 65　インダス文明期の印章にあらわされたさまざまな図柄
印面には多様な動物が描かれているが、そのうち多数（約 7 割）を占めるのが一角獣である。おそらくあらわされる図像の違いは、印章の所有者が属するコミュニティの違いを示しているのであろう。

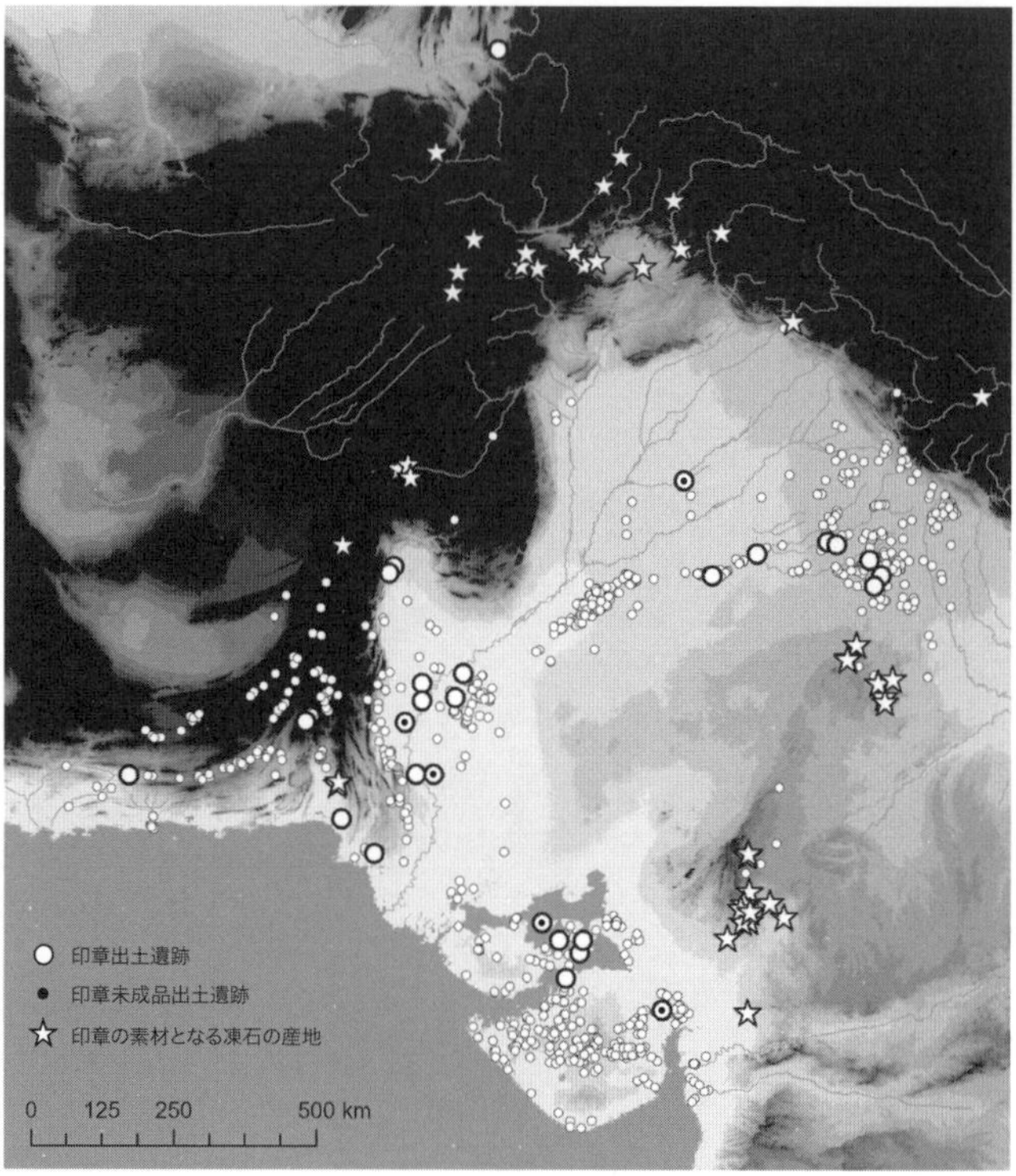

図66　インダス文明期の印章分布図

凍石製方形印章は、ハラッパー式土器同様に、各地の遺跡から出土している。ただし、凍石の産地は文明域内の縁辺部に散在しており、素材と製品がそれぞれ流通していた。

動物文印章の多様性

凍石製方形印章についてみてみると、九割以上が動物文であり、人物を描いた例はきわめて少ない（図65）。人物文の少なさがその重要性の低さを示すのか、あるいは逆に少ないがゆえにきわめて高い重要性を意味しているのかわからないが、現象としては動物文が圧倒的に多い。

さらにこの動物文にはさまざまな動物が含まれているが、中でも他を圧倒するのが一角獣の図柄である。印章全体の七割強をこの一角獣が占めている。凍石製方形印章では、動物は例外なく横からみた姿で描かれているが、一角獣も同様である。頭部には長く伸びる一本の角をもつ。動物を横から描いたがゆえに実際には二本ある角が一本しか表現されていないのではないかという解釈もあったが、バイソンやコブウシが二本の角を表現しているところからみて、一角獣はやはり一本の角しかもたない動物ということになる。ほかの動物とは異なり、上半身に何か飾りのような曲線が加えられ、頭の下には旗章あるいは供献台と呼ばれる何がしかの器物が置かれている。その数が多いこととも関係して、一角獣が特別な意味をもっていたことがわかる。実際には一角獣は存在しないので、想像上の動物ということになる。

次いで多いのがバイソンで、コブウシ、ゾウ、スイギュウ、サイ、トラ、ヤギと続く。数は少ないが、マーコールと呼ばれる野生のヤギやウサギ、ワニといった動物も描かれている。なぜこれらの動物が印章の図柄として選ばれたのか説明することは容易ではないが、当時のインダス地域にいた家畜あるいは野生種として人々が認識していた動物であることは確かであろう。また、大半が角もしくは牙をもった動物であることも注意される。数少ない人物を描いた図柄では、人物が頭に二本の角を冠している。このことからみても、どうやら角が何かの象徴としてみなされていたことがわかる。

時代をさかのぼって先文明期の彩文土器に描かれた動物をみると、コブウシ、ヤギ、スイギュウが多く、やはり角をもっている。角をいただいた人物を描いた彩文土器も知られている。つまり、先文明期後半期から角をもった動物あるいは角を特別視する観念がインダス地域に存在していたということになる。また、文明期の角をもつ人物を描いた印章の中には、人物の左右に各種の動物が人物の方向を向くようにして表現されたものがあり、人物は百獣の王あるいは自然界を統べる神のようにみえる（図97）。印章の図柄だけでなく、インダス文明社会の観念世界あるいは宗教観の中で、角が重要なキーワードであったことを示している。一角獣もそうした角との関係をもつのであろう。

注目されるのは実在する動物を描いたものに加えて、想像上の動物を描いた印章が存在することである。一角獣、バイソン、ウルス（オーロックス）を組み合わせた三頭獣や、複数の動物のパーツを組み合わせた複合獣、人面獣、上半身人間・下半身動物の半人半獣などである。一角獣も含めて、こうした想像上の動物が描かれていることは、先にあげた実在の動物の図柄も、適当に表現の対象として選ばれたのではなく、何がしかの意味・意図をもっていたことをうかがわせている。

一角獣がインダス文明社会を代表するシンボルであり、この動物を刻んだ印章が文明各地を結ぶ地域間交流の中で重要な意味をもっていたであろうことは想像にかたくない。一角獣が刻まれた印章をもつことで、遠く離れた地域に暮らす人同士のつながりや文明社会への帰属性を認識することができたであろう。物資の運搬、すなわち交易活動においても、共通する図柄が刻まれた印章を使うことで、送り手と受け手の間での相互確認が可能となったと考えられる。

それではほかの図柄は何を意味しているのであろうか。この点を明快に説明することは容易ではないが、数は少ないものの、さまざまな動物を刻んだ印章は、特定の地域や遺跡に限定されることなく、広域に分布していること、西方のペルシア湾岸の周辺でインダス印章の影響を受けて成立したインダス系湾岸式印章においては、バイソンが主たる図像となっていることなどから推測すると、それぞれの図柄が地域間交流ネットワークの中で特別の意味を有していた可能性が考えられる。一角獣がインダス文明社会の中で広く認知されるシンボルであったとすれば、ほかの図柄は文明社会の中の一部の集団間で共有され、その集団間関係を確認するためのものであったと想像することもあながち不可能ではないだろう。このことは、先にあげた文明期の幾何学文印章についても同様である。印章が等しく文明社会の中で共有されるものであったと考えるよりは、さまざまな社会関係を投影し表現する道具として存在していたと考える方が妥当であろう。それはすなわち、インダス文明社会の多様性、多重性を指し示しているように思われる。

凍石製方形印章の変化

かつてはインダス印章は図柄（特に一角獣）や表現スタイルの共通性から、きわめて統一化された器物として理解されてきた。さらに、その広範な分布から、インダス文明社会が強固なまとまりをもつ社会との理解が一般的であったのである。

ところが、一九八〇年代以降の研究の中で一角獣印章の中にも複数の様式グループが存在することが指摘されるようになってきた。印章全体をみると、一角獣のほかにもさまざまな図柄が描かれていること、また動物文印章とならんで幾何学文印章も存在することは、インダス文明期の印章の多様性を明示している。しかしながら、そうした多様性はなかなか研究の対象となってこなかったのである。

また、先文明期の印章群の特徴が明らかになってきた研究状況の中で、先文明期と文明期の印章の関係においても、文明期の印章の多様性を読み解くことが重要な研究課題となってきている。それは文明期の印章にも、時空間軸上の変化や変異を見いだすことの必要性とも深く関わっている。

現在、私はアメリカ人研究者グレッグ・ジャミソン（Gregg M. Jamison）とともに、インダス文明期の印章の多様性を解明するべく共同研究を進めている。彼は印章研究の専門家で多くの研究論文をおおやけにしているが、ケノイヤー率いるアメリカ隊によるハラッパー遺跡の調査に参加し、その後インドにも留学し、遺跡から発見される印章の理解を深めるために、民族考古学的な調査も行っている。彼の研究によって、いままでの印章研究よりもはるかに細部に踏み込んだ図像・形態・技術研究の道が開かれてきた。

一方、私はインド各地のインダス文明遺跡の調査に参加し、印章の記録化や分析を進めてきた。また、先文明期から文明期にかけての印章の変遷を、時間軸に沿って整理するという試みを続けてきたという経緯もある。そうしたそれぞれの研究成果について話し合っているうちに、共同研究を開始することになったのである。この共同研究では図柄だけでなく、形態や素材、彫刻技術など印章がもつ諸要素について多面的なアプローチをめざしている。この共同研究の中でおぼろげながらにみえてきた印章の特質について紹介しておこう。

ハラッパー遺跡3期から出土した印章をもとに、ケノイヤーが印章のスタイルの時間的変遷について論文を公

古段階 1

中段階 1

新段階 1

古段階 2

中段階 2

新段階 2

図 67　インダス文明期の一角獣印章におけるスタイルの変化

文明期の凍石製方形印章の印面をみると、動物の向き、細部表現の種類と組み合わせ、文字の配列、彫刻技術に多様性があり、それらの要素の組み合わせが印章の時間的変化を示している可能性が高いことがわかってきた。その変化を、土器や石製装身具などの変化と重ね合わせると、インダス文明社会がダイナミックに変化を繰り返していたことがみえてくる。

表しているが、そこでは少数の資料にもとづいた概略が示されているだけで、インダス文明期全体の印章を対象にした研究にまではいたっていない。そこで私自身が蓄積してきた資料も加えて、印章を整理すると（図67）、現在知られる中で最古段階の印章では、動物は等しく右を向いていることがわかる。新しい段階の印章では動物が左を向くのと大きな違いである。また古い段階の印章では一角獣のほかにスイギュウやヤギ、マーコール、サイなどの動物がそれほど変わらない数で表現されている。新しい段階では一角獣が圧倒的であるのとは対照的である。さらに彫刻技術でみると、古い段階の例では、動物を彫り込んだ部分が角形をしていて、写実性は低く、どこかユーモラスな表現となっている。電子顕微鏡で覗いてみると（図68-1）、彫刻部分の仕上げも粗いという特徴がある。これが新しい段階になると（図68-2・3）、彫刻部分の断面は丸くなり、そうした丸みを

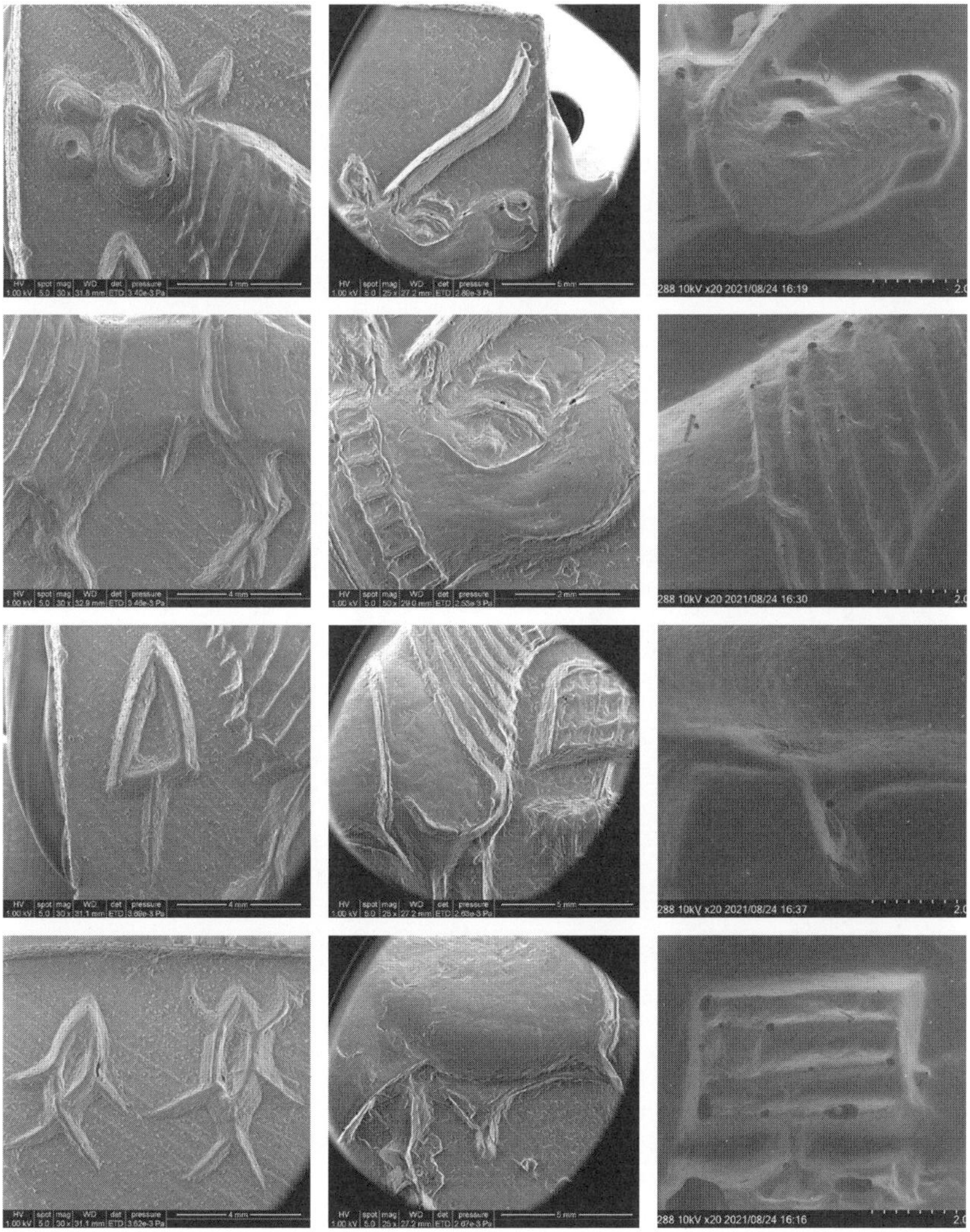

1. FRN-2（ファルマーナー）　2. FRN-3（ファルマーナー）　3. BSR-8288（バガーサラー）

図 68　インダス文明期の印章彫刻技術（シリコン型の電子顕微鏡画像）

電子顕微鏡による分析は、印章が形や図柄だけでなく、彫刻技術においても広域的に共通していたことを示す。注目されるのは、一元的に生産された印章が流通していたのではなく、各地の拠点集落で多元的に生産されていたことである。それにもかかわらず、印章の様式と技術が広域的に共通していることは、各地の生産工房間で印章に関する諸々の情報が共有されていたことを示している。それはすなわち、インダス文明社会における地域間交流ネットワークの特質を物語っている。

実現するためにきわめて丁寧な仕上げが行われている。また動物の表現は写実的である。

このように動物の向きが右か左かによって、表現される動物の種類と割合、表現スタイル、彫刻技術が異なっていることが明らかで、ハラッパー遺跡やファルマーナー遺跡の層位的出土例からみると、右向きの一群が古い段階に属し、左向きの一群が新しいという可能性が高くなってきたのである。

こうした二つに大別されるグループを大前提として、さらに図像要素の組み合わせと動物に伴うインダス文字の数や配置を細かくみていくと、右向きの一群の中でも特に動物の表現がぎこちなく、二文字程度からなる短い銘文を伴うものが、徐々に動物表現の精緻化と文字数の増加を特徴とするグループへと変化し、そこで動物の向きが左に変わって彫刻技術もまた高度になっていくという可能性が浮上してきたのである。また、この変化に沿ってみると、銘文も非常に整ったものへと変わっていることがみてとれる。

最古段階の一群がインダス文明期前期で、最新段階の一群が後期に位置づけられ、文明期を通して動物文印章が変化を繰り返していることがおぼろげながらにみえてきたのである。まだまだ分析は途上であり、結論を導くにはいま少し時間がかかるが、この変遷に従えば、文明期後期の段階の印章（新段階）がもっとも高度な彫刻技術と洗練された表現スタイルを有していることになる。

さきにみてきたように、インダス文明社会全体を通時的にみたとき、後期は社会が大きく変化する時期にあたっている。地方型ハラッパー式土器を含めた地域土器様式群の登場は、インダス文明社会を支える地域間交流ネットワークと地域統合システムの変化を物語るものであり、その中で前・中期を特徴づけたハラッパー文化の広域性もまた大きく変化した。ガッガル地方におけるファイアンス製装身具の増加もまた、既存の装身具生産・流通体制の刷新を示している。このように後期には文明社会の仕組みが大きく変わろうとしていたことがわかるが、そうした中にあって印章はその最盛期とも呼びうる段階に到達しているのである。この点については、後節で掘り下げることにしたいが、非常に重要な点であるので記憶にとどめておいていただきたい。

未解読のインダス文字

印章について説明したところで、そこに刻まれた文字について簡単に触れておこう。インダス文字は百年にわたる研究の蓄積にもかかわらず、依然として未解読のままである。インダス文字が刻まれた媒体の大部分が印章であり、ひとつの印章に刻まれた文字は平均五文字と非常に少ない。一字しか刻まれていないものもあり、最大でも二六文字である。メソポタミアの楔形文字やエジプトのヒエログリフのような、長文資料が確認されていないのである。樹皮など、考古学的に残りにくい媒体に記された長文資料の存在を想定する考えもあるが、実際の遺物としては発見されていない。この短文であるという特徴に加えて、複数言語で同じ内容を併記した資料もなく、解読をさらに難しくしている。発達した文字社会であったメソポタミアとの交流関係の存在からすれば、西南アジア世界のどこかでインダス文字と別の文字の併記資料が発見されてもよさそうなものであるが、いまのところそうした資料は存在していない。

さまざまな制約がある中、数多くの研究者がインダス文字の解読を試みてきた。現在おおむね共通認識となっているのは、インダス文字には約四〇〇の文字があり、中には象形文字と考えられるものもあれば、原型のわからない表音文字と判断されるものもあり、両者を合わせた表意・表音文字 (logo-syllabic) と考えられている。ただし、一点の資料にしか登場しない文字も一〇〇以上あるとされ、各文字の使用頻度にはかなりの偏りが指摘されている。また、右から左に向かって読まれた（印章に刻まれた文字はその逆）とされる文字の配列には規則性が認められ、そこに推定される文法的特徴から、インダス文字があらわす言語をドラヴィダ語とする説が有力である。

注目されるのは、使用される文字の種類と配列がインダス地域全域で共通することである。広大な地域に展開するインダス文明社会では、複数の言語が使用されていたと想定されるが、インダス文字があらわしているのはひとつの言語である可能性が高い。このことを物質文化の要素と比較すると、ハラッパー式土器や凍石製印章と同じ現象を示しているといえるだろう。すなわち、広域的な共通性である。先に印章のところでみたように、印

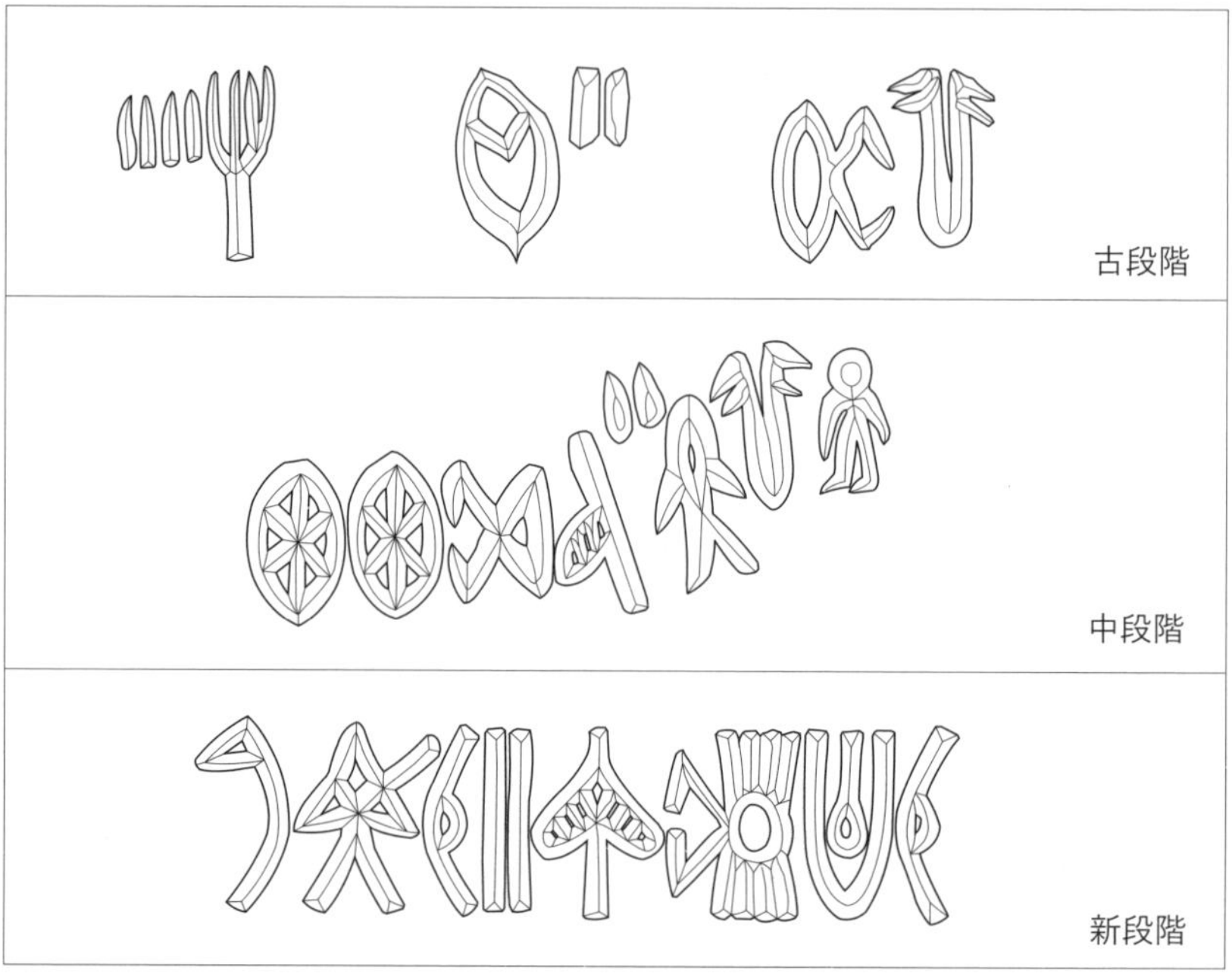

図69　インダス文字の変化
いまだ文字の時間的変化は明確にはなっていないが、印章の時間的変化を軸に銘文をみると、文字数の増加と配列の均等化を確認することができる。物質文化全般についてもいえることだが、時間的な変化が明確になれば、インダス文字解読の糸口がつかめるかもしれない。

章に刻まれる文字の数が時間の経過とともに増えていること、また文字の配列がより整ったものへと変化していることは、少なくとも印章においては段階的に文字が整備されていった可能性を示している（図69）。文字の種類の時間的変化については よくわかっていないが、文明期後期の段階で文字のみを刻んだ印章が増加することも、文字における時間的変化を示しているのだろう。いずれにしても、インダス文字は広域展開を志向するハラッパー文化の成立・拡散、あるいは都市社会の拡大と連動するかたちで生み出され発達したと考えられる。どのようにして文字の意味、かたち、配列が広域的に共有されたのか、また複雑な文字と意味の体系がどのようにして長期間にわたって共有・維持されたのか、物質文化要素の共有の仕組みとも関係して大変重要な研究課題である。

私は言語学者ではないので、インダス文字を解読することはかなわないが、インダス文字が物質文化からみた文明社会の成立と展開にどのように関わっているのかという視点から、文字の意味するところが解明されることを楽しみにしている。

インダス文明と周辺地域の関係

インダス文明期の物質文化の特徴について把握したところで、インダス地域と周辺地域の関係について考えてみよう。

先文明期の段階で、イラン高原との関係が強かったことは第二章に述べたとおりである。イラン高原との交流が直接的、間接的にインダス地域における地域社会の発達に影響を与え、インダス文明社会の成立に関わるひとつの契機となっていたのである。しかし、このイラン高原との交流関係は文明期になるとみえにくくなる。まったく関係がなくなったとは考えにくいが、インダス地域に広域文明社会が成立したことにより、相対的にせよイラン高原との交流関係が弱まったのかもしれない。イラン高原における前二五〇〇年前後の時期の遺跡の調査が進めば、交流関係の実態が明らかになるだろう。

文明期にイラン高原との交流に代わって強化されたのが、海洋ルートを介したアラビア半島やメソポタミアとの関係である（図70）。インダス文明期中期（前二四〇〇～前二二〇〇年頃）に併行する時期のウルの王墓群では、インダス産と考えられる紅玉髄製ビーズが多数出土している。その一部の資料の穿孔技術の分析によると、確実にインダス系の技術が用いられていたことがわかっている。また、キシュやテロー、ニップールなどのメソポタミアの遺跡で出土している一角獣を刻んだ凍石製方形印章は、その特徴からインダス文明期中期から後期に属するものと判断され、この時期にインダス地域とメソポタミアの交流が顕在化していたことがわかる。

メソポタミアの粘土板文書の中には、メソポタミアと関係をもった周辺地域に関する記述が登場する。メソポ

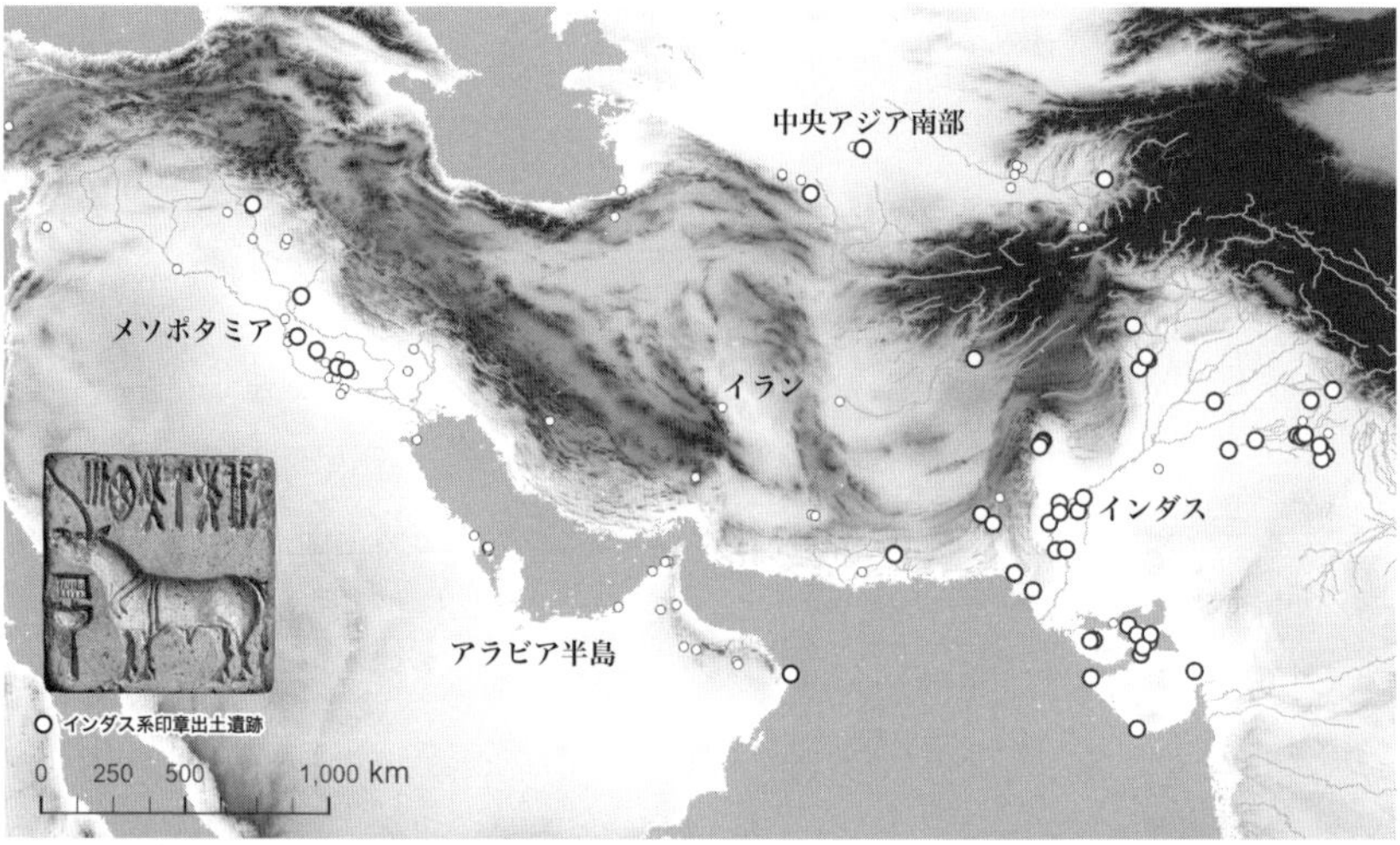

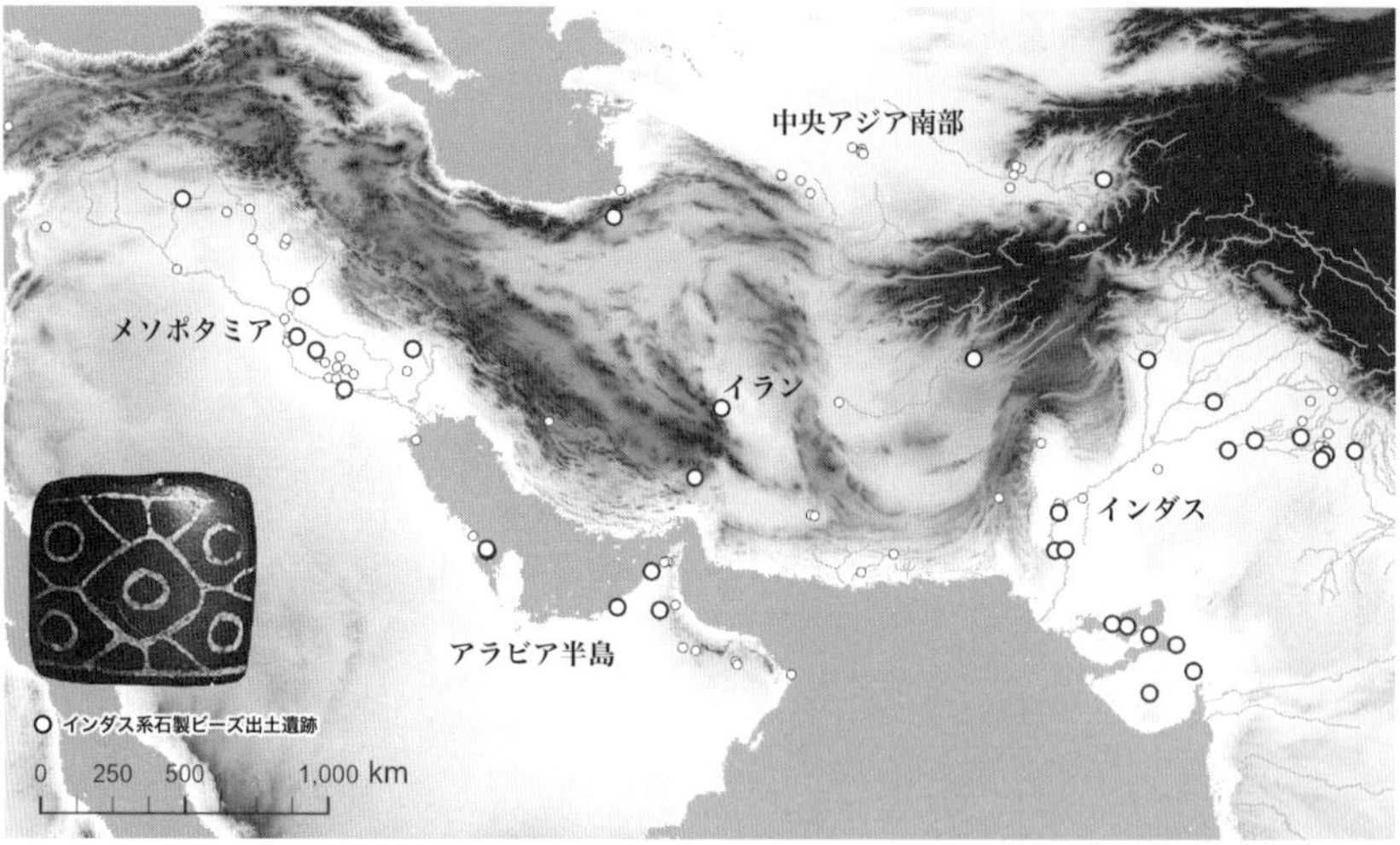

図 70　西南アジア世界におけるインダス系器物の分布

前 2400 年頃以降、インダス地域でつくられた器物がメソポタミアやアラビア半島、中央アジア南部で出土するようになる。その背景には交易活動が関わっていたことが明らかであるが、超広域型交流関係が各地の社会にどのような影響をおよぼしたのか、よくわかっていないところが多い。地域間の関係は複雑であり、多様な人、物資、情報の流れがあり、各地の文明社会の動向に大きな影響を与えていたと考えられる。

タミアからみて東方の地域としてディルムン、マガン、メルッハの名称に言及するものである。その記述と考古資料の比較検討から、ディルムンは現在のペルシア湾西部に浮かぶファイラカ島からバハレーン島にかけての地域、マガンはオマーン半島、そしてメルッハはインダス地域にあたると考えられている。メルッハからは紅玉髄や木材、象牙、金や銅、木製家具などがメソポタミアにもたらされたことも記されている。中にはメルッハの犬や猫に触れるものもある。これらがすべてメルッハから直接もたらされたのか、マガンやディルムンなどの経由地を経てもたらされたのかわからないが、東方からメソポタミアに運び込まれたものであることは確かであろう。また、メソポタミアにはメルッハ村が存在し、メルッハからやってきた人々が暮らしていたこと、またメルッハ語の通訳がいたことも知られている。

こうしたメルッハに関する記述は、アッカド王朝期からイシン＝ラルサの時期、すなわち前二三〇〇～前一八〇〇年頃に記されたものが多く、インダス文明の編年でいうと中期から後期に相当する時期のことである。先に記したメソポタミア出土の凍石製方形印章は、まさにメソポタミアで活動したインダス出身の人々の存在を示すものであり、彼らが自分たちの出自の証明書として、また交流・交易活動を円滑にする道具として印章をたずさえていたことがわかる。印章は東方のインダス故地とのつながりを示し、メソポタミアの中で暮らす上でも必要な道具であったのであろう。ここにも、印章がそれを所有する人あるいは集団にとって重要な器物でありシンボルであったことをうかがうことができる。

このメソポタミアとの交流が活発となった文明期後期の段階は、繰り返し述べてきたように、文明社会が大きく変容する時期に相当している。地域土器群の出現や地域間交流ネットワークの多様化、多重化といった現象が認められるが、その中でバローチスターン地方南部に展開したクッリ式土器を特徴とする社会＝文化（ここではクッリ文化と呼ぶ）はインダス平原だけでなく、イラン南東部やオマーン半島とも関係を有していた。また、クッリ式土器の彩文と共通する図柄をあらわした円筒印章が、メソポタミア南部のウル遺跡でも発見されている。彼らが海洋交易にどのように関わっていたのか明らかではないが、インダス地域と西方の関係の中で重要な役割を果たしていたことは確かである。こうなってくると、「メルッハ」という地域概念には、インダス平原だけでなくバローチスターン地方南部も含まれていた可能性が高い。

また、インダス地域と西方の関係においては、港となる海浜部に交易の拠点が築かれていたと考えられるが、特にグジャラート地方が重要な役割を果たしたと推定される。交易を統括するのはインダス平原内陸部のシンド地方に所在する都市（例えばモヘンジョダロ）であった可能性は十分に考えられるところであるが、直接的に商人たちが往来するのは海浜部に設けられた交易拠点であったであろう。こうした海洋交易の活発化が示すのは、インダス地域の中で西方と関係をもつ地域の多元化である。バローチスターン地方南部、シンド地方、そしてグジャラート地方がさまざまなかたちで西方との交流・交易活動に関わるようになったことは、対外的には交易活動の活発化を示すが、インダス地域内においては西方との交易を軸にした域内交流ネットワークの多元化、さらには都市社会の分節化をもたらす可能性を有していたことはインダス文明社会にとって重大な意味をもつものであったであろう。

バハレーン島におけるインダス系器物

メソポタミアでの調査はイラク戦争（二〇〇三年）後に再開されているが、インダス文明との関係に関する新たな情報はいまのところ報告されておらず、交流の実態について理解を深めることは難しい状況にある。

それに対して、アラビア半島では多くの発掘調査が行われており、各地でインダス地域とアラビア半島の交流関係を考える上で重要な知見が得られている。アラビア半島はインダス地域とメソポタミアの中間に位置しており、西南アジア文明世界における交流ネットワークの理解において、きわめて重要であることはいうまでもないであろう。

私も二〇一五年からバハレーンにあるワーディー・アッ＝サイル遺跡の墳墓群の発掘調査に参加するとともに、この小さな島で出土しているインダス系器物の研究を進めている。発掘調査を行っているのは前二三〇〇〜前二〇〇〇年頃の墳墓遺跡であるが、いくつかの墳墓から紅玉髄、瑪瑙を素材としたビーズが出土している。穿孔技術からみると、インダス地域でつくられたものである可能性が高く、この時期、すなわちインダス文明期後期の時期に、直接的にせよ間接的にせよインダス地域とバハレーン島の間に交流関係があったことがわかる。

バハレーン島では、古くからインダス系の器物が出土することが知られていたが、インダス側の研究成果が十分に共有されていない状況の中で、その交流の実態についてはあまりよくわかっていなかった。両地域間の関係をもっともよく示すのは、湾岸式印章と呼ばれるペルシア湾岸を中心に分布する印章である。その一部にインダス系のバイソンとインダス文字を刻んだものが存在することは以前から知られていたが、私の研究で土器と石製装身具にもインダス地域とバハレーン島の関係を示す資料が多く含まれることがわかってきたのである。

バハレーン島で出土するインダス系の土器は、いずれも前二〇〇〇〜前一七〇〇年の時期の墳墓と集落遺跡から出土しており、グジャラート地方で生産されたと考えられるものである（図71）。この年代観は、グジャラート地方の土器編年とも一致している。これまでにバハレーン島で出土しているグジャラート地方の土器の実数をここに提示することは難しいが、この時期の墳墓ではメソポタミア系やオマーン系の土器は少なく、地元で製作されたと考えられるバールバール式土器とグジャラート系土器が多いことは確かである。したがって、この時期にはバハレーン島とグジャラート地方の交流が強くなっていたことがわかるのである。

ビーズもバハレーン島の墳墓で多く出土している（図72）。紅玉髄や瑪瑙を素材としたものが多く、先にあげた前二三〇〇〜前二〇〇〇年頃のワーディー・アッ＝サイル遺跡にはじまり、前二〇〇〇〜前一七〇〇年頃の墳墓でも多く出土している。これらの資料を比較検討してみると、両者の時期で変化のあることがわかってきた。

ワーディー・アッ＝サイル遺跡で出土するビーズの穿孔には、インダス文明期のビーズづくりを特徴づける

図71　バハレーン島出土のグジャラート系土器

グジャラート地方のソーラート・ハラッパー式土器とアナルタ式土器が融合する中で生まれたスタイルを有しており、前2千年紀初頭に位置づけられる。メソポタミアやアラビア半島の土器とは明らかに異なる特徴を有しており、当時のバハレーン島とその周辺で珍重された容器と考えられる。

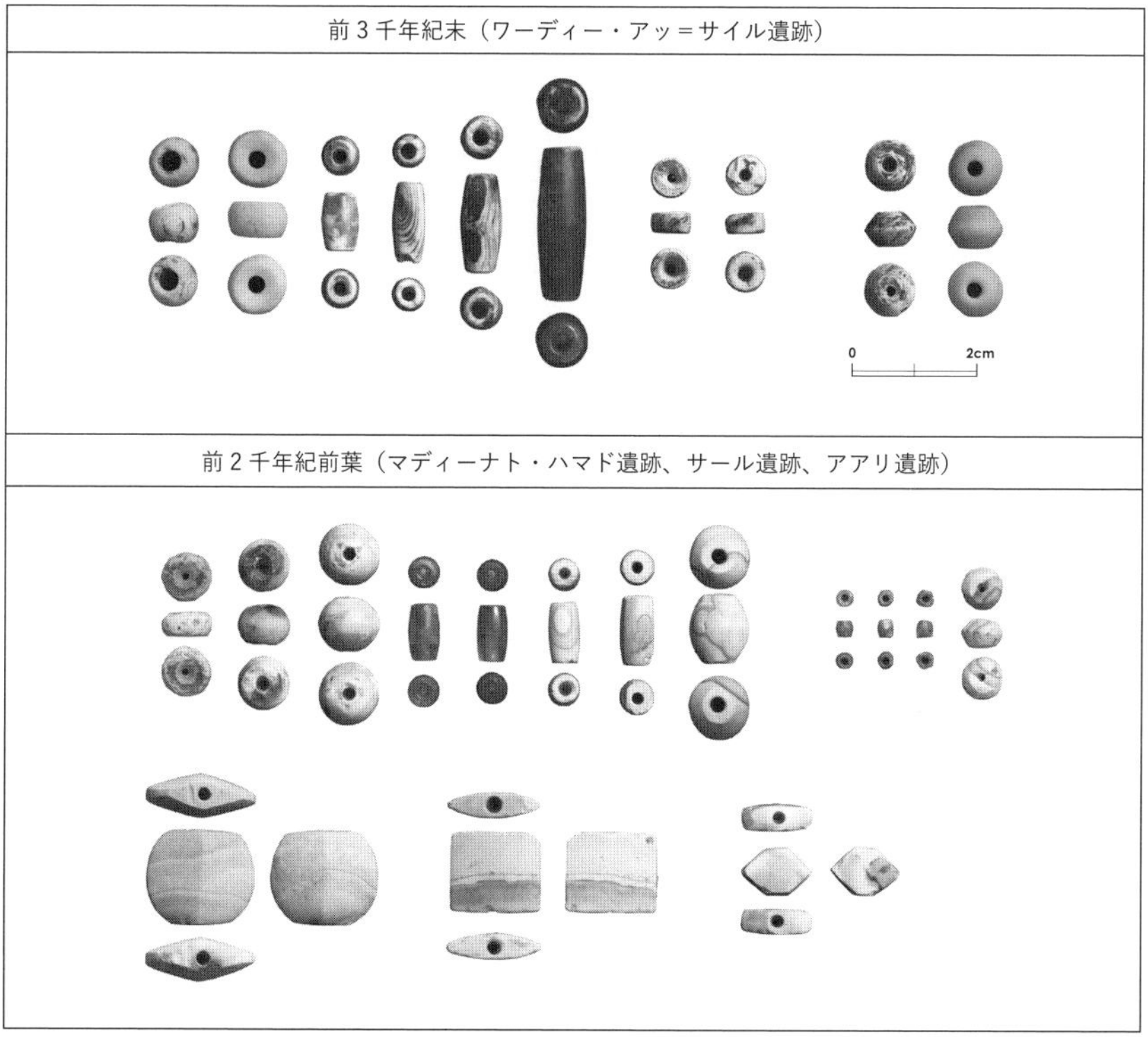

図72　バハレーン島出土のインダス系ビーズ

紅玉髄・瑪瑙でつくられたもので、インダス地域からもたらされたものと考えられる。前2千年紀前葉の遺跡から出土するビーズの方が多く、形態的にもヴァリエーションに富む。石製ビーズは、インダス地域とその周辺の交流関係を考える上で重要な資料である。

アーネスタイト製の円柱型ドリルが用いられている。インダス地域で生産された可能性を強く示す証拠である。もしかすると、インダス以外の地域で製作された可能性も否定できないが、その場合であってもインダス系の穿孔技術が用いられていたことは確実である。この遺跡で出土しているビーズの形は比較的単純で、樽形をしたものが多い。長さは五ミリ前後の短いものから二〇ミリを越える長いものまである。

　前二〇〇〇～前一七〇〇年の時期の例では、樽形のものに加え、ビーズを上からみたかたちがレンズ形もしくは横長菱形を呈するものが含まれており、前代よりも形態が多様化してい

敲打技法（ワーディー・アッ＝サイル 23 号墓 5 号付属小型墳、no. 13）

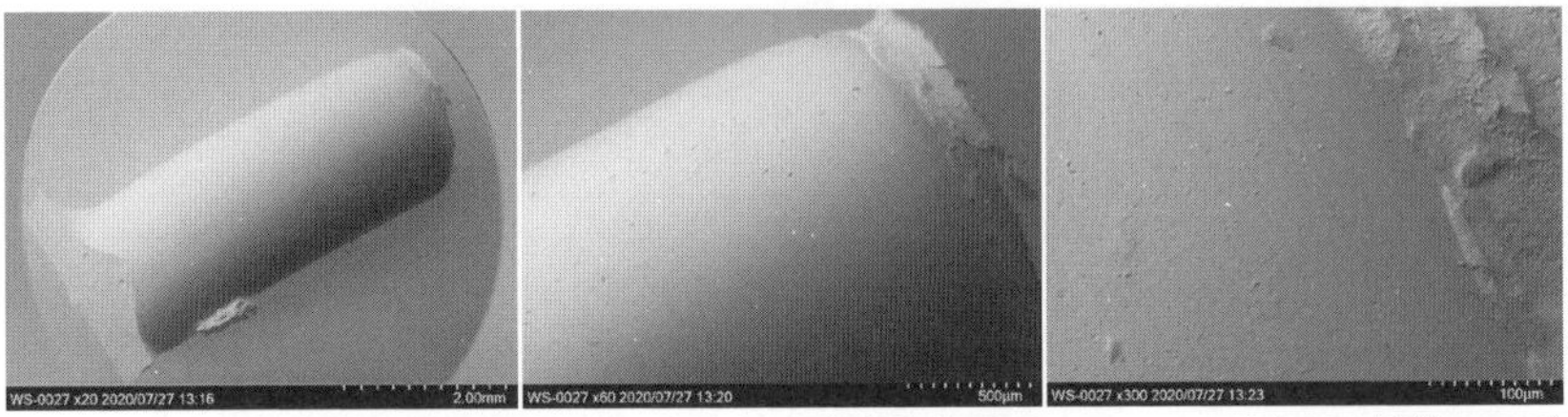

アーネスタイト製くびれ状円柱型ドリルによる回転穿孔（ワーディー・アッ＝サイル 21 号墓、no. 27）

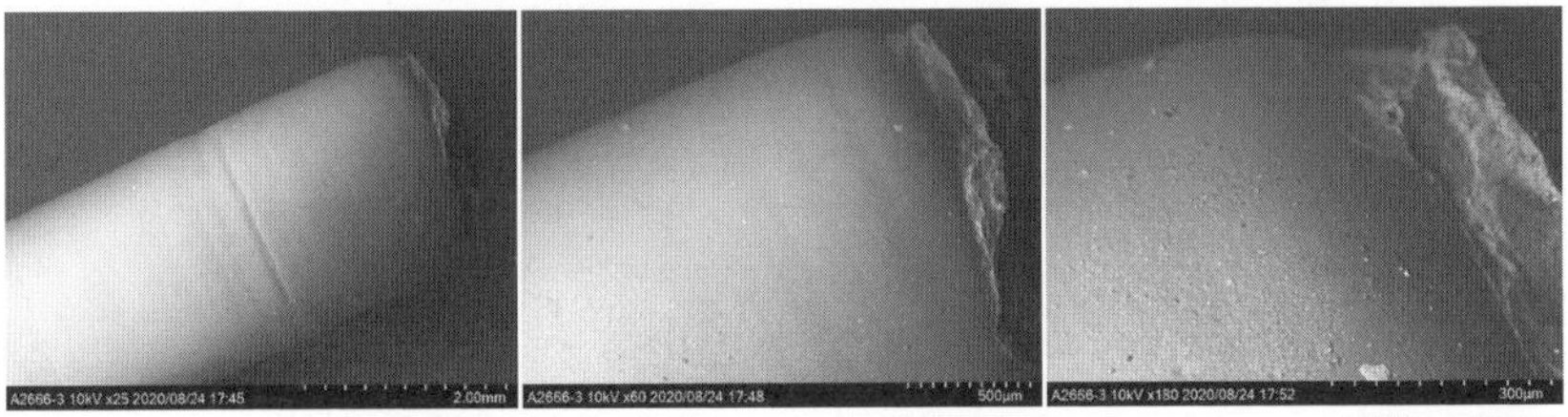

アーネスタイト製くびれ状円柱型ドリルによる回転穿孔（マディーナト・ハマド遺跡、A2666）

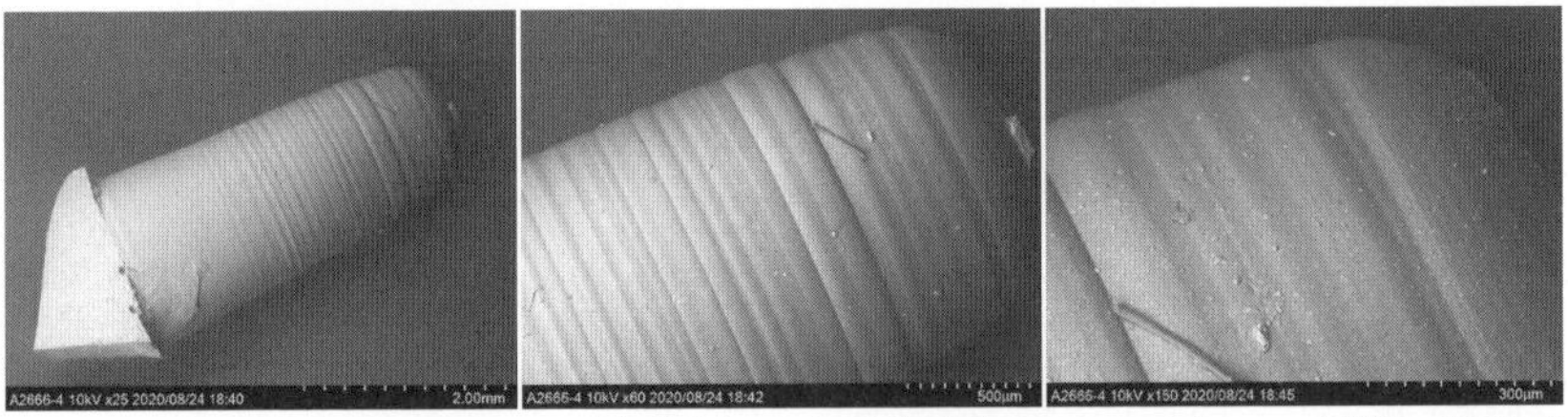

先細型ドリルによる回転穿孔（マディーナト・ハマド遺跡、A2666-4）

先細型ドリルによる回転穿孔（マディーナト・ハマド遺跡、A2666-5）

図 73　バハレーン島出土のインダス系ビーズの穿孔技術

る。穿孔技術においてもアーネスタイト製円柱型ドリルを用いたものに加えて、おそらくは銅製と考えられる先細型のドリルを用いたものが確認できる（図73）。前述のように、この先細型ドリルは、前二〇〇〇年前後の時期のグジャラート地方で広く用いられるようになっているもので、どうやらここにもグジャラート地方との関係を見いだすことができそうである。インダス地域内の穿孔技術の多様性とその時間的変化については十分な分析例がなく、不明な点が多いのだが、私が分析したガッガル地方やグジャラート地方の資料からみると、穿孔技術に地域的多様性と時間的変化が認められつつある。バハレーン島出土のビーズの穿孔技術が、そうしたインダス地域における穿孔技術の多様性や変化と深く関わっていることは確かであり、インダス地域で生産されたビーズがこの島にもたらされている可能性がきわめて高くなってきたのである。特にグジャラート地方との関係が示唆されることは重要である。

このように、土器とビーズの研究によって、前二〇〇〇～前一七〇〇年の時期にバハレーン島とグジャラート地方との交流関係が強くなっていたことが明らかになってきた。まだまだ検討課題は多いが、このインダス文明が衰退する時期にグジャラート地方がバハレーン島との交流・交易を活発に行っていた可能性は、衰退に向かうインダス文明社会の動向を考える上でも重要である。この点については次章で詳しく述べるが、インダス文明の都市社会の衰退がその全域にわたって斉一的に進行したわけではないこと、その衰退のプロセスの中で、文明社会を支えるための地域間交流ネットワークの再編や中心地の移転といった現象が生じていたことは、インダス文明の衰退現象を理解する上でのひとつの鍵となるだろう。

さて、バハレーン島とインダス地域との交流関係を考える上で、もうひとつの重要な考古資料が印章である（図74）。先に述べたように、メソポタミア南部で出土している一角獣を刻んだ凍石製方形印章は、インダス文明期中期から後期にかかる時期に位置づけられる。それよりも一段階新しい時期（前二一〇〇年頃）になって湾岸地域に出現するのが、円形の印面をもち、そこにバイソンとインダス文字を刻んだ湾岸式印章である。湾岸式印章

ジャナビーヤ遺跡

ジャナビーヤ遺跡

カルザッカン遺跡

図 74　インダス系湾岸式印章

インダス地域で出土する凍石製印章はほとんどが方形であるが、湾岸地域で出土するインダス系印章は円形を呈している。このかたちの違いが何を意味するのかよくわからないが、この湾岸式印章を生み出した人々がインダス地域とのつながりを認識する一方で、差別化しようとする意図も有していたことがうかがわれる。

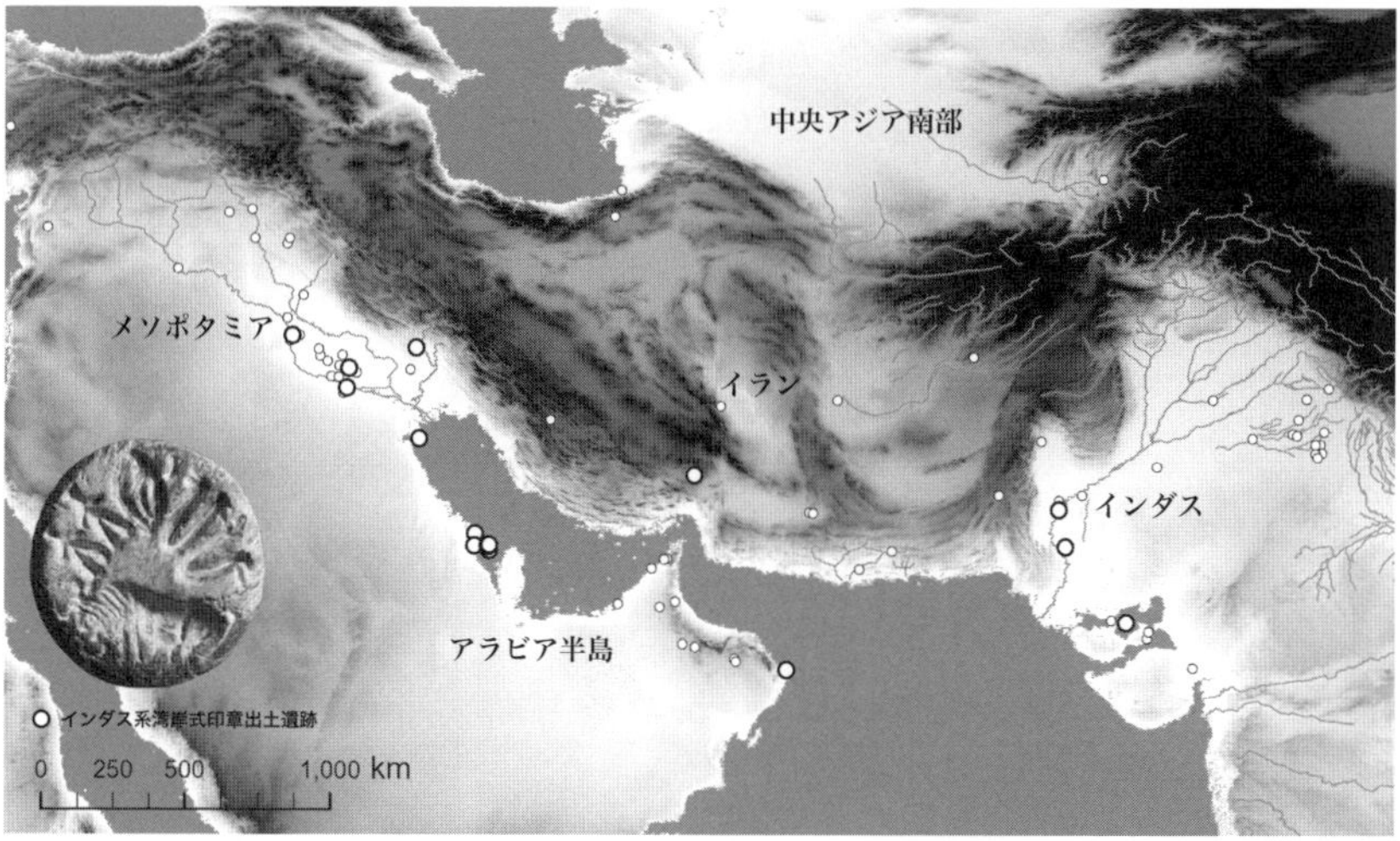

図 75　インダス系湾岸式印章の分布

インダス系湾岸式印章はメソポタミア南部から湾岸地域を中心に出土するが、少数ながらイラン高原やインダス地域でも出土例がある。メソポタミア南部がその起源地と推定されているが、実際この印章が生み出される過程には、広域的な地域間関係が関わっている可能性が高い。

にはインダス印章とは異なる図柄をもつものも存在しているので、インダス系の図柄を刻んだものをインダス系湾岸式印章と呼ぶことにしよう。

　このインダス系湾岸式印章は印面の図柄だけでなく、凍石を素材として加熱処理を加えて白色に仕上げている点、背面に二瘤のつまみを有する点においても、インダス印章との共通点を確認することができるが、円形である点がインダス印章との大きな違いである。

　このインダス系湾岸式印章の出現過程はよくわかっていないが、メソポタミア南部からペルシア湾に浮かぶファイラカ島やバハレーン島を中心に分布しており(図75)、主にペルシア湾岸地域の交流ネットワークの中で用いられたことがわかる。メソポタミア南部のウル遺跡でも出土しているが、この遺跡から出土した例に刻まれたバイソンはインダス印章の例との共通性が強く、細部の表現にこだわった写実的な表現となっている。バイソンの頭の下に、飼葉桶と呼ばれる容器が表現されているのも共通している。

　それがファイラカ島やバハレーン島の出土例をみる

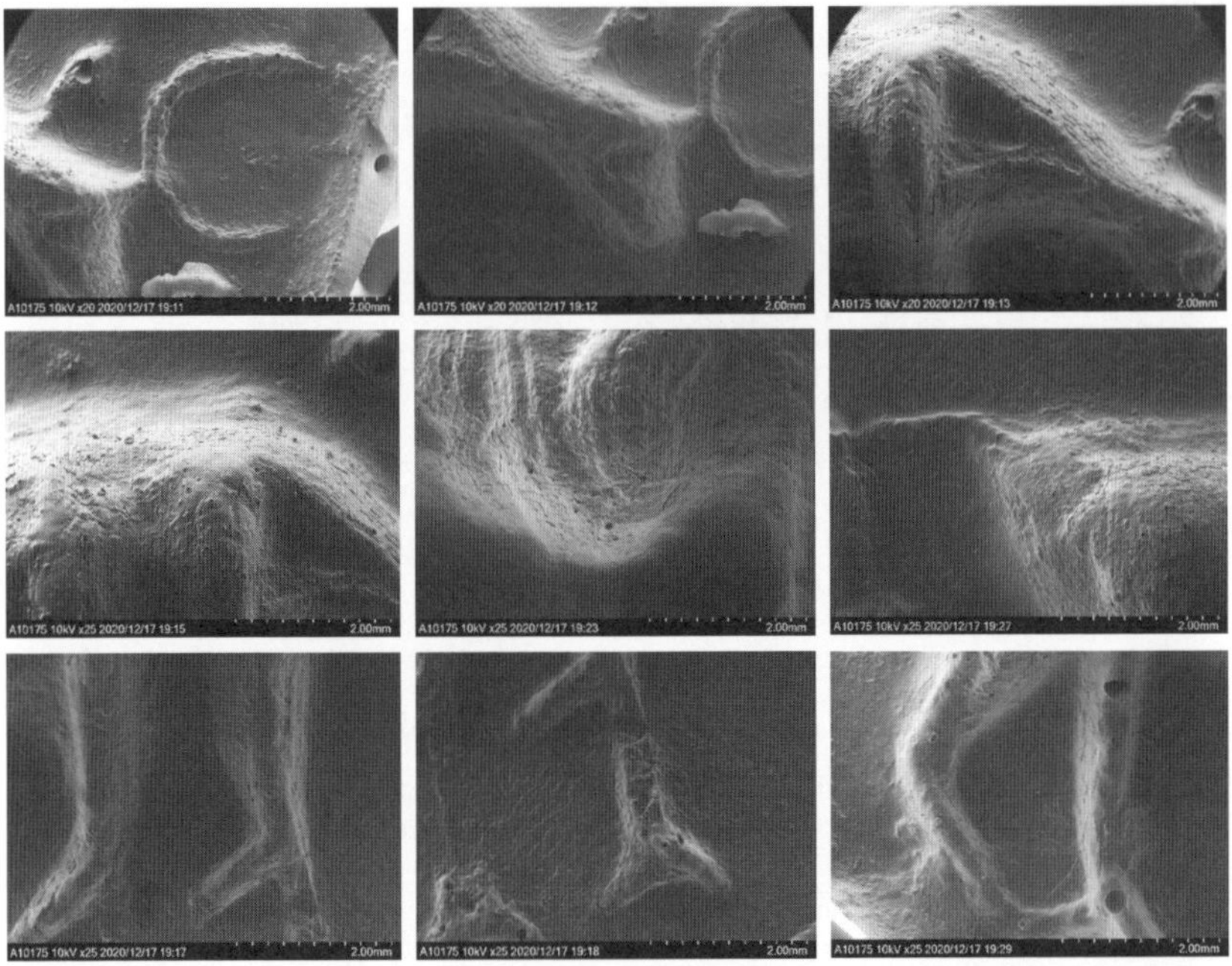

カルザッカン遺跡出土例

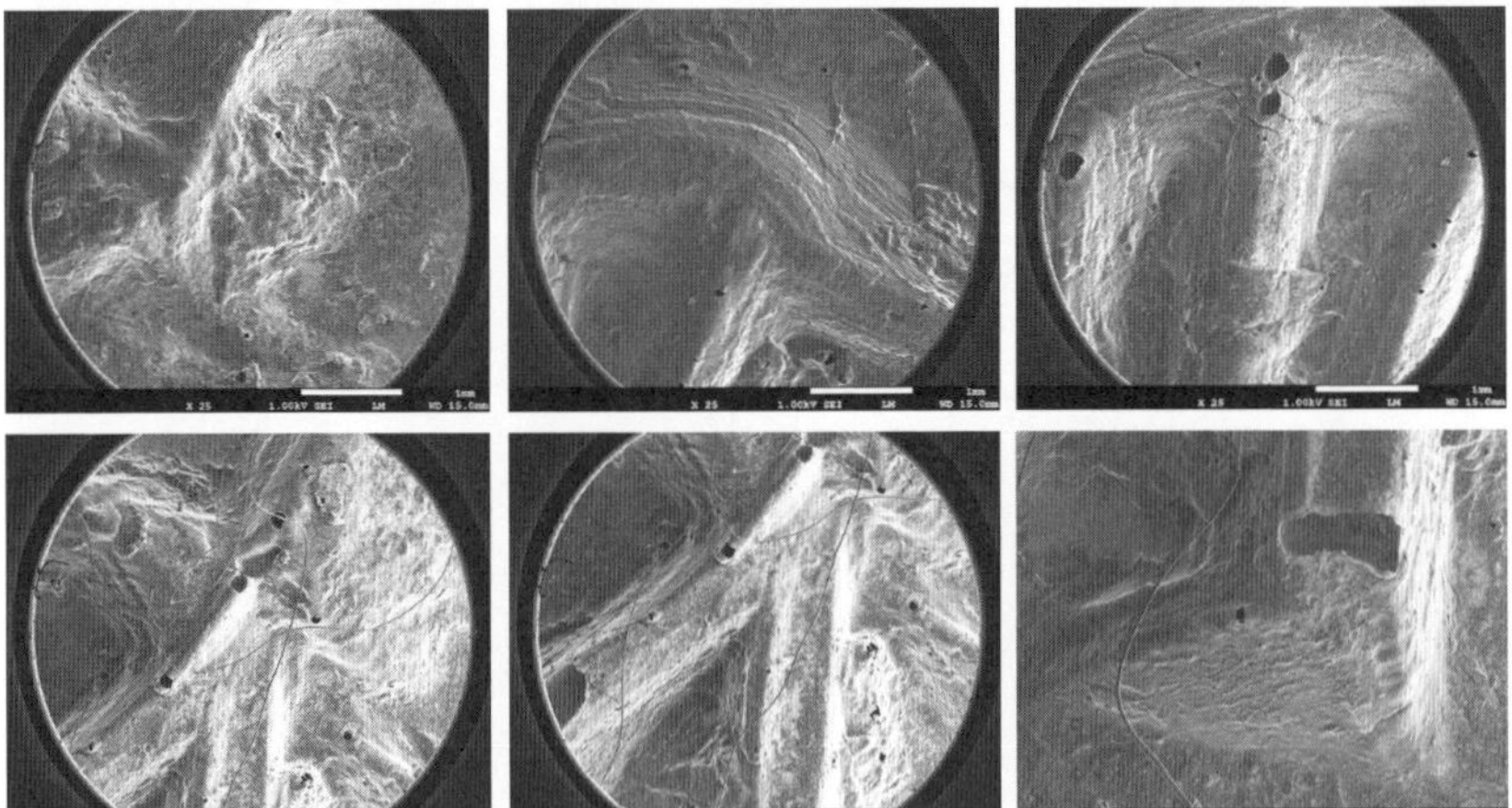

ジャナビーヤ遺跡出土例

図 76　バハレーン島出土のインダス系湾岸式印章の彫刻技術

バハレーン島出土のインダス系湾岸式印章の彫刻技術は、インダス地域のものに比べるとはるかに劣っている。文字や図像におけるインダス地域との共通性と技術的な違いに、この印章がもつ社会的背景を考える手がかりがありそうである。

と、バイソンの表現が著しく粗雑化しており、飼葉桶の表現もなくなっている。こうしたところからみると、メソポタミア南部の例の方が古く、ファイラカ島やバハレーン島のものが新しいという可能性を指摘することができる。このことは、バハレーン島出土例の彫刻技術をみてもわかる。ジャミソンと共同で、バハレーン島出土のインダス系湾岸式印章の分析を進めているが、彫刻技術をみると、インダス印章の高度に発達した彫刻技術とは似ても似つかないのである（図76）。バハレーン島にインダス系湾岸式印章が出現する段階までに、図像、彫刻技術の点でいちじるしい変容が生じていたことが明らかである。

ただし、バハレーン島出土例においてもインダス文字はインダス地域のものと共通しており、インダス地域の祖型を強く意識していることがわかる。言語学者のアスコ・パルポラ（Asko Parpola）によると、インダス系湾岸式印章に刻まれる銘文は文字の配列がインダス地域の例とは異なっており、インダス地域とは異なる言語があらわされているのではないかという。それでも文字のかたちがインダス地域の例から変化していないことは、図柄や彫刻技術が変化しても、文字に対する意識、すなわちインダス文字を読むことのできる人々に判読が可能となるように意識されていたことになる。

また、先にインダス系湾岸式印章はメソポタミア南部で生み出された可能性を示したが、実はこのスタイルに属する印章はインダス地域でもわずかながらに出土している。このあたりが解釈を複雑にしているのだが、インダス系湾岸式印章がメソポタミア南部で生み出されたとしても、その出現と展開の過程においてインダス地域もまた関わっていた可能性が高い。それは、凍石が湾岸式印章の素材として用いられていることや加熱処理という技術が広く用いられていることによってもわかる。凍石はペルシア湾岸地域では産出せず、イランやインダス方面からの供給を前提としている。メソポタミアの円筒印章には凍石はなく、ほかの石材が用いられているが、そうしたメソポタミアで広く流通していた石材を用いて湾岸式印章をつくることも十分に可能であったはずである。またわざわざ加熱処理をしなくても、印章としての機能には大きな違いはなかったであろう。

図 77　バハレーン島出土の非インダス系湾岸式印章（上）とディルムン式印章（中・下）

こうした素材と技術への固執は、メソポタミアに移住していたインダス系集団がその故地の印章スタイルを踏襲することに強いこだわりをもっていたことを示すと同時に、やはりインダス地域との交流の上で、インダス印章との共通性が重要な意味をもっていたことを示している。やや解釈がすぎるが、メソポタミアに暮らすインダス系集団、インダス地域から交易品をたずさえてやってくるインダス人、そしてペルシア湾岸地域の社会のあり方が複雑に関わりあう中で、インダス系湾岸式印章が生み出され、流通することになったと考えられるのである。ここに、広域地域間交流ネットワークの複雑さと多重性をみてとることができるだろう。

前二〇〇〇年をすぎる頃になると、湾岸式印章は大きく変化する。インダス系の図像と文字が刻まれなくなり、それにかわって地元の図柄が採用されるようになる（図77）。この変化はバハレーン島で起こっていたと考えられているが、地域間交流ネットワークが大きく変容しはじめていたことを物語っている。インダス系の要素を欠いた湾岸式印章が、さらにはディルムン式印章と呼ばれる新しい印章スタイルへと変化していくが、そうした状況下においてもグジャラート地方との交流・交易が行われていたことは示唆的である。すなわち、新しい印章スタイルの登場は、インダス地域とバハレーン島の交流が弱くなった結果ではなかったのである。

また、非インダス系湾岸式印章においてもディルムン式印章においても、凍石を素材とし加熱処理を行って白色に仕上げるという技術は踏襲されている。前二〇〇〇～前一七〇〇年の時期にも、インダス地域の影響が湾岸地域におよんでいたことをみることができる。

インダス地域とアラビア半島の交流

以上のバハレーン島で得られた手がかりをもとに、視野をアラビア半島南東部まで広げて、アラビア半島とインダス地域との交流の全体像の把握を試みることにしよう（図78）。

バハレーン島ではインダス文明期後期からポスト文明期に相当する時期、すなわち前二二〇〇～前一七〇〇年

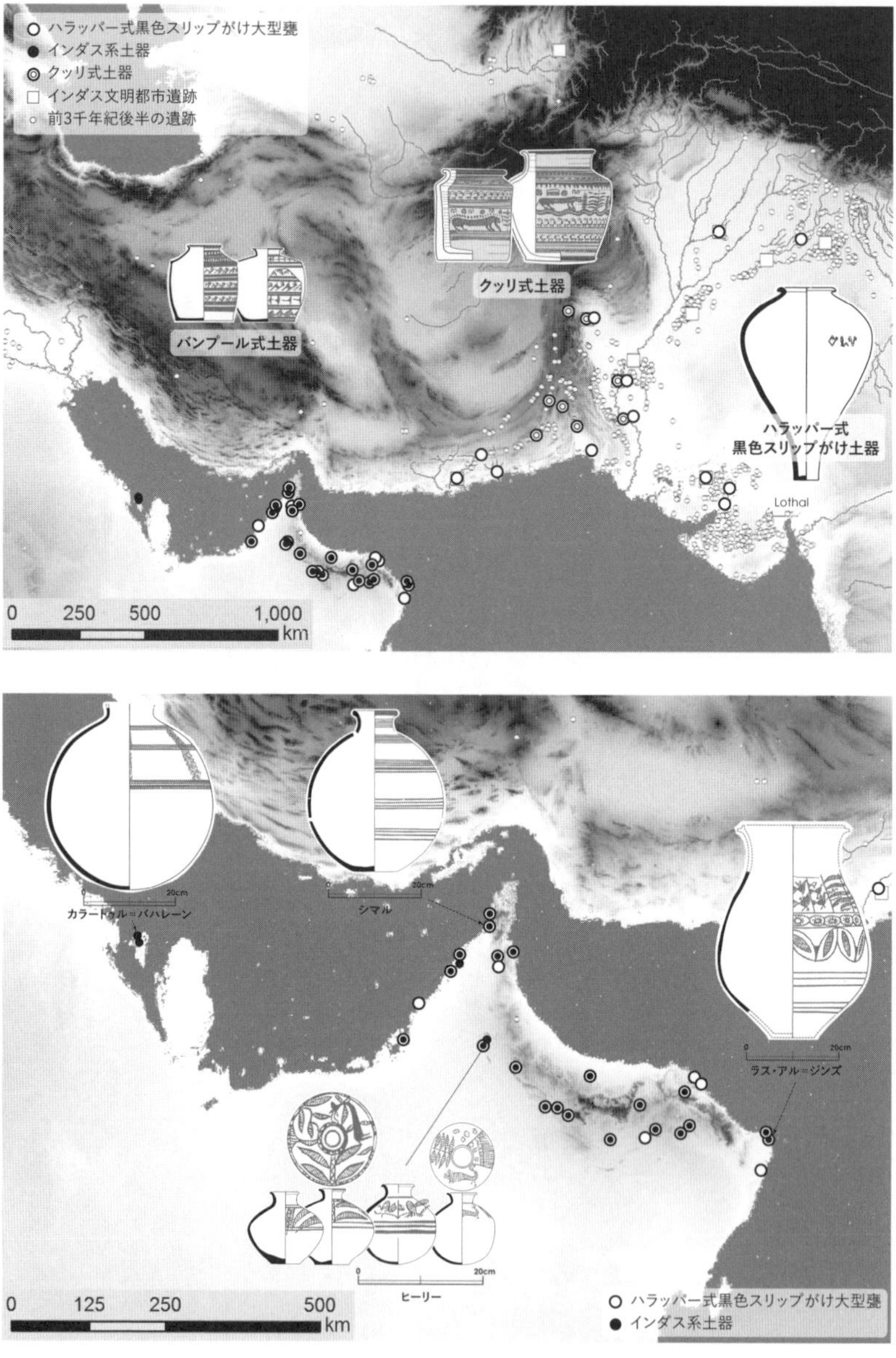

図 78　アラビア半島におけるインダス系土器の分布

古くからインダス地域とアラビア半島の関係は知られていたが、インダス文明期の土器研究の成果からみると、両地域の関係はダイナミックに展開している可能性が高い。

頃にかけてインダス地域、特にグジャラートとの交流関係が強くなったことがわかったが、東のオマーン半島（現在のオマーン、アラブ首長国連邦）では、前二四〇〇～前二〇〇〇年頃の時期におけるインダス地域との交流の証拠が得られている。バハレーン島よりも一段階前に交流が展開していたのである。

オマーン半島で得られているインダス系器物には、土器、石製装身具、印章がある。土器で注目されるのは、外面一面に黒色スリップを施した大型甕である。ハラッパー式土器に属するもので、オマーン半島に広く分布している。インダス地域の遺跡でも出土しているが、オマーン半島出土資料も含めて、高さが一メートルにも達する大型容器である。その中身が何であったのかわかっていないが、物資の大量輸送に関わる土器であったと考えられる。この土器はインダス地域の編年でみると、中期～後期に多く知られており、インダス系器物が出土するオマーン半島の遺跡で得られている^{14}C年代測定値とも合致している。

また、ハラッパー式彩文土器およびその模倣土器も報告されている。もっとも古いと考えられるのはアラビア海に面するラス・アル＝ジンズ遺跡の出土資料で、S字形甕と呼ばれる細長い土器である。インダス地域でも各地で出土しているが、五〇センチ以上の高さをもつものが多い。ラス・アル＝ジンズ遺跡の出土品も同様の高さを有している。また、オマーンの遺跡では、ハラッパー式土器に通有の高杯や堝、多孔土器も出土しており、単にハラッパー式土器が交易品の一部として持ち込まれたというよりも、インダス人がオマーンに渡ってきて、暮らしていた可能性を強く示している。これらは全般的にインダス文明期中期に位置づけられる資料である。

アラブ首長国連邦の遺跡では、黒色スリップがけ大型甕とともに、インダス文明期後期に属するハラッパー式彩文土器を模倣した土器が出土している。これらは墳墓からの出土品であり、副葬品として価値をもつものであったことがわかる。彩文は文明期後期のハラッパー式土器のそれに類似しており、模倣品とはいっても、文様はハラッパー式土器の彩文スタイルで描かれている。一部の遺跡では、こうしたハラッパー式土器に関連する土器以外に、前二三〇〇～前二〇〇〇年頃のグジャラート系の土器（ソーラート・ハラッパー式土器）も報告されている。

これらオマーン半島で出土している、黒色スリップがけ大型甕についてはフランス人の研究者が胎土分析の結果から、インダス地域の中でも南部のシンド地方でつくられたものである可能性を指摘している。ほかのハラッパー系土器（ハラッパー式土器とそれに関係する土器の総称としてこの語を用いる）もその特徴からみると、シンド＝パンジャーブ系ハラッパー式土器との共通性が強く、同地方からの搬入の可能性を示している。ここにバハレーン島出土のグジャラート系土器との違いを明確にみてとることができる。

石製装身具にもインダス産と考えられるものが含まれている。ケノイヤーによるオマーンの遺跡から出土した紅玉髄製ビーズの穿孔技術の分析の結果、アーネスタイト製円柱型ドリルによるものが確認されているのである。ただし、一部には銅製先細型ドリルを使用したと考えられるものも含まれており、オマーン出土のインダス系器物の編年研究とともに、より多くの資料の分析結果が求められるところである。印章はインダス地域では例のない銅製方形印章で、一角獣を表現している。インダス地域では銀製の方形印章が知られているが、銅製はめずらしい。

このように、オマーン半島ではバハレーン島よりもひとつ早い段階（インダス文明期中期）にインダス地域との交流関係がはじまっており、土器や石製装身具が持ち込まれていたことがわかる。この前二四〇〇～前二〇〇〇年頃のオマーン半島では、ウンム・アン＝ナール文化と呼ばれる円筒墓を特徴とした文化が展開していた。各地に円筒墓が築かれ、埋葬を介した地域間交流ネットワークがオマーン半島に張りめぐらされていた様子をうかがうことができる。

また、メソポタミアの粘土板文書にも記録されているように、オマーン半島が相当すると考えられるマガンは銅の一大産地であった。考古資料においても、オマーン半島が活発な銅生産を行っていたことがわかっている。東の方から、インダスの人々を呼びよせたのは銅資源であった可能性が高いだろう。インダス地域にも銅鉱山は存在しており、それらの産地の銅が利用されていたことがわかっているが。インダス南部の海岸地帯とオマーン半島の間は私たちが想像する以上に近く、インダスの人々が銅という貴重な資源を求めて渡ってくるのに、それほどの躊躇があったとは考えにくい。そうしたオマーン半島内における銅交易ネットワークに参画すべく、インダス人が渡ってきてこの地に暮らしていたことが、先にみたこの地域におけるハラッパー式土器の特徴となってあらわれているのではないだろうか。

このようにみてくると、オマーン半島とバハレーン島で等しくインダス地域との交流が展開していたといっても、その性質は大きく異なっていた可能性が高い。オマーン半島では銅の交易ネットワークに参画して資源を得ることがインダス人たちの目的であったと考えられる。もしかすると、採掘や精錬も行っていたかもしれない。もちろんそこで得た銅を周辺地域へと輸出する商売に関わるインダス人が存在した可能性もあるが、バハレーン島ではインダス人はより交易に特化した集団であったと推測される。凍石製の湾岸式印章の生産にインダス系職人が関わっていた可能性はあるものの、インダス系湾岸式印章は、直接的にせよ間接的にせよインダス文明社会と関係の深い人々がたずさえていたと考えられる。

そもそもバハレーン島は資源に乏しい島である。今でこそ石油があり、それがこの地域の経済を支えているが、当時は海洋交易の拠点として特化したところであった。若干の工芸品生産が行われていた痕跡もあるが、その素材はすべて遠方の地域から輸入することを前提にしており、やはり交易重視の社会であったということになる。ペルシア湾岸域のネットワークの変化の中で、インダス人もその活動内容を変えたり多角化しながら生き抜いていた姿が浮かびあがってくる。

インダス地域と中央アジアとの関係

中央アジア南部もインダス地域と関わりをもった地域である。そもそも前四千年紀後半の段階で、中央アジア南部とイラン高原が強い交流関係を有していたことが、ラピスラズリの流通や彩文土器の類似性からわかるが、その交流ネットワークはバローチスターン地方に延伸していた。彩文土器はそうした関係を考える上でのひとつの手がかりであり、またインダス地域最古の印章もこのネットワークと関係して出現した可能性が高い。

文明期になると、インダス地域とイラン高原の関係がみえにくくなるのと同様に、インダス地域と中央アジアの関係を示す資料もほとんどみられなくなるが、文明期後期以降の時期になると、両地域間の交流がふたたび活発になってくる。中央アジア南部ではインダス系器物が出土し、インダス地域では中央アジア南部系の器物が出土するようになるのである。

インダス文明期後期に併行する時期の中央アジア南部では、バクトリア＝マルギアナ考古文化複合（Bactria-Margiana Archaeological Complex、略してBMACと呼ぶ）と呼ばれる社会が出現していた（図79）。独特の平面形をもつ城塞都市が各地に出現し、金・銀・青銅などの優れた冶金技術を有していたことが知られている。この社会は北方の草原地帯とも交流関係を有しており、馬が葬られた墓も発見されている。少なくとも集落や墓から発見された物質文化からみると、豊かな財力を蓄えていたようにみえる。インダス印章やインダス系石製装身具も、これらの遺跡から出土している。

このBMACは、西南アジア文明世界とも深く関わりをもっていた。この文化と関わりをもつと考えられる器物は、バハレーン島、オマーン半島、イラン高原、バローチスターン高原、そしてインダス地域におよんでおり（図80・81）、どういう活動を介してかは明らかではないが、BMACはきわめて広範な地域と交流関係を有していた。バローチスターン地方ではクッリ文化と関係してBMAC系の器物が出土しているほか、BMAC系の器物が一括して埋納された遺跡も発見されている。先文明期末に集落が途絶えていたメヘルガル遺跡でも、BMACの人々が残した墓がみつかっている。彼らの影響はインダス平原にもおよんでおり、パンジャーブ地方、シンド地方でBMAC系印章が出土している。ラージャスターン地方のギルンド遺跡で発見された印章や封泥も、BMACとの関わりを示している。

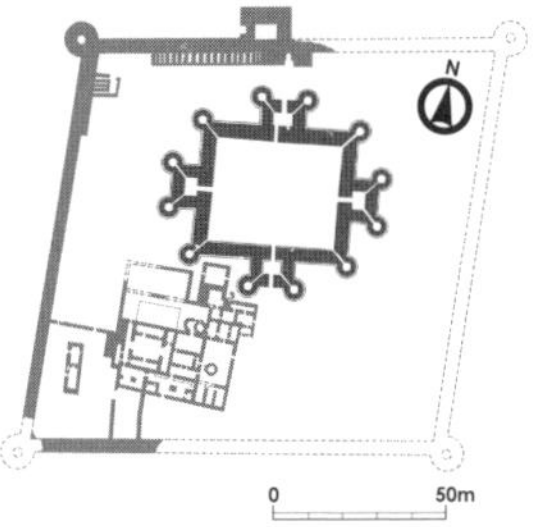

ゴヌール南遺跡

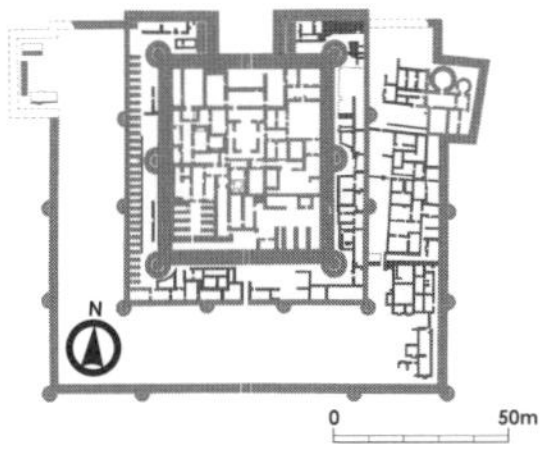

トゴロク 21 遺跡

ダシュリー 3 遺跡

中央アジア南部の遺跡

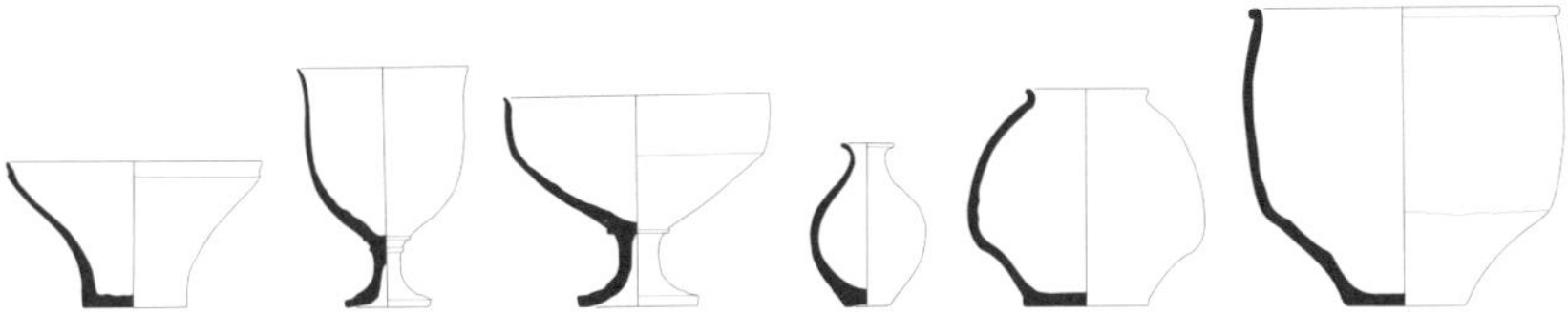
土器（メヘルガル遺跡 VIII 期出土）

印　章

石製人物像

銀製斧

図 79　BMAC の遺跡と遺物

インダス文明の後期に相当する時期、すなわち前 3 千年紀末に中央アジア南部で都市文明が出現する。この文明の起源についてはよくわかっていないが、発達した物質文化がこの文明を特徴づけている。

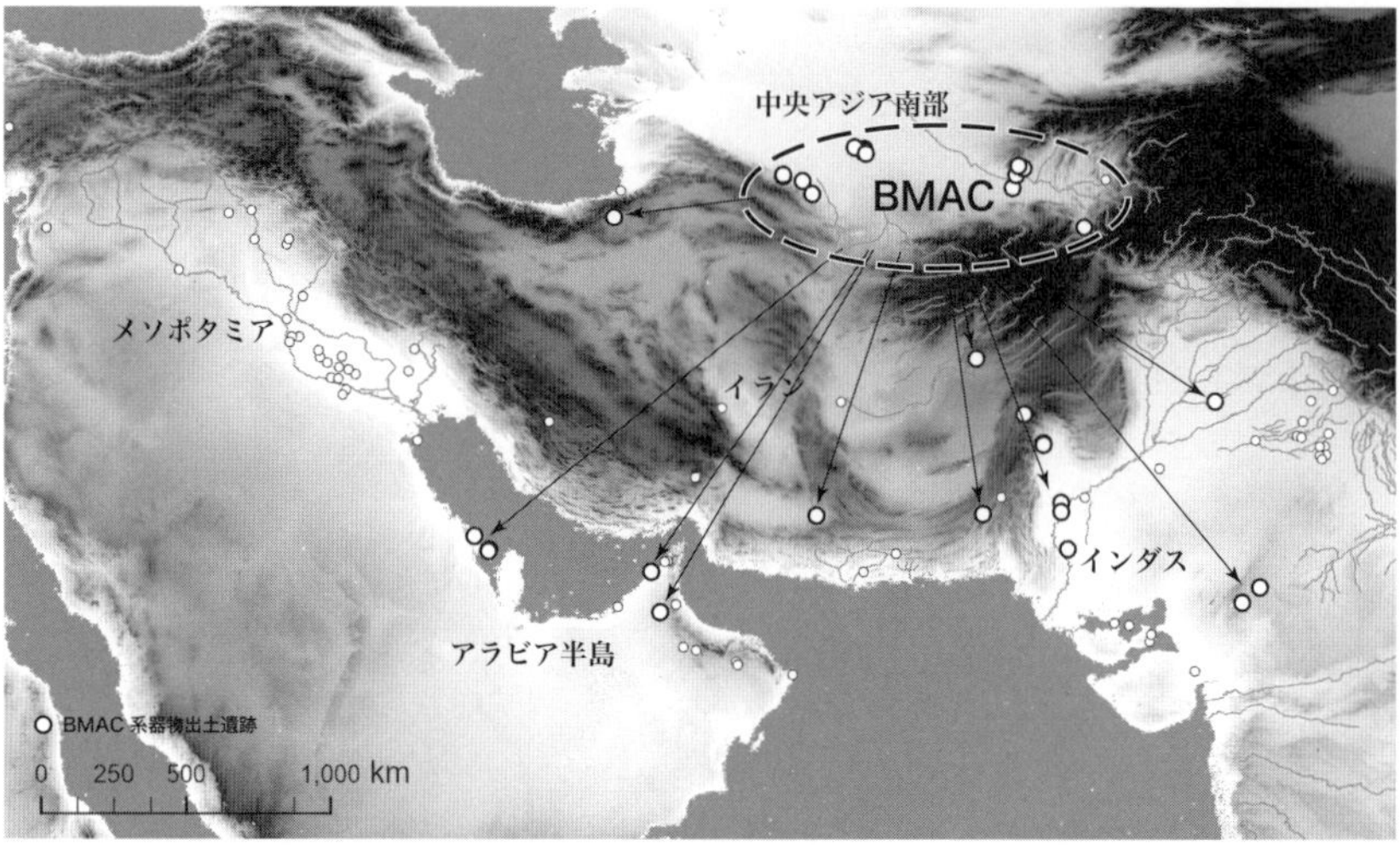

図 80　BMAC 系器物の分布

BMAC 系の器物が西南アジアで広く出土している。この BMAC の台頭が、インダス文明や西南アジア文明世界の変化とどのように関わっているのか、大きな研究課題である。

図 81　バハレーン島出土の BMAC 系土器

バハレーン島でも BMAC 系の土器が出土しているが、彩文土器にはバローチスターン系やインダス系の文様が描かれており、広域的な地域間交流の様相が凝縮されたかのようである。

ＢＭＡＣを担った人々については、インド・アーリヤ語族との関係を指摘する研究者もいて、前二〇〇〇年以降の南アジアを考える上でも重要な鍵を握っている。ただし、少なくとも物質文化からみると、非常に豊かな物質文化を有していたＢＭＡＣの南アジアへの影響は局地的であり、大規模な人口移動を想定することは難しそうである。

いずれにしても、インダス文明は周辺地域と多方向の交流関係を有していた。このことは西南アジア文明世界のほかの地域でも同じことであり、各地を結ぶ交流ネットワークが発達していたことがわかる。こうした広域交流ネットワークがインダス文明社会を支える基盤のひとつになっていたと同時に、文明社会の変化を引き起こす要因にもなっていたと考えられる。

第四章　インダス文明社会の衰退とその後

プロローグ　移動と定住

インダス文明は都市社会であり、都市とその周辺の村落に暮らすのは定住民である。都市社会を支える農業生産と工芸品生産、都市社会を運営するエリート層たちは、みな集落の中に居をかまえて生活し活動する定住民であった。

しかし、その一方で都市間の物資や情報の流通を支えるためには、頻繁に移動する人々の存在が不可欠である。また、インダス地域の縁辺部に点在する資源の開発や流通には、都市や村落から離れて暮らす移動性の高い人々の存在が想定される。都市間、地域間で広域に分布する工芸品のスタイルを維持するにも、遠く離れて暮らす職人たちが定期的に会い、スタイルに関する情報を共有する必要がある。エリート層の間でも、そうした会合が行われていたであろう。

したがって、インダス文明社会を理解する上で、「定住」だけでなく「移動」という視点から考古資料を観察し、分析することが不可欠である。それは、どのように広域型都市社会が誕生し維持されたのか理解する上で、大きな手がかりである。近年の化学分析は、物資だけでなく人の移動も研究の対象とすることを可能にしつつある。DNA分析や人骨から得られるストロンチウム同位体分析がその代表である。今後こうした研究の蓄積が進む中で、「移動」が都市社会の中で担った役割の具体的な理解が可能になることが期待される。

ここで、そうした移動が社会において果たす役割を示すエピソードを紹介しよう。二〇一一年にガッガル地方にあるミタータル遺跡の発掘調査をしていたときのことである。ガッガル地方は広大な沖積平野で、現在では住民のほぼすべてが定住民である。現在ではガッガル地方はインドの中でも有数の大穀倉地帯であり、多くの人が農業生産にたずさわっている。発掘調査をしていたのは四月の後半から五月にかけての時期で、ちょうどコムギの収穫が終わり、農業の休閑期であった。畑は、コムギを刈りとったあとの根株だけが残っているような状態である。

そこへあるとき、ウシの大群を連れた人がやってきた（図82）。私からみても、その出立ちは地元の人ではなく、

図82　ラージャスターン地方からやってきた牧畜民

収穫後の畑で、ウシを放牧する牧畜民。その衣装も一見して地元の人のそれとは異なっている。こうした長距離移動をしながら暮らす牧畜民がいつの頃から南アジアに存在したか大きな研究課題であるが、インダスの時代に彼らが文明社会を結びつける動力のひとつになっていた可能性もあろう。

どこか別の地域からやってきたことが一目瞭然であった。言葉も違う。発掘調査を手伝ってくれていた地元の人に通訳をお願いして話を聞くと、ミタータルから五〇〇キロ以上離れたラージャスターン地方からウシを連れてやってきたのだという。ラージャスターン地方は乾燥地域で、農業よりも牧畜が盛んである。そこで飼われているウシをまとめ、牧草地を追ってガッガル地方まで来たのである。そうした長距離を移動する生活を年間半分以上続けているという。ラージャスターン地方の南に隣接するグジャラート地方でも、ウシの大群を引き連れた牧畜民に遭遇することが多い。

また、農閑期にガッガル地方の畑をながめていると、テントを張って寝泊まりしている人をみかけることが多い。これも地元の人に聞くと、ラージャスターン地方から家族ぐるみで移動してきて、鉄の道具をつくり売っている人たちだという。ラージャスターン地方でとれる鉄鉱石を加工してつくった鉄の道具を、売りながら移動しているのだという。

現代の事例ではあるが、こうした長距離移動をしながら暮らす牧畜民や職人たちの生活スタイルは、最近になって生まれたものではなく、古い時代から続くものであろう。インダス文明の時代にも、こうした長距離移動を生活の基礎とする人々が存在した可能性が高い。移動民の痕跡を考古学的に捉えることは難しいが、乾燥地域であれば当然牧畜がその地域の人々のなりわいとなる。また、資源の偏在性は、素材の開発と加工、さらには流通における移動性の高い集団の役割を高めることになる。こうした人々が、広域に展開したインダス文明社会を支えたのではないか。その実証は今後の課題であるが、非常に重要な研究テーマと考えている。

都市社会の衰退をいかに把握するか

インダス文明がどのように衰退したのか、実はほとんどわかっていない。その成立過程が、あらましとはいえおぼろげながらにわかってきたのとは対照的である。ハラッパー遺跡の年代測定の結果から、文明期の終末は前一九〇〇年頃に置かれているが、文明社会各地の都市がハラッパー遺跡と同じ道程をたどって衰退したとは考えにくい。やはり個別の遺跡の事例から都市社会全体の変化をあとづけていくことが重要である。

大局的にインダス文明の衰退を示すのは、前一九〇〇年前後の時期に都市が衰退して姿を消してしまうことと、文字が用いられなくなってしまうことである。当然、そうした現象の背景には社会全体の変化が関わっていることはいうまでもなく、それはすなわち広域型都市社会を支えた地域間交流の解体あるいは変容を示しているということになる（図83）。

印章がなくなることの意味

前章でみてきたように、インダス文明期の都市社会を支えた広域交流ネットワークは、印章の存在によって確認することができる。インダス地域縁辺部の高原地帯に産出する凍石を素材としていること、それを加熱処理に

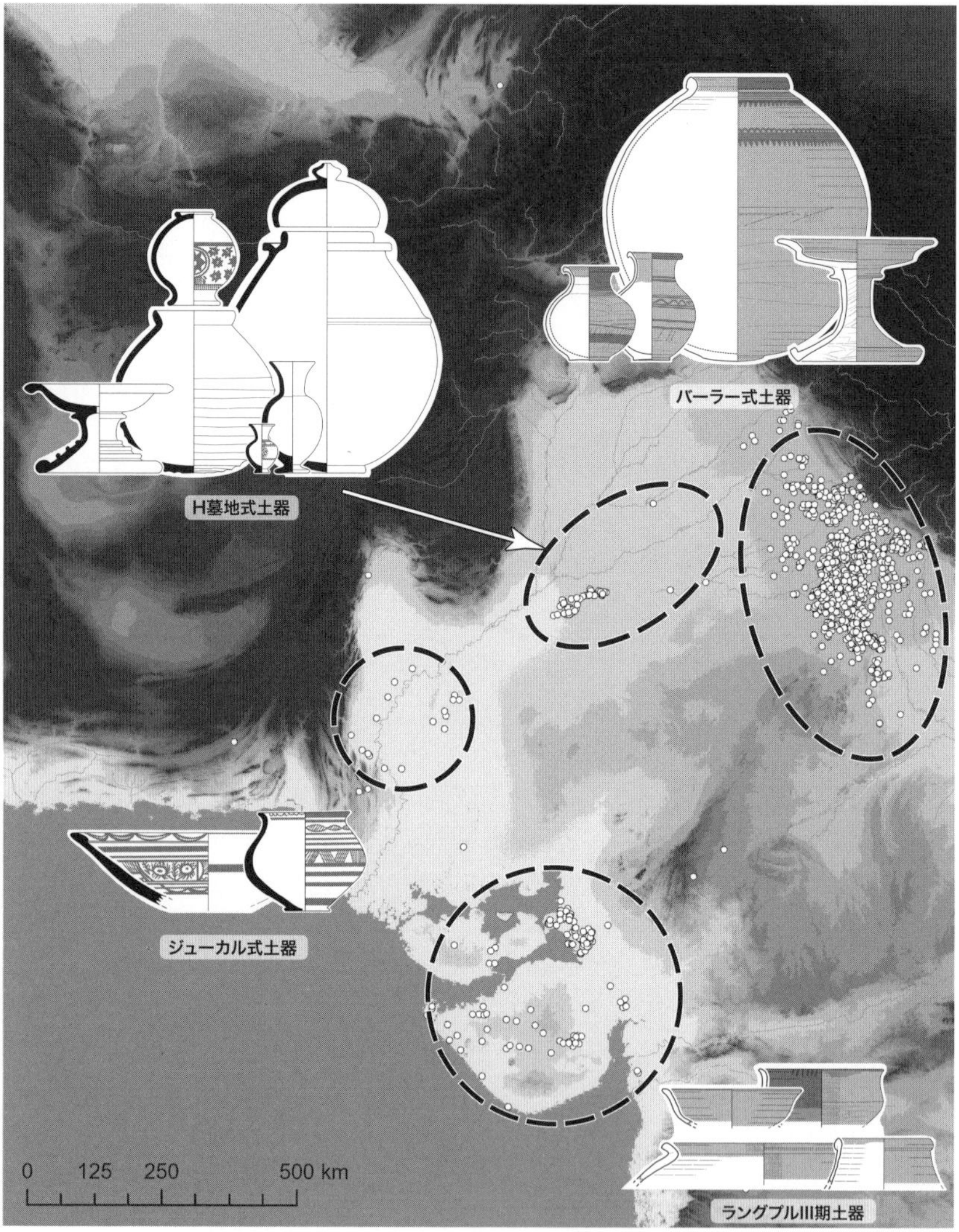

図 83　ポスト・インダス文明期の遺跡分布

ポスト文明期には、各地に地域土器様式が出現する。そこにはインダス文明期の土器様式の要素と新たに加わった要素が混在しており、地域ごとに多様な展開をみせている。土器様式の変化がインダス文明の衰退とどのように関わっているのか、今後の研究課題である。

よって白色にするという技術、印面に一角獣を中心とした図柄を卓越した彫刻技術によって刻んでいること、そしてそれが広域的に分布するという現象が、印章が示す広域交流ネットワークの中身である。

そうした素材、技術、図柄において高い統一性を示すインダス式印章は、ある特定の地域のある都市においてのみつくられていたわけではない。各地の都市、拠点集落で印章の製作痕跡が確認されており、彫刻スタイルの細部において多様性を示すものの、使用者の間で共有される特定のデザインに対する需要が、製作工房レベルにおいても広く共有されていたこともまた、広域交流ネットワークに支えられたものであったことを物語っている。

そうした広域交流ネットワークの中でつくりつづけられてきた文明期の印章が姿を消すということは、やはり広域交流ネットワークが解体された、すなわち共通のフォーマットにのっとった印章が社会に必要でなくなったことを示している。

インダス文明が衰退する前後の時期に、インダス地域における遺跡の分布は大きく変化する。この現象と都市の衰退が時期的にどのような関係にあるのかわからないが、文明社会の中心であったシンド、パンジャーブ地方では遺跡数が激減し、北東のガッガル地方と南東のグジャラート地方に遺跡分布の中心が移動する。特にガッガル地方では、文明衰退期からポスト文明期にかけての遺跡が非常に高い密度で分布している。グジャラート地方では、顕著な増加は認められないものの、文明期と同程度の遺跡数が維持されている。

これらの遺跡分布の中心、すなわちポスト文明期の社会の中心では、グジャラート地方の一例を除いて、印章がまったく出土していない。印章を必要としない社会が、これらの地域に展開していたということになる。ガッガル地方とグジャラート地方は遺跡が高密度で分布する地域であるとともに、それぞれの地域での物質文化においても一体性が強い。また、ポスト文明期のこれらの地域では都市あるいは拠点集落と呼びうる遺跡は知られておらず、隣接する集落間でのつながりを基本にして社会をかたちづくっていた可能性が高い。そうした社

図84　ポスト・インダス文明期の印章

ポスト文明期には、シンド地方とバローチスターン地方中央部の一部にのみ、幾何学文をあしらった土製印章が分布する。先文明期以来の伝統をもつ幾何学文印章によって結ばれるネットワークが、この時期に存続していたことを示している。

会では印章という器物は必要なかったのかもしれない。ポスト文明期におけるこれらの地域の社会のあり方については、今後の調査、研究にまたざるをえないところが多いが、文明期の社会との違いを考える上で重要な課題である。

シンド地方やバローチスターン地方では遺跡数が激減し、都市も衰退してしまっているが、これらの地域では例外的にポスト文明期の印章が出土している。バローチスターン地方中央部で一ヶ所、シンド地方で三ヶ所の遺跡で報告されている（図84）。大多数が土製である点は重要である。文明期の広域交流ネットワークを背景にした素材流通と高度な加熱処理、彫刻技術は失われ、近在型の素材が用いられるようになったことは大きな変化である。

文様についてみると、幾何学文が大半となっているが、その中には先文明期に発達した十字文が含まれている。これらの文様は文明期の幾何学文印章にも表現例があり、その伝統を継承したものと考えることができる。文明期には形象文をあらわした印章が都市社会のシンボルとして機能したが、それと並行して幾何学文印章が形象文印章とは異なる次元での交流ネットワークの中で存続していたと考えられる。ポスト文明期の印章は、そうした幾何学文印章のネットワークがかたちを変えながら維持されていた可能性を示しているといえよう。

ポスト文明期のバローチスターン地方およびシンド地方の社会の様相はよくわかっていない。バローチスターン地方中央部のピーラク遺跡では独特な幾何学文を描いた彩文土器が出土しており、バローチスターン地方の彩文土器伝統が復活している。ただし、文明期後期にこの地方に展開したクッリ式土器の要素は認められず、ピーラク遺跡の彩文土器はクッリ式土器とは異なる系統の土器伝統に属していたことになり、やはり文明期の地域社会と交流ネットワークの変化を物語っている。

シンド地方では文明期後期にジューカル式土器と呼ばれる、ハラッパー式土器の系統に属する土器が出現しており、ポスト文明期にもこの土器のスタイルが続いていた可能性が高いが、それがどのようにこの時期の社会と関わっているのかよくわからない。

そうした中で、バローチスターン地方中央部とシンド地方において印章が用いられているのは、この地域が依然として印章を必要とする地域間交流ネットワークの仕組みを維持していたことを示している。先にあげたガッガル地方やグジャラート地方の社会との大きな違いであり、ポスト文明期のインダス地域の社会を考える上で重要な手がかりである。

文字の消滅が物語ること

印章の衰退あるいは変化は、文字が用いられなくなったことと深く関わっている。インダス文明期の七〇〇年にわたって用いられてきたにもかかわらず、それが忽然と姿を消すのは凍石製形象文印章と共通する現象で

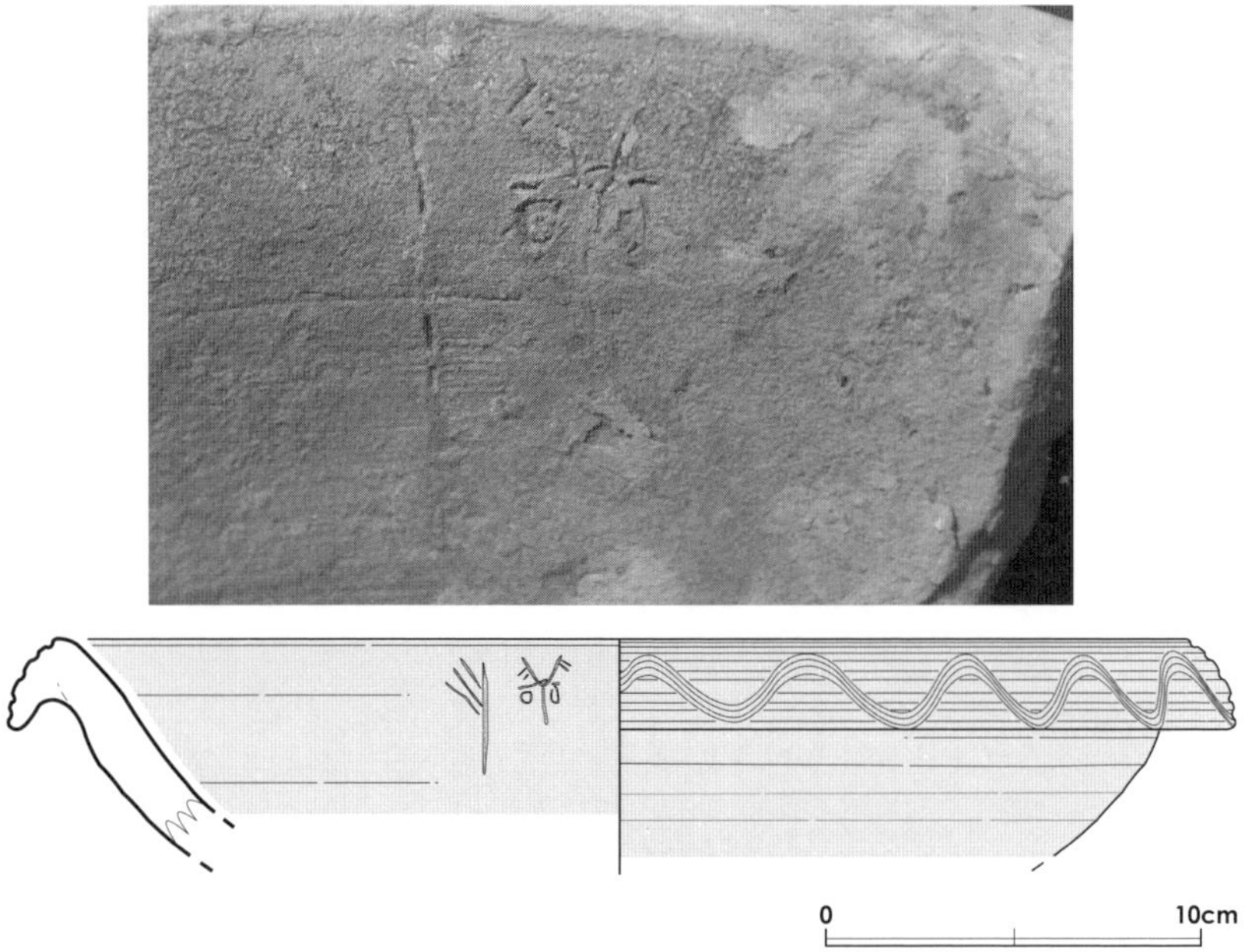

図 85　ミタータル遺跡で出土したインダス文字を刻んだ土器

ミタータル遺跡では、密集型居住空間を埋める層からインダス文字を刻んだ土器片が１点だけ出土している。土器を焼く前に刻まれたものである。密集型居住空間と文字の使用が結びついていたことを示している。

ある。

　メソポタミアでは言語が変わっても楔形文字が使われ、汎用性の高いコミュニケーションツールとしての機能が長期にわたって維持されていた。メソポタミアの社会の中で広く普及し、社会の中で欠くことのできない要素のひとつとなっていたことがわかる。

　インダス文字は解読されていないので、それがどのような言語をあらわしていたのか不明であるが、それが必須のツールとして定着するまでにはいたらなかったのであろう。楔形文字のように文書を残すこともなく、使用が限定的であったことがその要因のひとつと考えられる。文明社会の広い範囲でそのかたちと意味が共有されていたことは事実であるが、多くの人が文字を用いて何かを記録するという目的には用いられなかった可能性が高い。ここに楔形文字との大きな違いがある。

　ポスト文明期の印章が文字を使わずに図柄だけを表現していることも、この点に関係しているのではないか。すなわち、視覚的に認識が容易なシンボルを重視する伝統が強く存在していたと考えられるのである。文明期後期には形象文印章とともに、文字だけを刻んだ印章が普及していたこともわかっており、相対的にせよ文字の重要性が高まっていたことをうかがうことができるが、それが文字による記録の作成という段階までいたらなかったことは、文字を記録のツールとしてではなく、シンボルの集合体として重視する伝統を示している可能性があろう。

実は、都市の衰退過程が十分に把握されていないのと同様に、文字がどのように姿を消したのかその過程はよくわかっていない。遺物を出土コンテクストから時間軸上に位置づけようとする研究が乏しいことと関係して、文字を刻んだ遺物の編年も整備されていない。後期に文字が広く使用されていたことは確かであるが、後期の後半期、すなわち文明社会が衰退する過程において、いつの時期まで文字が使用されていたのかわからないのである。私が調査したミタータル遺跡では、都市的密集空間が廃絶する直前の時期の層からインダス文字を刻んだ土器片が出土している（図85）。その年代は前二〇〇〇年頃であり、刻まれた土器もこの時期に属する特徴を有している。現状でももっとも新しい時期の文字を刻んだ例である。こうした編年上の位置を絞り込んでいく研究が進めば、文字がどの段階まで使用されていたのか、都市社会の衰退と関連づけた評価が可能になるであろう。

前述のように、ペルシア湾岸地域において前二〇〇〇年頃まで続いたインダス系湾岸式印章には、インダス文字が刻まれている。図柄の表現は稚拙化しながらも、文字はインダス文字の原型をたもっている。インダス系湾岸式印章を残した人々の間では文字に対する意識が強かったことを示していると考えられるが、もしかすると文字が高度に普及したメソポタミアにおいて、インダス系の人々の間でも文字に対する意識がインダス社会のそれから変化しはじめていたのかもしれない。ただし、次のディルムン式印章になるとインダス文字は姿を消しているので、やはりインダス文字が記録ツールとして使用されるにはいたらなかったといえる。

インダス文字が都市社会の広域性と表裏一体に結びついていたことは確実であるが、それがポスト文明期の社会になぜ継承されなかったのか、大きな研究課題である。先に示したような、記録ツールではなくシンボルの集合体としての文字の特質はあくまでも解釈のひとつであるが、やはり編年的位置づけが明確な資料の蓄積と都市社会の衰退過程と関係づけた研究が不可欠であろう。

インダス文明の衰退要因をめぐって

インダス文明の衰退、すなわち都市の衰退・廃絶と文字の消滅を引き起こした原因は何だったのだろうか。研究の歴史を振りかえってみると、インド・アーリヤ語を話す人々（以下、アーリヤ人）の移住による先住民の文化であるインダス文明の破壊、レンガを焼くための木材の大量伐採による環境変化、疫病、自然環境の変化など、さまざまな説が提示されてきたが、いまだに衰退を引き起こした原因の特定にはいたっていない。そもそも都市社会がどのような過程を経て衰退したのか、その中で物質文化がどのように変化したのか、十分にわかっていない状況において、その原因を特定することははなはだ難しいといわざるをえないであろう。

言語学の研究の成果から、インド・ヨーロッパ語族からインド・イラン語が分岐し、そこから分かれたインド・アーリヤ語が南アジアに入ってきたことは事実である。その根拠はアーリヤ人が残したヴェーダ文献の記載で、特にその中でも最古の『リグ・ヴェーダ』が彼らの南アジアへの移住を物語る証拠となっている。この文献の中には、彼らがアフガニスタンの地域に暮らしていたことを示す記述もあり、そこから南アジア北西部のパンジャーブ平原、その東のガッガル平原へと移住し、彼らの生活圏をつくっていったことが述べられている。『リグ・ヴェーダ』以降の文献からは、アーリヤ人がさらに東方のガンガー平原へと移住していったことがわかる。

『リグ・ヴェーダ』が編纂されたのが前一二〇〇年頃と推定されるので、そこに記録されている事柄はそれよりもさかのぼる時期に位置づけられる。彼らの南アジアへの移住を前一五〇〇年前後の時期に位置づけると、ちょうどインダス文明が衰退した直後の時期ということになる。インダス文明の衰退時期とも関わってくるかもしれない。

彼らは現在のパキスタン北部とアフガニスタンをつなぐハイバル峠を通って、南アジア北西部へと移住したと考えられている。インダス地域と西方をつなぐ陸路についてみると、長くインダス地域とイラン高原をつなぐルートとして用いられてきたのは、イラン南東部のシースターン地方から、アフガニスタン南部のヘルマンド地方を経て、バローチスターン地方中央部、インダス平原へと抜けるルートである。先文明期にこのルートを介して、文化交流が展開していたことは先に述べたとおりである。このルートはイラン南東部から中央アジア南部にもつながっている。また、このルートほど重要ではなかったかもしれないが、イラン南東部からバローチスターン地方南部のマクラーン地方へと抜けるルートもあった。このルートはオマーン半島へと通じており、海洋交易とも深く関わっている。

歴史時代にも重要な交通路として使われたハイバル峠を介した南アジア北西部とアフガニスタン北部をつなぐルートが、いつの時代に主要な交通路として確立されたのかよくわからない。インダス文明期にはこのルートを介した交流は目立っていないが、アフガニスタン北部のラピスラズリの原産地にハラッパー文化の拠点が形成されたときには、このルートが用いられた可能性がある。ハラッパー文化が西から迂回してイラン高原南東部を通ってアフガニスタン北部へといたったとは考えにくいからである。アフガニスタンの遺跡の調査が進めば、ハイバル峠からカーブル盆地を通って北部へと抜けるルートが明らかになるかもしれない。

このアーリヤ人がインダス文明の衰退に関係があったかどうかよくわからない。前章で触れたＢＭＡＣの器物がバローチスターン地方やインダス平原で出土することは、中央アジア南部とインダス地域の交流関係があったことを物語っているが、その出土量からみると大規模な人口移動を伴うものかどうか疑問が多い。小規模な移住であったとすれば、彼らがインダス文明の都市社会を滅ぼしたとは考えにくいだろう。いずれにしてもアーリヤ人の実態を考古学的に把握することが難しいことは確かである。

このアーリヤ人がインダス文明を滅したという説は、モヘンジョダロ遺跡において発見された「虐殺跡」によるところが大きい。居住域の七ヶ所で発見された四二体の遺体は、墓に葬られることなく、部屋の中や街路で息絶えたような状況でみつかっており、何かの理由で遺跡の中で殺害事件が起きたことを示している。被害者の中には成人男性だけでなく、女性も子供も含まれている。不思議なのは、遺体が街路から片付けられることなく放置されていることで、一種異常な状況である。中には、遺体が完全なかたちではなく、一部の骨だけが集められたような状態でみつかっているものもある。階段に倒れた状態で発見された例は、いかにも不慮の死を物語っている。

一四体の遺体が発見された例では、うち四体が崩壊した建物の壁の上にもたれかかった状態でみつかっているが、その帰属時期については遺跡編年中期と後期の間とする考えと、後期に都市が衰退した時期の前後に置く説がある。つまり、遺跡の複数箇所で発見された遺体群がいつの時期に属するのか、またそれらが同時期に起こった惨劇によるものなのかどうか、よくわかっていないのである。

発見当初、マーシャルはこれらの不慮の死を遂げた遺体を西の高原地帯から侵入してきた蛮族の手によるものと考えた。ただし、マーシャルは彼らをアーリヤ人とは考えていない。これらの「虐殺跡」をアーリヤ人の侵入に明確に結びつけたのはウィーラーとピゴット（Stuart Piggott, 1910-1996）であり、『リグ・ヴェーダ』に述べられたインドラ神が先住民の砦を破壊したという話に関連づけたのである。

モヘンジョダロ遺跡の中期と後期がいずれも文明期後期に属することを考えると、厳密な時期的先後関係は不明ながらも、「虐殺」はいずれも文明期後期に起こった出来事ということになる。依然、モヘンジョダロ遺跡が都市的な様相を有していた時期であり、この時期にこうした不慮の死を引き起こすような事件が起こっていたこと、不幸にも亡くなった人々を墓に埋葬することなく放置せざるを得ないような状況がモヘンジョダロの都市で起こっていたことは重要である。しかしながら、モヘンジョダロ遺跡の「虐殺跡」だけをとって、インダス文明全体の衰退を説明することが難しいのは明らかである。

環境変化による文明社会の衰退

インダス文明の衰退に関してさまざまな説が提示されてきたが、局地的な都市の衰退を説明するひとつの解釈にはなりえても、文明社会全体の衰退あるいは変容を説明するものとはなりえていない。確かに、例えばモヘンジョダロ遺跡が衰退すれば、文明社会を支えた地域間交流ネットワークにも大きな変化が生じたであろうが、ネットワークの再編によって都市社会の維持をはかることは十分に可能であったと考えられる。

一九六〇年代に注目された河川の氾濫と洪水によるモヘンジョダロ遺跡の疲弊と放棄という説明も、同じ限界をもっている。ロバート・レイクス（Robert Lawrence Raikes, 1910-1989）はモヘンジョダロ遺跡における洪水堆積層の厚さに着目し、地形の隆起を伴う大洪水をこの都市の廃絶要因として考えた。モヘンジョダロ遺跡では少なくとも三回の大洪水による堆積層が確認されており、その都度都市が再建されたことが確認されている。洪水との因果関係は不明であるものの、城塞部の沐浴場や穀物倉が遺跡編年後期（文明期後期後半）に使われなくなったことや、居住域で建物が小型化したり、つくりが粗雑になったことなどは、大洪水と相前後して都市が徐々に変化していたことを物語っている。

確かに大洪水を都市の衰退要因と考える説は魅力的であるが、レイクスが復元する地殻変動と洪水層の堆積のメカニズムについてはヒュー・ランブリック（Hugh Trevor Lambrick, 1904-1982）による批判もあり、仮にこの説の正しさが証明されたとしても、モヘンジョダロ遺跡の衰退にしか有効な説明にはなりえないのが問題である。モヘンジョダロ遺跡が所在するシンド地方以外の地域では、大洪水の可能性や頻度は異なっており、また大洪水の痕跡も確認されていないのである。

なかなか文明社会の衰退を説明する決定打を見いだせないのはもどかしいところであるが、近年になって注目されているのが気候変化である。前二二〇〇年前後に西アジアの広い範囲に影響をおよぼす気候変化が生じていたことがわかってきているが（これを四・二kaイベントと呼ぶ。四・二kaというのは四二〇〇年前を意味する）、この気候変化が、南アジアにも影響をおよぼしていたことが最近の古環境研究によって明らかにされている。西アジアでは、この環境変化に伴う乾燥化が旱魃を引き起こし、社会を不安定にさせたと解釈されている。アッカド王国の衰退もその影響によるものとする説がある。南アジアでは夏の季節風が弱まり、乾燥化が進むとともに、流水量の減少による河川の氾濫の規模・頻度が低下したことで、農業生産が深刻なダメージを受けたと推測されている。その結果、インダス川流域から降水量が相対的に多い東方へと人口移動が生じたと解釈されているのである。

暴力と疾病の増加

文明社会の衰退と関係して、いまひとつ注目されるのが文明終末期からポスト文明期にかけての時期における暴力と疾病の増加である。

ハラッパー遺跡の文明期とポスト文明期の墓から出土した人骨の分析を行ったグウェン・ロビンス＝シャッグ（Gwen Robbins Schug）によると、G地区でみつかった文明終末期の墓では、頭蓋骨に外傷をもつ個体とハンセン病に罹患した個体が多く含まれることが確認されている。このG地区はハラッパー遺跡の南東縁に位置しており、都市の居住域の外縁部であったと考えられている。ここでは断片的な建物遺構とともに、二三体の遺体を葬った墓が発見されている。注目されるのは、葬られているのが完全な遺体ではなく、頭蓋骨二〇個と下顎骨三個という遺体の一部だけであり、葬る前に一部だけを抽出するという行為が行われていたことを示している。明らかに文明期の伸展葬による葬法とは異なっている。中には男女の成人に加えて、未成人も含まれている。また犬の骨も発見されている。二三体の個体のうち、五〇％以上が頭蓋骨に外傷をもち、二〇％以上がハンセン病に罹患した痕跡を示しているという。さらに、未成人のうち三三％が壊血病にかかっていたことがわかっており、栄養状態がよくなかったことが指摘されている。

また、ポスト文明期のH墓地第Ⅱ層から出土した女性の個体のうち、五〇％に外傷の痕跡が確認されている。ハンセン病に罹患した個体（七・七％）に加えて、結核にかかった個体（七・七％）も発見されている。第Ⅰ層では、壊血病にかかった乳児も確認されており、妊娠時の母親の栄養状態がよくなかったことが推測されている。

こうした外傷や疾病の痕跡は文明期の墓（R37墓地）では著しく低く、文明期終末期からポスト文明期にかけて、骨に痕跡を残すほどの暴力行為が頻発し、栄養状態の悪化、疾病罹患率の増大が生じていたことを示すものとして解釈されている。こうした状況を気候変化と結びつけて解釈することもできるかもしれない。乾燥化とともに主食となる穀物の供給量が低下し、それが栄養状態の悪化や疾病率の増加、社会の構成員の間での争いの増大などを引き起こした可能性が指摘できるだろう。

こうした形質人類学の詳細な分析が行われた事例は限られており、現状ではハラッパー遺跡で確認された状況をインダス文明全域に敷衍できるかどうかわからないが、同様の分析が蓄積されれば、インダス地域における自然環境と人間、社会の関係が明らかになるだろう。

近年の古環境研究は、環境変化が人類社会に与えたインパクトを評価する上で、さまざまな事実を明らかにしつつある。温暖化が進む現代に生きる私たちにとっても環境変化は深刻な問題であり、過去においても人類はそうした変化に適応して生活技術や社会のあり方を変化させざるをえない局面があったことは確かである。ただし、その一方で、人類がどのように環境変化に適応したのか理解するためには、物質文化の変化を検討することが不可欠である。インダス文明の場合には、物質文化の時空間的変遷が十分に復元されておらず、インダス文明社会がどのように環境変化に対応したのか、評価することが難しい状況にある。いかに物質文化における変化を捉え、社会の変化を明らかにするかが、環境変化とインダス文明社会の関係を評価する上でも重要である。

以下に、文明衰退前後に生じた物質文化の変化について概観していくことにしよう。

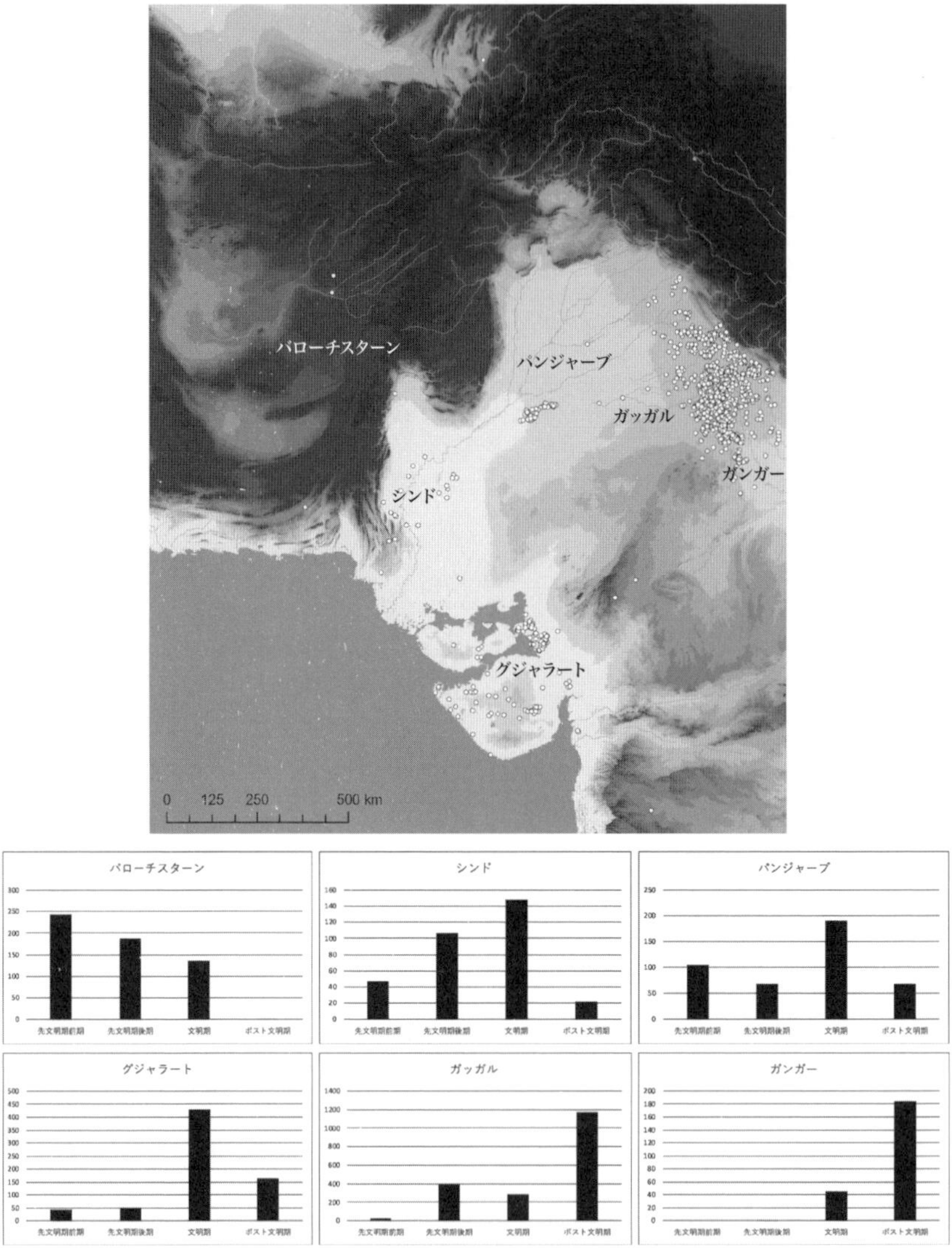

図 86　インダス各地における遺跡数の推移
現在利用可能な遺跡分布データは、各地の分布調査の密度や個々の遺跡の位置、あるいは遺跡の遺存状況など、さまざまな制約を抱えているが、文明期の遺跡分布と比較したとき、その変化は明瞭である。都市社会の衰退に伴って、定住民の遊牧民化や居住痕跡の稀薄化（短期的かつ小規模な居住を意味する）など、さまざまな現象が生じていた可能性があるが、全体として東方へと人口が移住しているのは確かであろう。

遺跡分布の変化

都市の衰退・廃絶、文字の消滅と相前後して起こったのが、遺跡分布の変化である。先文明期には、バローチスターン地方、シンド地方、パンジャーブ地方、ガッガル地方、グジャラート地方の各地に粗密はあるものの一定数の遺跡が分布している。ガッガル地方に高密度の遺跡分布がみられるのは少し注意が必要で、土器編年の問題から先文明期と文明期の遺跡が混在している可能性がある。それでも各地に遺跡が分布していることは重要である。この分布パターンは文明期においても同じである。各地に都市が出現するが、その周辺には小規模な遺跡が多数分布している。

これがポスト文明期になると（図86）、バローチスターン地方およびシンド地方において遺跡数が激減し、パンジャーブ地方でも高い減少率が認められる。これとは対照的に、ガッガル地方では顕著な増加が認められるのである。グジャラート地方でも減少率は大きいが、相当数の遺跡が存在している。

これまでに知られている遺跡の帰属時期については多くの問題があり、ここで示した各時期の分布のパターンについては再検討が求められるところが多いものの、俯瞰的にみたとき全体の傾向としてポスト文明期に遺跡分布の中心がガッガル地方とグジャラート地方に移動していることは確かである。このことは、ポスト文明期を通してガッガル地方に起源するバーラー式土器が東のガンガー地方に分布を広げていること、同様にグジャラート地方からインド半島部へとグジャラート系土器が広がっていることによっても確認することが可能である。こうした東方への遺跡分布の移動は、先に紹介した気候の乾燥化に伴って、より多くの降水量を維持していた東方地域へと農地の開発を求める人口移動が生じていた可能性を示している。

資源利用の変化

東方への移動は、必然的に資源利用のあり方に変化を引き起こす。インダス文明期に各地の偏在型資源およびその製品を広域に流通させた地域間交流ネットワークは、遺跡分布の中心が東方に移動することによって変化を余儀なくされたであろう。また、降水量が相対的に多い東方の地域では、ムギ作に加えて稲作の比重が高くなる。

ポスト文明期の工芸品生産の様相については十分に明らかになっているとはいいがたいが、先述のようにガッガル地方では文明期後期以降、ファイアンス製装身具が増加しており、この地域で生産されていた可能性が高い。それは必然的に石製ビーズの素材が皆無のガッガル地方では、石製ビーズの流通・消費パターンにも変化を引き起こしたと考えられる。

またポスト文明期には、ガッガル地方からガンガー地方西半部に銅器を埋納した遺跡が多く確認されており（埋納土器文化と呼ばれる）、特徴的なかたちをもった銅器が多数出土している（図87・88）。銅の原産地が化学分析によって特定されているわけではないが、銅器埋納遺跡の分布圏に近いラージャスターン地方北部のケートリー鉱山をその素材供給の候補にあげることができる。ケートリー鉱山は文明期にも利用されていたが、ポスト文明期になって遺跡分布の東方移動とともに、その重要性を増大させた可能性が高いのである。銅器埋納行為の意味についてはよくわかっていないが、銅器が特徴的なかたちをもち、実用品とは考えにくいことを踏まえると、銅器を用いた何らかの祭祀行為がガッガル地方からガンガー平原にかけての地域で共有されていた可能性があり、同地域に分布するバーラー式土器とともにこの地域の社会＝文化的一体性を強く示していると考えられる。

稲作についてみると、その起源はガンガー平原東半部の地域に求めることができる。この地域にあるラフラーデーワー遺跡の調査と植物考古学研究の成果によると、前七五〇〇年頃に野生イネの利用がはじまり、前三千年紀には栽培化されていたと推定されている。そもそも稲作はムギ作に比べて多くの水を必要とするので、年間降水量が一〇〇〇ミリ以下のインダス平原とその周辺地域では栽培が難しい。東のガンガー地方が南アジアにおける稲作の起源地であることは、降水量の多さからみて確かである。そうしたガンガー地方において栽培化されたイネが、文明期のガッガル地方でも局所的に栽培されていたことが最近明らかになっているが、インダス地域全

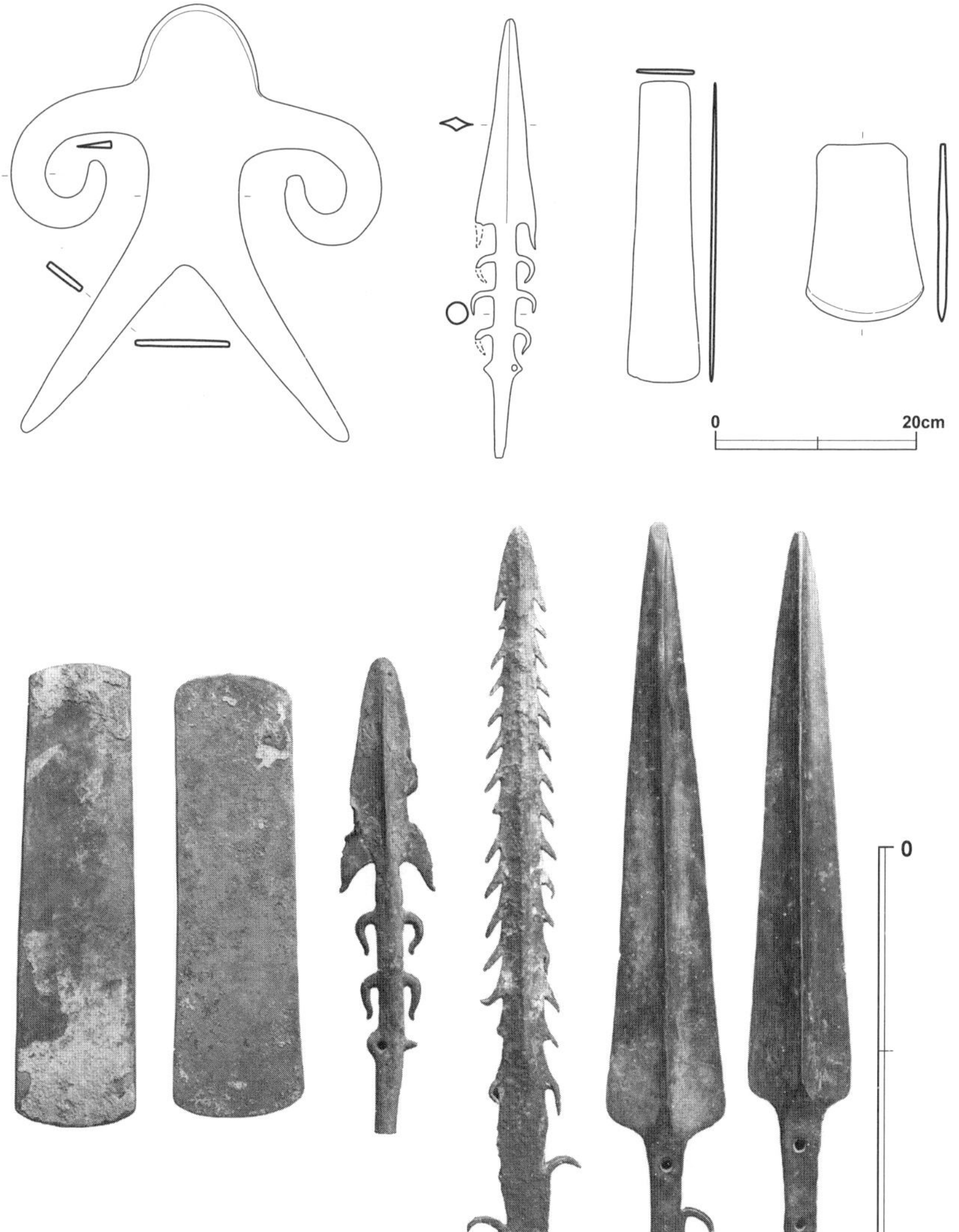

図 87　埋納銅器文化の銅器

ポスト文明期のガッガル地方からガンガー地方西半部では、特異なかたちをした銅器が多く生産され、埋納行為が行われた。ポスト文明期の社会の様相については不明な点が多いが、埋納銅器は単純に文明社会の「衰退」という現象としては理解できない証拠のひとつである。

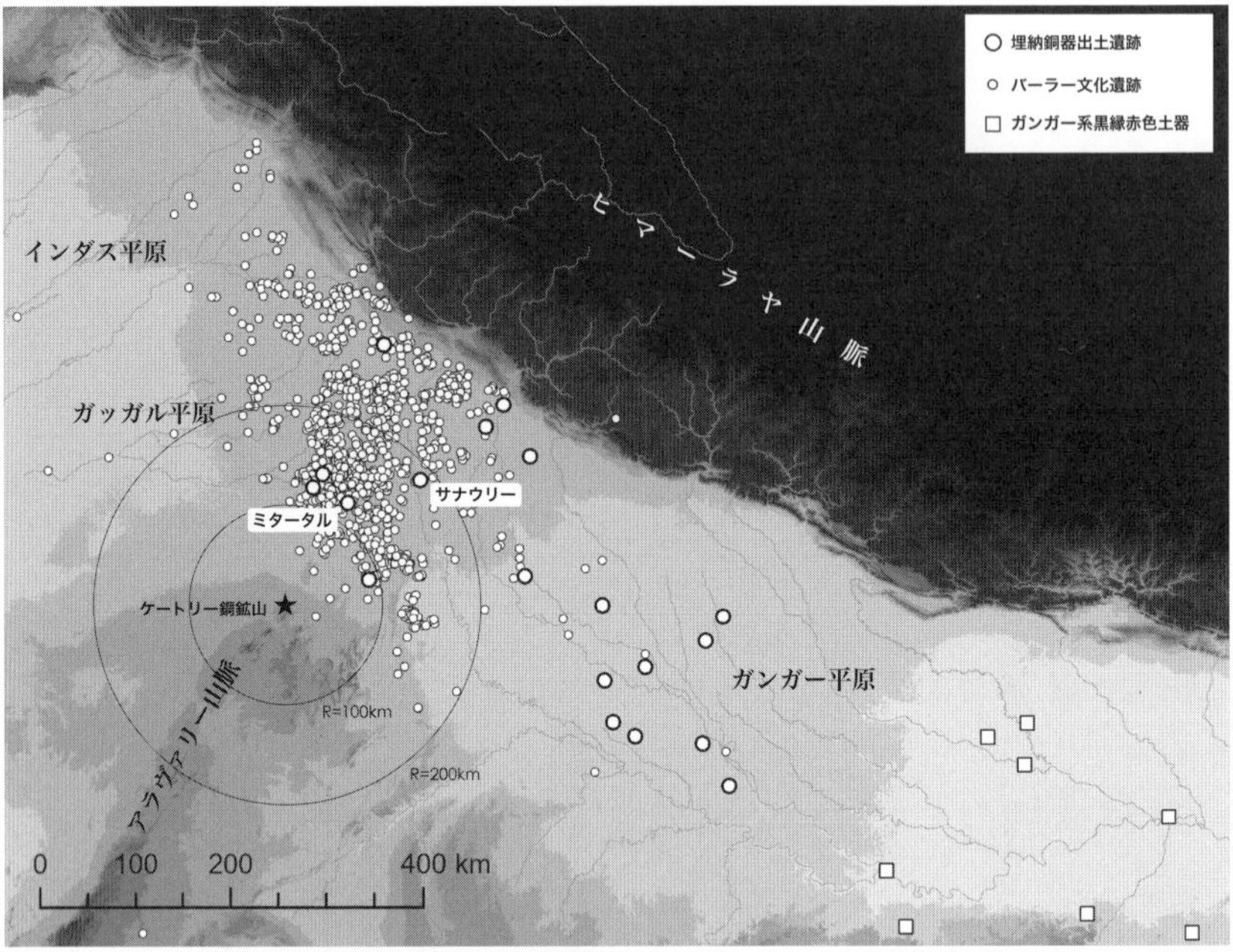

図 88　バーラー式土器と埋納銅器の分布

ガンガー平原西半部における遺跡については、その正確な位置がわからないものも多く、上の分布図の評価には注意が必要であるが、バーラー式土器と埋納銅器がガッガル地方からガンガー地方西半部にかけて分布するのは確かである。インダス文明の衰退に伴う社会変化を理解する上で、この地域が重要な鍵を握っている。

体でみたときにはやはりムギや雑穀が主流農産物であり、ポスト文明期の東方移動に伴って稲作が食料供給の中で重要性を増したことは確実であろう。ポスト文明期以降にはガッガル地方からガンガー地方だけでなく、バローチスターン地方やグジャラート地方の遺跡でもイネが確認されており（図89）、この時期に食料生産パターンが各地で変化していたことがわかる。

南東部のグジャラート地方においても、さらに東のインド半島部との関係の強化が認められる。この過程でどういった社会＝文化的変化が生じていたのか不明であるが、北東部同様に資源利用や食料生産の変化を伴っていた可能性が高い。

土器の変化と社会の再編

土器についてみると、ポスト文明期の社会は地域土器様式群の存在によって特徴づけられる（図83）。文明期のハラッパー式

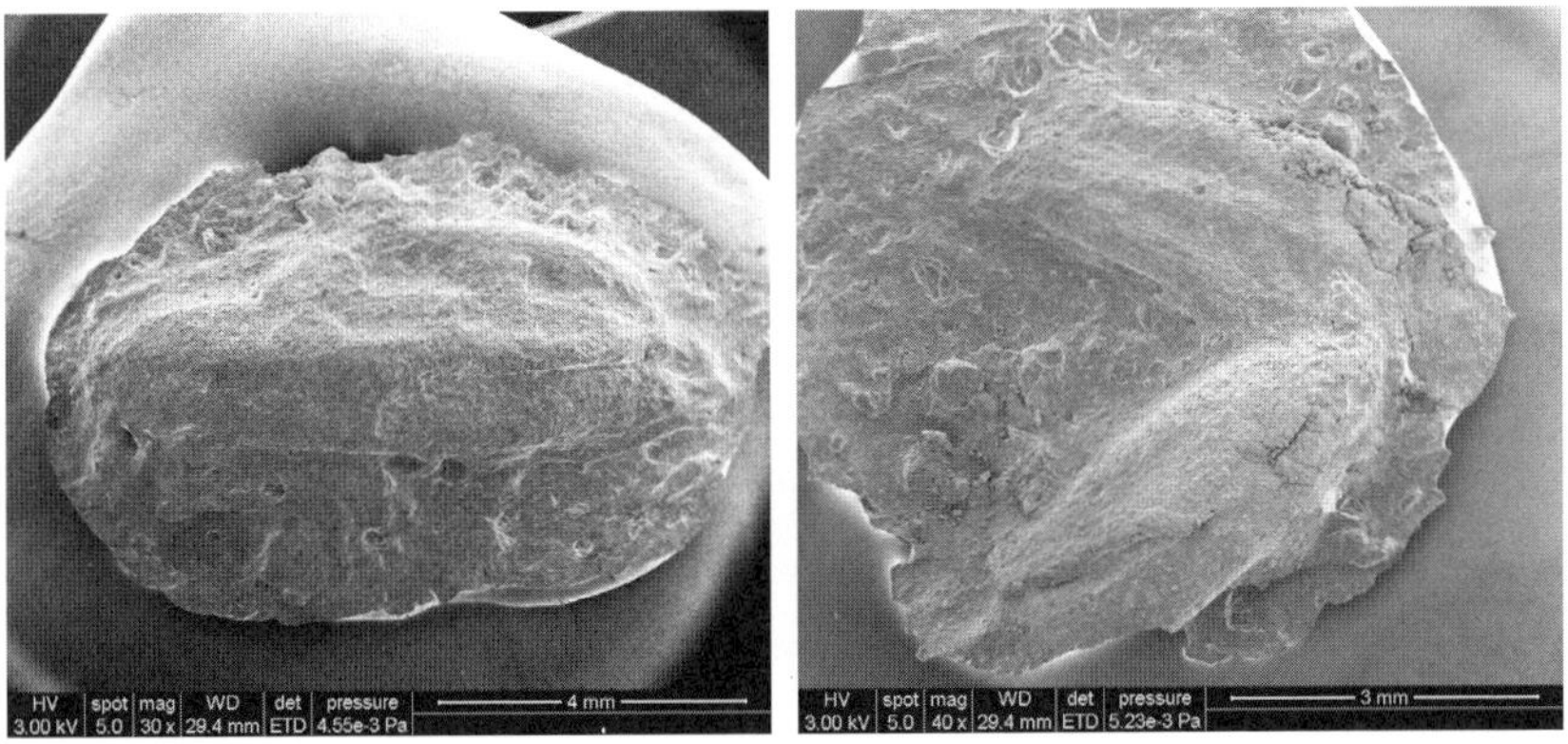

図 89　ポスト文明期の土器表面についたイネ圧痕

インド、パンジャーブ州ジャウラー・カーラーン遺跡出土資料から得たサンプルの電子顕微鏡画像。ポスト文明期にはイネを含めた夏作物の利用頻度が高くなることが知られているが、土器に残された圧痕からもそうした植物利用の変化を確認することができる。

土器のように広域的に共通する土器はなく、地域ごとに異なったスタイルをもつ土器が生産され流通しているのである（図90・91）。そうした地域土器様式群の成立過程についてみてみよう。

文明期後期に地方型ハラッパー式土器が出現し、各地の地域土器様式群とともに多様化、多層化した生産・流通パターンを生み出していたことは前章にみたとおりである。そうした流れを受けて、文明衰退前後の時期には、シンド地方ではジューカル式土器、パンジャーブ地方ではH墓地式土器、グジャラート地方ではラングプルⅡC期土器、ガッガル地方ではバーラー式土器が分布している。バーラー式土器については、文明期後期からの連続性をみてとることができるが、ほかの地域土器様式についてはその出現の過程が必ずしも明らかではない。

ガッガル平原からガンガー平原の広い範囲に展開したバーラー文化は、銅器埋納という祭祀行為を伴いながら独特の社会を形成していたと考えられる。まだこの社会がどのような仕組みを有していたかよくわかっていないが、銅器生産を含めて高度な工芸品生産体制をもっていたことは確かである。この文化においては、五ヘクタール以上の中型遺跡は知られておらず、工芸拠点となる集落が存在したのかどうかよくわからないが、工芸品生産を担う集落がその管理も含めて社会の中心として機能していた可能性は十分にある。

近年、このバーラー文化に属するサナウリー遺跡で、ポスト文明期の墓地が発見され、飾金具をつけた「戦車（チャリオット）」と称される車輪付の乗り物が発見されている。この遺跡ではファイアンス製ビーズのほか、紅玉髄や瑪瑙製の長型ビーズ、金製品、動物土偶など多彩な遺物が副葬されており、埋納土器も出土している。詳細な報告の刊行がまたれるところであるが、稀少素材製の装身具を含めた豊富な副葬品の存在は、バーラー文化社会における工芸品生産の水準の高さを示すとともに、社会的エリート層の存在も示唆している。

シンド地方およびパンジャーブ地方では、文明期後期にシンド＝パンジャーブ型ハラッパー式土器が分布していた。これは前期以来のハラッパー式土器の流れを汲むものである。シンド地方のジューカル式土器はこのシンド＝パンジャーブ型ハラッパー式土器と関係していると考えられるが、ハラッパー式土器にみられた形象文がなくなり、幾何学文によって構成される彩文へと変化している。その変化は文明期後期のどこかの段階で生じている可能性が高く、彩文の要素からみると、グジャラート地方のソーラート・ハラッパー式土器との交流関係も有している。

パンジャーブ地方のH墓地式土器もハラッパー式土器の伝統を継承する一方で、彩文において著しい変化を示している。ハラッパー式土器の彩文にはみられなかった文様要素と文様構成をみてとることができるのである。ハラッパー式土器が薄手のつくりを特徴とするのに対し、H墓地式土器は厚手で、表面にミガキ調整を施している。この特徴は東に隣接するガッガル地方のバーラー式土器に共通する要素であり、かたちの点からみてもH墓地式土器とバーラー式土器の間に関係があったことがわかる。ただし、彩文はこの土器に特有で、コブウシやウシ（?）とクジャクを合成したもの、人間と動物を合体させたものが、さまざまな幾何学文とともに表現されている。左右のウシを縄で捕まえた人物や、角の間に植物（花）を配した表現などは、文明期の印章に刻まれた図柄との共通点となっている。また、小さく表現される幾何学文には、ハラッパー式土器の彩文に起源をたどるこ

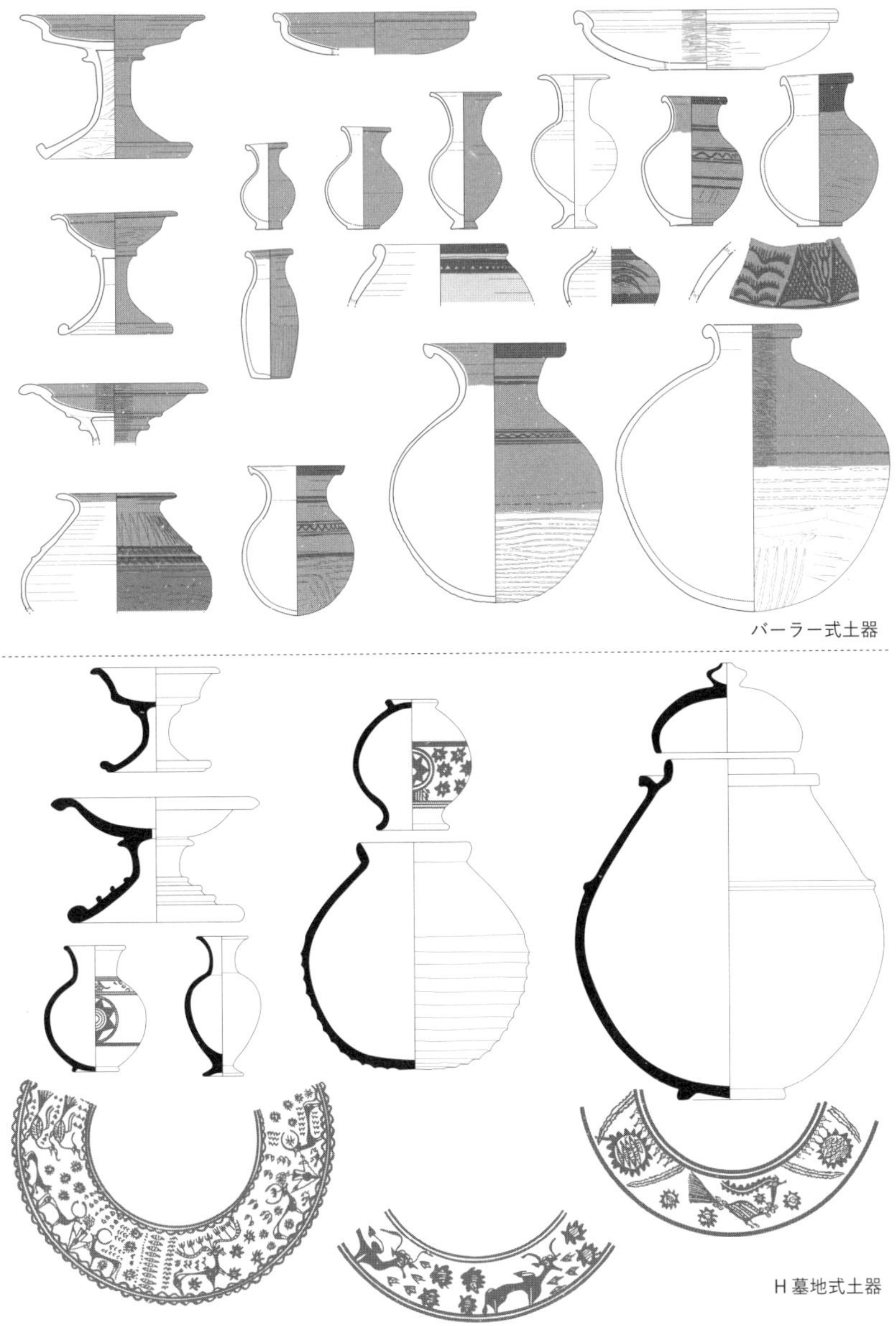

図 90　ポスト文明期の土器（1）

文明社会の衰退と土器の変化がどのように関わっているのか、まだよくわかっていないが、各地で文明期後半期の土器様式を母体としながらも、新たな要素を加えた土器様式が出現する。

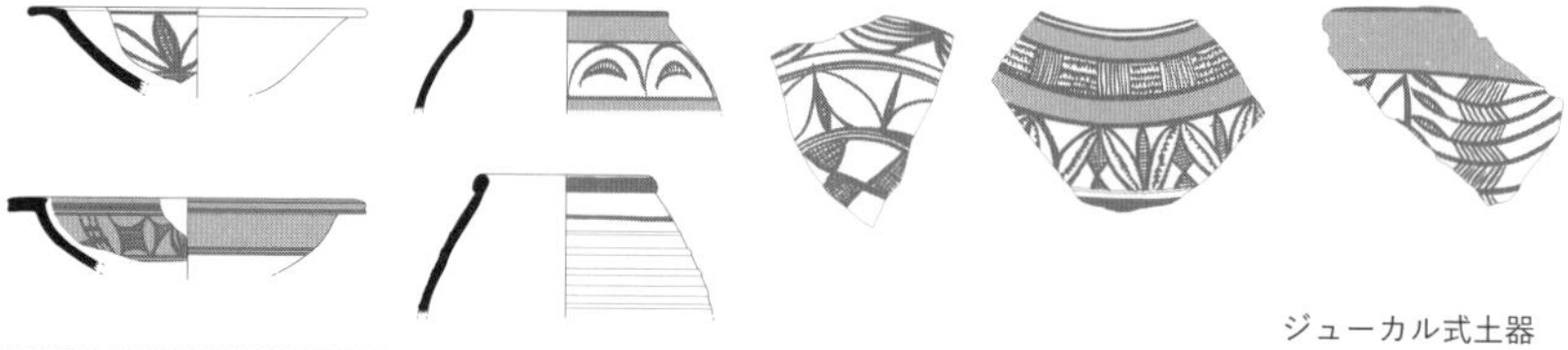

ジューカル式土器

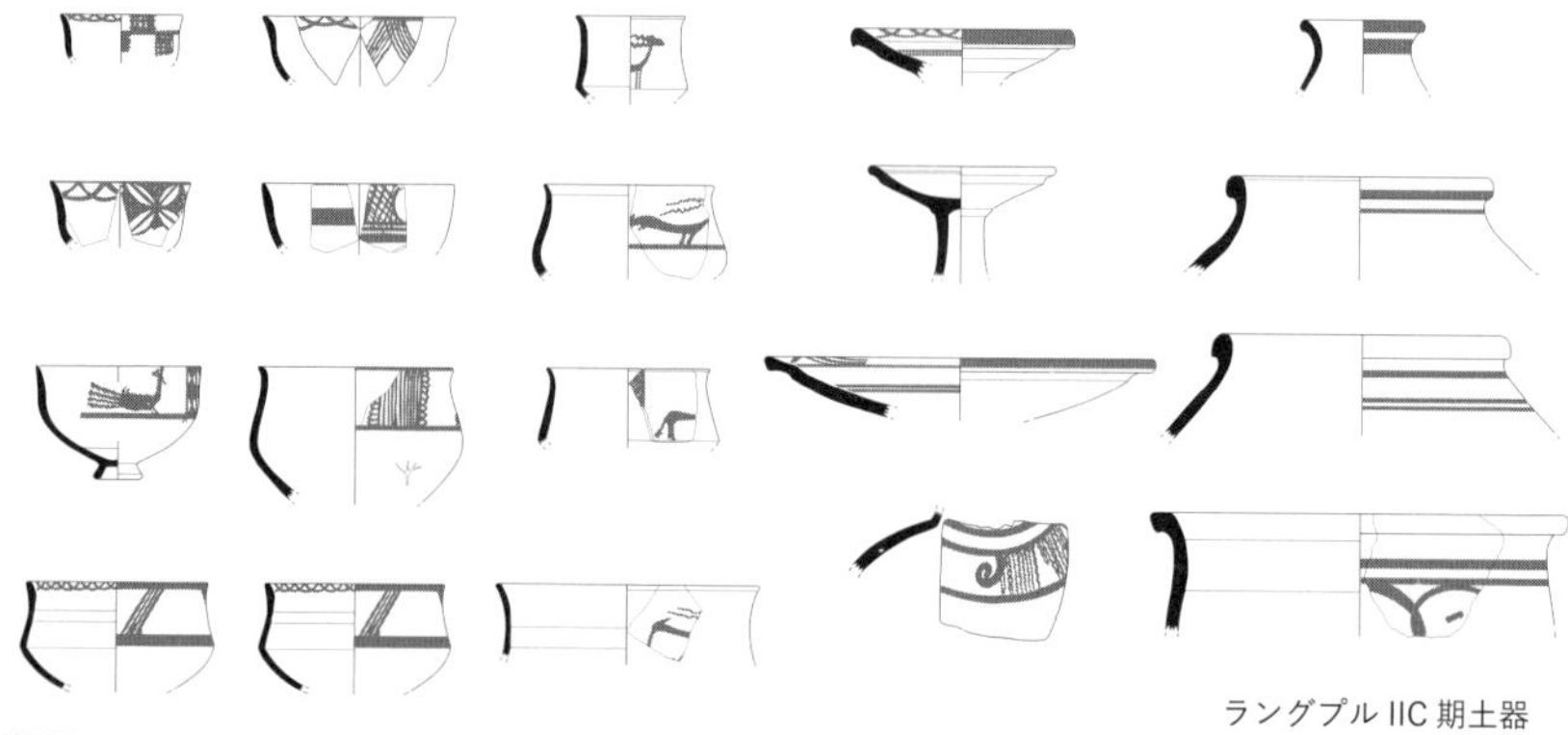

ラングプル IIC 期土器

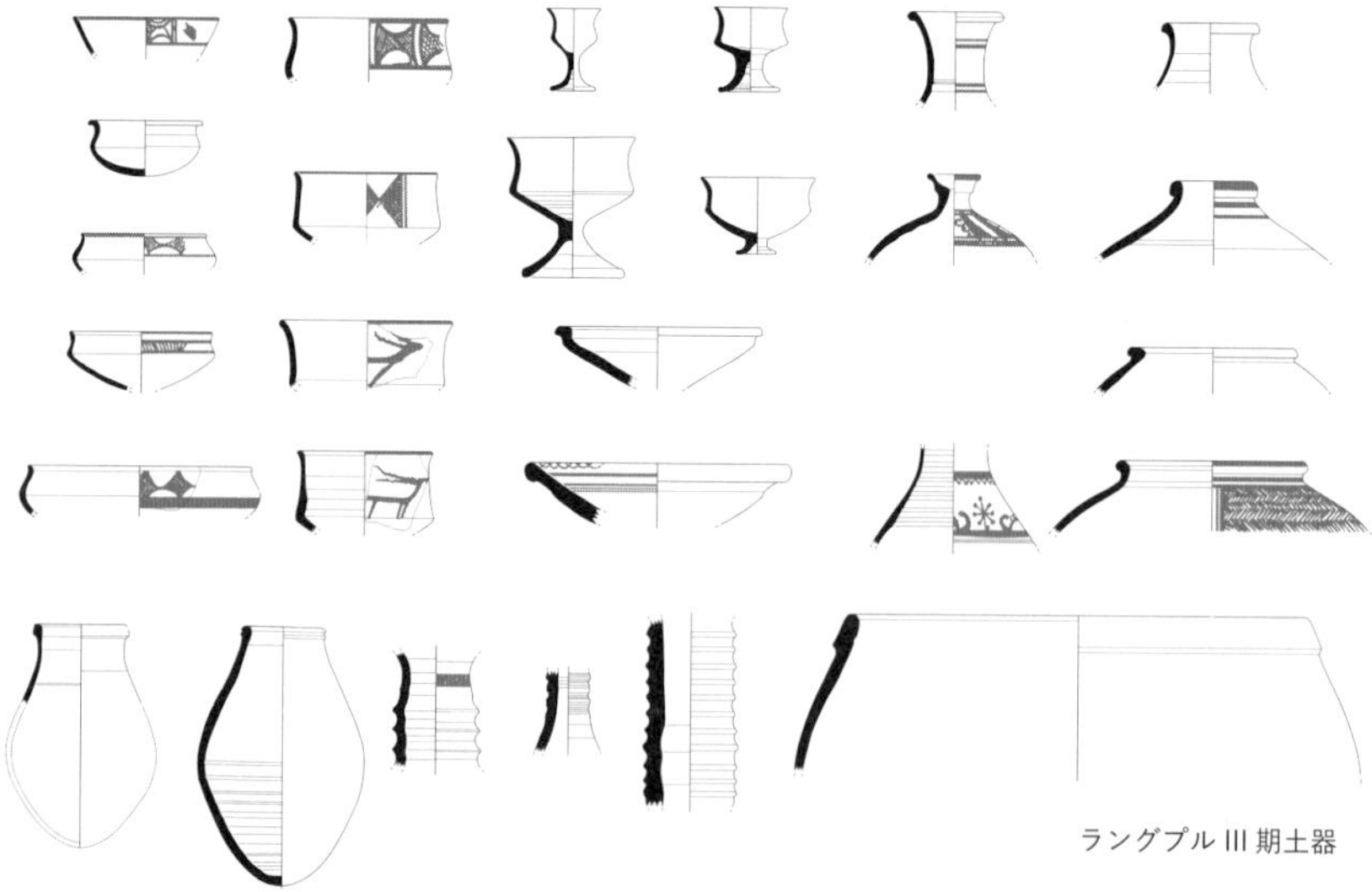

ラングプル III 期土器

図 91　ポスト文明期の土器（2）

ポスト文明期には、地域ごとにスタイルの独自性を強めていく傾向をみてとることができるが、その一方で部分的にせよ各地の土器様式間での交流関係もみてとることができる。ポスト文明期の社会の理解は、まだまだこれからである。

とができるものもある。しかし、全体の図柄の構成はハラッパー式土器や印章とは大きく異なっている。

グジャラート地方における文明期後期からポスト文明期にかけての土器様式の変化はより複雑である。文明期後期の段階で、この地域には地方型ハラッパー式土器であるソーラート・ハラッパー式土器に加えて、先文明期以来のアナルタ式土器、西のシンド地方からもたらされたと考えられるシンド＝パンジャーブ型ハラッパー式土器、さらに北東のラージャスターン地方から拡大してきた黒縁赤色土器（黒色土器の一種）が混在して分布している。黒縁赤色土器はラージャスターン地方で先文明期の時代からつくられてきた土器であるが、技法的には手づくねによる一次成形に回転力を用いた整形を組み合わせたもので、最終的にミガキ調整によって仕上げている。技術的にはアナルタ式土器に類似しているが、かたち、黒色に仕上げる焼成技法、白色顔料を用いた単純な幾何学彩文という点で独自性を有している。

これらの土器が混在して出土することは、文明期後期にグジャラート地方が海洋交易を軸にして求心力を高めたことで、多様な集団がこの地域に進出してきたことを示しているが、そうした多様性がこの地域の土器の変化を複雑なものにしている。基本的にはアナルタ式土器とソーラート・ハラッパー式土器が融合することにより、前二〇〇〇年前後の時期におけるラングプルⅡC期土器という新たな土器様式の成立へと展開しているようであるが、さらに続くラングプルⅢ期土器（輝赤色土器）への変化においては、黒縁赤色土器の器形も取り込まれている。ラングプルⅢ期土器は、ロクロ回転を利用した成・整形工程を特徴としているが、表面はミガキ調整によって仕上げている。一部の彩文土器にはクジャクが描かれているが、そのスタイルはハラッパー式土器のそれとは大きく異なっている。ヤギもしくはアイベックスの文様を描いた例もあり、ハラッパー式土器だけでなく、ほかの土器様式の彩文とも異なる要素を導入している。その一方で、かたちという要素においてはソーラート・ハラッパー式土器の要素を含んでおり、複数の土器様式が融合し、さらに新たな要素を加えて、この土器様式が成立していることがわかる。

このように、ポスト文明期の各地の土器様式の成立の契機は文明期後期にさかのぼるが、特に彩文において新たな要素を含んでおり、土器様式全体としては文明期のそれから大きく変化していることになる。新たな彩文様式の成立過程の詳細はまだ判然としないが、各地で新たな観念体系が成立していたことをうかがわせている。これを内在的な変化と捉えるか、あるいはインダス地域外部からの影響と考えるか、議論が大きく分かれるところである。ただし、文明期の土器様式の中に起源を求めることのできない要素の出現は、土器に求められる機能や意味、生産と流通の仕組みが大きく変化したことを示しており、文明期とは異なる社会の形成をみてとることができる。さらに各地域土器様式の独自性が強く、交流関係が顕著に認められないことは、地域間関係の変容を意味しており、このこともまたこの時期の社会の特質を示していると理解することができる。

文明終末期における海洋交易の意味

文明社会の衰退と関係して注目しておきたいのは、グジャラート地方を中心とする海洋交易である。その特徴については前章においてみたところであるが、グジャラート地方とバハレーン島の関係が強化された時代は、インダス文明社会の衰退が進行していた時期に相当していることは重要である。

先に述べたように、インダス文明の終末年代とされる前一九〇〇年という値は、ハラッパー遺跡で得られた年代測定値にもとづいたものであるが、インダス地域各地の都市遺跡が一斉に衰退・廃絶したとは考えにくく、そのプロセスも都市によって異なっていた可能性が高い。モヘンジョダロ遺跡では廃絶年代を確定することは難しいものの、文明期後期に相当する最上層において建物の小型化やつくりの粗雑化が認められており、廃絶に先行して都市が衰退する現象が認められている。沐浴場や「穀物倉」も、都市の廃絶以前の段階ですでに使われなくなり、埋められていたことがわかっている。かつて城塞部に存在した特別な空間は、文明終末期頃に工芸品生産の工房空間へと変容していたことも示唆的である。ガッガル地方の中核都市ラーキーガリー遺跡ではバーラー式土器が出土しておらず、比較的早い段階で廃絶していた可能性がある。同地方の拠点集落であるミタータル遺跡では前二〇〇〇年前後に都市的居住空間が廃絶し、少なくとも調査範囲内では土坑しかみつからないようになる。グジャラート地方のドーラーヴィーラー遺跡も、ラングプルⅡC期土器が出土していないことから、前二〇〇〇年前後に衰退している可能性が高い。

都市の衰退・廃絶過程を年代と関係づけて説明することは難しいものの、突如として都市が放棄されたのではなく、一定の衰退期間を経ていることは確かであろう。さまざまな空間スケールにおいて変わりゆく社会の中で、都市もまた変化を繰り返し、衰退を経て、最終的な廃絶にいたっていると考えられるのである。

そうしたインダス地域の都市を取り巻く社会的環境が変化する中で、前二〇〇〇～前一七〇〇年頃にグジャラート地方とバハレーン島の交流が活発化していたことは、都市社会の変化・衰退の複雑さを物語っている。社会全体が同一歩調で衰退していたのであれば、対外交流を維持する力も同様に失われていたはずである。そうではなく、衰退期に海洋交易が活発に行われていたことは、グジャラート地方がほかの地域とは異なる社会の存立基盤、すなわち海洋交易に基盤を置いた社会の仕組みを有していたことを示している。この地域が、海洋交易を軸にして自立性を有するようになっていたということになろう。

そもそもインダスの都市社会と周辺地域との交流・交易を主導したのがだれであったのか、すなわち都市社会を統括する政治的エリートたちが企図したものであったのか、あるいは政治権力とは直結しない商人たちが自立的に行っていたのか、それとも海浜部の漁民たちが海洋での活動の一環として行っていたのか、よくわかっていない。実態としては、さまざまな人々がさまざまなかたちで、交流・交易活動に関わっていたであろう。ただし、メソポタミアにおける凍石製方形印章やペルシア湾岸地域におけるインダス系湾岸式印章の存在は、交流・交易のすべてでなくとも、交易活動の上で重要な器物である印章を所有することができた人々や、インダス文字を理解することのできる人々、すなわち社会のエリート層が何らかのかたちで関わっていたことは確実である。エリートの中にも政治権力を有する人や商人などさまざまな性格をもった集団が含まれていたであろうが、一般の民衆とは異なる立場の人々であったことは明らかである。

文明終末期のグジャラート地方とバハレーン島の交流・交易に関しても、一部にせよ交易活動をコントロールする人々や組織が存在した可能性が高い。文明最盛期から続いてきた交易活動を軸に西方との交流を維持することで、グジャラート地方がインダス文明の最後の拠点として機能していたと考えられる。ただし、この頃には、グジャラート地方の中核都市であったドーラーヴィーラー遺跡は衰退していた可能性が高く、交易活動は小規模な拠点を介したものであった可能性が高い。この時期のグジャラート地方の様相が明らかになれば、ここに示した仮説を検証することができるとともに、都市社会衰退期のインダス地域の様相を理解する上で重要な手がかりを得ることにもなろう。

新しい社会の出現

インダス文明期から続く伝統を何がしかのかたちで継承したポスト文明期の地域文化群も、前一五〇〇〜前一〇〇〇年の時期に衰退し、新たな文化によって取ってかわられることになる。その変化は、文明期からポスト文明期への変化と同様にきわめて大きなものであり、続く時代の南アジアの社会にとって重要な意味をもっている。

ガッガル平原では前一五〇〇年前後の時期に、彩文灰色土器と呼ばれる高火度還元焔焼成（焼成作業の最後で窯を密封し、酸素が少なくなった状態で土器を焼きしめる技術）による薄手の灰色土器が出現する（図92・93）。単純な幾何学文が描かれている。この土器のかたち、彩文、製作技術はバーラー式土器とは大きく異なっており、バーラー式土器が変化して生まれたものではない。また、ガッガル地方のいくつかの遺跡では同一層から彩文灰色土器とバーラー式土器が揃って出土しており、両者が時間的に接点を有していた可能性が指摘されている。彩文灰色土器の起源はどこか、また彩文灰色土器とバーラー式土器の関係はどういったものだったか、今後の研究課題であるが、バーラー文化が衰退しはじめていた頃に彩文灰色土器が出現し、この地域に広がったということになる。

一方、東のガンガー平原ではバーラー式土器に後続して、黒縁赤色土器が出現する（図92・93）。先にグジャラート地方における同名の土器について触れたが、このラージャスターン地方のバナース文化に属する黒縁赤色土器と、ガンガー平原の黒縁赤色土器がどういう関係にあるのかよくわかっていない。というのも、ガンガー平原東部では前二〇〇〇年以前の段階で黒縁赤色土器が広く分布しており、前一五〇〇～前一〇〇〇年の時期にガンガー平原西部に出現する黒縁赤色土器はガンガー平原東部から広がってきたものと考えられるためである。それぞれをバナース系黒縁赤色土器、ガンガー系黒縁赤色土器と呼ぶことにしよう。

バーラー式土器からガンガー系黒縁赤色土器への転換の過程については不明な点が多いが、両者が異なる系統の土器であることは確かである。ガンガー系黒縁赤色土器はガンガー平原西部からさらにラージャスターン地方にまでおよんでおり、ラージャスターン地方の銅資源を利用していた可能性もある。ここで注目されるのは、彩文灰色土器とガンガー系黒縁赤色土器の関係である。この二つの土器はいずれも浅鉢や鉢などの食膳具によって構成されており、それに素焼きの赤色土器でつくられた調理具や貯蔵具が加わって全体の土器様式を構成している。こうした食膳具と調理具、貯蔵具を土器の種類によってつくり分けるスタイルは、インダス文明期やポスト文明期には存在していない。この点において、両者の間に関係があることがうかがわれるのである。

ちなみに、素焼きの壺や甕にはタタキ技法が用いられている。土器の胴部を叩いて最終的なかたちに仕上げる技法であるが、インダス地域の土器群ではこの技法は用いられていない。先に、鉄器時代以降、タタキ技法が土器の製作に普及し、現代まで続いている可能性について述べたが、この技法はガンガー平原東部に起源する土器づくりの技法と考えられる。このこともまた、彩文灰色土器とガンガー系黒縁赤色土器がインダス系統ではなく、ガンガー平原の土器伝統に起源することを物語っている。

さらに注目されるのは、ガンガー系黒縁赤色土器がガッガル平原にもおよんでいることで、彩文灰色土器とと

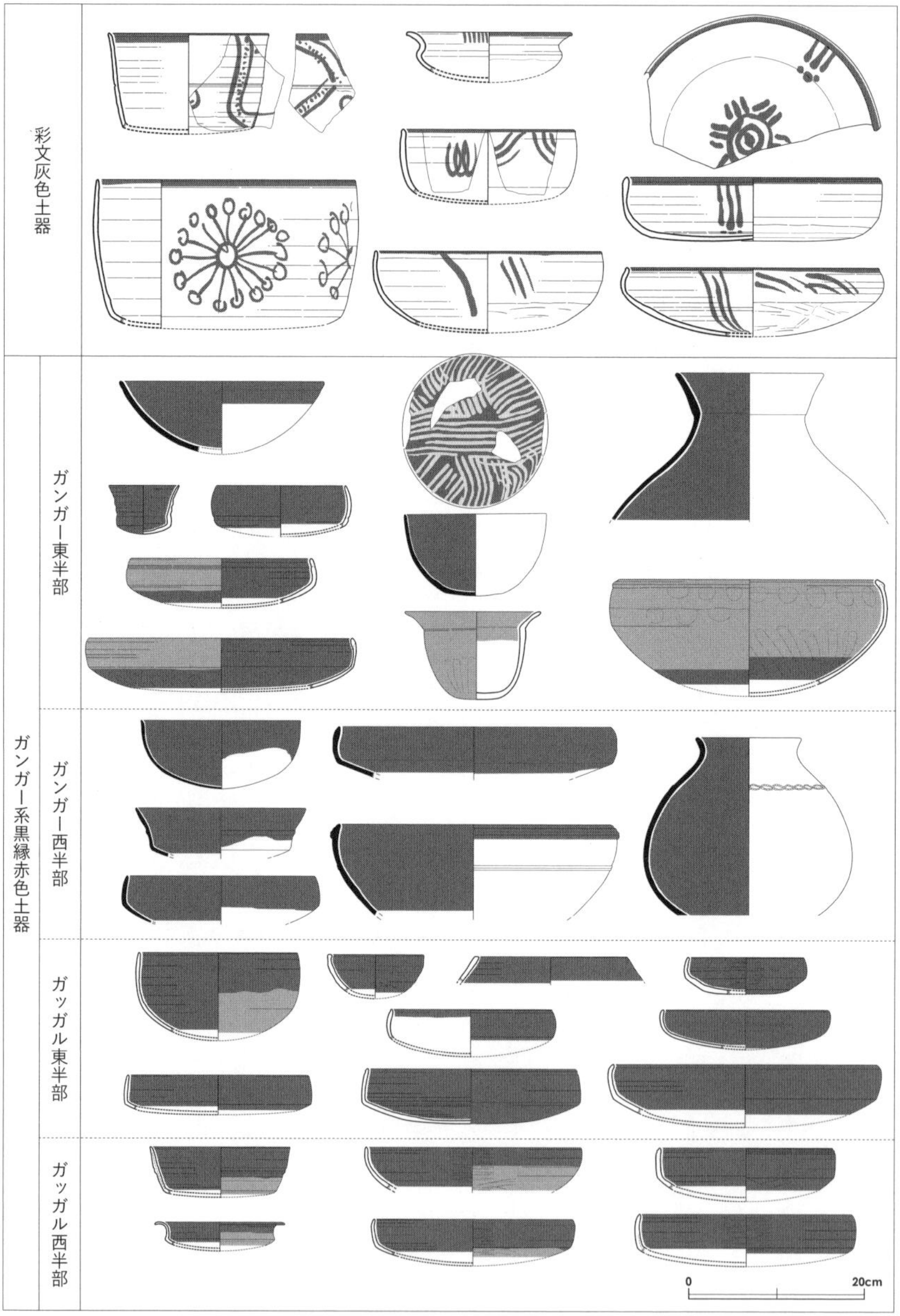

図 92　彩文灰色土器とガンガー系黒縁赤色土器

彩文灰色土器とガンガー系黒縁赤色土器は、ガンガー地方の土器伝統に属するもので、インダス地域の土器伝統とは大きく異なる特徴を有している。これらの土器の登場によって、ガンガー地方が北インドの社会の中心となる。

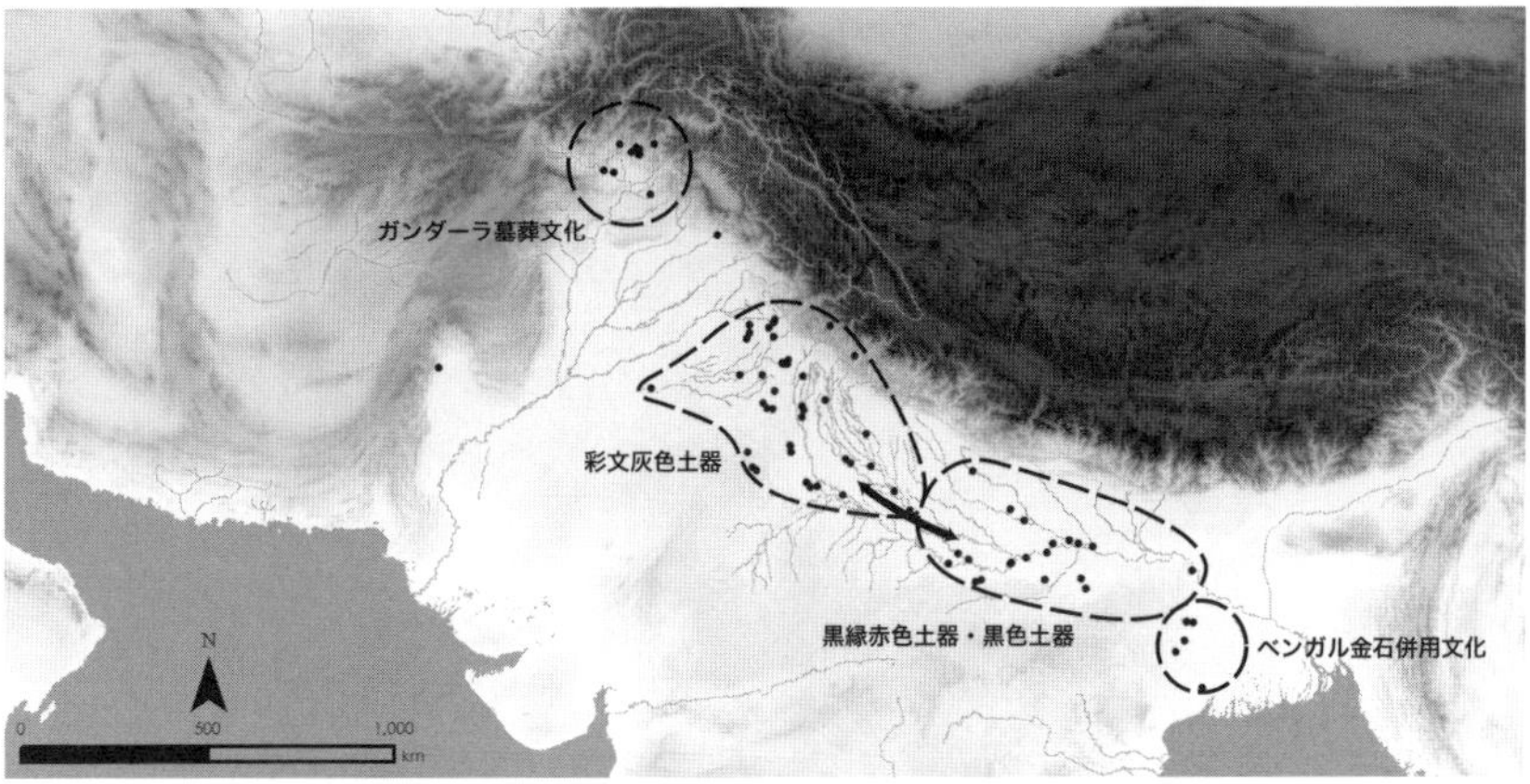

図 93　彩文灰色土器とガンガー系黒縁赤色土器の分布（前 1000 ～前 700 年頃）
前 1000 年頃までには、ガッガル地方東半部からガンガー地方がひとつの交流ネットワークを形成し、この地域における社会を複雑化させていく。その流れを受けて、前 600 年頃にガンガー地方に都市社会が成立する。

もにひとつの遺跡から出土している事例も多い。こうしたことから、両者は深い関係にある土器であることがわかる。ただし、前一〇〇〇年以降の動向も踏まえると、彩文灰色土器はガッガル平原、ガンガー平原西半部に、ガンガー系黒縁赤色土器はガンガー平原東半部に分布の中心があり、同一系統の土器とは考えにくいのである。両者は前一〇〇〇年以降のガンガー平原に中心を置く北インド社会の動向を考える上でも重要な資料であるが、前一五〇〇～前一〇〇〇年の時期におけるインダス文化伝統の終焉とも深く関わっている。なお、彩文灰色土器は西のパンジャーブ地方でも、H墓地文化衰退後の時期の遺跡から出土している。

シンド地方、バローチスターン地方に関しては、ポスト文明期以降の考古文化は明確ではない。バローチスターン地方南部では、前一〇〇〇年以降にロンド式彩文土器と呼ばれる土器様式が出現するが、この段階においてはもはや北インドの社会＝文化とは直接的な交流関係はなくなっている。グジャラート地方でも、ラングプル遺跡Ⅲ期の資料を標式とする輝赤色土器が前一四〇〇年頃に衰退したのちの土器あるいは文化の様相は不明である。シンド、バローチスターン地方とともに今後の調査にまたざるをえない。

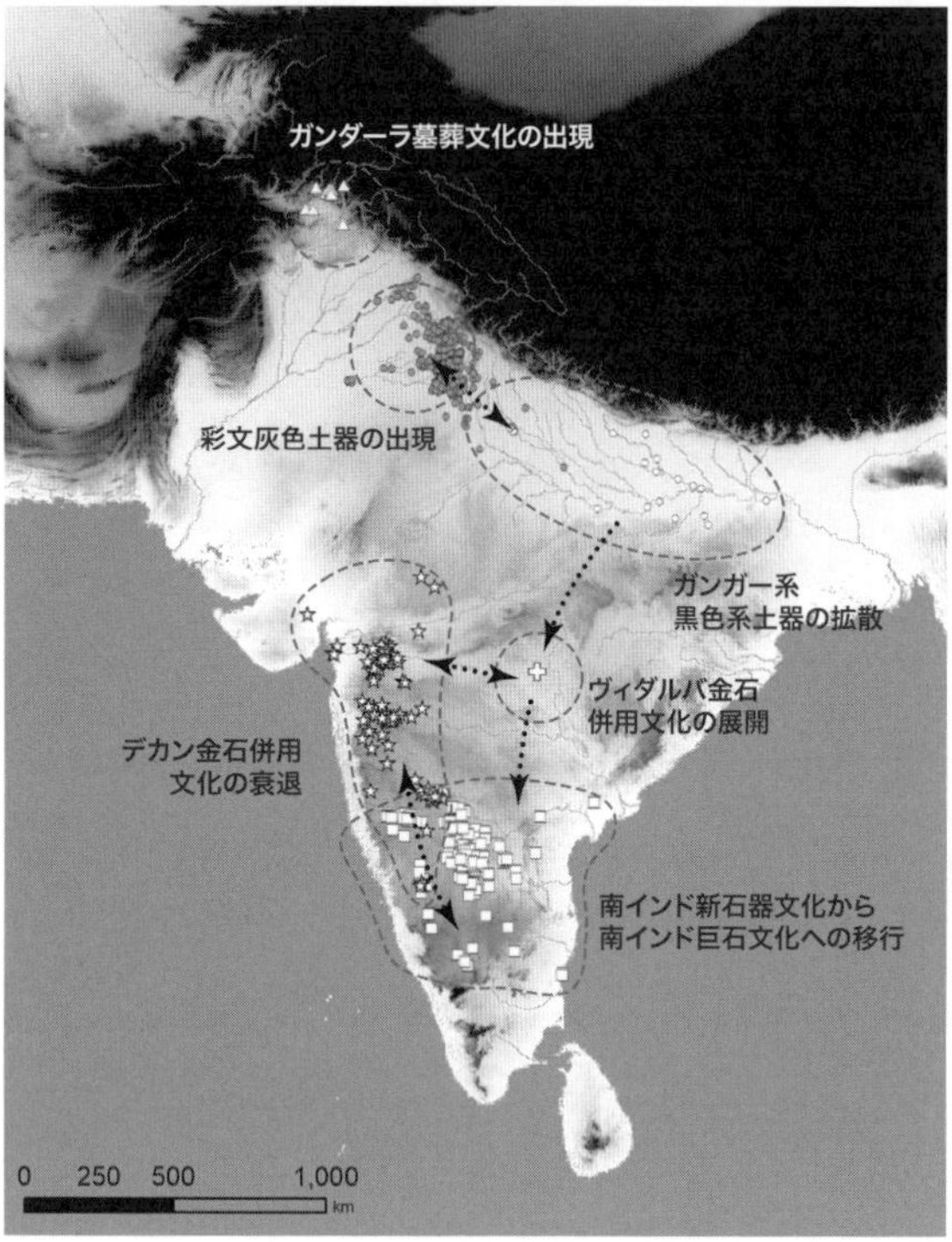

図94　前1500〜前1000年の南アジア

インダス文明が衰退した前2千年紀という時代には、南アジア全域でさまざまな変化が生じている。ひとつの解釈としては、インダス文明の衰退に伴う人口の東方移動が南アジア各地に新たな交流ネットワークを生み出し、各地の社会の変化と再編を促したとみることができる。

いずれにしても、前一五〇〇〜前一〇〇〇年は、インダス系の文化伝統が姿を消すとともに、新しい社会の形成がガンガー平原を中心に進行する時代である（図94）。インダス系の文化要素の一部は継承されていたかもしれないが、少なくとも明瞭にみえるかたちではなくなってしまう。この社会の大変化がどのような要因によって引き起こされたのか不明であるが、これ以降、ガンガー平原が南アジア北半部の社会の中心として発達していくことになる。

第五章　インダス文明の歴史的意義

プロローグ　南アジアの人々の国際性

いつだったか、パキスタンからインドへ行くのに直行便がなく、ペルシア湾岸のドバイを経由したことがあった。ドバイからインド行きの飛行機に乗ると、まわりは湾岸地域での出稼ぎから帰国するインド人ばかりで、隣に座ったのもインド人であった。時間潰しに話を聞いていると、ドバイかあるいは別の働いていた場所で大変な目にあったのか、ようやく母国に戻って家族に会える喜びで涙を浮かべながらの苦労話を聞くことになった。

ペルシア湾岸地域の石油産出国には、インド、パキスタン、バングラデシュあるいはネパールからの出稼ぎの人が非常に多い。ドバイで話される言葉の第二位は、パキスタンの国語であるウルドゥー語である。ドバイの空港を歩いていても、四方から聞き覚えのある言葉が聞こえてくる。なんとなくインドにいるような気分にさせられたものだ。

二〇一五年からバハレーンの遺跡の調査に関わることになり、さすがにアラビア語の勉強をはじめないといけないかと観念して、調査に参加してみると、現地の文化古物局から派遣されてきたアラブ系バハレーン人が作業員として雇われたバングラデシュ人にヒンディー語で指示を出している。ホテルから遺跡までの送り迎えをしてくれたアラブ系バハレーン人も、立ち寄った自動車工場でヒンディー語を話している。大変驚いたのをよく覚えている。

実際、バハレーン（図95）には出稼ぎ労働者を中心に南アジアからやってきた人がたくさんいる。日雇いの工事現場であったり、タクシーの運転手であったり、あるいは英語が話せる人はホテルの受付やオフィスで働いている。いたるところに南アジアの言葉で書かれた看板があったり、労働者の送り迎えをするミニバスが街中を走り回っている。仕事や日常生活に関わるさまざまな部分で、南アジアからの人々を支える仕組みができあがっているのである。

親しくなったバングラデシュ人の作業員から、バハレーンでの暮らしぶりについて聞いてみると、もちろん苦労話も絶えないが、かといってさほど外国に出て生活することに辟易としている風でもない。彼らは同郷の人々

図 95　海洋交易でさかえてきたバハレーン島

伝統的な木造船の向こうに、南アジアからの労働者が建設作業に従事する高層ビル群がみえる。バハレーン島は古くから海洋交易の拠点としてさかえ、西南アジア各地の人々が接し、文化が交わるところであった。

と生活をともにし、さまざまなコネを使って仕事をし生活費を稼いでいる。長くバハレーンで働いている人は流暢なアラビア語を話し、現地社会の中にも入り込んでいる。彼らの異国で生活する術には私たち日本人はとうていかなわない。さすがにサウジアラビアの田舎町でヒンディー語を耳にしたときは、自分の耳をうたがったが。

南アジアの人々の国際性は最近になって生み出されたものではない。近代以前の時代にも南アジアの人々がユーラシア大陸の各地に移り住み、生活を営んできたことはよく知られるところである。古代はおろか、インダス文明の時代にも南アジアの人々が高い機動性をもっていたことを、メソポタミアやアラビア半島、中央アジアから出土するインダス系器物にうかがうことができる。ボーダレスと呼ばれる国境を越えた経済活動やコミュニケーションは現代になって発達したものではなく、遠く離れたところをつなぐ人の移動は、はるか古くから人類社会の特質であったのである。

インダス文明社会の構造

前章までみてきたインダス文明の特質を踏まえ、この文明社会の歴史的意義について考察するのが本章の目的である。

インダス文明に限らず、いわゆる文明と呼ばれる社会は広域性を特徴とし、それを支えるためのさまざまな仕組みを発達させた。都市や文字はそうした広域社会を支える基盤である。もちろん都市が出現したから、広域社会が誕生したといいかえても本質は変わらないだろう。インダス文明もまた広域に展開した都市社会であり、その社会を支えるために、文字が生み出されたということができる。

なぜ人類は都市を生み出し、広域社会をつくりだしたのか。人類史におけるひとつの大きな謎といえるだろう。人それぞれが自分の生活圏を有している。日常的な生活を営む上では、その生活圏はそれほど大きなものである必要はない。現代のインドの農村の人々を例としてみても、日常生活のレベルではその範囲はせいぜい半径二〇キロ程度である。交通手段が発達した現在でも、その程度の範囲の中で必要な物資や情報を手に入れることができるのだから、時代をさかのぼればその範囲はさらに小さくなるだろう。

ただし、現代インドもまた都市を中心に展開する社会であり、経済活動も都市を拠点としている。農村に暮らす人といえども都市の存在は知っているし、都市の経済力に引かれて出稼ぎに出かけていく人も多い。農村の人々にとって、都市は日常的な生活圏の中には存在していないが、確実に彼らもまた都市を拠点として編成された社会の中に組み込まれているのである。その程度は経済活動の国際的競争力が求められている現在、ますます大きくなっている。

もちろん、都市がもつ機能やその規模、農村への影響力などの点では、現代社会と近代以前の時代では圧倒的な差があるだろう。しかしながら、都市が周辺の村落を巻き込んでひとつの社会をかたちづくっているという基本構造は共通していると考えられる。例えば、インダス文明期には各地に大規模な都市が存在したが、その建設には都市民だけでなく、周辺の村落の人々も動員されたであろう。また、小さな農村が展開する地域で貴重な資源が産出する場合には、その開発や流通の過程で都市民と農民、牧畜民の間でさまざまな接点が生じたことも想像にかたくない。もちろん都市とまったく関わることなく暮らしていた人々もいたであろうが。

インダス文明の社会は、都市と周辺の小規模村落の関係からなるひとつの地域社会が、複数連結することによって成立した社会である。確実に食料生産に特化した農村と呼べる遺跡の発掘例はないので、都市と小規模集落との間の関係はこれからの調査・研究の課題であるが、工芸品生産に特化した小規模集落の発掘例は、工芸品の生産と流通を介した都市と周辺の集落の関係のひとつのあり方を例示するものと評価できるだろう。

このことは、インダス文明域内に所在した都市、小規模集落の間で、どの程度文明社会への帰属性が共有されていたかということにも関わってくる。マスメディアや義務教育がかなり浸透した現代社会でこそ、農村地帯に暮らす人々の間でも国家への帰属性はかなり強く意識されている。あるいは意識させるような仕組みが国家によって整備されているが、インダス文明の時代であれば農村に暮らす人々の間で、文明社会への帰属性の認識はなかっただろう。

ただし、都市に暮らし、内外の交易活動に従事する人たちの間では、一定の社会的帰属性が共有されていた可能性が高い。とりわけインダス印章を所有していた人々の間ではそうした意識は強かったと考えられる。特定の素材を用い特定のスタイルをもつインダス印章は、その生産・流通を管理する集団の存在を示しており、広範な地域を結びつける上で重要な役割を果たしたと考えられる。また、印章は周辺地域との交流関係の中で自らの出自を示す証明書として機能した可能性が高い。とりわけ印章が社会の中で広く普及していたメソポタミアとの交流においては、異なるスタイルの印章が不可欠であったと推定される。ハラッパー式土器や石製装身具など、一定のスタイルにのっとった器物もまた、そうした社会＝文化的帰属性をあらわす役割を与えられていたであろう。

広域型都市社会を支えたもの

都市は地域社会の中心であり、また地域社会間を結ぶ結節点であったと考えられる。先にあげた広域分布を示す各種工芸品は、農村の間をリレー方式で流通したのではなく、都市と都市を結ぶネットワークの中で流通したと考えてよいであろう。

ただしここで注目しておきたいのは、工芸品生産が一極管理体制のもとで生産されたのではなく、各地に分散する工房で生産され流通していたということである。一定のスタイルを維持するには生産を一元化するほうが容易である。それが印章のように、広域社会の維持、すなわち都市社会の運営といった政治的側面に関わるものであれば、なおさら一元的な生産・流通体制を前提としていても不思議ではない。しかし、実際、インダス文明社会の場合には、印章にしても石製装身具にしても多元的に生産されていた。ハラッパー式土器もおそらくはそうであろう。それにもかかわらず、スタイルが広域的に維持されたのはどういう仕組みにもとづくものであったのだろうか。

この問いに対して明快な答えを準備することはかなわないが、ケノイヤーが指摘する「非中央集権型都市国家」「競走型集団統治」といった概念がひとつの手がかりとなろう。ケノイヤーによれば、ひとつの都市のなかにも複数のエリート集団が存在し、彼らの間の競争が都市の拡大を引き起こしたという。同様に、都市間でもエリート集団間の競争があり、それがインダス文明社会の規模の拡大をもたらしたと解釈している。エリート間、都市間の競争関係は新たな資源の開発や工芸品生産の拡大などを伴いながら、文明社会の拡張を引き起こしたというのが彼の議論である。その一方で、観念体系や経済的利益を共有することもまた、競争的関係にある集団にとって重要であったという。

先文明期の段階で地域社会群が各地に出現し、その間で交流ネットワークが形成されていた。インダス文明社会はそうしたネットワークを基盤としたものと理解できるが、実際に地域間交流というレベルを超えて、広域型都市社会としてのひとつのまとまりが形成されるためには、地域社会群を貫く原理あるいは論理が必要であったと考えられる。具体的にどういった枠組みが準備されたのかわからないが、シンド、パンジャーブ地方のハラッパー文化集団が広域的な一体性のシンボルとなる社会＝文化的装置を創りだし、広域型社会を実現したのである。ただし、その仕組みを維持するためには、また別の手段が必要であったであろう。それが各地の都市間の関係であり、工芸品のスタイルの一貫性にみられる資源と情報の分有であったとみることができる。広域型都市社会を一元的ではなく、多元的に管理するためのツールとして印章を代表とする工芸品が生み出され、消費されたのではないかと考えられるのである。

各地の都市を統括する集団はインダス・スタイルと呼びうる工芸品、ひいてはその背後にある価値観や観念体系を分有し、ともに更新していくことで都市の存在を正当化し、存立基盤を維持しようとしたのではないだろうか。それは中央集権的な国家観とは大きく異なる見方であり、むしろ都市国家という理解に近いかもしれない。ただ、少なくとも物質文化にみるかぎり、都市の独立性は顕著ではなく、広域流通工芸品においてスタイルの共通性が強くみられることは、ある特定の地域の都市社会が国家という組織をかたちづくっていたのではなく、ゆるやかなつながりの中でひとつの広域型都市社会が維持されていた様子を示している。

文明期後期に地域土器様式が顕著になる様子は、広域型社会を構成する地域社会の枠組みが強化されたことを示しているのでないだろうか。かつて私は、後期における地域土器様式群の出現が、広域型都市社会の統合力の弛緩の結果であり、インダス文明社会の衰退につながる社会変容の起点として評価していた。しかし、後期の段階に資源流通がもっとも活発になっていることや、印章のスタイルと製作技術がこの時期に完成形に到達していることが最近の研究によって明らかになってきた中で、地域土器様式群の出現は、広域型都市社会の衰退に直結するというよりも、都市社会がより複雑かつ多様な様相を帯びてきた段階であったことを示すものとして理解したい。

もちろん、広域社会の一体性が分節化されていくことは、それが進めば社会の解体を引き起こす可能性を秘めているが、むしろ前・中期においてハラッパー文化によって広域型都市社会が実現し維持される中で、各地の社会もまた都市間ネットワークの中に取り込まれるとともに、ネットワークの多層化をもたらしたと考えられる。広域型都市社会が名実ともに確立したのが、後期の段階であったと評価することができる。この時期、文字だけを刻んだ印章や印章を粘土に押捺して製作したタブレットなどが増加するのは、こうした交流ネットワークの多層化と関わっている可能性があるだろう。

また、都市社会の拡大はその外縁部の社会を巻き込み、交流ネットワークをさらに複雑なものへと変化させていく。後期のグジャラート地方における複雑な土器様式群の関係は、そうした都市社会の拡大による周縁地域の取り込みと、地域社会の再編現象を示すものとしてみることができるだろう。また、周縁部では中心部とは異なるスタイルや価値観が生み出される。後期のガッガル地方におけるファイアンス製装身具の増加は、そうした新たな価値の創造の一例ということができるかもしれない。

都市社会のように複雑な構造体は、みる角度によって当然見えかたも異なってくるであろう。ここに述べたのはひとつの解釈であり、今後の研究で検証していく必要があることはいうまでもないが、現在得られている物質文化の時空間的変遷を総合的に解釈すると、以上のような説明をひとつの仮説として提示することができるだろう。

インダス文明の宗教世界

インダス文明の時代に生きた人々は、どのような宗教をもっていたのであろうか。宗教と呼べるような体系化された信仰が存在したかどうかも不明である。少し視野を広くして、当時の人々が共有していた観念世界の特質について考えてみよう（図96）。

自らの生活を取り巻く自然・社会的環境を認識し、観念世界を構成して生きていることは人類社会に共通する現象である。それをひとつの村の中でだけでなく、地域社会で共有することで、社会=文化的帰属性を確認する。信仰の対象となるのは、神だけでなく、さまざまな自然現象であったり動植物であったりすることもある。そうした原初的な信仰の対象が神格化され、体系化されると宗教になる。また、観念世界の中で、信仰が多層化することも一般的であり、社会の中で広く信仰される特定の神に加えて、民間信仰と呼びうる信仰のあり方が併存する場合が多い。

インダス文明の時代には、さまざまな器物に多様な意匠が表現されている。土器や印章がその代表である。先文明期の時代にも土器を中心にいろいろな文様が描かれている。こうした意匠は、当時の人々が自分たちの生活環境をどのように認識していたか、すなわち彼らの観念世界の特質を理解する上で重要な手がかりとなる。

先文明期前期には、幾何学文を描いたものが圧倒的に多い。そこに彼らの観念世界が投影されている可能性は十分にあるが、その内実を理解することは難しい。先文明期後期になると、動物を中心とした形象文が多く表現されるようになる。コート・ディジー式土器では限定的ながらもスイギュウの頭を正面から描いた文様があらわれる。かなり簡略化された表現であるが、それが広い範囲で表現されていることからみると、何がしかの意味が与えられていたことがわかる。バローチスターン地方中央部のファイズ・ムハンマド式土器には、魚、コブウシ、ヤギが植物文や幾何学文と組み合わせて表現された例を多く見いだすことができる。バローチスターン地方南部のナール式土器では、魚、コブウシ、鳥、菩提樹の葉などが頻繁に描かれている。中には、動物の胴体に鳥の頭と翼をもったグリフィンと呼ばれる想像上の動物を描いた例もある。

これらの例は、この先文明期後期の段階までに、各地で動植物が人々の観念世界の中で重要な意味をもつようになったことを示している。想像をたくましくすると、ファイズ・ムハンマド式土器にみられる魚と水草の表現は水を象徴している。バローチスターン地方は全般的に乾燥性の強い地域であり、そうした自然環境の中で生命

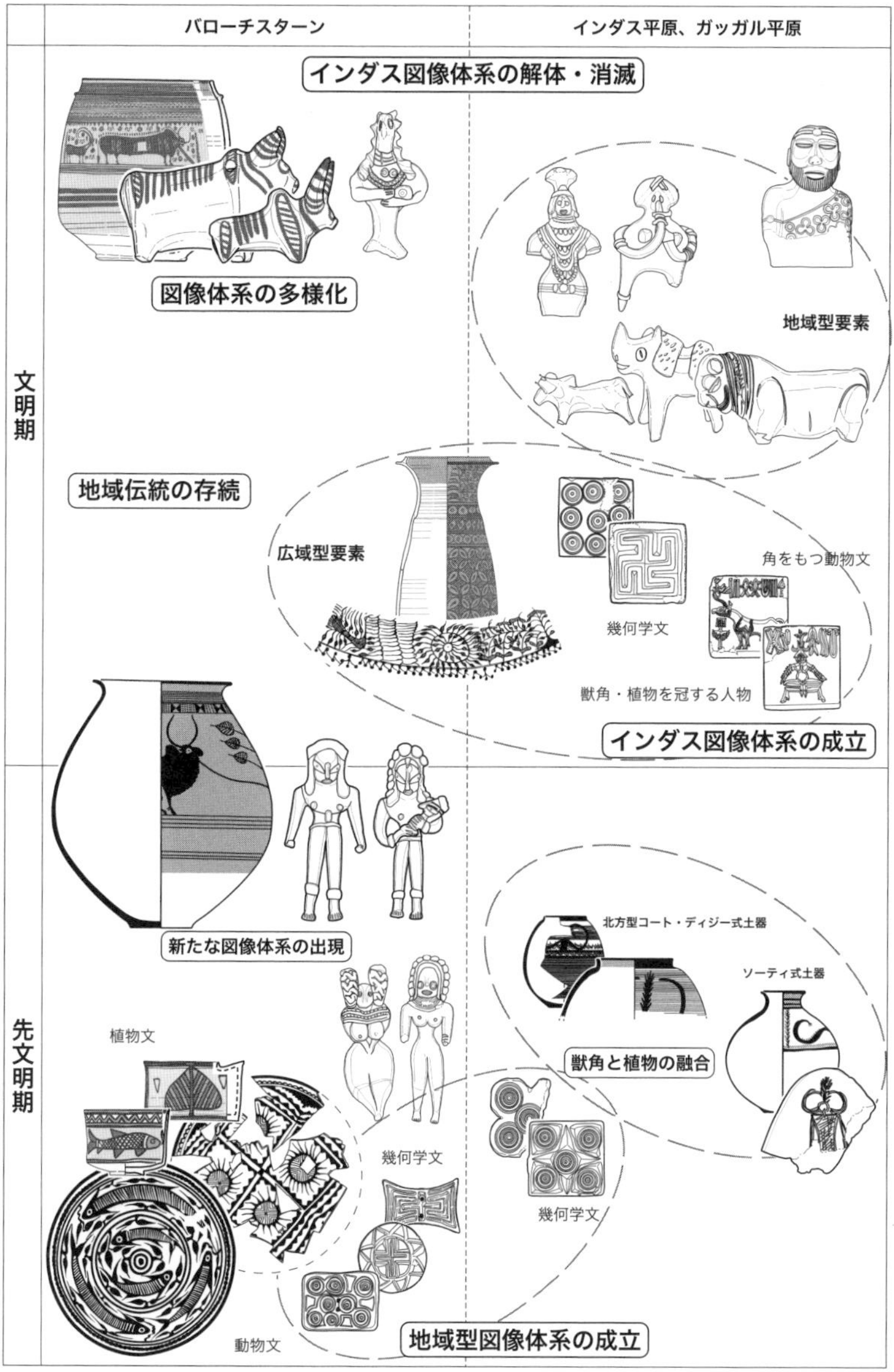

図 96　インダス文明社会の図像体系

さまざまな遺物にあらわされた文様や図像を総合すると、インダス地域の各地にさまざまな信仰あるいは観念世界が存在したことがわかる。それらは基本的に自然信仰と呼びうるものであるが、それらが複雑に関係しあいながら、文明期の世界がかたちづくられていた。

の源としての水が重要な意味をもち、人々の観念世界をかたちづくる要素のひとつとしてみなされていた可能性を示している。ナール式土器における魚の表現も同様の意味を有するものであろう。また、ナール式土器に表現される菩提樹の葉も生命力の象徴とみることができる。菩提樹はインダス文明期のハラッパー式土器においても重要な要素として表現され、さらには現在の南アジアにおいても、生命力の象徴として重要な観念的意味を有している。自然現象の中に生命力や豊かさを見いだす姿勢が顕著である。

コブウシやヤギは、家畜として人々の生活に深く関わる動物である。食料資源としての有用性が、観念世界の中での重要性の増大へとつながったのであろう。グリフィンにどのような意味が与えられていたのかわからないが、異なる動物の融合はまさに観念世界の産物ということができるだろう。こうした想像上の複合獣はインダス文明期の印章にも描かれており、ナール式土器と印章が直接結びつくかどうかわからないものの、自然現象に起源をもつ原初的な信仰が一段と発達し、人々の観念世界の中で重要な意味をもつようになったことを示している。

先文明期における観念世界のあり方を考える上で、もうひとつの重要な資料に土偶がある。特にこの時期には人物をかたどったものがバローチスターン地方中央部および北東部の地域で発達する。バローチスターン地方中央部では、先文明期前期に女性を表現したシンプルな土偶が出現し、後期になってより緻密な細部の表現をもったスタイルへと発達する。さらに文明期直前の段階には、男性土偶が加わることは第二章でみたとおりである。また、剃髪の男性土偶の登場もこの時期の観念世界の複雑化を物語っている。一方、バローチスターン地方北東部では、シンプルなつくりを特徴とする女性土偶が展開しており、先文明期後期には東のパンジャーブ地方にもその分布を広げている。

彩文土器と同様に、人物土偶もまた先文明期における各地の地域社会で観念世界が具体的な造形の対象となってきたことを示しているが、両者で異なる事象が表現の対象となっていることは興味深い。彩文土器では動植物が、土偶では人物が造形の対象となっているのである。各地の地域社会の中で育まれてきた原初的な信仰が、より複雑化するとともに、造形を通して具象化され、強化されてきた様子をみてとることができるだろう。その一方で、印章には幾何学文が卓越することは、印章が彩文土器や土偶とは異なる原理にもとづいたものであったことを示しており、この時期の観念世界の複雑性を物語っている。

インダス文明期になると、印章と土器に描かれる図柄は大きく変化する。印章には角や牙をもったさまざまな動物が描かれるようになり、ハラッパー式土器にはクジャクと菩提樹を組み合わせた文様が頻繁に描かれるようになる。文明社会の出現とともに図像体系に大きな変化が生じていることがわかる。また、印章もハラッパー式土器も広域に分布する器物であり、これらに描かれた図柄は広域に意味をもつものであった。先文明期とは異なる観念世界の広域共有の仕組みが存在したことを示している。また、印章とハラッパー式彩文土器で、採用される図柄が大きく異なっているのも重要である。広域分布を示す図柄においても多様性が認められるのである。

その一方で、地域性を示す観念的要素もある。それは土偶である。上述のように、先文明期には人物土偶がバローチスターン地方の中央部と北東部に顕著であったが、文明期になると、共通するスタイルをもった人物土偶はパンジャーブ地方からシンド地方、グジャラート地方を中心に分布するようになる。先文明期とは異なるスタイルをもったものであり、女性をかたどったものが中心となっている。この文明期のスタイルがどのように発達したのかよくわかっていないが、印章や土器と同様に、文明期になって新しい土偶スタイルが生み出されたことは確かである。しかし、この文明期の人物土偶はガッガル地方では出土しておらず、印章や土器にみられる広域分布は認められない。

動物土偶でも同じような共通性が確認できる。文明期の動物土偶には、細部の表現にこだわった一群と簡略化した一群が存在しているが、後者は広域的に分布するのに対し、前者はパンジャーブ、シンド、グジャラート地方にしかみられない。また、細部表現型には多様な動物が表現されるのに対して、簡略型はコブウシが中心である。細部表現型に表現される動物が印章のそれと共通していることも注意される。

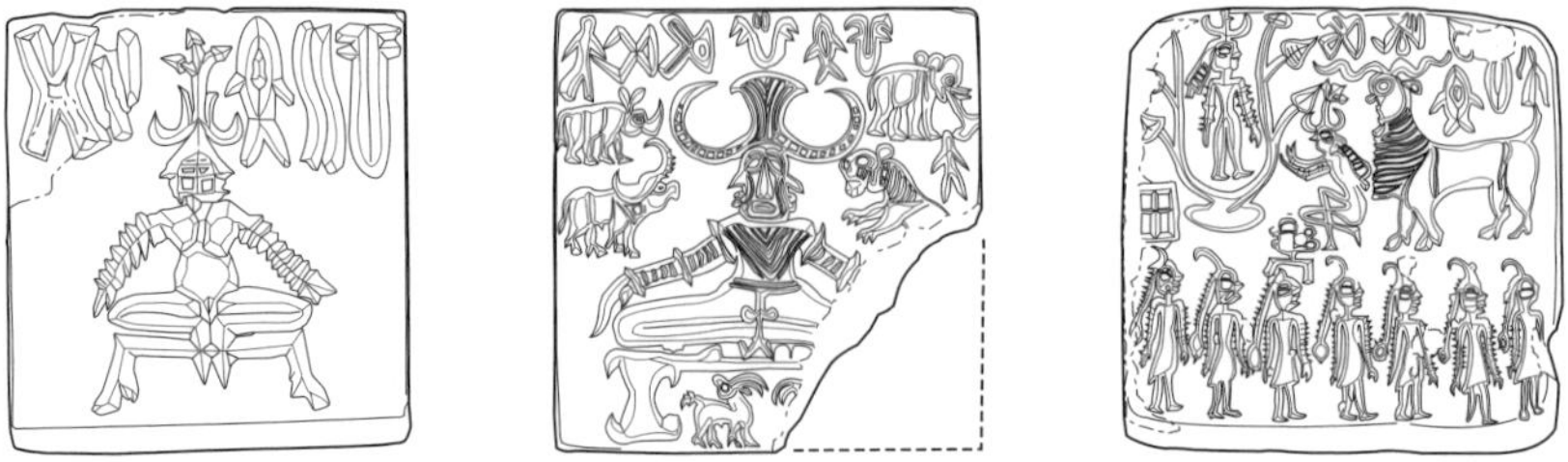

植物と獣角をいただく人物　　動物を従える人物　　動物供儀を受ける人物

図97　人物（神？）を表現した文明期の凍石製印章

文明期の印章の中には、わずかながら人物を描いたものが存在する。獣角と植物を冠した彼らは、神あるいは王を表現したものであろう。文明社会を支えた権力・権威のありようは、きわめて断片的にしかみえないのが実際である。

このように異なる器物で異なる図柄が採用され、それらが多様な分布のあり方を示しているのは、インダス文明期の観念世界が多様化、多層化していたことを示している。文明期後期にバローチスターン地方南半部に分布するクッリ文化の図柄も、こうした多様性を示している。クッリ式彩文土器では、コブウシと樹木の組み合わせが繰り返し表現されており、ハラッパー式彩文土器とは異なる図柄となっている。その起源は先文明期後期にさかのぼるが、印章やハラッパー式土器が表現するのとは異なる観念世界が、バローチスターン地方に根づいていたことを物語っている。

ちなみに、インダス式印章の一部には神とおぼしき人物像の表現例がある（図97）。頭に獣角と植物を冠したものがそれである。さらにそうした人物像が動物を従えた例や、人物像に対して動物をささげる様子を描いたものもある。こうした例は人格化された神の存在を示唆している。しかしながら、そうした表現例が数量的に限られていることは、人格神の観念がどの程度社会の間で共有されていたのか評価を難しくしている。こうした人格神をのちのヒンドゥー教との関係において解釈する説もあるが、インダス文明社会の中での位置づけが不明瞭であることには注意しておく必要があろう。「神官王像」と呼ばれる一群も、そうした多様な観念世界の中に組み込まれていた可能性はあるが、やはりその出土数の少なさや確立したスタイルの不在からみると、観念世界の中心に存在したものとは考えにくい。

このようにみてくると、先文明期から文明期にかけてのインダス地域における観念世界はきわめて多様で、また時間的に変化を繰り返していることがわかる。とりわけ、文明期には多層化した観念世界が存在しており、物質文化全般に認められる時空間的変異の複雑性と軌を一にしている。そこには確立した統一宗教の存在をみてとることは難しく、自然に対する信仰をベースにした観念世界がインダス文明社会を支えていたことをうかがうことができる。ただし、その多様性は重要であり、多様な観念世界が重層化し、それが互いに関係しあいながら変化していたところを注視しておく必要があろう。観念世界のあり方もまたインダス文明社会の複雑性を示す特徴である。しかし同時に、多様性がばらばらに存在するのではなく、体系の中に存在していたことも重要なポイントである。さらに、複合獣や人面獣の存在は、インダス文明社会の観念世界が原初的な自然信仰にとどまるものではなく、構造化された体系をもったものであったことを示している。

「西南アジア文明世界」の中のインダス文明

少し角度を変えて、インダス文明の特質について考えてみよう。それは「西南アジア文明世界」の一部としてのインダス文明という評価である。

先文明期から文明期のインダス地域を俯瞰すると、西方とのつながりがインダス地域の社会にさまざまな影響をおよぼしていることがわかる。先文明期におけるイラン系幾何学文印章の出現はその一例であり、イラン高原の交流ネットワークに接続することで、インダス地域が大きく変化しはじめる。イラン高原とのつながりが具体的にどのような性質をもつものであったかわからないが、前三〇〇〇～前二六〇〇年の時期にインダス地域において地域社会の発達と地域間交流ネットワークの強化・再編が生じている。

地域社会の発展と周辺地域との交流の活発化は、表裏一体の関係にある。第一章において、インダス文明の成立過程をめぐって、外来要因説と内在発展説があることを紹介したが、私は外部世界との交流関係が地域社会を発展させ、地域社会の発展が交流関係を変化させると考えている。この二つが関係しあうことにより、都市社会の成立基盤が形成されるのである。先文明期後期における地域社会の拡大と域内外の交流ネットワークが、さらなる地域統合をめざすハラッパー文化の出現にいたったと考えられる。インダス地域が閉じた社会であれば、文明社会の成立はなかったであろう。

こうした西方とのつながりは文明期になっても存続しており、むしろ強化されている。イラン高原との交流関係が文明期になってどうなったのかよくわからないが、文明期中期までには海洋交易が活発化し、より直接的なかたちでメソポタミアやアラビア半島との交流関係が強化されている。メソポタミアにおけるメルッハ村や凍石製方形印章の存在、アラビア半島におけるハラッパー式土器の分布などからみて、インダス人が西方へと直接出向いて交易を中心としたさまざまな活動に従事していたことが推測できる。また、後期の段階にはバハレーン島との交流が顕著になる一方で、バローチスターン地方南部に展開したクッリ文化が独自にイラン高原やオマーン半島、メソポタミアとの交流関係を築いている。

こうした交流関係が、インダス文明社会にどのような影響をおよぼしたのだろうか。粘土板文書や考古資料からみると、インダス産の器物が西方へと多く輸出されていたことがわかっている。しかしながら、メソポタミアやアラビア半島の器物がインダス地域に持ち込まれていたことを示す証拠はきわめて乏しく、インダス文明社会が対価として何を得ていたのかよくわからない。メソポタミアの穀物が輸入されていた可能性もなくはないが、考古学的に証明することが難しい。しかし、メソポタミアにもさまざまな工芸品があり、またインダス文明の都市よりも高度に整備された彼の地の都市を訪れたインダス人にとって、ものめずらしい羨望の対象となったことは想像にかたくない。

なかなかインダス文明の遺跡でメソポタミアとの交流関係を示す証拠が得られないので、「交流」「交易」の実態は判然としないのが実情である。しかし、交流関係があったことは確かであり、インダスの人々がそこに深く関わっていたことも事実である。インダス文明社会にとって、周辺地域との交流関係が欠くべからざる要素であったとみることができる。

このことを俯瞰的に眺めてみると、前三五〇〇年頃にメソポタミアに成立した都市社会は、その形成・発展のプロセスにおいて、周辺地域との関係を強化し、強い影響をおよぼした。農作物以外の資源に乏しいメソポタミアが都市社会の仕組みを維持するには、周辺地域からさまざまな物資を輸入する必要があったことはよく知られている。ラピスラズリや銅はその代表である。こうした稀少資源の流通を介して形成された「交易」ネットワークは、物資だけでなく人、情報の流れを活発化させ、「交流」ネットワークとして社会の中に組み込まれることになった。周辺地域では、交易ネットワークの中で流通する資源の開発やその加工のシステムが発達するとともに、地域社会が発展し、都市や拠点集落を生み出すことになる。都市をもつ社会が誕生するとその求心力も増大し、地域間関係の改変や再編を引き起こす。インダス文明はまさにそうした地域間交流をひとつのテコにして誕生した都市社会であり、同様の現象はイラン高原やアラビア半島の各地に見いだすことができる。もちろん地域間交流だけが文明社会を生み出す要因ではなく、地域ごとに個性もあり、文明社会の様相は異なっているが、前二〇〇〇年頃までにメソポタミアからインダス、アラビア半島から中央アジアにいたる広い地域が都市によって結びつけられた「西南アジア文明ネットワーク」をつくりだしている。

こうした交流ネットワークの拡大と地域社会の発達、交流関係の再編というサイクルは、さまざまな空間スケールで観察することができる。メソポタミアからインダスにいたるまでの超広域レベルのネットワークの中には、各地の文明社会内部を結びつける広域ネットワークがあり、さらに下位のスケールでの狭域ネットワークも作動している。こうしたさまざまな空間スケールでのネットワークが入れ子状に重層化し、互いに絡み合った構造を有していたのである。

インダス地域を例に説明すると、地域土器様式の範囲によって示される狭域ネットワーク（地域社会）、印章を代表とする工芸品の流通によって示される都市社会をまとめる広域ネットワーク（文明社会）、さらに周辺地域との関係によって構成される超広域ネットワーク（西方との交流関係）が存在しており、それぞれのレベルでさまざまな現象が生じている。広域ネットワーク、すなわち広域型都市社会の成立によって、地域社会間の関係は変化し、狭域型地域社会の活性化を引き起こす。文明期後期における地域土器様式群の顕在化は、そうした広狭異なるレベルの交流ネットワークの間の関係を示している。逆に狭域型地域社会間の関係の再編が、広域型都市社会の仕組みを変化させることもある。文明期後期にバローチスターン地方南部にクッリ文化が台頭し、西方との交流関係の中に参画したことが、インダス文明社会全体の西方との交流関係にも影響をおよぼしている。グジャラート地方が海洋交易の拠点として発達したのは、こうした広域・超広域ネットワークの変化と無縁ではないだろう。

超広域型交流ネットワークにおいても、湾岸式印章の出現にみられるように、インダス系集団の活動によってペルシア湾岸地域の交易活動が活性化し、ネットワークを再編させる結果を生み出している。文明衰退期にグジャラート地方が海洋交易の拠点として機能しつづけることができたのは、超広域型ネットワークがこの地域の社会の維持において重要な資源となっていたことを示している。

このように、さまざまな空間スケールでさまざまな社会のまとまりがかたちづくられ、それらが相互に関係しあうことで西南アジア文明世界が存在していたのであり、またインダス文明も含めた各地の都市社会もその仕組みを維持していたのである。

先文明期から文明期にかけてのインダス地域が、西南アジア文明世界と深く関わっていたことは明らかである。それはインダス文明の起源が西方にあるといった単純な話ではなく、さまざまな因子が相互に複雑に関係しあった中での現象である。地域社会の変化を異なる空間スケールで交流関係の中に位置づけ、多面的、多視的に理解することが求められているのであり、地域社会の内在的発展や人口移動、文化伝播だけでこの時代の西南アジア文明世界もインダス文明も説明することは難しいということを強調しておきたい。さまざな空間スケールでの地域社会と地域間関係が時間軸上で複雑かつ錯綜的に絡み合う中で推移する、まさに文明社会のダイナミズムという視点からの研究が重要である。

インダス文明後の「南アジア世界」

西南アジア文明世界の一部として展開したインダス文明が衰退することの意味は何だろうか。インダス地域に限ってみれば、都市社会の衰退とそれに伴う新たな社会の形成と理解できるが、西方との関係を考えたときには、やはり西南アジア文明世界の変容と再編を意味している。あるいは西南アジア文明世界の変容が、インダス文明の衰退に関係しているということもできる。

メソポタミア南部では、前二〇〇〇年頃にウル第三王朝が滅び、イシン、ラルサと呼ばれる王朝が誕生する。その背景のひとつとして、アモリ人と呼ばれた遊牧民がメソポタミア平原へ流入したことと、それに伴って社会変容が生じていたことが知られている。アモリ人が前二〇〇〇年以降、バハレーン島にも進出し、活発な海洋交易を基盤に王権を確立したことも（図98）、メソポタミア全域におよぶ社会変容の一端を示している。

こうした再編の時期を経て登場したのがメソポタミア南部の古バビロニア王国であり、同じ時期に北部では古アッシリア王国がその支配を拡大していた。ハンムラビ王が取り組んだ社会改革もそうした社会再編の一環とみることができるだろう。ハンムラビ王もアモリ人であった。この時代の粘土板文書にはもはやメルッハに関する記述はなく、東方との交流が途絶えつつあったことがわかる。

イラン高原も社会的な混乱にあった。前二三五〇年頃に登場したメソポタミアを広く支配するアッカド王朝は、イラン高原への軍事遠征を行い、みずからの支配下におさめようとした。その後もメソポタミアとイラン高原の王朝の間で戦争が繰り返され、両地域ともに王朝が目まぐるしく交替したことが知られている。古バビロニアや古アッシリアの時代にはメソポタミアとイラン高原の関係は比較的安定したようだが、ハンムラビ王の死

図98　バハレーン、アアリ遺跡の王墓群
バハレーン島には、アモリ人の王たちが残した巨大な墓が残っている。彼らの権力の背景には、グジャラート地方との活発な海洋交易が存在した。

後、インド・イラン語族とも関係のあったカッシートがイラン西部の山間地域からメソポタミアに侵入し、支配をメソポタミア南部に広げている。カッシート勢力はバハレーン島にも進出しており、この時期においても海洋交易が重要であったことを物語っているが、南アジアはその交易ネットワークの中には参画していない。

このように前二〇〇〇～前一〇〇〇年のメソポタミア、イラン高原は激動の時代であった。イラン高原に端を発する政治勢力の動向については、メソポタミアの粘土板文書に頼らざるをえないところが多く、その記述はイラン高原西半部に限定される。東半部の様相は考古学の成果によって復元される必要があるが、前二〇〇〇～前一〇〇〇年の時期のイラン高原東半部の遺跡の調査例は乏しく、よくわからないのが実情である。南アジアに移住したアーリヤ人と祖を同じくするインド・イラン語族の動向を考古学的に捉えることが難しいのはこのことによる。

こうした混乱の状況下で、インダス地域が西方との交流関係を失ったことは不思議ではないだろう。インダス文明の衰退が先か交流の途絶が先かわからないが、相互に連動する現象であったことは確かである。

前章で述べたように、ポスト文明期にはインダス地域における遺跡分布が、東方へと移動していることがわかっている。都市の衰退やバローチスターン地方、シンド地方における遺跡数の激減という現象を踏まえると、かなりの人口の移動が生じていた可能性がある。この東方への人口移動はガンガー平原西半部にまでおよんでおり、ガッガル平原からガンガー平原西半部に広がったバーラー文化が東方地域における新たな社会の形成を示している。すなわち、人口移動によってガンガー平原の開発がはじまったのである。

一方、ガンガー平原東半部では、断片的ながら新石器時代以来の文化発展の様相が明らかにされつつある。野生種の利用にはじまるイネの栽培化はこの地域で起こっている。また、インダス文明の時代にはガンガー平原がインダス地域と交流関係を有していたこともわかってきており、ガッガル平原にイネが出現するのは、こうしたガンガー平原との交流関係によるものであろう。ただし、インダス文明との交流がこの地域の社会にどのような影響を与えたのかよくわからない。いずれにせよ、こうしたガンガー平原の社会が、前二〇〇〇〜前一五〇〇年の時期におけるガンガー平原西半部へのバーラー文化の進出によって、大きく変化しはじめた可能性が高い。ガンガー平原東半部に起源するガンガー系黒縁赤色土器の西方への拡大は、バーラー文化の進出によって活性化された西半部の開発に関係していると考えられる。彩文灰色土器については、その起源はよくわからないものの、東方の黒縁赤色土器と関係をもっていたことは確実であり、ガンガー平原における新たな社会の形成を物語っている。

この後、ガンガー平原が南アジア社会の中心地として発達し、前六世紀頃までに都市社会が成立する（図99）。その背景には、前一五〇〇年以降段階的に進んだガンガー平原の開発と強い地域間交流ネットワークの発達がある。ガンガー平原に出現した都市社会は南アジアに広く影響をおよぼすようになり、西暦紀元前後までに南アジ

図 99　マヘート遺跡の城壁
ガンガー平原では前 6 世紀頃までに都市が出現し、南アジア世界の形成において重要な役割を果たすことになる。この時期の都市遺跡の多くは、大規模な城壁によって囲まれている。

ア全域をカバーする交流ネットワークを生み出すことになる。ここに各地の社会が相互に接続し、文化的一体性を強くした「南アジア世界」が形成されることになる。この南アジア世界の形成過程も漸進的な現象であり、そのプロセスは西暦紀元以降の時期にもさまざまなかたちで続いていくことになるが、その原型はインダス文明の衰退以降の時期、すなわち鉄器時代の時期を通して形成されてきたものである。

一方、グジャラート地方に目を転じると、前二〇〇〇～前一五〇〇年の時期に東のインド半島北西部に展開していたデカン金石併用文化との関係を強めている。インダス系の文化伝統がインド半島部の社会の動向にどういった影響をおよぼしたのか、まだよくわからないが、インド半島部における社会変化を促す要因のひとつになっていた可能性は十分にある。この点は今後の重要な研究課題である。

このようにみてくると、インダス文明はその成立・展開の過程においては西方の「西南アジア文明世界」の一部であったが、その後半から終末期、さらにはポスト文明期においては逆に東の地域と深く関わりながら、「南アジア世界」の形成へといいたる社会変容に大きく貢献したということができる。

都市社会の形成が地域社会に与えた影響

地球上で展開してきた人類史をみわたせば、世界各地でさまざまな社会と文化が消長してきたことはいうまでもない。歴史の中である時期に華々しくさかえた社会＝文化が、何かの理由で姿を消してしまった事例は山のようにある。新しい文化の波にのみこまれ、片隅に追いやられてしまったものもある。私が南アジア考古学の研究をはじめるきっかけになった祇園精舎に言及して「盛者必衰」のことわりを説く『平家物語』の一節は、そうした人類社会の真理をみごとに説明するものであろう。

一方で、ある時期にある地域に生まれた社会＝文化は、何がしかのかたちでその存在を伝え残しているというのも事実である。ある地域の現在の社会を特徴づける諸現象は、歴史の中で生まれては消えていった社会＝文化のさまざまな名残が累積してかたちづくられていると考えられるのである。

それは習慣であったり、生活様式であったり、あるいは技術であったりする。地域の景観もそうした遺産のひとつであろう。次の社会＝文化がかたちづくられる中で先行する時期の諸特徴は新たな意味を与えられて、そのかたちを変えてしまうかもしれないが、まったく消えてしまうのではなく、何かのかたちで継承されて積み重なり、その地域の社会の現在の姿の中に残されていると考えることができる。まったく人が住んでいなかったところに、別の場所から文化をたずさえて人が移住してきた場合や、先行時期の社会＝文化が完全に途絶えてしまったのち、別の地域からやってきた人がまったく新しい文化を築く場合もあるが、ある時代から継続的に人が暮らし社会＝文化を営んでいた地域では、時間の経過の中で諸々の社会＝文化の名残が累積し、新しい時代の社会＝文化の成立の中で、何がしかの役割を果たしていると考えられるのである。

インダス文明の衰退は、高度に発達した都市社会がなくなったことを意味しており、そこにインダス文明の歴

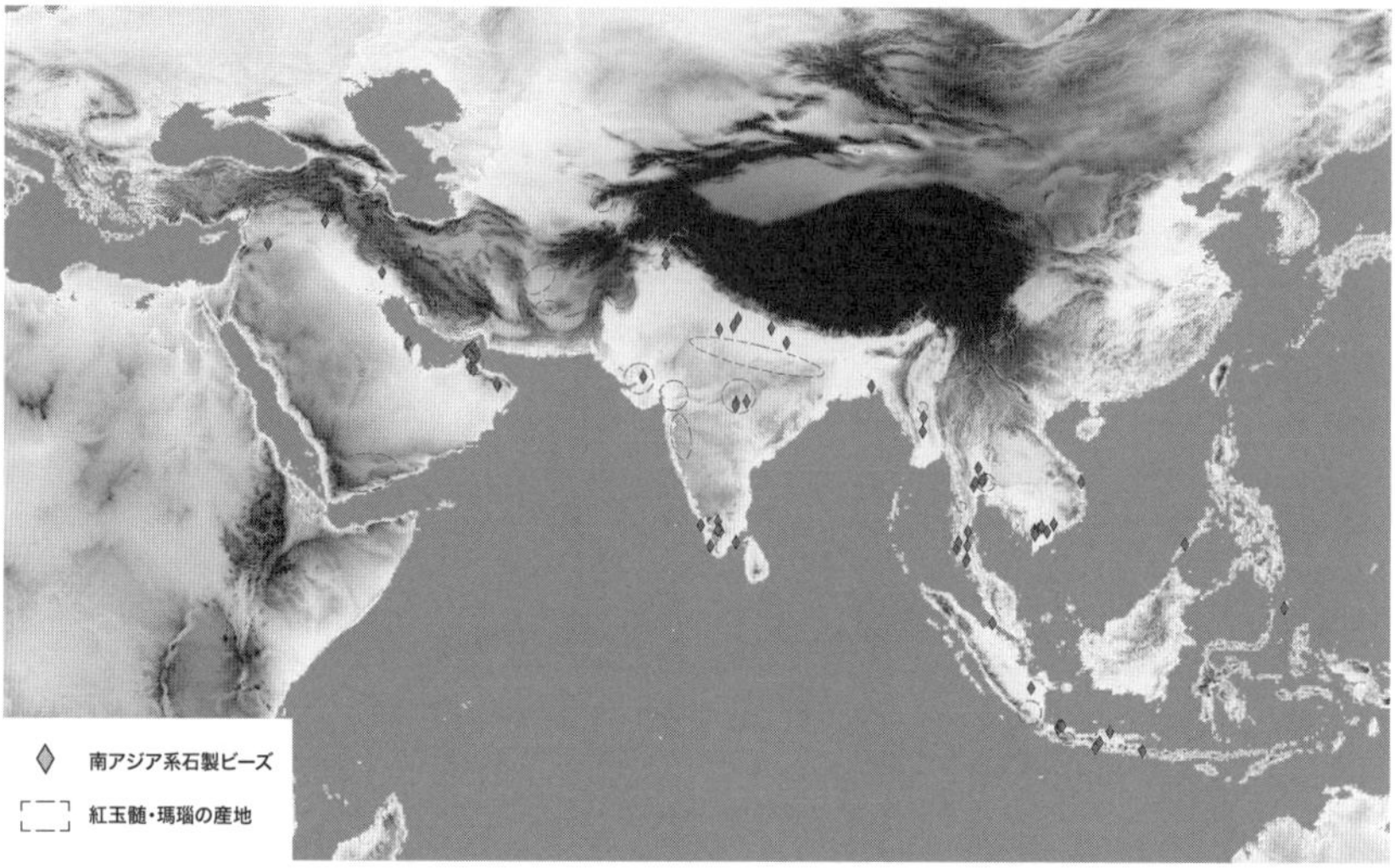

図 100　古代における南アジア系石製ビーズの分布
前 4 世紀頃から海洋交易が再び活発化し、西アジアや東南アジアに南アジアで生産された石製ビーズが広く流通するようになる。これ以前の時期にも、南アジアと中央アジアの草原地帯の間で交流関係があったことを示唆する資料もあり、今後の研究の進展がまたれるところである。

史的意義を見いだすことも重要な視点である。しかし、一方でインダス文明の時代に築かれた文化伝統や技術は、かたちを変えながらも続く時代の社会の中に継承されている。都市を失っても、それを担った人が消えてしまったわけではない。彼らは都市社会の中でつちかわれた諸々の特徴を改変しながらも、次世代に伝えていったと考えられる。

ひとつの例として石製装身具がある。前章までにみてきたように、インダス文明の時代に高度な技術を特徴とする石製装身具が生み出された。ファイアンス製のように別素材の装身具も登場し、またポスト文明期には石製装身具の生産・流通量も減少している可能性が高いが、各地に点在する石材を利用してそれを装身具のかたちに加工し、社会関係を表示する道具のひとつとして用いるという文化習慣あるいは価値観、そして技術は鉄器時代以降の南アジア世界に継承されている（図100）。ことさらに文化伝統の連続性を強調することは、歴史の正しい理解のさまたげにつながる危険性をもっているが、歴史の中での社会＝文化的意味・価値の変化を十分に認識した上で、そうした時

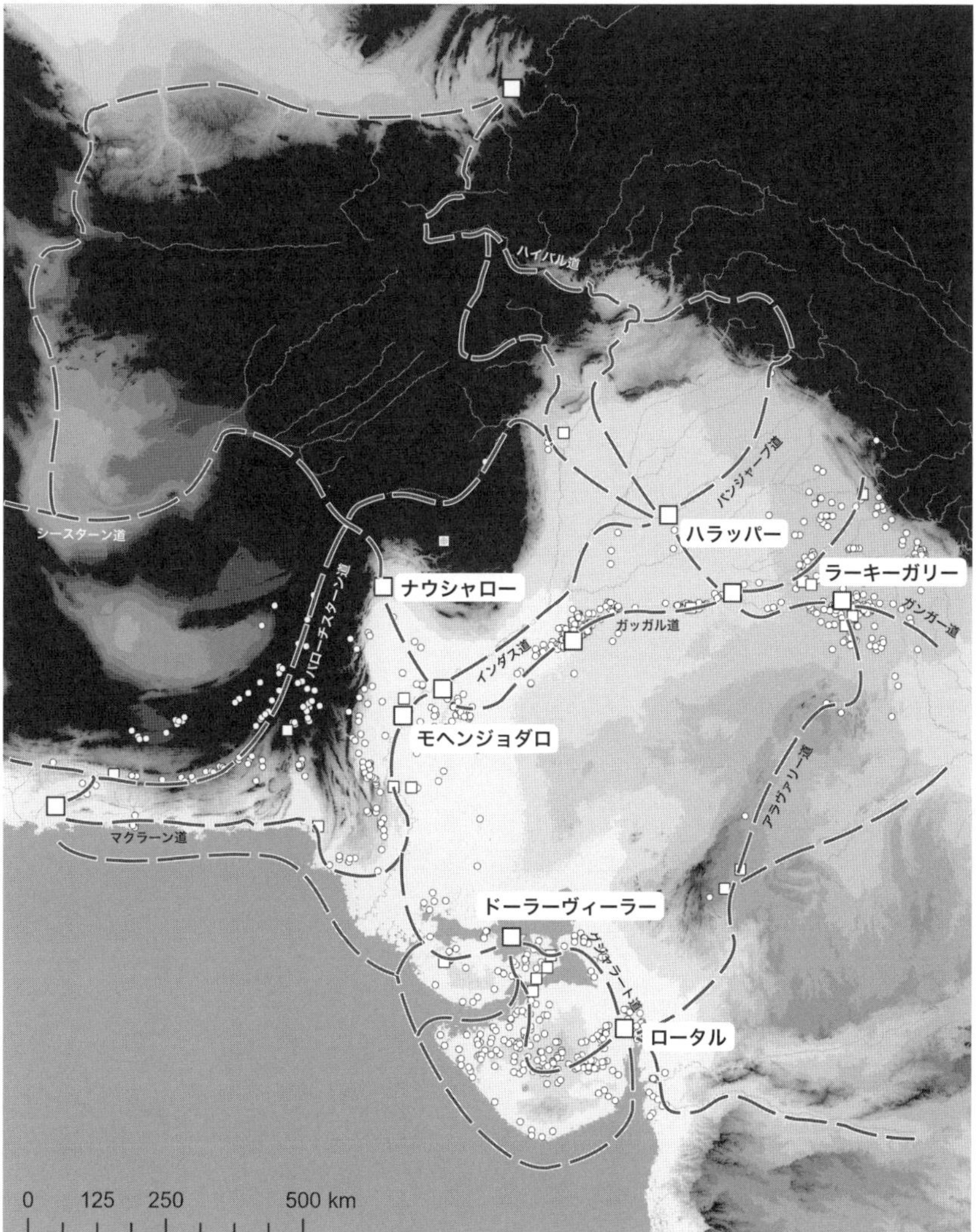

図 101　インダス地域内外をつなぐ主要交通路（推定）

遺跡の分布と地形から､インダス文明の時代の交通路を推定すると上記のようになろう。こうした交通路を使って、人・物資・情報がどのように移動し、文明社会の形成と展開、さらには衰退を引き起こしたのか、研究を積み重ねていく必要がある。いずれにしても、地域間の関係、地域間をつなぐネットワークが文明社会を読み解く鍵であることはいうまでもない。ちなみにこれらの交通路の多くは、のちの時代にも引き続き使われたと考えられる。

代を超えて継承される伝統を評価することも重要な視点であろう。

もうひとつの例に、インダス文明期の広域型都市社会を支えた交通路をあげることができる（図101）。人が繰り返し移動する中で、ある程度固定化された交通路が発達する。それは舗装された道路である必要はない。移動ルートに関する情報が、人々の間、あるいは社会の中で共有されることが重要である。文明各地を結ぶ交流ネットワークは、必然的に交通路の成立を伴うものであったと考えられる。高原地帯や山間地帯では地形によって利用可能なルートが限定されるであろうし、平原部であれば、川沿いに交通路が発達したと考えられる。あるいは点在する水飲み場のようなところがつながって交通路となる場合もあっただろう。移動生活を基礎とする牧畜民がそうした交通路の開発に役割を果たした可能性もある。

先にアーリヤ人が通ったと考えられるハイバル峠について触れた。インダス文明期にこのルートがどの程度利用されていたかわからないが、南のボーラン峠を介したインダス平原とバローチスターン高原を結ぶルートや、マクラーン地方の高原部あるいは海浜部を通るルートがインダス地域と西方をつなぐ交通路となっていたことは確かである。海を越えるルートが頻繁に利用されていたことも明らかである。平原部に目をうつすと、シンド地方からインダス川あるいはその東を流れるハークラー川沿いに北上してパンジャーブ平原にいたり、そこから東に折れてガッガル川とその支流沿いにガッガル平原、さらには東のガンガー平原へといたるルートが存在していたことも遺跡分布からわかる。グジャラート地方から北のアラヴァリー山脈を抜けて、ガッガル平原に出るルートもある。

これらのインダス文明期あるいはそれ以前の時代から各地を結びつけてきた交通路は、インダス文明以降の時代にも利用されている。こうしたルート沿いを歩いてみると、さまざまな時代の遺跡や建造物を目にすることができ、時代を超えて利用されてきたことを目のあたりにすることができる。こうした交通路もまた、歴史の中で継承される要素のひとつとして評価することができるだろう。

社会と文化はけっして閉鎖的、固定的なものではない。自然環境や社会環境の変化、また内在的、外来的さまざまな要因のもとでつねに変化している。社会が人の間のさまざまな関係によって構成され、文化はそうした関係を調整する役割を担って育まれてきたものであることを念頭に置くと、社会は人の間、社会の間の関係のあり方によって変化を繰り返していくということになる。インダス文明の時代の異なる空間スケールでの社会のあり方が、インダス文明全体の構造に多くの変化を引き起こしたことは先にみたとおりである。

インダス文明の衰退という社会変化は、東方の社会に影響を与え、新たな社会の様態を生み出すことにつながっている。地域社会と地域間交流、さらには文明と呼びうる広域型社会は、相互に複雑に関係しあって、歴史のダイナミズムを生み出しているということができるだろう。インダス文明の成立から衰退までの一〇〇〇年以上におよぶ社会変化のプロセスは各地の文化を再編し、結果的に南アジア世界の形成過程に重要な役割を果たすことになったのである。その文明社会を介した社会変化のダイナミズムをさまざまな視点から解き明かし理解することが、インダス文明研究の最大の意義と考えている。

おわりに

世界四大文明のひとつに数えられるインダス文明について、その成り立ちから衰退までを概観してきた。文字が解読されていないこともあり、インダス文明がどのような社会であったのか、よくわかっていないところも多い。ほかの地域の古代文明に比較して、インダス文明が私たち日本人にあまり知られていないのも実情である。

とりわけ、インダス文明が南アジアの歴史の中でどのような意味があるのか、その評価が明確にされていないのは大きな問題である。南アジア史というと、仏教の発展にも大きな貢献をなしたアショーカ王や、仏教の歴史、中世の時代のヒンドゥー教の発達とその造形美術、南アジア世界の中で独自の発達を遂げたイスラームの歴史、そしてイギリスによる植民地支配とそれに続く独立運動がよく知られている。その中で、インダス文明は、その実態がよくわかっていないがゆえに、後世に起こった諸々の歴史事象との関連性が十分に認識されないまま、孤高の存在となってしまっている。

前章までにみてきたように、インダス文明は南アジア北西部において展開した都市社会である。その成立と発展の過程においては、多様な地域社会と文化伝統が複雑に絡み合い、西南アジア世界との交流関係も含めて、きわめてダイナミックに変化を繰り返していた。都市社会の発達の過程で、各地の地域社会がその仕組みの中に取り込まれ、地域社会間の関係のバランスの上に都市を結節点とした広域型社会が展開したのである。その結果、文明社会の部分をなす各地の地域社会が独自の発展を遂げたり、それが文明社会全体の変化を引き起こすといった現象も認められる。

およそ七〇〇年にわたって、さまざまな空間スケールでの交流関係を軸に展開した文明社会は都市と文字を失い衰退することになるが、文明期の交流ネットワークに取り込まれた各地の地域社会は、文明社会の衰退の一方で新たな展開をみせるようになる。東のガンガー平原とインド半島部への人口移動やそれに伴う文化伝播、技術移転、資源開発が生じることになったのである。第五章で触れたように、この新たな動きはその後の南アジア世界の形成に向けた第一歩となっている。

インダス文明の衰退に伴う東方へのシフトは、ガンガー平原とインド半島部それぞれの地域社会に大きな影響をおよぼすことになる。ガンガー平原ではインダス系の集団と在地の社会集団の関係の中で開発が進み、新たな都市社会の形成へと向かう。前六世紀頃に都市が出現し、南アジア世界の中で中心地として発達する。釈迦が仏教を創始したのは、まさにこのガンガー平原に生まれた都市社会においてであった。前三世紀に南アジアを広く統一したとされるマウリヤ朝のアショーカ王も、このガンガー平原の都市社会が生み出したものである。

一方、インド半島部では、前一〇〇〇年頃までに南インド巨石文化と呼ばれる鉄器時代文化が誕生する。この文化はユニークな巨石建造物を残したことで知られるが、その発展の過程においては北インドとの交流関係が関わっている。植物灰を用いて装飾を施した紅玉髄製ビーズが巨石文化を特徴づけるひとつの器物となっているが、この技術はインダス文明の時代に発達したものであり、それがガンガー平原に引き継がれ、さらにはインド半島部の文化にも取り込まれているのである。

また、インダス文明の時代に発達したアラビア海を介した海洋交易は、前一七〇〇年頃までにいったん途絶えるが、西暦紀元前後には南アジアと西方をつなぐ交通路として再び重要性を帯びてくる。いまのところ考古学の資料では実証が難しいが、海を介した人の移動はインダス文明の衰退後も、規模は小さいながらも細々と続いていた可能性が高い。少なくとも海岸部に暮らす人々にとって、海は重要な資源であったことはまちがいない。それが南アジアに再び都市社会が発達した段階になって、重要な商業活動のルートとして顕在化することになったのであろう。

このようにみてくると、インダス文明の時代に生まれたさまざまな文化伝統や技術伝統が、そののちの南アジア世界の中にかたちを変えながらも引き継がれていることがわかる。インダス文明の衰退は、その後の南アジアの歴史と無縁ではないのである。むしろインダス文明は、南アジア世界がかたちづくられていく最初のステップであったということができる。

その一方で、インダス文明が西方との深い交流関係の中で盛衰したことも重要である。陸伝いにはイラン高原や中央アジアと、海路を介してはアラビア半島やメソポタミアとつながっていた。前三千年紀（前三〇〇〇～前二〇〇〇年の間の千年間）は西南アジアの各地で都市社会が発達し、各地を結ぶ交流ネットワークが発達した時代である。確かにその起点はメソポタミアにあるが、西南アジア文明世界と呼びうる文明ネットワークはメソポタミアによってのみ生み出されたものではない。インダス文明もその一部として、非常に重要な役割を果たしたのである。国境線によって分けられた現代社会に生きる私たちにとっては、想像もつかない世界が展開していたのである。

このことをはるか昔のロマンとしてかたづけることはできないであろう。インダス文明以降の時代にも、南アジアと西方との交流関係はさまざまなかたちをとって続いている。第五章のプロローグで紹介したように、いまでも南アジア出身の多くの人々が西アジア各国に移住し、生活を営んでいる。資本主義が発達した現代世界では、経済的格差が人の移動を引き起こす主たる要因になっているが、自らの故地を離れて活躍する人々の意識はインダス文明の時代から続く文化伝統の一部をなしていると言っても過言ではないだろう。古代、中世、そして近代の時代にも、さまざまな習慣、価値観、言語をもった人々が往来し、歴史をかたちづくってきたことは文献史学の成果によっても明らかである。インダス文明の時代に暮らした人々がもっていた世界観や社会＝文化的習性はけっしてその後の時代と切り離されるものではないし、むしろ人類社会がもつ普遍的特徴のひとつということができるだろう。

インダス文明は、西南アジア世界と南アジア世界の双方に関わっている。西南アジア世界との交流にその成立と発展の基盤があり、発展と衰退の過程で南アジア世界の形成に重要な役割を果たしたのである。その一方で、こうした双方向の関係性は、西アジア、中央アジア、そして南アジアの接点にあたるインダス地域の特性ということもできるだろう。歴史事象を体系的に説明しようとすると、どうしても地域と時代を分けて整理するというアプローチが必要になるが、実態としてはあえて地域を区分しなくてもよいのかもしれない。人の移動と交流は時代・地域にかかわらず人類のひとつの特性である。その中でさまざまな歴史事象が生じ、地域社会がかたちづくられてきた。インダス文明も、そうした人類社会の特性のなかから生み出されたひとつの歴史事象であることは確かである。

インダス文明は高度に発達した都市社会であり、多様な特徴や歴史事象に彩られている。したがって、その評価は多面的であってよい。本書で示した理解も、インダス文明全体を捉えたものというよりも、多面的な存在の一面を説明したにすぎないかもしれない。重要なのは、いかにその多面性を実証的に見いだし、文明社会、ひいては人類社会の特質を理解することにつなげるかということである。

インダス文明の多面性を明らかにするには、多次元の時間・空間スケールでの研究が不可欠である。ひとつの遺跡の調査では、なかなか社会全体を見通すことはできないし、逆に遺跡で出土する無数の土器片の一点一点を細かく観察して、基礎データを積み上げていかないと、文明社会の全体的理解どころか、遺跡を正しく理解することもできないだろう。本書で示したように、狭域、広域、超広域といったさまざまな空間スケールでインダス文明を眺めると、都市社会がもつ異なる側面がみえてくる。それらをいかに整合的な理解へと結んでいくかが重要な視点となってくる。

また、インダス文明の時代だけを研究の対象としていると、みえないことも多い。逆に高所から俯瞰しているだけでは、文明社会がもつダイナミズムを理解することは難しいであろう。文明期を細かく分けて都市社会の変転を捉えようとする視点は、変化を繰り返す文明社会の動態を捉える上で重要であるし、のちの鉄器時代や古代までを視野に入れてインダス文明を研究するのは、その歴史的意義を評価する上で不可欠である。

こうした多次元スケールでの理解を求められるのが、文明研究の難しさでもあり、また醍醐味でもある。その意味で、西南アジア世界と南アジア世界をつなぐポジションに位置するインダス文明は、非常に興味深い歴史事象であり、研究テーマである。

あとがき

インダス文明研究は一〇〇年を迎えた。その歴史の中でさまざまな研究が蓄積され、私たちのインダス文明理解の基礎をなしている。その一方で、数多くの研究課題が山積みであるのも事実である。十分なデータがなかなか揃わず、研究の障害となっているところも多い。自然科学分析によって研究の可能性が著しく拡大する一方で、基礎研究が思うように進んでいないというもどかしさもある。その重要性が見いだされないままに、倉庫のなかに眠ってしまっている資料もたくさんある。現地で調査を行う中で、そうした研究の障壁に頭を抱えることが多いのが実際である。その一方で、資料を手にとっての基礎研究がインダス文明理解を大きく変える可能性があり、大きなやりがいとなっているのも確かである。

本書は、四苦八苦しながら進めてきた基礎研究の成果をベースに、インダス文明全体を見通すことができるようにまとめたものである。基礎研究でわかってきたことを出発点として、研究成果の具体的内容と問題点、それらがインダス文明研究にもつ可能性と限界について紹介するように努めた。まだまだわからないことだらけであるが、研究は着実に進んでいるし、これまで議論することもかなわなかった事実が明らかになりつつある。そうした最新の成果からみえてくるのは、インダス文明社会の統一性と多様性であり、両側面が複雑に絡み合ってダイナミックに展開した文明像である。西南アジア世界と南アジア世界をつなぐインダス文明の歴史的意義もまた、今後のインダス文明研究において追究されていくべき課題である。

右も左もわからずにインドでの発掘調査に参加し、鉄器時代・古代の北インドの都市文化を最初の研究のテーマに選んだが、結果的に南アジアへの関心はインダス文明の研究へとつながることになった。近年では南インドの鉄器時代の研究にも手を伸ばしている。行ったことのないところを訪れ、知らないものに触れるのが好きという私個人の落ち着きのない性格に由来するところが多分にあるが、結果的に南アジアを広く知ることができたのは幸運というほかはないであろう。研究面でいえば、インダス文明、鉄器時代・古代の北インド、南インドと、広い地域と長い時間幅を視野に入れた研究課題を設定することにつながっている。現地調査の成果をもとに、文化の多様性が織りなした南アジアの歴史を研究できることは、研究者としてこの上ない悦びである。

こうした現地調査を軸にした研究の成果をさまざまなかたちで発表してきたが、その成果をまとめてひとつの書物にするのは長年の夢であった。十年ほど前にも執筆に着手したことがあったが、結果的にかたちにすることができずに頓挫してしまった。ただ、この十年のあいだに私の研究も著しく深まり、今回どうにか研究テーマのひとつであるインダス文明を一冊にまとめることができたのは望外の喜びである。いずれは鉄器時代・古代の南アジアについても、研究の成果をご紹介することができればと思う。

勉強、研究を進めてくる中で、数多くの方々からご指導・ご援助をいただいてきた。すべての方のお名前をあげることはできないが、大学に入ったばかりの私をインド、パキスタンへと連れていってくださった故・網干善教先生と米田文孝先生（関西大学教授）には深くお礼申し上げたい。お二人の導きがなければ、南アジアに関心をもつこともなかったであろう。また、南アジア考古学の勉強・研究を指導してくださった故・小西正捷先生、故・後藤健先生、近藤英夫先生（東海大学名誉教授）、宗臺秀明先生（鶴見大学教授）、小磯学先生（関西国際大学教授）にも感謝申し上げる次第である。インドにあるインダス文明遺跡の調査にあたっては、長田俊樹先生（総合地球環境学研究所名誉教授）の導きによるところが大きい。研究の過程では、インド、パキスタンの研究者だけでなく、欧米の研究者の方々にも大変お世話になった。ケノイヤー先生（ウィスコンシン大学教授）、ビシュト先生（元インド政府考古局）、マーンモーハン・クマール先生（マハーリシ・ダヤーナンド大学名誉教授）、アジートプラサード先生（マハーラージャ・サヤージーラーオ大学名誉教授）のお名前をあげるにとどめておく。どうにか研究を続けていくことで、多くの方々から頂戴した学恩にお返しできればと思っている。

また、本書の執筆にあたって、河合望（金沢大学）、下釜和也（千葉工業大学）、山口雄治（岡山大学）、渡部展也（中部大学）の諸先生には草稿に目を通していただき、数多くの有益な御助言を得た。また、雄山閣には出版をお引き受けいただくとともに、同社・桑門智亜紀さんには編集の労をとっていただいた。ご厚意に御礼申し上げる次第である。

最後になったが、長年にわたる母と妻からの理解と支えについて感謝の念を記しておく。

筆者

二〇二一年一二月

図 86　SRTM90 を使用して作成した分布図と（上杉 2010b）掲載データによる棒グラフを組み合わせて筆者作成。

図 87　（Lal 1951）掲載実測図を再トレースしたものと、筆者撮影写真を組み合わせて筆者作成。写真はグルクル博物館所蔵資料。

図 88　SRTM90 を使用して筆者作成。

図 89　中山誠二氏提供。

図 90　（Vats 1940）掲載実測図を再トレースしたものと、筆者による実測図を組み合わせて筆者作成。

図 91　（Casal 1964；Mackay 1943；Rao 1962）に掲載された図を再トレースしたものを組み合わせて筆者作成。

図 92　（Singh 1994；Gaur 1983）掲載実測図を再トレースしたものと、筆者による実測図（Uesugi 2018b）を組み合わせて筆者作成。

図 93　SRTM90 を使用して筆者作成。

図 94　SRTM90 を使用して筆者作成。

図 95　筆者撮影。

図 96　（Jarrige et al. 1995; Halim 1972a・b; Quivron 1994; Sharma 2000）掲載実測図を再トレースしたもの、（NHK・NHK プロモーション編 2000）掲載写真から線図化したもの、筆者による実測図を用いて筆者作成。

図 97　（Joshi and Parpola 1987；NHK・NHK プロモーション編 2000）に掲載された写真から図化した線図を組み合わせて筆者作成。

図 98　筆者撮影。

図 99　関西大学考古学研究室提供。

図 100　SRTM90 を使用して筆者作成。

図 101　SRTM90 を使用して筆者作成。

巻頭カラー口絵

1 頁目上・下　筆者撮影。

2・3・4 頁目上・下　筆者撮影、総合地球環境学研究所提供。

Uesugi and Meena 2012）を組み合わせて筆者作成。

図 55　SRTM90 を背景に、(Mackay 1938) 掲載実測図を再トレースしたものと、筆者による実測図 (Uesugi 2013b；上杉 2017；Uesugi and Meena 2012）を組み合わせて筆者作成。

図 56　筆者撮影。

図 57　筆者作成。

図 58　筆者作成。

図 59　筆者撮影。

図 60　筆者作成。

図 61　遠藤仁氏撮影。

図 62　筆者作成。

図 63　筆者撮影。

図 64　(Joshi and Parpola 1987；Shah and Parpola 1991）から作成した線図をもとに筆者作成。

図 65　(Joshi and Parpola 1987；Shah and Parpola 1991）に掲載された写真および筆者撮影の写真をもとに筆者作成。写真の転載については Asko Parpola 氏よりご高配を賜った。

図 66　SRTM90 を使用して筆者作成。

図 67　(Joshi and Parpola 1987；Shah and Parpola 1991）に掲載された写真および筆者撮影の写真をもとに筆者作成。写真の転載については Asko Parpola 氏よりご高配を賜った。

図 68　小茄子川歩氏提供電子顕微鏡画像をもとに筆者作成。

図 69　筆者作成。

図 70　SRTM90 を背景に、筆者撮影写真を組み合わせて筆者作成。

図 71　筆者作成・撮影。

図 72　筆者撮影写真をもとに筆者作成。

図 73　筆者作成。

図 74　筆者作成・撮影。

図 75　SRTM90 を背景に、筆者撮影写真を組み合わせて筆者作成。

図 76　筆者作成。

図 77　筆者撮影。

図 78　SRTM90 を背景に、(Mackay 1938；De Cardi 1989；Cleuziou and Tosi 2007；Cleuziou and Vogt 1985；Højlund and Andersen (ed.) 1994；De Cardi 1970）掲載実測図を再トレースしたものを組み合わせて筆者作成。

図 79　(Jarrige et al. 1995；Sarianidi 1986, 1990, 1993a）に掲載された図を再トレースしたもの、メトロポリタン美術館所蔵品（https://www.metmuseum.org）を組み合わせて筆者作成。

図 80　SRTM90 を使用して筆者作成。

図 81　筆者撮影。

図 82　筆者撮影。

図 83　SRTM90 を背景に、(Vats 1940；Casal 1964）掲載実測図を再トレースしたものと、筆者による実測図を組み合わせて筆者作成。

図 84　(Shah and Parpola 1991）に掲載された写真から図化した線図を組み合わせて筆者作成。

図 85　筆者作成・撮影。

図 25　(Jarrige et al. 1995) 掲載実測図を再トレースしたものと、筆者による実測図（Uesugi 2011a, 上杉 2017）を組み合わせて筆者作成。

図 26　SRTM90 を背景に、(Jarrige et al. 1995）掲載実測図を再トレースしたものと、筆者による実測図（Uesugi 2011a；上杉 2017）を組み合わせて筆者作成。

図 27　（Khan 1965）掲載実測図を再トレースしたものと、筆者による実測図（Uesugi 2011a）を組み合わせて筆者作成。

図 28　（Shah and Parpola 1991；Parpola et al. 2010；Ali (ed.) 1994-95；Acharya (ed.) 2008）に掲載された写真から図化した線図をもとに筆者作成。

図 29　SRTM90 を背景に、（Shah and Parpola 1991；Parpola et al. 2010；Ali 1994-95；Acharya (ed.) 2008）掲載実測図を再トレースしたものを組み合わせて筆者作成。

図 30　筆者撮影。

図 31　筆者撮影。

図 32　SRTM90 を使用して筆者作成。

図 33　SRTM90 を使用して筆者作成。

図 34　（Bisht 1997；Kenoyer 1991a；Sharma 1999；Jansen 1984；IAR 1987-88；Rao 1979；Quivron 2000）に掲載された図を再トレースしたものを組み合わせて筆者作成。

図 35　筆者撮影。

図 36　筆者撮影。

図 37　筆者撮影。

図 38　（Wheeler 1953：Fig. 6）に掲載された図を再トレースして筆者作成。

図 39　（Marshall 1931；NHK・NHK プロモーション編 2000）に掲載された写真から図化した線図を組み合わせて筆者作成。

図 40　（Marshall 1931；Mackay 1938）に掲載された図を再トレースして筆者作成。

図 41　（Sarcina 1979）に掲載された図を再トレースして筆者作成。

図 42　筆者撮影の写真と（Shinde et al. (ed.) 2011）に掲載された図を組み合わせて筆者作成。

図 43　筆者撮影の写真と筆者作成の図を組み合わせて筆者作成。

図 44　（Jarrige 2000）に掲載された図を再トレースしたものを組み合わせて筆者作成。

図 45　（Shinde et al. (ed.) 2011）に掲載された図をもとに筆者作成。

図 46　（Shinde et al. (ed.) 2011）に掲載された図をもとに筆者作成。

図 47　（Quivron 1994, 1997, 2000；Mackay 1938）に掲載された図を再トレースしたものを組み合わせて筆者作成。

図 48　筆者撮影。

図 49　SRTM90 を使用して筆者作成。

図 50　筆者による実測図をもとに作成。

図 51　筆者撮影。

図 52　SRTM90 を背景に、筆者による実測図を組み合わせて筆者作成。

図 53　（Mackay 1938）掲載実測図を再トレースしたものと、筆者による実測図（Uesugi and Meena 2012；Manmohan Kumar et al. 2011, 2012）を組み合わせて筆者作成。

図 54　（Casal 1964）掲載実測図を再トレースしたものと、筆者による実測図（Uesugi 2013；上杉 2017；

挿図の出典

図 1　SRTM90 を使用して筆者作成。

図 2　Earthstar Geographics 衛星画像を使用して筆者作成。

図 3　筆者作成。

図 4　ドーラーヴィーラー遺跡（筆者撮影）、ウル遺跡（1927 年撮影。Wikipedia より。https://en.wikipedia.org/wiki/Ur#/media/File:Ur_from_the_Air.jpg）、ギザのピラミッド（河合望氏提供、© Nozomu Kawai）、殷墟遺跡出土の遺跡（UNESCO ウェブサイトより。https://whc.unesco.org/en/documents/115044, © Hong bin Yue）。

図 5　（Matthews 2005: Fig. 12.9）（Higham 2005: Fig. 15.8）（Moller 1919: 78）をもとに筆者作成。

図 6　関西大学考古学研究室提供。

図 7　（A. Cunningham 1875: Plate XXXII, XXXIII）より。

図 8　カトーレック所蔵資料（上杉 2017）。筆者撮影。

図 9　筆者撮影。

図 10　（Wheeler 1947: Plate XXII）より。

図 11　筆者撮影。

図 12　筆者撮影。

図 13　筆者作成。

図 14　SRTM90 を使用して筆者作成。

図 15　SRTM90 を使用して筆者作成。

図 16　筆者撮影。

図 17　Earthstar Geographics 衛星画像を背景に、デラウェア大学地理・空間科学科による年間降水量データ（http://climate.geog.udel.edu/~climate/html_pages/Global2_Ts_2009/Global_p_ts_2009.html）をもとに作成した等雨量線を重ねて筆者作成。

図 18　SRTM90 を背景に、アメリカ地質調査局による地震データ（https://earthquake.usgs.gov/earthquakes/search/）、プレート境界線（https://www.usgs.gov/media/files/plate-boundaries-kmz-file）を重ねて筆者作成。

図 19　宗基秀明氏、小磯学氏提供の写真と（Jarrige et al. 1995: Fig. 4）を再トレースしたものを組み合わせて筆者作成。

図 20　（Jarrige et al. 1995: Fig. 3.7, 7.12, 11.3）を再トレースしたものを組み合わせて筆者作成。

図 21　（Jarrige and Lechevallier 1979; Jarrige et al. 1995）に掲載された図を再トレースしたものを組み合わせて筆者作成。

図 22　（Pracchia 1985; Quivron 1994; Jarrige 1988; Jarrige et al. 1995）に掲載された図を再トレースしたものを組み合わせて筆者作成。

図 23　（NHK・NHK プロモーション編 2000）に掲載された写真から図化した線図と、岡山市立オリエント美術館（上杉 2008a）、カトーレック所蔵資料（上杉 2017）について筆者による実測図を組み合わせて筆者作成。

図 24　上段写真（筆者撮影）、中段写真（Randall Law 氏提供）、下段写真（Roland Besenval 氏提供）。

Kumar, Rajesh S.V. and Abhayan G.S. (eds.) *Kailashnath Hetu: Essays in Prehistory, Protohistory and Historical Archaeology* (*Festschrift to Shri. K.N. Dikshit*), vol.1. New Bharatiya Book Corporation, Delhi. pp. 177-197.

Yule, P. 1985. *Metalwork of the Bronze Age in India.* C.H. Beck'sche Verlagsbuchhandlung, München.

上杉彰紀　1997「北インドにおける精製土器—彩文灰色土器と黒縁赤色土器を中心に」『インド考古研究』18、52-90.

上杉彰紀　2000「インダス文明以降の南アジア」『四大文明　インダス』（近藤英夫・NHK スペシャル「四大文明」プロジェクト編著）NHK 出版、240-211.

上杉彰紀　2003「考古学から見た北インドにおける都市化の諸相」『古代王権の誕生Ⅱ　東南アジア・南アジア・アメリカ大陸編』角川書店、95-115.

上杉彰紀　2010b「先インダス文明期からポスト・インダス文明期における遺跡分布に関する覚書」『環境変化とインダス文明　2009 年度成果報告書』総合地球環境学研究所・インダスプロジェクト、113-141.

第5章

Jacobson, J. 1986. The Harappan Civilization: an Early State. in: J. Jacobson (ed.) *Studies in the Archaeology of India and Pakistan.* Oxford IBH and the American Institute of Indian Studies, New Delhi. pp. 137-173.

Kenoyer, J.M. 1997. Early City-States in South Asia: Comparing the Harappan Phase and Early Historic Period. in: D.L. Nichols and T.H. Charlton (eds.) *The Archaeology of City-States: Cross-Cultural Approaches.* Smithonian Institution Press, Washington/London. pp. 51-70.

Kenoyer, J.M. 2000. Wealth and Socio-Economic Hierarchies of the Indus Valley Civilization. in: J. Richards and M. Van Buren (eds.) *Order, Legitimacy and Wealth in Early States.* Cambridge University Press, Cambridge. pp. 90-112.

Possehl, G.L. 1990. Revolution in the Urban Revolution: The Emergence of Indus Urbanism. *Annual Review of Anthropology* 19: 261-282.

Possehl, G. 1998. Sociocultural Complexity Without the State: The Indus Civilization. in: G.M. Feinman and J. Marcus (eds.) *Archaic States.* School of American Research Press, Santa Fe. pp. 261-291.

Shaffer, J.G. and D.A. Lichtenstein 1989. Ethnicity and Change in the Indus Valley Cultural Tradition. in: J.M. Kenoyer (ed.) *Old Problems and New Perspectives in the Archaeology of South Asia.* Department of Anthropology, University of Wisconsin, Wisconsin. pp. 117-126.

Shaffer, J.G. and D.A. Lichtenstein 1995. The concepts of "cultural tradition" and "palaeoethnicity" in South Asian archaeology. in: G. Erdosy (ed.) *The Indo-Aryans of Ancient South Asia: Language, Material Culture and Ethnicity.* Walter de Gruyter & Co, Berlin. pp. 126-154.

近藤英夫　2006「インダス文明の信仰体系」『東海史学』40、41-54.

IAR = *Indian Archaeology - A Review.* Archaeological Survey of India, New Delhi

Universitario Orientale, Naples. pp. 35-68.

Jarrige, J.-F., M. Santoni and J.-F. Enault 1979. Fouilles de Pirak. Diffusion de Boccard, Paris.

Joshi, J.P. (ed.) 1993. *Excavation at Bhagwanpura 1975-76 and Other Explorations & Excavations 1975-81 in Haryana, Jammu & Kashmir and Punjab*. Memoirs of the Archaeological Survey of India 89. Archaeological Survey of India, New Delhi.

Lal, B.B. 1951. Further Copper Hoard - a review of the problem. *Ancient India* 7: 20-39.

Lal, B.B. 1954. Excavation at Hastinapura and Other Explorations in the Upper Ganga and Sutlej Basins 1950-52. *Ancient India* 10-11: 5-151.

Manmohan Kumar, A. Uesugi and V. Dangi (eds.) 2016. *Excavations at Madina, Distrcit Rohtak, Haryana*. South Asian Archaeology Series 1. Archaeological Research Institute, Kansai University, Osaka.

Manmohan Kumar, A. Uesugi, V.S. Shinde, V. Dangi, Vijay Kumar, Sajjan Kumar, A.K. Singh, R. Mann and Rajesh Kumar 2011. Excavations at Mitathal, District Bhiwani (Haryana) 2010-11: A Preliminary Report. *Purātattva* 41: 168-178.

Manmohan Kumar, A. Uesugi, V. Dangi, Vijay Kumar and T. Nagae 2012. Excavations at Mitathal, 2011-12. *Purātattva* 42: 148-181.

Petrie, C.A., R.N. Singh, J. Bates, Y. Dixit, C.A.I. French, D.A. Hodell, P.J. Jones, C. Lanchelotti, F. Lynam, S. Neogi, A.K. Pandey, D. Parikh, V. Pawar, D.I. Redhouse and D.P. Singh 2017. Adaptation to Variable Environments, Resilience to Climate Change: Investigating Land, Water and Settlement in Indus Northwest India. *Current Anthropology* 58 (1): 1-30.

Robbins Schug, G., K. Gray, V. Mushrif-Tripathy and A.R. Sankhyan 2012. A peaceful realm? Trauma and social differentiation at Harappa. *International Journal of Paleopathology* (2012), http://dx.doi.org/10.1016/j.ijpp.2012.09.012: 136-147.

Robbins Schug, G., K.E. Blevins, B. Cox, K. Gray and V. Mushrif-Tripathy 2013. Infection, Disease, and Biosocial Processes at the End of the Indus Civilization. *PLoS ONE* 8 (12): e84814. doi: 10.1371/journal.pone.0084814: 136-147.

Robbins Schug, G. and K.E. Blevins 2016. The Center Cannot Hold: A Bioarchaeological Perspective on Environmental Crisis in the Second Millennium BCE, South Asia. in: G. Robbins Schug and S.R. Walimbe (eds.) *A Companion to South Asia in the Past*. John Wiley & Sons, Inc., Chichester. pp. 255-273.

Sharma, D.V., K.C. Nauriyal, V.N. Prabhakar and Vishnu Kant 2004. Sanauli: A Late Harappan Burial Site in the Yamuna-Hindon Doab. *Purātattva* 34: 35-44.

Sharma, D.V., K.C. Nauriyal, V.N. Prabhakar 2006. Excavations at Sanauli 2005-06: A Harappan Necropolish in the Upper Ganga-Yamuna Doab. *Purātattva* 36: 166-179.

Sharma, Y.D. 1955-56. Past Patterns in Living as Unfolded by Excavations at Rupar. *Lalit Kala* 1-2: 121-129.

Sharma, Y.D. 1982. Harappan Complex on the Sutlej (India). in: G.L. Possehl (ed.) *Harappan Civilization: a Contemporary Perspective*. Oxford IBH and the American Institute of Indian Studies, New Delhi. pp. 141-165.

Singh, Purushottam 1994. *Excavations at Narhan* (1984-89). Banaras Hindu University, Varanasi.

Uesugi, A. 2018b. A Study on the Painted Grey Ware. *Heritage: Journal of Multidisciplinary Studies in Archaeology* 6: 1-29.

Uesugi, A. and V. Dangi 2017. A Study on the Developments of the Bara Pottery in the Ghaggar Plains. in: Ajit

成果報告書』総合地球環境学研究所・インダスプロジェクト、75-102.
上杉彰紀　2010a「南アジアにおける動物土偶に関する覚書—岡山市立オリエント美術館所蔵資料の紹介を兼ねて—」『岡山市立オリエント美術館研究紀要』24、1-42.
上杉彰紀　2010b「先インダス文明期からポスト・インダス文明期における遺跡分布に関する覚書」『環境変化とインダス文明　2009年度成果報告書』総合地球環境学研究所・インダスプロジェクト、113-141.
上杉彰紀　2013「ガッガル平原におけるインダス文明期の諸相—文明社会の成立と衰退—」『西アジア考古学』14、1-24.
上杉彰紀　2014「『王墓』なき社会—南アジアにおける墓制の変遷—」『アジアの王墓』（アジア考古学四学会編）、高志書院、93-117.
上杉彰紀　2015「インダス文明期の石製装身具研究の現状と課題」『西アジア考古学』16、13-29.
近藤隆二郎　2000「インダスの都市生活と水システム」『四大文明　インダス』（近藤英夫・NHKスペシャル「四大文明」プロジェクト編著）NHK出版、163-176.
近藤英夫　2004「インダス文明の最近の理解—都市類型に注目して—」『古代インドの都市像を探る』（山岡泰造編）、103-108.
近藤英夫・上杉彰紀・小茄子川歩　2007「クッリ式土器とその意義—岡山市立オリエント美術館所蔵資料の紹介を兼ねて—」『岡山市立オリエント美術館研究紀要』21、15-50.
中村隆志・楠田哲也・市川　新・松井三郎・盛岡　通　1995「古代遺跡モヘンジョダロにおける給排水システムの再考」『土木史研究』15、87-96.

第4章

Ahulwalia, D. 2018. Sanauli's Mysterious 'Warriors'. *Live History India* (Downloaded from https://www.academia.edu/38832511/Sanaulis_Mysterious_Warriors).

Costantini, L. 1981. Palaeobotany at Pirak: A contribution to the 2nd millennium B.C. Agriculture of the Sibi-Kacchi Plain, Pakistan. in: H. Härtel (ed.) *South Asian Archaeology 1979*. Dietrich Reimer Verlag, Berlin. pp. 271-277.

Dales, G.F. 1965. Civilization and Floods in the Indus Valley. *Expedition*, Summer 1965: 10-19.

Dales, G.F. 1966. The Decline of the Harappans. *Scientific American* 214 (5): 92-100.

Dangi, V., A. Uesugi, Manmohan Kumar, V. Shinde and Appu 2015. Bedwa: A Mature and Late Harappan Necropolis in the Upper Ghaggar Basin. in: Manmohan Kumar and A. Uesugi (eds.) *Harappan Studies*, vol. 1. Aryan Books International, New Delhi. pp. 93-152.

Dixit, Y., D.A. Hodell and C.A. Petrie 2014. Abrupt weakening of the summer monsoon in northwest India - 4100 yr ago. *Geology*, published online on 24 February 2014 as doi: 10.1130/G35236.1.

Dixit, Y., D.A. Hodell, A. Giesche, S.K. Tandon, F. Gázquez, H.S. Saini, L.C. Skinner, S.A.I. Mujtaba, V. Pawar, R.N. Singh and C.A. Petrie 2018. Intensified summer monsoon and the urbanization of Indus Civilization in northwest India. *Scientific Reports* (2018) 8:4225, DOI: 10.1038/s41598-018-22504-5: 1-8.

Gaur, R.C. 1983. *Excavations at Atranjikhera*. Motilal Banarsidass, Delhi.

Jarrige, J.-F. 1985. Continuity and Change in the Northern Kachi Plain (Baluchistan, Pakistan) at the Beginning of the Second Millennium B.C. in: J. Schotsmans and M. Taddei (eds.) *South Asian Archaeology* 1983. Istituto

Journal of Multidisciplinary Studies in Archaeology 1：356-371.

Uesugi, A. 2013b. Pottery from Balochistan in Ancient Orient Museum Tokyo, Part 2：Late third millennium BCE. *Bulletin of Ancient Orient Museum* 33：1-74.

Uesugi, A. 2016. Ceramic Sequence in the Ghaggar Plains from Pre-Indus to Post-Urban Indus Periods. in：V. Lefèvre, A. Didier and B. Mutin (eds.) *South Asian Archaeology and Art 2012, vol. 1: Man and Environment in Prehistoric and Protohistoric South Asia - New Perspectives*. Brepols, Turnout. pp. 305-330.

Uesugi, A. 2018a. Current State of Research and Issues of Indus Archaeology Focusing on Field Researches and Material Cultural Studies. in：A. Uesugi (ed.) *Current Research on Indus Archaeology*. Research Group for South Asian Archaeology, Archaeological Research Institute, Kansai University, Osaka. pp. 1-55.

Uesugi, A. 2019. A Note on the Interregional Interactions between the Indus Civilization and the Arabian Peninsula during the Third Millennium BCE. in：S. Nakamura, T. Adachi and M. Abe (eds.) *Decades in Deserts: Essays on Near Eastern Archaeologgy in honour of Sumio Fujii*. Rokuichi Shobo, Tokyo. pp. 337-355.

Uesugi, A., G. Jamison, V. Dangi and S. Nakayama 2017. A Study on the Stylistic and Technological Aspects of Indus Seals with a Focus on an Example from Bhirrana. *Heritage: Journal of Multidisciplinary Studies in Archaeology* 4：1-17.

Uesugi, A., Manmohan Kumar and V. Dangi 2018. Indus Stone Beads in the Ghaggar Plain with a Focus on the Evidence from Farmana and Mitathal. in：D. Frenez, G.M. Jamison, R.W. Law, M. Vidale and R.H. Meadow (eds.) *Walking with the Unicorn: Social Organization and Material Culture in Ancient South Asia, Jonathan Mark Kenoyer Felicitation Volume*. Archaeopress, Oxford. pp. 568-591.

Uesugi, A. and S. Meena 2012. Chapter 6：Pottery. in：J.S. Kharakwal, Y.S. Rawat and T. Osada (eds.) *Excavations at Kanmer 2005-06 - 2008-09*. Indus Project, Research Institute for Humanity and Nature, Gujarat State Department of Archaeology and Institute of Rajasthan Studies, JRN Rajasthan Vidyapeeth., Kyoto. pp. 219-480.

Uesugi, A., I. Nakai, Manmohan Kumar, K. Yamahana, Y. Abe, J. Shirataki, K. Toyama and V. Dangi 2018. A Study on Faience Objects in the Ghaggar Plains during the Urban and Post-Urban Indus Periods. *Heritage: Journal of Multidisciplinary Studies in Archaeology* 5：140-164.

Valentine, B., G.D. Kamenov, J.M. Kenoyer, V. Shinde, V. Mushrif-Tripathy, E. Otarola-Castillo and J. Krigbaum 2015. Evidence for Patterns of Selective Urban Migration in the Greater Indus Valley (2600-1900 BC)：A Lead and Strontium Isotope Mortuary Analysis. *PLoS One* 10 (4)：e0123103. doi：10.1371/journal.pone.0123103.

Weber, S. 1999. Seeds of urbanism：palaeoethnobotany and the Indus Civilization. *Antiquity*, 73：813-826.

Wright, R.P., J. Schuldenrein, M.A. Khan and S. Malin-Boyce 2005. The Beas River Landscape and Settlement Survey：Preliminary Results from the Site of Vainiwal. in：U. Franke-Vogt and H.-J Weishaar (eds.) *South Asian Archaeology 2003*. Linden Soft Verlag e.K., Aachen. pp. 101-110.

Wright, R.P., J. Schuldenrein, M.A. Khan and M.R. Mughal 2005. The Emergence of Satellite Communities along the Beas Drainage：Preliminary Results from Lahoma Lal Tibba and Chak Purbane Syal. in：C. Jarrige and V. Lefèvre (eds.) *South Asian Archaeology 2001*. Editions Recherche sur les Civilisations, Paris. pp. 327-335.

Yadav, N., H. Joglekar, R.P.N. Rao, M.N. Vahia, R. Adhikari and I. Mahadevan 2010. Statistical Analysis of the Indus Script Using n-Grams. *PLoS ONE* 5 (3)：e9506. doi：10.1371/journal.pone.0009506.

上杉彰紀　2009「ガッガル平原における先・原史文化の変遷」『環境変化とインダス文明　2008 年度

Quivron, G. 2000. The Evolution on the Mature Indus Pottery Style in the Light of the Excavations at Nausharo, Pakistan. *East and West* 50 (1-4) : 147-190.

Rao, S.R. 1962. Excavation at Rangpur and other explorations in Gujarat. *Ancient India* 18/19: 5-207.

Rao, S.R. 1979/1985. *Lothal: a Harappan Port Town* 1955-62, 2 vols. Memoirs of the Archaeological Survey of India no.78. Archaeological Survey of India, New Delhi.

Rissman, P.C. 1989. The Organization of Seal Production in the Harappan Civilization. in: J.M. Kenoyer (ed.) *Old Problems and New Perspectives in the Archaeology of South Asia*. Department of Anthropology, University of Wisconsin, Madison, Madison. pp. 159-170.

Rossi-Osmida, G. (ed.) no date. *Margiana: Gonur-depe Necropolis*. Il Punto Edizioni.

Sarcina, A. 1979. The Private House at Mohenjo-daro. in: M. Taddei (ed.) *South Asian Archaeology 1977*. Istituto Universitario Orientale, Naples. pp. 433-462.

Sarianidi, V. 1986. *Die Kunst des alten Afganistan*. VEB E.A.Seeman Verlag, Leipzig.

Sarianidi, V.I. 1990. Togolok 21, an Indo-Iranian Temple in the Karakum. *Bulletin of the Asia Intitute*, New Series 4: 159-165.

Sarianidi, V.I. 1993a. Excavations at southern Gonur. *Iran* 31: 25-37.

Sarianidi, V. 1993b. Recent Archaeological Discoveries and the Aryan Problem. in: A. Gail and G.J.D. Mevissen (eds.) *South Asian Archaeology 1991*. Franz Steiner Verlag, Stuttgart. pp. 251-263.

Sarianidi, V.I. 1994a. Margiana and the Indo-Iranian world. in: A. Parpola and P. Koskikallio (eds.) *South Asian Archaeology 1993*. Suomalainen Tiedeakatemia, Helsinki. pp. 667-680.

Sarianidi, V. 1994b. Temples of Bronze Age Margiana: traditions of ritual architecture. *Antiquity* 68 (259): 388-397.

Sarianidi, V. 2007. *Necropolis of Gonur*. Kapon Editions, Athens.

Shah, S.G.M. and A. Parpola 1991. *Corpus of Indus Seals and Inscriptions 2: Collections in Pakistan*. Memoirs of the Department of Archaeologyand Museums, Government of Pakistan, vol.5. Suomalainen Tiedeakatemia, Helsinki.

Sharma, A.K. 1999. *The Departed Harappans of Kalibangan*. Sundeep Prakashan, New Delhi.

Shinde, V., T. Osada and Manmohan Kumar (eds.) 2011. *Excavations at Farmana, Rohtak District, Haryana, India 2006-2008*. Indus Project, Research Institute for Humanity and Nature, Kyoto.

Shinde, V., G.L. Possehl and M. Ameri 2005. Excavations at Gilund 2001-2003: The Seasl Impressions and Other Finds. in: U. Franke-Vogt and H.-J Weishaar (eds.) *South Asian Archaeology 2003*. Linden Soft Verlag e.K., Aachen. pp. 159-169.

Tikriti W.Y. Al- and Méry, S. 2000. Tomb N at Hili and the question of subterranean graves during the Umm an-Nar period. *Proceedings of the Seminar for Arabian Studies* 30: 205-219.

Uesugi, A. 2011c. Chapter 6: Pottery from the Settlement Area. in: V. Shinde, T. Osada, and Manmohan Kumar (eds.) *Excavations at Farmana, Rohtak District, Haryana, India 2006-2008*. Indus Project, Research Institute for Humanity and Nature, Kyoto. pp. 168-368.

Uesugi, A. 2011d. Chapter 9: Pottery from the Cemetery Area. in: V. Shinde, T. Osada, and Manmohan Kumar (eds.) *Excavations at Farmana, Rohtak District, Haryana, India 2006-2008*. Indus Project, Research Institute for Humanity and Nature, Kyoto. pp. 674-800.

Uesugi, A. 2013a. A Note on the Diachronic Changes of the Harappan Pottery - A Preliminary Analysis. *Heritage:*

Masson, V.M. and V.I. Sarianidi 1972. *Central Asia: Turkmenia before the Achaemenids*. Thames and Hudson, London.

Meadow, R.H. (ed.) 1991. *Harappa Excavations 1986-90: A multidisciplinary Approach to Third Millennium Urbanism*. Prehistory Press, Madison.

Méry, S. 1997. A funerary assemblage from the Umm an-Nar period: the ceramics from tomb A at Hili North, UAE. *Proceedings of the Seminar for Arabian Studies* 27: 171-191.

Méry, S. and J. Blackman 2005. Socio-economical Patterns of a Ceramic Container: the Harappan Black Slipped Jar. in: C. Jarrige and V. Lefèvre (eds.) *South Asian Archaeology 2001*. Editions Recherche sur les Civilisations, Paris. pp. 226-235.

Méry, S., M.D. Esposti, D. Frenez and J.M. Kenoyer 2017. Indus Potters in Central Oman in the Second Half of the Third Millennium BC. First Results of a technological and Archaeometric Study. *Proceedings of the Seminar for Arabian Studies* 47: 163-184.

Méry, S., J. Rouquet, K. MacSweeney, J.-F. Saliège and W.Y. Al-Tikriti 2001. Re-excavation of the Early Bronze Age collective Hili N pit-grave (Emirate of Abu Dhabi, UAE): results of the first two campaigns of the Emirati-French Project. *Proceedings of the Seminar for Arabian Studies* 31: 161-178.

Parpola, A. 1994. *Deciphering the Indus script*. Cambridge University Press, Cambridge.

Parpola, A., B.M. Pande and P. Koskikallio (eds.) 2010. *Corpus of Indus Seals and Inscriptions, vol.3: New material, untraced objects and collections outside India and Pakistan*. Suomalainen Tiedeakatemia, Helsinki.

Parpola, S., A. Parpola and H. Brunswig, Jr. 1977. The Meluhha Village: Evidence of Acculturation of Harappan Traders in Late Third Millennium Mesopotamia?. *Journal of Economic and Social History of the Orient* 20 (2): 129-165.

Petrie, C.A. and J. Bates 2017. 'Multi-cropping', Intercropping and Adaptation to Variable Environments in Indus South Asia. *Journal of World Prehistory* 30 (2) (DOI 10.1007/s10963-017-9101-z): 81-130.

Petrie, C.A., R.N. Singh, J. Bates, Y. Dixit, C.A.I. French, D.A. Hodell, P.J. Jones, C. Lanchelotti, F. Lynam, S. Neogi, A.K. Pandey, D. Parikh, V. Pawar, D.I. Redhouse and D.P. Singh 2017. Adaptation to Variable Environments, Resilience to Climate Change: Investigating Land, Water and Settlement in Indus Northwest India. *Current Anthropology* 58 (1): 1-30.

Possehl, G.L. 1986. *Kulli: an Exploration of Ancient Civilization in Asia*. Carolina Academic Press, Durham.

Possehl, G.L. 1996. *Meluhha*. in: J. Reade (ed.) The Indian Ocean in Antiquity. Kegan Paul International, London/New York. pp. 154-157.

Possehl, G.L. 1997. Seafaring Merchants of Meluhha. in: F. Allchin and B. Allchin (eds.) *South Asian Archaeology 1995*. The Ancient India and Iran Trust, Cambridge. pp. 87-100.

Possehl, G.L. 1999. *Indus Age: The Beginnings*. Oxford & IBH Publishing Co. PVT. LTD, New Delhi.

Possehl, G.L. 2002. *The Indus Civilization: A Contemporary Perspective*. Vistaar Publications. New Delhi, .

Possehl, G.L. and C.F. Herman 1990. The Sorath Harappan: A New Regional Manifestation of the Indus Urban Phase. in: M. Taddei (ed.) *South Asian Archaeology 1987*. IsMEO, Rome. pp. 295-319.

Possehl, G.L. and D.P. Mehta 1994. Excavations at Rojdi, 1992-93. in: A. Parpola and P. Koskikallio (eds.) *South Asian Archaeology 1993*. Suomalainen Tiedeakatemia, Helsinki. pp. 603-614.

Potts, D.T. 1993. A new Bactrian find from southeastern Arabia. *Antiquity* 67 (256): 591-596.

commemoration of E.C.L. During Caspers (1934-1996). BAR International Series 1826. BAR, London. pp. 124-131.

Kenoyer, J.M. and R.H. Meadow 2010. Inscribed Objects from Harappa Excavations 1986-2007. in: A. Parpola, B.M. Pande and P. Koskikallio (eds.) *Corpus of Indus Seals and Inscriptions*, vol. 3. Suomalainen Tiedeakatemia, Helsinki. pp. xliv-lviii.

Kenoyer, J.M. and R.H. Meadow 2016. Excavations at Harappa, 1986-2010: New Indights on the Indus Civilization and Harappan Burial Traditions. in: Schug, G.R. and S.R. Walimbe (eds.) *A Companion to South Asia in the Past.* John Wiley & Sons, Inc. , Chichester. pp. 145-168.

Kenoyer, J.M. and H.M.-L. Miller 1999. Metal Technologies of the Indus Valley Tradition in Pakistan and Western India. in: V.C. Pigott (ed.) *The Archaeometallurgy of the Asian Old World.* University Museum Press, Philadelphia. pp. 107-151.

Kenoyer, J.M., T.D. Price and J.H. Burton 2013. A new approaches to tracking connections between the Indus Valley and Mesopotamia: initial results of strontium isotope analyses from Harappa and Ur. *Journal of Archaeological Science* 40: 2286-2297.

Kenoyer, J.M., M. Vidale and K.K. Bhan 1991. Contemporary stone beadmaking in Khambhat, India: patterns of craft specialization and organization of production as reflected in the archaeological record. *World Archaeology* 23 (1): 44-63.

Kenoyer, J.M. and M. Vidale 1992. A New Look at Stone Drills of the Indus Valley Tradition. in: P.B. Vandiver, J.R. Druzik, G.S. Wheeler and I.C. Freestone (eds.) *Materials Issues in Art and Archaeology* III. Materials Research Society, Pittsburgh. pp. 495-518.

Kharakwal, J.S., Y.S. Rawat and T. Osada (eds.) 2012. *Excavations at Kanmer 2005-06 - 2008-09*. Indus Project, Research Institute for Humanity and Nature, Gujarat State Department of Archaeology and Institute of Rajasthan Studies, JRN Rajasthan Vidyapeeth, Kyoto.

Lal, B.B., J.P. Joshi, M. Bala, A.K. Sharma and K.S. Chandran 2015. *Excavations at Kalibangan: The Harappans (1960-69)*, part 1. Memoirs of the Archaeological Survey of India 110. Archaeological Survey of India, New Delhi.

Laursen, S.T. 2010. The westward transmission of Indus Valley sealing technology: origin and development of the 'Gulf Type' seal and other administrative technologies in Early Dilmun, c. 2100-2000 BC. *Arabian Archaeology and Epigraphy* 21 (2): 96-134.

Laursen, S.T. (ed.) 2017. *The Royal Mounds of A'ali in Bahrain: The Emergence of Kingship in Early Dilmun.* Jutland Archaeological Society/Moesgaard Museum/Bahrain Authority for Culture & Antiquities, Aarhus.

Ligabue, G. and S. Salvatori (eds.) 1990. *Bactria: An Ancient Oasis Civilization from the Sands of Afghanistan.* Erizzo, Venice.

Mahadevan, I. 1977. *The Indus Script, Texts, Concordance and Tables*. Archaeological Survey of India, New Delhi.

Manmohan Kumar, A. Uesugi, V.S. Shinde, V. Dangi, Vijay Kumar, Sajjan Kumar, A.K. Singh, R. Mann and Rajesh Kumar 2011. Excavations at Mitathal, District Bhiwani (Haryana) 2010-11: A Preliminary Report. *Purātattva* 41: 168-178.

Manmohan Kumar, A. Uesugi, V. Dangi, Vijay Kumar and T. Nagae 2012. Excavations at Mitathal, 2011-12. *Purātattva* 42: 148-181.

India. *Paléorient* 17 (2): 79-98.

Kenoyer, J.M. 1991c. Shell-Working in the Indus Civilization. in: M. Jansen, M. Mulloy and G. Urban (eds.) *Forgotten Cities on the Indus: Early Civilization in Pakistan from the 8th to the 2nd Millennium BC*. Verlag Philipp von Zabern, Mainz. pp. 216-219.

Kenoyer, J.M. 1994. Experimental studies of Indus Valley technology at Harappa. in: A. Parpola and P. Koskikallio (eds.) *South Asian Archaeology 1993*. Suomalainen Tiedeakatemia, Helsinki. pp. 345-362.

Kenoyer, J.M. 1993. Excavations on Mound E, Harappa: A Systematic Approach to the Study of Indus Urbanism. in: A. Gail and G.J.D. Mevissen (eds.) *South Asian Archaeology 1991*. Franz Steiner Verlag, Stuttgart. pp. 165-194.

Kenoyer, J.M. 1995. Interaction systems, specialised crafts and culture change: The Indus Valley Tradition and the Indo-Gangetic Tradition in South Asia. in: Erdosy, G. (ed.) *The Indo-Aryans of Ancient South Asia: Language, Material Culture and Ethnicity*. Walter de Gruyter, Berlin/New York. pp. 215-257.

Kenoyer, J.M. 1997. Trade and technology of the Indus Valley: new insights from Harappa, Pakistan. *World Archaeology* 29 (2): 262-280.

Kenoyer, J.M. 1998. *Ancient Cities of the Indus Valley Civilization*. American Institute of Pakistan Studies, Karachi.

Kenoyer, J.M. 2000. Wealth and Socio-Economic Hierarchies of the Indus Valley Civilization. in: J. Richards and M. Van Buren (eds.) *Order, Legitimacy and Wealth in Early States*. Cambridge University Press, Cambridge. pp. 90-112.

Kenoyer, J.M. 2005. Culture change during the Late Harappan period at Harappa: new insights on Vedic Aryan issues. in: E.F. Bryant and L.L. Patton (eds.) *The Indo-Aryan Controversy: Evidence and inference in Indian history*. Routledge, London/New York. pp. 21-49.

Kenoyer, J.M. 2005. Bead Technologies at Harappa, 3300-1900BC: A Comparative Summary. in: C. Jarrige and V. Lefèvre (eds.) *South Asian Archaeology 2001*. Editions Recherche sur les Civilisations, Paris. pp. 157-170.

Kenoyer, J.M. 2008. Indus and Mesopotamian Trade Networks: New Insights from Shell and Carnelian Artifacts. in: E. Olijdam and R.H. Spoor (eds.) *Intercultural Relations between South and Southwest Asia: Studies in commemoration of E.C.L. During Caspers* (1934-1996). BAR International Series 1826. BAR, London. pp. 19-28.

Kenoyer, J.M. 2013. Iconography of the Indus Unicorn: Origins and Legacy. in: S.A. Abraham, P. Gullapalli, T.P. Raczek and U.Z. Rizvi (eds.) *Connections and Complexity: New Approaches to the Archaeology of South Asia*. Left Coast Press, Walnut Creek. pp. 107-125.

Kenoyer, J.M. 2017. Using SEM to Study Stone Bead Technology. in: A.K. Kanungo (ed.) *Stone Beads of South and Southeast Asia: Archaeology, Ethnography and Global Connections*. Indian Institute of Technology, Gandhinagar/Aryan Books International, Gandhinagar/New Delhi. pp. 409-436.

Kenoyer, J.M. and D. Frenez 2018. Carnelian and Agate Beads in the Oman Peninsula during the Third to Second Millennia BC. in: S. Cleuziou and M. Tosi (eds.) *In the Shadow of Ancestors*, 2nd edition. Ministry of Heritage & Culture, Sultanate of Oman, Muscat. pp. 397-410.

Kenoyer, J.M. and R.H. Meadow 2000. The Ravi Phase: A New Cultural Manifestation at Harappa. in: M. Taddei and G. De Marco (eds.) *South Asian Archaeology 1997*. Istituto Italiano per l'Africa e l'Oriente, Rome. pp. 55-76.

Kenoyer, J.M. and R.H. Meadow 2008. The Early Indus Script at Harappa: Origins and Development. in: E. Olijdam and R.H. Spoor (eds.) *Intercultural Relations between South and Southwest Asia: Studies in*

Højlund, F. and H.H. Andersen (eds.) 1994. *Qala'at al-Bahrain, vol. 1: the Northern City Wall and the Islamic Fortress*. Jutland Archaeological Society Publications 30：1. Jutland Archaeological Society, Moesgaard.

Jamison, G.M. 2013. Experimental and Ethnoarchaeological Approaches to Indus Seal Production：Modeling Variation in Manufacturing Techniques. *Heritage: Journal of Multidisciplinary Studies in Archaeology* 1：222-243.

Jamison, G.M. 2018. The Organization of Indus Unicorn Seal Production. A Multi-faceted Investigation of Technology, Skill, and Style. in：D. Frenez, G.M. Jamison, R.W. Law, M. Vidale and R.H. Meadow (eds.) *Walking with the Unicorn: Social Organization and Material Culture in Ancient South Asia, Jonathan Mark Kenoyer Felicitation Volume*. Archaeopress, Oxford. pp. 272-291.

Jamison, G.M. 2018. Understanding Indus Seal-Carving Traditions：A Stylistic and Metric Approach. in：M. Ameri, S.K. Costello, G. Jamison and S.J. Scott (eds.) *Seals and Sealing in the Ancient World: Case Studies from the Near East, Egypt, the Aegean, and South Asia*. Cambridge University Press, Cambridge. pp. 167-186.

Jansen, M. 1984. Preliminary results of two years' documentation in Mohenjo-daro. in：B. Allchin (ed.) *South Asian Archaeology 1981*. Cambridge University Press, Cambridge. pp. 135-153.

Jansen, M. and G. Urban 1984. *Interim Reports Reports on Field Work Carried out at Mohenjo-Daro Pakistan 1982-83*, vol.1. IsMEO-Aachen-University Mission, Aachen.

Jarrige, C. 1984. Terracotta human figurines from Nindowari. in：B. Allchin (ed.) *South Asian Archaeology 1981*. Cambridge University Press, Cambridge. pp. 129-134.

Jarrige, C. 1994. The Mature Indus phase at Nausharo as seen from a block of Period III. in：A. Parpola and P. Koskikallio (eds.) *South Asian Archaeology 1993*. Suomalainen Tiedeakatemia, Helsinki. pp. 281-294.

Jarrige, C. 2000. The Mature Indus Phase at Nausharo：Elements of Urban Infrastructure. in：M. Taddei and G. De Marco (eds.) *South Asian Archaeology 1997*. Istituto Italiano per l'Africa e l'Oriente, Rome. pp. 237-258.

Jarrige, J.-F. 1994. The final phase of the Indus occupation at Nausharo and its connection with the following cultural complex of Mehrgarh VIII. in：A. Parpola and P. Koskikallio (eds.) *South Asian Archaeology 1993*. Suomalainen Tiedeakatemia, Helsinki. pp. 295-313.

Jarrige, J.-F., G. Quivron and C. Jarrige (eds.) 2011. *Nindowari: The Kulli Culture - Its origins and its relations with the Indus Civilization*. Ginkgo éditeur, Paris.

Joshi, J.P. (ed.) 1990. *Excavation at Surkotada and Exploration in Kutch*. Memoirs of the Archaeological Survey of India 87. Archaeological Survey of India, New Delhi.

Joshi, J.P. and A. Parpola 1987. *Corpus of Indus Seals and Inscriptions 1*. Collections in India. Memoirs of the Archaeological Survey of India no.86. Suomalainen Tiedeakatemia, Helsinki.

Kenoyer, J.M. 1985. The Indus Bead Technology：Contributions to Bead Technology. *Ornament* 10 (1)：18-23.

Kenoyer, J.M. 1989. Socio-Economic Structures of the Indus Civilization as reflected in Specialized Crafts and the Question of Ritual Segregation. in：J.M. Kenoyer (ed.) *Old Problems and New Perspectives in the Archaeology of South Asia*. Wisconsin Archaeological Reports, vol.2. Prehistory Press, Madison. pp. 183-192.

Kenoyer, J.M. 1991a. Urban Process in the Indus Tradition：A Preliminary Model from Harappa. in：R.H. Meadow (ed.) *Harappa Excavations 1986-90: A multidisciplinary Approach to Third Millennium Urbanism*. Prehistory Press, Madison. pp. 29-60.

Kenoyer, J.M. 1991b. Ornament Styles of the Indus Tradition：Evidence from Recent Excavations in Pakistan and

Costantini, L. 1990. Harappan Agriculture in Pakistan: The Evidence of Nausharo. in: M. Taddei (ed.) *South Asian Archaeology 1987*. IsMEO, Rome. pp. 321-332.

Dales, G.F. 1965. New Investigations at Mohenjo-daro. *Archaeology* 18: 145-150.

Dales, G.F. 1974. Excavations at Balakot, Pakistan, 1973. *Journal of Field Archaeology* 1: 3-22.

Dales, G.F. 1979. The Balakot Project: Summary of Four Years Excavations in Pakistan. in: M. Taddei (ed.) *South Asian Archaeology 1977*. Istituto Universitario Orientale, Naples. pp. 241-274.

De Cardi, B. 1970. *Excavations at Bampur, A Third Millennium Settlement in Persian Baluchistan, 1966*. Anthropological Papers of the American Museum of Natural History, Vol. 51 Part 3. The American Museum of Natural History, New York.

De Cardi, B. 1989. Harappan Finds from Tomb 6 at Shimal, Ras al-Khaimah, United Arab Emirates. in: K. Frifelt and P. Sørensen (eds.) *South Asian Archaeology 1985*. Curzon Press/The Riverdale Company, London/Riverdale. pp. 9-13.

Franke-Vogt, U. 1992. Inscribed Objects from Moenjo-daro: Some Remarks on Stylistic Variability and Distribution Patterns. in: C. Jarrige (ed.) *South Asian Archaeology 1989*. Prehistory Press, Wisconsin. pp. 103-112.

Franke-Vogt, U. 1994. The "Early Period" at Mohenjo-daro. in: J.M. Kenoyer (ed.) *From Sumer to Meluhha: Contributions to the Archaeology of South Asia and West Asia in Memory of George F. Dales, Jr*. pp. 27-49.

Franke-Vogt, U. and A. Ibrahim 2005. A New Perspective of an Old Site: Reopening Excavations at Sohr Damb/Nal (Balochistan) . in: C. Jarrige and V. Lefèvre (eds.) *South Asian Archaeology 2001*. Editions Recherche sur les Civilisations, Paris. pp. 105-115.

Frenez, D. 2018. Private Person or Public Persona? Use and Significance of Standard Indus Seals as Markers of Formal Socio-Economic Identities. in: D. Frenez, G.M. Jamison, R.W. Law, M. Vidale and R.H. Meadow (eds.) *Walking with the Unicorn: Social Organization and Material Culture in Ancient South Asia, Jonathan Mark Kenoyer Felicitation Volume*. Archaeopress, Oxford. pp. 166-193.

Frenez, D. 2018. The Indus Civilization Trade with the Oman Peninsula. in: S. Cleuziou and M. Tosi (eds.) *In the Shadow of Ancestors*, 2nd edition. Ministry of Heritage & Culture, Sultanate of Oman, Muscat. pp. 385-396.

Frenez, D., M.D. Esposti, S. Méry and J.M. Kenoyer 2016. Bronze Age Salūt (ST1) and the Indus Civilization: Recent Discoveries and New Insights on Regional Interaction. *Proceedings of the Seminar for Arabian Studies* 46: 107-124.

Frenez, D. and M. Vidale 2012. Harappan Chimeras as 'Symbolic Hypertests'. Some Thoughts on Plato, Chimera and the Indus Civilization. *South Asian Studies* 28 (2): 107-130.

Fuller, D.Q 2006. Agricultural Origins and Frontiers in South Asia: A Working Synthesis. *Journal of World Prehistory* 20: 1-86.

Hiebert, F.T. and C.C. Lamberg-Karlovsky 1992. Central Asia and the Indo-Iranian Borderlands. *Iran* 30: 1-15.

Hiebert, F.T. 1994. *Origins of the Bronze Age Oasis Civilization in Central Asia*. American School of Prehistoric Research Bulletin 42. Peabody Museum of Archaeology and Ethnology, Harvard University, Cambridge.

Hiebert, F.T. 1994. Production evidence for the origins of the Oxus Civilization. *Antiquity* 68 (259): 372-387.

Hiebert, F.T. 1995. South Asian from a Central Asian perspective. in: Erdosy, G. (ed.) *The Indo-Aryans of Ancient South Asia: Language, Material Culture and Ethnicity*. Waletr de Gruyter & Co., Berlin. pp. 192-205.

Relations between the Indus and the Iranian Plateau during the Third Millennium BCE. Harvard Oriental Series Opera Minora vol.7. Department of South Asian Studies, Harvard University, Cambridge. pp. 359-380.

Uesugi, A. 2012. Pottery from Balochistan in Ancient Orient Museum, Tokyo, Part 1：From the late fourth to the early third millennia BCE. *Bulletin of Ancient Orient Museum* 32：1-109.

上杉彰紀　2008a「バローチスターン高原における人物土偶に関する覚書—岡山市立オリエント美術館の資料紹介を兼ねて—」『岡山市立オリエント美術館研究紀要』22、1-28.

上杉彰紀　2008b「インダス文明社会の成立と展開—地域間交流の視点から—」『古代文化』60（2）、111-120.

上杉彰紀　2017『カトーレック所蔵バローチスターンの彩文土器と土偶』カトーレック

上杉彰紀・小茄子川歩　2008「インダス文明社会の成立と展開に関する一考察」『西アジア考古学』9、101-118.

第３章

Ameri, M. 2013. Regional Diversity in the Harappan World：The Evidence of the Seals. in：S.A. Abraham, P. Gullapalli, T.P. Raczek and U.Z. Rizvi（eds.）*Connections and Complexity: New Approaches to the Archaeology of South Asia*. Left Coast Press, Walnut Creek. pp. 355-374.

Bates, J., C.A. Petrie and R.N. Singh 2017. Approaching rice domestication in South Asia：New evidence from Indus settlements in northern India. *Journal of Archaeological Science* 78：193-201.

Bibby, G. 1958. The 'Ancient Indian Style' Seals from Bahrain. *Antiquity* 32：243-246.

Bisht, R.S. 1982. Excavations at Banawali：1974-77. in：G.L. Possehl（ed.）*Harappan Civilization: a Contemporary Perspective*. Oxford IBH and the American Institute of Indian Studies, New Delhi. pp. 113-124.

Bisht, R.S. 1984. Structural Remains and Town-Planning of Banawali. in：B.B. Lal and S.P. Gupta（eds.）*Frontiers of the Indus Civilization/Sir Mortimer Wheeler Commemoration* Volume. Books & Books, Delhi. pp. 89-97.

Bisht, R.S. 1987. Further Excavation at Banawali, 1983-84. in：B.M. Pande and B.D. Chattopadhyaya（eds.）*Archaeology and History: Essays in Memory of Sh. A. Ghosh*. Agam Kala Prakashan, Delhi. pp. 135-156.

Bisht, R.S. 1997. Dholavira Excavations: 1990-94. in：J.P. Joshi（eds.）*Facets of Indian Civilization*. Aryan Books International, New Delhi. pp. 107-120.

Bisht, R.S. 1999. Dholavira and Banawali：Two Different Paradigms of the Harappan Urbis Forma. *Purātattva* 29：14-37.

Bisht, R.S. 2005. The Water Structures and Engineering of the Harappans at Dholavira（India）. in：C. Jarrige and V. Lefèvre（eds.）*South Asian Archaeology 2001*. Editions Recherche sur les Civilisations, Paris. pp. 11-25.

Casal, J.-M. 1961. *Fouilles de Mundigak*. Memoires de la Delegation Archeologique Francaise en Afghanistan, Tome XVII. Librairie C. Klincksieck, Paris.

Casal, J.-M. 1964. *Fouilles D'Amri*. Librarie C. Klincksieck, Paris.

Cleuziou, S. and M. Tosi 2007. *In the Shadow of the Ancestors: The Prehistoric Foundations of the Early Arabian Civilization in Oman*. Ministry of Heritage & Culture, Sultanate of Oman, Muscat.

Cleuziou, S. and B. Vogt 1985. Tomb A at Hili North, United Arab Emirates and Its Material Connections to Southeast Iran and the Greater Indus Valley. in：J. Schotsmans and M. Taddei（eds.）*South Asian Archaeology 1983*. Istituto Universitarion Orientale, Naples. pp. 249-277.

of Culture and Tourism, Government of Sindh, Pakistan in collaboration with the French Ministry of Foreign Affairs, Karachi.

Jarrige, J.-F. 1986. Excavations at Mehrgarh-Nausharo. *Pakistan Archaeology* 10-22: 63-130.

Jarrige, J.-F. 1988. Excavations at Nausharo. *Pakistan Archaeology* 23: 149-203.

Jarrige, J.-F. 1989. Exacavation at Nausharo 1987-88. *Pakistan Archaeology* 24: 21-67.

Jarrige, J.-F. 1990. Excavations at Nausharo; 1988-89. *Pakistan Archaeology* 25: 193-240.

Jarrige, J.-F. 1993. The Question of the Beginning of the Mature Harappan Civilization as Seen from Nausharo Excavations. in: A. Gail and G.J.D. Mevissen (eds.) *South Asian Archaeology 1991*. Franz Steiner Verlag, Stuttgart. pp. 149-164.

Jarrige, J.-F. and M.U. Hasan 1987. Funerary Complexes in Baluchistan at the End of the Third Millennium in the Light of Recent Discoveries at Mehrgarh and Quetta. in: K. Frifelt and P. Sørensen (eds.) *South Asian Archaeology 1985*. Curzon Press/The Riverdale Company, London/Riverdale. pp. 150-166.

Jarrige, J.-F., C. Jarrige and G. Quivron 2005. Mehergarh Neolithic: the Updated Sequence. in: C. Jarrige and V. Lefèvre (eds.) *South Asian Archaeology 2001*. Editions Recherche sur les Civilisations, Paris. pp. 129-141.

Jarrige, J.-F. and M. Lechevallier 1979. Excavations at Mehrgarh, Baluchistan: Their Significance in the Prehistorical Context of the Indo-Pakistani Borderlands. in: M. Taddei (ed.) *South Asian Archaeology 1977*. pp. 463-535.

Khatri, J.S. and M. Acharya 1995. Kunal: A New Indus-Saraswati Site. *Purātattva* 25: 84-86.

Lal, B.B., J.P. Joshi, B.K. Thapar and Madhu Bala 2003. *Excavations at Kalibangan: The Early Harappans (1960-1969)*. Memoirs of the Archaeological Survey of India no. 98. Archaeological Survey of India, New Delhi.

Meadow, R.H. 1996. The origins and spread of agriculture and pastoralism in northwestern South Asia. in: D.R. Harris (ed.) *The Origins and Spread of Agriculture and Pastoralism in Eurasia*. UCL Press, London. pp. 390-412.

Petrie, C. (ed.) 2010. *Sheri Khan Tarakai and early village life in the borderlands of north-west Pakistan*. Oxbow Books, Oxford/Oakville.

Piperno, M. 1973. Micro-drilling at Shahr-i Sokhta: the making and use of the lithic drill-heads. in: N. Hammond (ed.) *South Asian Archaeology*. Duckworth, London. pp. 119-129.

Pracchia, S. 1985. Excavations of a Bronze-Age Ceramic Manufacturing Areas at Lal Shah. *East and West* 35 (4): 458-468.

Quivron, G. 1994. The pottery sequence from 2700 to 2400 BC at Nausharo, Baluchistan. in: A. Parpola and P. Koskikallio (eds.) *South Asian Archaeology 1993*. Suomalainen Tiedeakatemia, Helsinki. pp. 629-644.

Quivron, G. 1997. Incised and Painted Marks on the Pottery of Mehrgarh and Nausharo-Baluchistan. in: F. Allchin and B. Allchin (eds.) *South Asian Archaeology 1995*. The Ancient India and Iran Trust, Cambridge. pp. 45-62.

Schmidt, E.F. 1937. *Excavations at Tepe Hissar, Damghan*. The University Museum, Philadelphia.

Sharma, A.K. 2000. *Early Man in Jammu Kashmir & Ladakh*. Agam Kala Prakashan, Delhi.

Uesugi, A. 2011a. Chapter 4: Pottery. in: V. Shinde, T. Osada and Manmohan Kumar (eds.) *Excavations at Girawad: Rohtak District, Haryana, India 2006*. Indus Project, Research Institute for Humanity and Nature, Kyoto. pp. 40-239.

Uesugi, A. 2011b. Development of the Inter-regional Interaction System in the Indus Valley and Beyond - A Hypothetical View towards the Formation of an Urban Society -. in: T. Osada and M. Witzel (eds.) *Cultural*

Besenval, R. 2000. New Data for the Chronology of the Protohistory of Kech-Makran (Pakistan) from Miri Qalat 1996 and Shahi-Tump 1997 Field-Seasons. in: M. Taddei and G. De Marco (eds.) *South Asian Archaeology 1997*. Istituto Italiano per l'Africa e l'Oriente, Rome. pp. 161-187.

Besenval, R. 2005. Chronology of Protohistoric Kech-Makran. in: C. Jarrige and V. Lefèvre (eds.) *South Asian Archaeology 2001*. Editions Recherche sur les Civilisations, Paris. pp. 1-9.

Besenval, R., V. Marcon, C. Buquet and B. Mutin 2005. Shahi-Tump: Results of the Last Field-Seasons (2001-2003). in: U. Franke-Vogt and H.-J Weishaar (eds.) *South Asian Archaeology 2003*. Linden Soft Verlag e.K., Aachen. pp. 49-56.

Biscione, R. 1973. Dynamics of an early South Asian urbanization: the First Period of Shahr-i Sokhta and its connections with Southern Turkmenia. in: N. Hammond (ed.) *South Asian Archaeology*. Duckworth, London. pp. 105-118.

Biscione, R. 1990. The Elucive Phase 2 of Shahr-I Sokhta Sequence. in: M. Taddei (ed.) *South Asian Archaeology 1987*. IsMEO, Rome. pp. 391-409.

Casal, J.-M. 1961. *Fouilles de Mundigak*. Memoires de la Delegation Archeologique Francaise en Afghanistan, Tome XVII. Librairie C. Klincksieck, Paris.

Casal, J.-M. 1964. *Fouilles D'Amri*. Librarie C. Klincksieck, Paris.

Costantini, L. 1984. The beginning of agriculture in the Kachi Plain: the evidence of Mehrgarh. in: B. Allchin (ed.) *South Asian Archaeology 1981*. Cambridge University Press, Cambridge. pp. 29-33.

Dani, A.H. 1970-71. Excavations in the Gomal Valley. *Ancient Pakistan* 5: 1-177.

Durrani, F.A. 1988. Excavations in the Gomal Valley: Rehman Dheri Excavation Report No.1. *Ancient Pakistan* 6: 1-232.

Durrani, F.A, I. Ali and G. Erdosy 1991. Further Excavation at Rehman Dheri. *Ancient Pakistan* 7: 61-151.

Durrani, F.A., Ihsan Ali and G. Erdosy 1995. New Perspectives on Indus Urbanism from Rehman Dheri. *East and West* 45 (1-4): 81-96.

Franke, U. 2008. Baluchistan and the Borderlands. in: D.M. Pearsall (ed.) *Encyclopedia of Archaeology*. Academic Press, New York. pp. 651-670.

Franke-Vogt, U. 2005. Excavations at Sohr Damb/Nal: Results of the 2002 and 2004 Seasons. in: U. Franke-Vogt and H.-J Weishaar (eds.) *South Asian Archaeology 2003*. Linden Soft Verlag e.K., Aachen. pp. 63-76.

Franke-Vogt, U. 2005. Balakot Period I: A Review of its Stratigraphy, Cultural Sequence and Date. in: C. Jarrige and V. Lefèvre (eds.) *South Asian Archaeology 2001*. Editions Recherche sur les Civilisations, Paris. pp. 94-103.

Franke-Vogt, U. 2005. Sohr Damb/Nal, Balučstan, Pakistan: Ergebnisse der Grabungen 2001, 2002 und 2004. *Archäologische Mitteilungen aus Iran und Turan* 35-36: 83-141.

Halim, M.A. 1972a. Excavations at Sarai Khola, Part I. *Pakistan Archaeology* 7: 23-89.

Halim, M.A. 1972b. Excavations at Sarai Khola, Part II. *Pakistan Archaeology* 8: 1-112.

Jarrige, C. 1997. The Figurines From Nausharo Period I and Their Further Developments. in: F. Allchin and B. Allchin (eds.) *South Asian Archaeology 1995*. The Ancient India and Iran Trust, Cambridge. pp. 33-43.

Jarrige, C. 2000. The Mature Indus Phase at Nausharo: Elements of Urban Infrastructure. in: M. Taddei and G. De Marco (eds.) *South Asian Archaeology 1997*. Istituto Italiano per l'Africa e l'Oriente, Rome. pp. 237-258.

Jarrige, C., J.-F. Jarrige, R.H. Meadow and G. Quivron 1995. *Mehrgarh: Field reports 1974-1985*. The Department

Marshall, J.H. 1908. A New Type of Pottery from Baluchistan. *Annual Report, Archaeological Survey of India* 1904-05: 105-106.

Marshall, J. 1924. First light on a long forgotten civilization. *Illustrated London News*, September 20: 528-532.

Marshall, J.H. 1931. *Mohenjo-daro and the Indus Civilization*. Arthur Probsthain, London.

Marshall, J.H. 1951. *Taxila: an illustrated account of archaeological excavations carried out at Taxila under the orders of the Government of India between the years 1913 and 1934*, 3 vols. Cambridge University Press, London.

Mughal, M.R. 1970. *The Early Harappan Period in the Greater Indus Valley and Northern Baluchistan*. Unpublished Ph.D Dissertation. University of Pennsylvania, Philadelphia.

Petrie, C.A., D. Parikh, A.S. Green and J. Bates 2018. Looking beneath the Veneer. Thoughts about Environmental and Cultural Diversity in the Indus Civilization. in: D. Frenez, G.M. Jamison, R.W. Law, M. Vidale and R.H. Meadow (eds.) *Walking with the Unicorn: Social Organization and Material Culture in Ancient South Asia, Jonathan Mark Kenoyer Felicitation Volume*. Archaeopress, Oxford. pp. 453-474.

Piggott, S. 1946. The Chronology of Prehistoric North-West India. *Ancient India* 1: 8-26.

Piggott, S. 1950. *Prehistoric India to 1000 B.C.* Penguin Books, Baltimore.

Possehl, G.L. 2014. Ernest J.H. Mackay and the Penn Museum. *Expedition* 52 (1): 40-43.

Stein, M.A. 1929. *An Archaeological Tour in Waziristan and Northern Baluchistan*. Memoirs of the Archaeological Survey of India 37. Government of India, Calcutta.

Stein, M.A. 1931. *An Archaeological Tour of Gedrosia*. Memoirs of the Archaeological Survey of India 43. Government of India, Calcutta.

Vats, M.S. 1940. *Excavations at Harappa*. Government of India Press, Delhi.

Wheeler, R.E.M. 1947. Harappa 1946: The Defences and Cemetery R37. *Ancient India* 3: 58-130.

上杉彰紀　2020「インダス考古学の現状と課題」『西アジア考古学』21、61-80.

小磯　学　2000「インダス文明発掘史」『四大文明　インダス』(近藤英夫・NHK スペシャル「四大文明」プロジェクト編著) NHK 出版、149-162.

第2章

Acharya, M. (ed.) 2008. *Kunal Excavations*. Department of Archaeology & Museums, Haryana, Panchkula.

Ali, T. (ed.) 1994-95. Excavations in the Gomal Valley: Rehman Dheri Report No.2. *Ancient Pakistan* 10: 1-233.

Allchin, F.R., B. Allchin, F.A. Durrani and M. Farid Khan 1986. *Lewan and the Bannu Basin: Excavation and Survey of sites and environments in North West Pakistan*. BAR International Series 310. BAR, Cambridge.

Besenval, R. and P. Marquis 1993. Excavations in Miri Qalat (Pakistani Makran) -Results of the First Field-Season (1990). in: A. Gail and G.J.D. Mevissen (eds.) *South Asian Archaeology 1991*. Franz Steiner Verlag, Stuttgart. pp. 31-48.

Besenval, R. 1994. The 1992-1993 field-seasons at Miri Qalat: new contributions to the chronology of Protohistoric settlement in Pakistani Makran. in: A. Parpola and P. Koskikallio (eds.) *South Asian Archaeology 1993*. Suomalainen Tiedeakatemia, Helsinki. pp. 81-92.

Besenval, R. 1997. The Chronology of Ancient Occupation in Makran: Results of the 1994 Season at Miri Qalat, Pakistan Makran. in: F. Allchin and B. Allchin (eds.) *South Asian Archaeology 1995*. The Ancient India and Iran Trust, Cambridge. pp. 199-216.

Matthews, R. 2005. The Rise of Civilization in Southwest Asia. in：C. Scarre (ed.) *The Human Past*. Thames and Hudson, London. pp. 432-471.

Higham, C. 2005. Complex Societies of East and Southeast Asia. in：C. Scarre (ed.) *The Human Past*. Thames and Hudson, London. pp. 552-593.

大津忠彦・常木　晃・西秋良宏　1997『世界の考古学５　西アジアの考古学』同成社

小澤正人・谷　豊信・西江清高　1999『世界の考古学７　中国の考古学』同成社

河合　望　2021『古代エジプト全史』雄山閣

第１章

Chakrabarti, D.K. 1988. *A History of Indian Archaeology from the beginning to 1947*. Munshiram Manoharlal, New Delhi.

Cunningham, A. 1875. *Report for the year 1872-73. Archaeological Survey of India - Annual Report* 5. Archaeological Survey of India, Simla.

Davis, M.A. 2018. The Harappan 'Veneer' and the Forging of Urban Identity. in：D. Frenez, G.M. Jamison, R.W. Law, M. Vidale and R.H. Meadow (eds.) *Walking with the Unicorn: Social Organization and Material Culture in Ancient South Asia, Jonathan Mark Kenoyer Felicitation Volume*. Archaeopress, Oxford. pp. 145-160.

De Cardi, B. 1964. British Expedition to Kalat, 1948 and 1957. *Pakistan Archaeology* 1：20-29.

De Cardi, B. 1965. Excavations and Reconnaissance in Kalat, West Pakistan：The Prehistoric Sequence in the Surab Region. *Pakistan Archaeology* 2：86-182.

De Cardi, B. 1983. *Archaeological Surveys in Baluchistan, 1948 and 1957*. Occasional Publication 8. Institute of Archaeology, London.

Fairservis, W.A.Jr. 1956. *Excavations in the Quetta Valley, West Pakistan*. Anthropological Papers of the American Museum of Natural History 45 (2)：165-402.

Fairservis, W.A.Jr. 1959. *Archaeological Surveys in the Zhob and Loralai Districts, West Pakistan*. Anthropological Papers of the American Museum of Natural History 47 (2)：227-448.

Fairservis, W.A.Jr. 1971. *The Roots of Ancient India*. Macmillan, New York.

Gadd, C.J. 1932. Seals of Ancient Indian Style Found at Ur. *Proceedings of the British Academy* 18：191-210.

Gadd, C.J. and S. Smith 1924. The New Links between Indian and Babylonian Civilizations. *Illustrated London News*, 4 October 1924：614-616.

Hargreaves, H. 1929. *Excavations in Baluchistan 1925, Sampur Mound, Mastung and Sohr Damb, Nal*. Memoirs of the Archaeological Survey of India 35. Government of India, Calcutta.

Khan, F.A. 1965. Excavations at Kot Diji. *Pakistan Archaeology* 2：13-85.

Mackay, E. 1925. Sumerian Connections with Ancient India. *The Journal of the Royal Asiatic Society of Great Britain and Ireland*, Oct., 1925, no. 4：697-701.

Mackay, E.J.H. 1931. Further Links between Ancient Sind, Sumer and Elsewhere. *Antiquity* 5：459-473.

Mackay, E.J.H. 1933. Decorated carnelian beads. *Man* 33：143-146.

Mackay, E.J.H. 1937. Bead making in ancient Sind. *Journal of the American Oriental Society* 57：1-15.

Mackay, E.J.H. 1938. *Further Excavations at Mohenjo-daro*. Government of India Press, New Delhi.

Mackay, E.J.H. 1943. *Chanhu-Daro Excavations 1935-36*. American Oriental Society, New Haven.

参考文献

◉日本語で書かれたインダス文明に関する書籍

A.H. ダーニー（小西正捷・宗臺秀明訳）1995『パキスタン考古学の新発見』雄山閣出版

B.K. ターパル（小西正捷・小磯　学訳）1990『インド考古学の新発見』雄山閣出版

NHK・NHK プロモーション編　2000『世界四大文明　インダス文明展』

ウィーラー（曽野寿彦訳）1966『インダス文明』みすず書房

上杉彰紀　2010『インダス考古学の展望　インダス文明関連発掘遺跡集成』総合地球環境学研究所／インダス・プロジェクト

上杉彰紀　2017『カトーレック所蔵バローチスターンの彩文土器と土偶』カトーレック

辛島　昇・桑山正進・小西正捷・山崎元一　1980『インダス文明―インド文明の源流をなすもの―』日本放送出版協会

小茄子川歩　2016『インダス文明の社会構造と都市の原理』同成社

近藤英夫・NHK スペシャル「四大文明」プロジェクト編著『四大文明　インダス』NHK 出版

近藤英夫　2011『インダスの考古学』同成社

曽野寿彦・西川幸治　1970『沈黙の世界史 8　死者の丘・涅槃の塔』新潮社

長田俊樹　2013『インダス文明の謎：古代文明神話を見直す』京都大学学術出版会

長田俊樹編　2013『インダス　南アジア基層世界を探る』京都大学学術出版会

モーティマー・ウィーラー（小谷仲男訳）1971『インダス文明の流れ』創元社

◉英語で書かれたインダス文明に関する書籍

Allchin, B. and R. 1968. *The Birth of Indian Civilization*. Penguin Books, London.

Allchin, B. and R. 1982. *The Rise of Civilization in India and Pakistan*. Cambridge University Press, Cambridge.

Allchin, R. and B. Allchin 1997. *Origins of a Civilization: The Prehistory and Early Archaeology of South Asia*. Viking, New Delhi.

Fairservis, W.A.Jr. 1971. *The Roots of Ancient India*. Macmillan, New York.

Jansen, M., M. Mulloy and G. Urban (eds.) 1991. *Forgotten Cities on the Indus: Early Civilization in Pakistan from the 8th to the 2nd Millennium BC*. Verlag Philipp Von Zabern, Mainz.

Kenoyer, J.M. 1998. *Ancient Cities of the Indus Valley Civilization*. American Institute of Pakistan Studies, Karachi.

Piggott, S. 1950. *Prehistoric India to 1000 B.C.* Penguin Books, Baltimore.

Possehl, G.L. 2002. *The Indus Civilization: A Contemporary Perspective*. Vistaar Publications. New Delhi.

Wheeler, R.E.M. 1953. *The Indus Civilization*. Cambridge University Press, Cambridge.

Wheeler, R.E.M. 1959. *Early India and Pakistan*. Thames & Hudson, London.

Wheeler, M. 1966. *Civilizations of the Indus Valley and Beyond*. Thames and Hudson, London.

Wright, R.P. 2009. *The Ancient Indus: Urbanism, Economy, and Society*. Cambridge University Press, Cambridge.

はじめに

Moller, G. 1919. *Zeitschrift des Deutschen Vereins fur Buchwesen und Schrifttum*, ii.

著者紹介

上杉 彰紀　UESUGI AKINORI

金沢大学古代文明・文化資源学研究センター　特任准教授

1971年金沢生まれ。博士（文学）。関西大学で考古学を学ぶ。関西大学非常勤講師、総合地球環境学研究所プロジェクト研究員、ウィスコンシン大学マディソン校人類学科客員研究員を経て現職。インダス文明を含む南アジア考古学を専門とする。インド、パキスタン、バハレーン、トルコ、サウジアラビアなどで考古学調査に従事し、考古学の視点から都市社会について多角的な研究を進めている。

【主な著書】

2017『カトーレック所蔵バローチスターンの彩文土器と土偶』カトーレック

2010『インダス考古学の展望　インダス文明関連発掘遺跡集成』総合地球環境学研究所 / インダス・プロジェクト

(ed.) 2018. *Iron Age in South Asia*. Research Group for South Asian Archaeology, Archaeological Research Institute, Kansai University, Osaka

(ed.) 2018. *Current Research on Indus Archaeology*. Research Group for South Asian Archaeology, Archaeological Research Institute, Kansai University, Osaka.

《検印省略》2022年 2月 25日　初版発行

インダス文明《ぶんめい》

文明社会《ぶんめいしゃかい》のダイナミズムを探《さぐ》る

著者

上杉彰紀

発行者

宮田哲男

発行所

株式会社 雄山閣

〒102-0071　東京都千代田区富士見2-6-9

Tel：03-3262-3231

Fax：03-3262-6938

URL：http: //www.yuzankaku.co.jp

e-mail：info@yuzankaku.co.jp

振　替：00130-5-1685

印刷・製本

株式会社ティーケー出版印刷

ISBN978-4-639-02813-0 C0022

N.D.C.225　292p　21cm